高等继续教育财经类专业精品系列教材

GONGSI JINRONG

公司金融

王俊籽 沈杰 石丽君 编著

东北财经大学出版社
Dongbei University of Finance & Economics Press
大连

图书在版编目（CIP）数据

公司金融 / 王俊杼，沈杰，石丽君编著．—大连：东北财经大学出版社，2024.8．—（高等继续教育财经类专业精品系列教材）．—ISBN 978-7-5654-5337-3

Ⅰ．F276.6

中国国家版本馆CIP数据核字第2024HG8137号

东北财经大学出版社出版

（大连市黑石礁尖山街217号　邮政编码　116025）

网　　址：http://www.dufep.cn

读者信箱：dufep@dufe.edu.cn

大连天骄彩色印刷有限公司印刷　东北财经大学出版社发行

幅面尺寸：185mm×260mm　字数：416千字　印张：19

2024年8月第1版　2024年8月第1次印刷

责任编辑：张晓鹏　赵宏洋　刘晓彤　责任校对：惠恩乐　王　斌　周　晗

封面设计：原　皓　版式设计：原　皓

定价：38.00元

教学支持　售后服务　联系电话：（0411）84710309

如有印装质量问题，请联系营销部：（0411）84710711

前　言

以习近平同志为核心的党中央坚定不移地实施科教兴国战略和人才强国战略，党的二十大报告对“办好人民满意的教育”做出部署，为我们在新时代、新征程中推动继续教育改革发展，提供了根本遵循。

为积极落实《教育部关于推进新时代普通高等学校学历继续教育改革的实施意见》，推动高等学历继续教育提质增效、内涵式发展，山东财经大学组织相关专家和一线教师，编写了这套高等继续教育财经类专业精品系列教材。

该系列教材的编写，依托学校雄厚的学科实力，紧密结合高等学历继续教育教学工作实际，突出优势，深入开展教学研究，不断凝练教育改革经验，及时进行内容更新，努力将教学成果固化到系列教材中，将具有学科前沿的新技术、新理论补充到教材中，将思政元素和创新元素融入教材中，较好地实现了教材系统性和科学性、创新性和实践性的有机结合。

该系列教材注重适应财经类专业教学改革和发展趋势，针对高等学历继续教育的特质，在内容上紧扣财经类专业课程设置和教学大纲，科学、系统地阐述财经类专业教学的基本内容，并以此为基础，建设完成了覆盖所有开设专业的线上课程，适用于经济、管理学科，尤其是经济学、会计学、金融学和工商管理等专业高等学历继续教育的教学，对指导和帮助学生获取专业基础知识和基本技能具有较强的针对性。该系列教材在提升高等学历继续教育财经类专业人才培养质量方面发挥着基础性作用，在使用范围和地域上具有广泛的适应性。

在金融学专业的课程体系中，“公司金融”是一门专业必修课程，也是金融学专业教育的核心内容之一。在规划设计教材内容时，编著者聚焦公司制企业的金融活动，阐述金融决策基本原理，解析金融发展的微观理论和实践，重点研究公司金融的三大核心问题，即公司的投资决策、融资决策和营运资本管理。具体而言，本教材按照公司金融理论与公司金融分析工具的逻辑起点，系统阐述当公司面对项目投资时，如何进行资本项目投资决策；当公司面临有价值的投资机会时，如何有效地利用各种融资渠道筹资；如何利用时间价值和风险价值、如何合理使用财务分析工具等做好资本成本与资本结构决策、股利决策，以及日常如何进行营运资本管理以提高效率等内容。本教材共分为十章内容，既可满足金融学专业本科生教学需要，也可满足会计学及其他经济管理专业的本科教学需要，同时对开展上市公司经营业务的相关人员也具有一定的参考价值。

在本教材编写过程中，编著者注重突出与办学定位、人才培养目标的一致性与适应性，遵循继续教育的一般规律，按照高等继续教育财经专业教学的特殊要求，科学安排教材内容。本教材具有以下特色：

1. 突出专业知识的应用性。本教材在知识内容的设计中，既注重作为金融学必修课的教学内容的完整性与连贯性，又强调课程内容要满足金融新业态下专业知识应用性的需求。因此，编著者设计了财务报表及其财务分析、投资项目资本决策、长期融资策略、股利分配策略等应用性知识内容，使学生在掌握基本理论、基本知识的基础上，增强实践能力、应用性能力。

2. 侧重知识内容的规律性。作为金融学专业的核心教材，本教材侧重从学生学习和掌握专业知识的角度编写内容，在全面、系统介绍知识点的同时，在写作方法上力求言简意赅、深入浅出，在内容安排上遵循学生知识掌握的规律性，每章在开头设计了“引导案例”，以贴近本章内容的实际案例引入知识点的实际应用，从而使知识点的阐述由浅入深、循序渐进。

3. 强调知识内容的实用性。为了有助于学生对各章节内容的理解和掌握，本教材在每章开头突出本章学习的“知识目标”“能力目标”“素养目标”，使学生能够清晰把握学习目标和学习重点，提高学习效率。此外，每章结尾还设计了针对重点内容的“本章小结”，同时根据章节重点内容增设了种类多样的“同步测试”，从而对知识点加以巩固，便于学生检验知识掌握、应用的程度。

本教材由山东财经大学王俊籽、沈杰和山东财经大学燕山学院石丽君编著。其具体分工为：第1章、第2章、第7章、第8章由王俊籽编写；第9章、第10章由沈杰编写；第3章、第4章、第5章、第6章由石丽君编写。本教材由王俊籽教授拟定总体框架、编写原则、编写体例，并对全书进行总纂定稿。

本教材由多年在一线从事教学工作的教师编写，编写过程中参阅了大量国内外书籍、杂志、网站等的文字资料，在此，向所有的原作者致谢！

由于编著者业务知识和所掌握的资料有限，书中难免有疏漏之处，恳请各位专家和读者批评指正。

编著者

2024年5月

目 录

第一章

公司金融导论

学习目标

[知识目标]

◇掌握公司金融的含义。

◇掌握公司金融的目标。

◇掌握企业组织的形式。

◇掌握金融市场的划分种类。

[能力目标]

◇掌握公司制企业相较于独资制、合伙制企业的优势。

◇掌握利益相关者价值最大化目标的优缺点。

◇掌握公司金融环境的基本构成要素。

[素养目标]

◇掌握正确处理公司金融活动中各要素相互关系的方法，培养尊重市场、防范金融风险的意识。

◇理解从利益相关者价值最大化视角确定公司金融目标，培养社会责任感和核心价值观。

引导案例

教育资本市场风起云涌　数字教育转型稳步推进

2021年7月，中共中央办公厅、国务院办公厅印发《关于进一步减轻义务教育阶段学生作业负担和校外培训负担的意见》（简称“双减”意见），其中第13条对上市融资做出规定：学科类培训机构一律不得上市融资，严禁资本化运作；上市公司不得通过股票市场融资投资学科类培训机构。

“双减”意见实施两年多来，部分教育类企业举步维艰，纷纷宣布摘牌退市，但仍旧有不少企业成功递表上市，二级资本市场风起云涌，新旧交替不断。2022年12月7日，粉笔科技通过港交所上市聆讯，并于2023年1月9日正式在香港联合交易所主板上市，股票代码为2469.HK。这标志着粉笔科技正式踏上资本市场的新征程。同样上市的还有见知教育（2022年8月26日成功登陆纳斯达克市场）、读书郎（2022年7月12日成功登陆港交所），以及经合并上市的百家云（2022年9月24日与富维薄膜合并上市）、瑞思教育（2022年重新与能链智电合并上市）等，而已上市的公司如掌门教育、朴新教育、志诚教育、宝宝巴士等陆续退市或终止上市。

近年来，在科教兴国、人才强国、产教融合等国家政策的推动下，教育数字化转型市场的需求逐步释放。一些教育行业内资深上市公司逐渐转变经营战略，积极调整市场布局，从规模向效益转变，聚焦数字化教育转型，进一步优化产品结构，通过强化精细管理，重塑组织架构，继续加强成本管控，教学服务质量和运营效率稳步提升，教育行业上市公司的业绩逐渐好转，但短期内分化依然严重。截至2023年年底，在10家以教育为主业或包含教育业务的A股上市公司中，其业务转型步伐不一，分化明显，有的转型趋势向好，维持盈利，较上年相比或增或减；有的则因业务转型、经济形势、商誉减值等多方面原因导致继续亏损。其中，5家盈利的上市公司分别是学大教育、传智教育、佳发教育、科德教育、竞业达；5家亏损的公司分别是昂立教育、中公教育、豆神教育、开元教育及凯文教育。值得一提的是，在前两家亏损的上市公司中，昂立教育一直致力于对学生提供全科教育、素质教育，2023年属于盈转亏，业绩变动的主要原因是：公司2022年员工持股计划2023年度股份支付费用摊销、公司转型战略导致成本支出过多等。中公教育是一家综合性教育服务公司，“双减”意见实施后，连续两年大幅亏损，2023年度公司调整经营战略，布局教育数字化转型、职业教育等，当年实现同比大幅减亏，数字化转型初见成效。

“教育是长期的事，盈利是短期的事，两者本身就是相违背的”，短期的盈利压力会导致教育质量、培训质量或公司产品质量等下降。教育行业在追求盈利的过程中，要确保教育理念不被过度商业化，在处理盈利和教育质量的关系时，要始终把教育质量和社会责任放在首位，通过各种方法和策略来实现盈利和教育质量的平衡。

资料来源 ［1］佚名．摘牌上市交替不断 教育资本市场风起云涌2022年数字教育十大IPO事件回顾［EB/OL］．［2022-12-19］．https：//www.100ec.cn/detail--6622026.html．

［2］“多鲸”资本．微信公众号文章：A股教育上市公司2023年年度预告出炉，喜忧参半？［EB/OL］．［2024-02-01］．https：//c.m.163.com/news/a/IPQSROPR05386T63.html．有改编．

第一节 企业组织形式

一、企业的定义及功能

企业是依法设立的，以营利为目的，运用各种要素（土地、劳动力、资本、技术等），向市场提供商品和服务，自主经营、自负盈亏、独立核算的法人或其他社会经济组织。

企业作为国民经济的重要组成部分，发挥着越来越重要的功能。

（一）企业是市场经济活动的主要参与者

创造价值是企业经营行为动机的内在要求。在市场经济条件下，企业的生产状况和经济效益直接影响社会经济实力的增长和人民物质生活水平的提高，只有培育大量充满生机与活力的企业，社会才能稳定、健康地发展。

（二）企业是社会生产和服务的主要承担者

社会经济活动的主要过程，即生产和服务过程，大多由企业来完成。企业在组织社会生产的过程中必然要在社会上购买其他企业的产品，再把本企业的产品销售出去，形成服务（包括商品流通）的过程。离开了企业的生产和服务活动，社会经济活动就会中断或停止。

（三）企业是经济社会发展的主要推动力量

企业的发展对整个社会经济技术的进步具有重大的推动作用。加快企业技术进步，加速科技成果产业化，培育发展创新型企业，是企业发展壮大的重要途径。

二、企业的组织形式

典型的企业组织形式有三种：个人独资企业、合伙企业和公司制企业。

（一）个人独资企业

个人独资企业，又称为个体业主制企业，是指由一个自然人投资，全部资产为投资人个人所有，全部债务由投资人个人承担的经营实体。

个人独资企业具有创立容易、经营管理灵活、不需要缴纳企业所得税等优点。但它也具有明显的不足：

（1）企业所有者对企业债务负无限清偿责任。当企业的损失超过业主最初对企业的投资时，需要用业主个人的其他财产偿债。

（2）企业所有权的转移较为困难。

（3）企业资金来源有限，难以从外部获得大量资金用于生产经营。

（4）企业的寿命有限，受业主正常或非正常变动的制约。

（二）合伙企业

合伙企业，是指由两个或两个以上的自然人（有时也包括法人或其他组织）合伙经营的企业。它包括两种类型：普通合伙企业和有限合伙企业。

普通合伙企业由普通合伙人组成，每个合伙人都对企业的债务负无限连带责任，每个合伙人的行为都代表整个企业而不是个人，合伙人之间需要订立书面或口头形式的合伙协议。

有限合伙企业由普通合伙人和有限合伙人组成。普通合伙人对合伙企业债务承担无限连带责任，有限合伙人以其认缴的出资额为限对合伙企业债务承担有限责任。有限合伙企业至少要有一个普通合伙人，普通合伙人执行合伙企业事务，有限合伙人不执行合伙企业事务，不得对外代表有限合伙企业。

合伙企业由合伙人遵循自愿、平等、公平、诚实信用原则订立合伙协议，共同出资，合伙经营，共享利益、共担风险。合伙企业的生产经营所得和其他所得，按照国家有关税收政策的规定，由合伙人分别缴纳所得税。

合伙企业除业主多于一人外，其优点和缺点与个人独资企业极为类似。所以一些企业尽管在刚成立时以独资或者合伙的形式出现，但发展到某一阶段后都会转化成公司制形式。

（三）公司制企业

公司制企业又称为股份制企业，是由一个以上投资人（自然人或法人）依法出资组建，具有独立法人财产，自主经营、自负盈亏的法人企业。它有独立于公司所有者之外的自身财产，能独立承担民事责任和享有民事权利。

在我国，根据现行《公司法》，公司制企业的组织形式分为有限责任公司和股份有限公司两种。

有限责任公司简称有限公司，是指由两个或两个以上股东共同出资，每个股东以其所认缴的出资额对公司债务承担有限责任，公司以其全部资产对公司债务承担责任的企业法人。

股份有限公司简称股份公司，是指全部注册资本由等额股份构成并通过发行股份（或股权证）的方式募集资本，股东以其所认购的股份对公司债务承担有限责任，并享有相应的权利，公司以其全部资产对其债务承担责任的企业法人。

有限责任公司和股份有限公司的区别主要有：

（1）公司设立时对股东人数的要求不同。设立有限责任公司的股东人数可以为1人或50人以下；设立股份有限公司时的发起人应当有2人以上200人以下。

（2）股东的股权形式不同。有限责任公司的权益总额不表现为等额股份，股权通过投资人所拥有的比例表示；股份有限公司的权益总额划分为等额股份，股权通过所持有的股份多少表示。

（3）股份发行方式不同。有限责任公司不能向社会公众发行股票募集资金，对股东只出具一张书面出资证明书；股份有限公司可以向社会公开发行股票。

（4）股份转让限制不同。有限责任公司的股份不能随意转让，若要转让，须经全体股东同意，现有股东拥有优先购买权；股份有限公司的股票可以依法交易或转让，但不得退股。

与独资企业和合伙企业相比，公司制企业具有明显的优缺点：

第一，公司制企业的优点：

（1）所有权具有流动性。所有者权益被划分为若干等额股份，每个份额都可以单独流通转让，即公司所有权的转让可以通过股票或者股份的转让来实现。

（2）股东承担有限责任。公司债务是法人债务，不是所有者的债务，所有者仅以其在公司中的投资额对公司债务负责，公司的债权人对公司所有者个人的财产没有索取权。

（3）资合公司。公司是独立的法人，股东或所有者完成出资，公司成立，就独立于所有者或股东存在，股东或所有者的变动并不会影响公司的存在。资合公司的组织形式更稳定，存续期更长。

（4）容易筹集资金。公司的所有权体现为数额众多的股份或股票，不但使投资者可以分享所有者权益，而且有利于通过发行股票的形式筹集资金，特别是股份有限公司需要财务公开，更有利于公开发行股票或者债券筹集资金，且无须股东承担无限责任。

（5）无限存续。公司除破产、被兼并或依照公司章程自动终止外，在其最初的所有者和经营者退出后仍然可以继续存在，具有无限生命，这是资合公司的优点。

第二，公司制企业的缺点：

（1）组建公司的成本高。《公司法》规定，设立公司需要提交一系列的法律文件，花费时间较长；公司成立后，需要接受严格的监管，需要定期提交各种报告，这些程序都需要花费较高的成本。

（2）双重税负。公司作为独立的法人，其利润需缴纳企业所得税；利润分配给股东后，股东还需缴纳个人所得税。

（3）存在代理问题。公司所有权和经营权分离后，作为代理人的经营者可能会为了自身利益而损害委托人（所有者）的利益，从而在公司内部产生代理成本。

以上三种企业组织形式的特点比较见表1-1。

表1-1 **个人独资企业、合伙企业、公司制企业的比较**

项目	个人独资企业	合伙企业	公司制企业
投票权	业主个人独享	普通合伙人独享控制权和经营管理权；有限合伙人享有一定的投票权	股东拥有投票权，表决重大事项和选举董事会
流动性（可交易性）	产权交易受到很大的限制	产权交易受到很大的限制	股票在交易所上市后具有流动性；股份可以转让，交易公司无须终结
承担责任	个人负有无限责任，当企业遭受清算时，若企业的资本不足以偿还负债，则需要动用个人财产偿债	普通合伙人要承担无限责任，有限合伙人不承担企业债务	股东个人无须承担公司债务责任
投资分红	财富全部归业主个人所有	不得将现金流用于再投资，所有净现金流分配给合伙人	经股东大会表决，公司可自主决定股利分配率
税收	不必缴纳企业所得税，但须就全部盈余缴纳个人所得税	无须缴纳企业所得税，合伙人根据从合伙企业分得的收入缴纳个人所得税	双重征税：公司盈利缴纳公司所得税；股东所获股利缴纳个人所得税
存续期	受业主个人影响较大	仅有有限存续期	具有永恒存续期

在实际的企业组织形式中，个人独资企业占企业总数的比重较大，但绝大多数的商业资金由公司制企业所控制。合伙企业由于存在与个人独资企业类似的弊端，也很难在市场上占据较大的资金份额。而公司制企业，特别是股份有限公司，因股

东对公司债务无须承担责任和通过股票自由买卖转移股权，因此其能够公开募集资金，更有利于融资，从而成为现代企业的一种典型组织形式。本书的研究对象是公司制企业。

第二节　公司金融的目标

公司金融的目标取决于公司的目标。公司的目标是创造盈利（或称价值），盈利不但体现了企业的出发点和归宿，而且直接影响到其他目标的实现程度。因此，公司金融的目标就是为实现企业创造财富或者价值这一目标服务。

根据公司金融的理论与实践，具有代表性的公司金融目标理论主要有以下三种：

一、利润最大化

一般而言，评价一个公司是否盈利往往用实现了多少利润来表示，利润越多，意味着公司创造的财富越多。以利润最大化来衡量公司的盈利水平有其科学的成分。公司要追求利润最大化，就必须讲求经济效益，加强管理，改进技术，提高劳动生产率，降低产品成本，这些措施都有利于资源的合理配置。但是，在长期的实践中，利润最大化目标存在以下缺陷：

（1）没有考虑利润的实现时间和资金时间价值。利润只反映公司某一时期的盈利水平，并不能反映公司未来的盈利能力。随着时间的延续，时间价值会增值，即今天的100元与未来的100元不等。利润最大化目标忽视了这一点。

（2）没有考虑风险因素。将利润最大化作为公司经营目标时，可能促使经理人不顾风险去追求高额利润。利润与风险相伴，高利润往往需要承担更高的风险，这将使公司的经营风险增大，从而损害所有者的利益。

（3）没有考虑利润与投入资本之间的关系。实现同样利润总额的公司可能存在不同的投入资本，由于投入资本不同，由此产生的盈利不具有可比性。

（4）易导致公司无法进行有价值的长期投资。利润最大化是即期目标，通常按年计算，围绕此目标进行的财务决策重点关注年度指标，即短期效益。而长期投资项目即使经测算净现值为正值，往往前几年仅有投入而没有产出，若以利润最大化为目标，往往会为了短期利润而不惜牺牲长期利益，这对公司的长远发展不利。

（5）利润是公司经营成果的会计度量，对同一经济问题会计处理方法的多样性和灵活性，可能使会计利润并不能反映公司的真实情况。同样，由于会计计量原则中应计制的普遍使用，会计利润并不代表公司可以支配和使用的现金，公司存在有利无钱的现象。

因此，利润最大化目标虽然有其合理的一面，但不能作为公司金融决策的目标。

二、股东价值最大化

股东价值最大化目标也称为股东财富最大化目标，是现代财务理论公认的公司目标。该目标认为：公司是属于股东的，公司的价值也即股东的财富价值。由于股东的财富由其所拥有的股票数量和股票市场价格两方面决定，当股票数量一定时，股票价格达到最高，股东财富也就最大，即公司普通股的市场价值最大化。

与利润最大化目标相比，股东价值最大化的优点主要有：

（1）考虑了货币的时间价值。由于当期利润和未来利润都会影响股票价格，这在一定程度上能够克服企业追求短期利润的行为。

（2）考虑了风险因素。通常，股价会对风险做出比较敏感的反应。

（3）对上市公司而言，股东价值最大化目标比较容易量化，便于考核和奖惩。

股东价值最大化目标也存在如下缺点：

（1）通常只适用于上市公司，非上市公司难以应用，这是因为非上市公司无法像上市公司一样获得准确的公司股价。

（2）片面地强调股东利益，而忽视了公司其他相关者（如债权人、员工、经理人员、客户等）的利益，存在顾此失彼的问题。

（3）影响股价的因素很多，既有财务因素，也有非财务因素；有公司内部因素，也有来自公司外部是因素。可见，股价受除公司经营状况以外的多种因素的影响，若一味追求公司股东价值最大化，势必扭曲公司的经营行为。

因此，以股东价值最大化为目标，必须克服公司不可控的影响股票价格的诸多因素。

三、利益相关者价值最大化

现代企业是由多边契约关系形成的利益共同体，要确立公司金融的目标，必须考虑哪些利益关系会对公司发展产生影响。在市场经济条件下，公司要公平地对待各方面的利益相关者，如债权人、股东、管理人员、雇员、客户、供应商、社区甚至政府等，并且要尽到公司的社会责任。在确定公司金融目标时，不能忽视这些相关者群体的利益。

利益相关者价值最大化，也即公司价值最大化。该目标认为：公司应该平等地对待各方面的利益相关者，并且要尽到自己的社会责任，即为各利益相关者创造最大价值。

实践证明，在以利益相关者价值最大化为目标的公司中，这些利益相关者与公司的生存与发展紧密相关，他们有的分担了公司的经营风险，有的为公司的经营活动付出了代价，有的对公司进行监督和制约，公司的经营决策必须要考虑他们的利益或者受其约束。这就意味着公司在提高自身经济效益的同时，必须正确处理提高经济效益和履行社会责任的关系。

利益相关者价值最大化目标的优越性表现在如下方面：

（1）实现利益相关者价值最大化是一个动态的过程。其充分考虑了公司取得收益的时间和面临的风险，能够对时间价值和风险价值进行计量，确保了公司价值的可计量性。

（2）将公司长期、稳定的发展和持续的获利能力放在首位，最大限度地考虑公司利益相关者的利益，能够克服公司追求短期效益而忽视长期效益的行为。

（3）有利于实现公司经济效益与社会效益的统一。该目标兼顾了公司、股东、债权人、政府和客户的利益，能够体现公司合作共赢的价值理念。公司在寻求自身发展和利益最大化的过程中，由于要维护客户及其他利益相关者的利益，并在赚钱的同时承担一定的社会责任，因此就会依法经营、依法管理，自觉维护和确保国家及社会公众的合法利益。

（4）兼顾了各方利益，更符合法律意义上对利益相关者的利益保护。

以利益相关者价值最大化为目标也存在一些弊端：

（1）给予非股东的利益相关者以控制权，会妨碍融资。如公司员工可能没有资金投入公司，若让其与股东分享控制权，他们不能提供可信的抵押承诺。

（2）将使公司的决策过程变得低效。

（3）会产生更大的代理成本。该目标具有多重性和多元化的倾向，在我国国有企业存在严重的代理问题和市场体系不健全的情况下，会成为经理层实施机会主义的借口和工具，从而产生更大的代理成本。

此外，在以利益相关者价值最大化为经营目标的公司中，一般而言，其融资结构中债务融资（银行借款和发行公司债）的比例非常高，大银行等债权人和公司会形成战略伙伴关系，对公司的经营往往有相当大的控制权；同时，在股票市场上，公司发行的股票以法人股居多，持有股票是为了控制资源，而不是为了短期获利。此外，政府对公司的干预比较多，公司往往需要承担相当的社会责任。

尽管利益相关者价值最大化存在一定的不足，但也比单纯追求利润最大化、股东价值最大化要好，更何况公司可以通过强化治理结构、完善现代企业制度来约束和激励实际控制者，使公司金融目标尽可能地接近公司价值最大化。

知识拓展1-1　关于公司价值的衡量

公司价值也称为企业价值，是指公司资产的价值。公司价值有两种度量方法：一是会计计量上的账面价值，即基于历史成本计量的价值；二是金融度量上的市场价值，即公司所有者权益和债权人权益的市场价值，通常指公司所能创造的预计未来现金流量现值，它包含资金的时间价值和风险价值，经对其折现计算而得。

在理论上，公司价值的估值模型为：

$$V = \sum_{t=1}^{n} \frac{CF_t}{(1+K)^t} \quad \text{（公式 1-1）}$$

式中：V表示公司价值；CF_t表示公司资产第t年所创造的收入现金流量；K表示公司的加权平均资本成本；t表示取得收入现金流量的年份；n表示预期期限。

公式1-1意味着：公司价值的确定，是把公司未来资产获取的收入现金流量，以公司平均资本成本为折现率计算后的现值。由此可知，决定公司价值大小的因素包括三个：未来资产的收入现金流量、公司平均资本成本和资产价值增长预期期限。

1.未来资产的收入现金流量

公司通过对资产的经营运作创造的现金流量是公司经营成果的体现，通常用净现金流量表示，它是现金流入量减去现金流出量的差额。公司创造现金流量的活动主要有经营活动、投资活动和筹资活动。其中，经营活动创造的现金流量最能代表公司对资产的经营管理能力，是公司价值的最重要体现，因此，良好的经营活动能够为公司创造更多的收入现金流量。收入现金流量越多，公司价值越大。

2.公司平均资本成本

资本成本是公司作为筹资者使用投资者的资本所付出的代价。公司不论以何种方式筹资，其资本成本都包含两部分内容：权益资本成本和债务资本成本。公司总资本成本是这两项资本成本的加权平均值。由于公司在金融市场上筹集资金，作为投资者的股东和债权人承担的风险大小不同，按照风险收益理论，承担的风险越大，所要求的风险报酬越高，反之亦然。从投资者角度衡量资本成本的预期收益率就会随风险的大小而同向变动，风险越大，预期收益率越高，公司筹资所付出的资本使用费则会越多，公司价值则越低。

3.资产价值增长预期期限

价值增长预期期限反映了一项投资所形成资产发挥作用的期限长短，它体现了资产的时间价值。一项投资形成的资产能够运营创造收益的时间越长，该项资产带来的累计收入现金流量就越多，从而公司价值就越大。

由此可知，公司通过采取最优的财务政策，充分考虑资金的时间价值和风险报酬关系，在保证公司长期稳定发展的基础上能够使公司总价值达到最大。

第三节　公司金融的研究内容

一、什么是公司金融?

公司金融（corporate finance），又可称为公司理财、公司财务等。严格来说，公司金融的研究内容与公司理财、公司财务并不完全相同。公司理财研究的主要内容是融资、投资和股利政策的具体操作方法和技巧；公司财务是对公司的资金运动及其所体现的财务关系的管理，研究公司如何对经营过程中的资金运动进行预测、决策和分析；而公司金融的研究重点是融资、投资、上市和兼并等决策及其对公司市场价值的影响，股利政策则被视作一种融资的“延续”，是融资来源。公司金融主要研究公司的投融资管理，是金融学的一个重要分支学科。

根据《新帕尔格雷夫经济学大辞典》的定义，“金融学是经济学的一个分支，但具有不同的中心问题和方法论。其中心问题是资本市场的运营、资本资产的供给和定价。其方法论是使用相近的替代物给金融契约和工具定价”。这种使用相近的替代物定价的方法就是无套利定价方法。编写该词条的是已故的美国麻省理工学院斯蒂芬·罗斯教授，他提出了“finance”的四大研究课题：有效率市场、收益和风险、期权定价理论和公司金融。由此可见，公司金融是金融学科的一个重要组成部分。

关于公司金融的概念，我国学术界的理解也不尽相同。有学者认为，公司金融应定义为与企业有关的一切金融活动；有学者则认为，公司金融应包括公司内部的资金管理。前者的概念范围过宽，后者的概念范围则过窄。本书结合金融学经典理论和大多数学者的观点，认为公司金融比较合适的定义是：公司在生产、经营过程中主动进行的资金筹集与资金运用行为。

公司金融的研究对象是以公司制形式（特别是股份有限公司）为主的企业。企业的金融活动首先是通过各种途径筹集资金，获取资金的使用权，然后在生产经营过程中把资金转变为非现金资产，如固定资产、原材料、无形资产等。非现金资产投入后经过工人的生产劳动变成产品，然后把产品拿到市场上去销售，最后转变为现金或应收账款等。销售产品获取的销售收入一般情况下应该大于生产产品的原始投入，即生产成本，扣除生产过程中所发生的各种人工费、管理费、销售费用等之后，剩余部分就是资产的增值部分，即利润。资产增值的一部分以支付税金、股利等形式流出公司的生产经营环节，另一部分则留存于公司之中，继续参与公司的生产经营活动。公司的资金就是这样不断地循环、周转，从而构成了公司运行过程中的金融活动。

可见，公司的投资、筹资、生产、经营和销售的每一个环节都伴随着资金的流动，整个生产经营过程都与公司金融密切相关。公司通过对资金的有效管理，合理提高各类金融资源的利用效率，以实现公司金融的目标。

二、公司金融的研究内容

根据公司金融的定义，公司金融所要研究的内容主要是融资、投资以及经营过程中的资金管理等金融活动。

借助公司某一时点的资产负债表（如图1-1所示）可以了解公司的经营活动、财务状况，也可以进一步理解公司金融的基本内容。资产负债表的左边是公司的资产，分为流动资产和非流动资产两种类型。流动资产是指存续时间较短的资产，如应收账款、存货；非流动资产相对于流动资产而言是存续时间较长的资产，如固定资产、无形资产等。公司通过运营资产才能产生效益，因而资产是公司的经济资源。资产负债表的右边反映公司的融资方式，公司一般通过借款和发行股票融资。负债根据期限分为流动负债和非流动负债（长期负债）两大类；所有者权益又称为股东权益，等于公司的资产价值与负债之间的差额，代表股东对公司资产的剩余索取权。公司选择不同的筹资方式就会形成不同的资本结构，从而对股东价值以及公司整体价值产生影响。资产负债表的左右两方分别代表公司资产的使用方和供给方，中间的符号意味着双方具有的隐形关系。

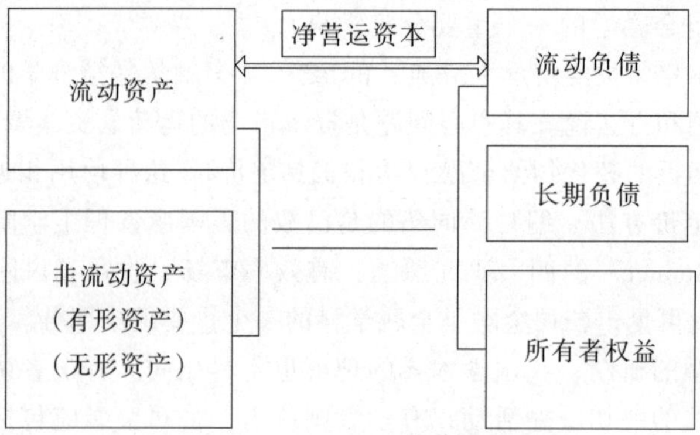

图1-1　公司资产负债表图示

（一）公司融资活动

公司的金融活动始于融资。当公司在金融市场上向资金提供方筹集资金后，就形成了如资产负债表右方所示的融资结构，或称为“资本结构”。融资活动贯穿公司成长的全过程：公司设立时，需要筹集注册资金；公司的日常经营，需要充足的流动资金；公司有了好的投资项目，需要长期资金的支持；公司扩大规模，需要新的资金投入；公司债务到期，需要还债资金；向股东分配股利，需要新增现金流。可以说，融资是公司日常经营过程中一项经常性的理财活动。

在公司的融资活动中，如果公司融入的是债务资本，需要向债权人还本付息；如果融入的是股权资本，虽然在公司存续期内不用向股东偿还本金（在公司解散时要偿还本金），但要向股东支付股利。可见，公司融资活动不仅包括获取资金，还包括向资金提供方偿还本息，支付股利。从资金运动的角度看，公司取得资金，表现为现金流入；公司还本付息和支付股利，则表现为现金流出。由融资活动所形成的现金流入和现金流出称作融资现金流。

公司从不同渠道筹集到的资金，都要承担相应的融资风险和融资成本，因此，公司要科学合理地做出融资决策，控制融资风险，优化融资结构，制定对融资现金流的长期规划，提高资金的使用效率，做到适时和适量。

（二）公司投资活动

发现投资机会，测算投资收益，制定投资战略，是所有公司在创立之初和面对未来成长机会时会遇到的问题，投资成功与否是决定一个公司生死存亡的关键。因此，采取什么样的投资战略（主要是长期资产投资决策）便成为公司重要的金融问题之一。

公司的投资战略涉及资产负债表的左边，长期资产尤其是固定资产投资往往具有不可逆的特征，因此需要使用“资本预算”来描述固定资产的投资和管理过程，在投资之前须对固定资产形成之后可能产生的现金流进行预测，并据此与固定资产投资所发生的现金流出进行比较，以决定是否进行固定资产投资。由于长期资产投资的未来现金流入具有不确定性，因此资本预算是非常复杂的投资决策方法，是长期资产投资决策的重要依据之一。

20世纪70年代以来，实物期权或称真实期权从价值观念上对传统资本预算产生了冲击。实物期权理论认为，固定资产投资是否具有价值并非完全取决于现金流入和现金流出的比较，即不仅取决于静态的现金流量，还包含因市场条件变化而持有长期资产中的实物资产而产生的动态价值。

公司投资活动可以分为多种类型：

（1）按照投资对象存在形式的不同，可以分为实物投资与金融投资。实物投资主要涉及对生产经营活动、公司并购、购买产权、专利等的投资；金融投资是指在金融市场上购买股票、债券等金融资产。

（2）按照资产形态的不同，可以分为固定资产投资和流动资产投资。固定资产投资包括购置厂房、设备等；流动资产投资是指购买原材料、备件等。

（3）按照投资对公司未来的影响，可以分为战术性投资和战略性投资。战术性投资主要是为了获得投资收益，投资规模小、期限短，投资风险较小；战略性投资是对公司未来发展产生重大影响的投资，所需资金规模较大、期限长，投资风险较大。

（三）营运资本管理

所谓营运资本，是指公司在流动资产上的投资金额减去流动负债的差额。净营运资本，即流动资产增加额减去流动负债增加额的差额。差额为正，表示现金流出；差额为负，表示现金流入。因此，公司提高现金流量，可以减少净营运资本的增量。公司营运资本管理就是要协调流动资产与流动负债的变动量，以提高营运资本的效率。

营运资本管理又称为短期财务管理，反映在资产负债表左右两边的上方，即流动资产和流动负债。营运资本管理包括流动资产管理和流动负债管理两方面。

从流动资产管理要求看，流动资产中的每个项目都需要保持一个合理的量，它依赖流动资产持有量预测与成本收益分析。从流动资产流量管理要求看，流动资产中的每个项目都要增强变现能力，才能提高利用效率。其中，现金、应收账款等项目是流动性很强的资产，由于价值经常发生变化，必须经常性地予以关注；经营中的现金流入量和现金流出量易在时间和金额上不对等，需要不断进行协调，以保证公司日常经营的资金需求。因此，营运资本管理中保证公司正常经营至关重要。

就流动负债管理而言，短期融资构成了公司的流动负债。在短期融资决策中，需要按融资成本最小化选择短期融资方式，由于低融资成本的商业信用等短期资金有限，因此，需要按可得性原则选择短期资金，即按照融资成本由低到高的原则选择短期资金。

由此可见，营运资本管理就是要合理安排流动资产和流动负债的比例，调整二者之间的配置结构，以提高流动资产周转率，进而提高营运资本的管理效率。

第四节　公司金融环境

在金融市场上，公司是一个重要的交易主体。影响公司金融决策的外部因素有很多，如金融环境、税收环境、法律环境、会计环境等。从财务的角度看，金融环境是最基本的环境因素。它为公司融通资金提供来源，为公司选择各种资本运作方式、实现价值奠定了基础。可见，金融环境影响公司的投融资行为，了解金融环境有助于公司做出有效的投融资决策。

一、金融市场

（一）金融市场概述

金融市场是资金供应者和资金需求者通过一定的金融工具进行交易进而融通资金的场所。狭义而言，金融市场是金融资产进行交易的场所，这个场所既可以是有形的，也可以是无形的。金融市场中的交易对象是金融资产，是一切代表未来收益或资产合法要求权的凭证，亦称为金融产品。广义而言，金融市场是指以金融资产为交易对象而形成的供求关系及其机制的总和。它包含了金融资产在交易过程中所产生的各种运行机制，如价格机制、发行机制、监督机制等。因此，金融市场是一个由多种要素构成的有机统一体。

金融市场的构成十分复杂，它是由许多不同的市场组成的一个庞大体系。按照不同的划分标准，金融市场可分为如下几种：

1.以期限为标准，金融市场分为货币市场和资本市场

货币市场又称为短期金融市场，是融通短期（期限在一年以内）资金的市场。货币市场包括同业拆借市场、商业票据市场、回购协议市场、银行承兑汇票市场、大额可转让存单市场和短期政府债券市场等。资本市场又称为长期金融市场，是融通长期（期限在一年以上）资金的市场。资本市场包括中长期信贷市场和证券市场。其中，中长期信贷市场是金融机构和工商企业之间交易的贷款市场；证券市场是通过证券的发行与交易进行融资的市场，包括股票市场、债券市场、基金市场、保险市场和融资租赁市场等。现在业界越来越多的观点将资本市场等同于证券市场。

2.以功能为标准，金融市场分为发行市场和流通市场

发行市场又称为一级市场，主要处理金融工具的发行与最初购买者之间的交易。流通市场又称为二级市场，主要处理现有金融工具转让和变现的交易。此外，还有第三市场、第四市场等场外市场的划分。其中，第三市场是非交易所会员在交易所以外进行交易而形成的市场；第四市场是投资者和证券出售者直接进行证券交易的市场。本章着重介绍一级市场和二级市场。

3.以融资对象为标准，金融市场分为资本市场、外汇市场和黄金市场

资本市场以货币和资本为交易对象；外汇市场以各种外汇金融工具为交易对象；黄金市场则是集中进行黄金买卖和金币兑换的交易市场。

4.按所交易金融工具的属性，金融市场可分为基础性金融市场和金融衍生品市场

基础性金融市场以基础性金融产品为交易对象，如商业票据、企业债券、企业股票等。金融衍生品市场以金融衍生品为交易对象。金融衍生品属于以原生金融工具为基础创造出来的新的金融工具，包括远期合约、期货、期权和互换等。

（二）一级市场

一级市场即发行市场。一级市场并不为公众所熟知，筹集资金的公司或政府机构将其新发行的股票和债券等证券销售给最初购买者的过程通常不公开。在一级市场上，投资银行是协助证券首次售出的重要金融机构。它承销证券，在确保公司证券能够按照某一价格售出后，再向社会公众推销发行证券。

股票交易市场分为有组织的证券交易所市场（场内市场）和场外市场，以及新兴的第三市场和第四市场。其中，股票一级市场是指股票的初级市场，也称发行市场。在这个市场上，投资者可以认购公司发行的股票；通过一级市场，发行人筹措到公司所需资金；而投资者则通过购买公司股票，成为公司股东。购买的股票上市流通后，则进入二级市场进行股票交易。

1.一级市场的主要特点

（1）发行市场是一个抽象市场。证券买卖活动并非局限在一个固定场所。

（2）发行是一次性行为，其价格由发行公司决定，并经过有关部门核准。投资者以同一价格购买股票。

2.股票一级市场的发行方式

股票发行方式，也即股票经销出售的方式。由于各国对金融市场的管制不同，金融体系和金融市场结构不同，股票发行方式也有所不同。我国股票的发行制度经历了审批制、核准制、注册制等变迁，目前，已全面实行股票发行注册制。

股票一级市场的发行方式主要有：

（1）按照发行与认购的方式及对象，股票发行分为公开发行与非公开发行

公开发行又称公募，是指事先不确定特定的发行对象，面向社会公众公开发行股票。非公开发行又叫私募，是指发行公司只对特定的发行对象推销股票。非公开发行方式主要适用以下几种情况：以发起方式设立公司；内部配股；私人配股等。

（2）按照是否有中介机构（证券承销商）的协助，股票发行分为直接发行与间接发行

直接发行又叫直接招股，即发行公司自主发行，是股份公司自己承担股票发行的一切事务和发行风险，直接向认购者推销股票的方式。间接发行又叫委托发行，是发行者委托证券发行中介机构出售股票的方式，又分为代销发行、助销发行和包销发行三种方式。

（3）按照不同的发行目的，股票发行分为有偿增资发行和无偿增资发行

有偿增资发行是指认购者必须按股票的某种发行价格支付现款，方能获得新股票。一般公开发行的股票和私募定向发行的股票都采用有偿增资的发行方式。无偿增资发行是指股份公司将公司盈余结余、公积金和资产重估增益转入资本金股本科目的同时，发行与之对应的新股票，分配给公司原有股东，而原有股东无须认缴股票价款。

（三）二级市场

二级市场也称为证券交易市场、证券流通市场、次级市场等，是对已经发行的证券进行买卖、转让和流通的市场。二级市场是对公开发行或私下发行的有价证券进行买卖和交易的场所。换句话说。二级市场是任何金融商品的交易市场，可为金融商品的最初投资者提供资金的流动性。二级市场在新证券发行后即存在，一旦新发行的证券进入证券交易所（如我国的上海证券交易所和深圳证券交易所），也就是做市商开始出价和提供新证券之后，投资者便可以比较容易地进行交易了。

各国的股票交易市场都是二级市场，我国的二级市场具有如下特点：

1.二级市场以证券投资者为主要参与者

二级市场的参与者主要是证券交易人以及准备购买证券的货币持有人，还有部分证券发行人和证券中介机构。但后者的职责在于辅助投资者完成交易，而不是证券交易活动的独立参与者。

2.二级市场是一个公开、集中交易的市场，披露各种交易信息，受到严格监管

我国的证券交易市场经过30多年的发展，已形成多层次的资本市场体系。在市场结构方面，我国的股票市场已从单一主板市场发展成现在的主板、中小板、创业板、新三板、科创板等多层次资本市场。

3.二级市场与证券发行市场相互依赖

二级市场以发行在外的证券为交易对象，而不是尚未发行的证券，因此，二级市场依赖证券发行市场，证券发行市场是证券交易市场存在的前提。由于我国的股票发行多数借助证券交易所的交易网络，采取“网上发行方式”，证券发行市场对证券交易市场也有一定的依赖性。证券发行市场与证券交易市场的关系异常复杂，无论是所发行证券的种类、价格、数量还是发行规模，均在一定程度上受制于证券交易市场。

（四）公司与金融市场

尽管公司在商品市场上互相争斗，但所有的公司都是金融市场的主体。一方面，公司以资金需求者的身份进入金融市场，从盈余单位融入资金，是金融市场上最大的资金需求者；另一方面，公司又以资金供给者的身份进入金融市场，向赤字单位融出资金。可见，公司与金融市场有着密切的联系（如图1-2所示）。

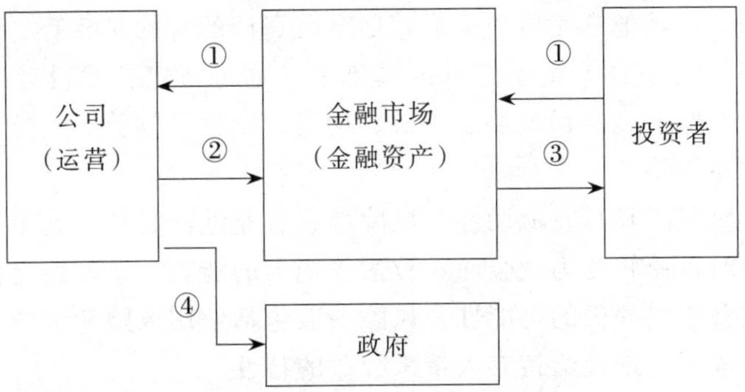

图1-2　公司与金融市场的关系图

图1-2展示了公司与金融市场的具体联系，由该图可知：

1.金融市场是公司融资的场所

公司设立时，需要筹集到与公司性质相适应的最低数额的资本，这部分资本由公司投资者投入；公司开展生产经营活动，仅仅依靠投资者投入的资本是不够的，还需通过负债融资或者增资扩股筹集资金。公司的融资活动都需要通过金融市场进行，如图1-2中的①所示：公司通过股票市场发行股票筹集股本；公司通过债券市场发行公司债券，通过间接金融市场向金融机构借款，通过票据市场发行商业票据等向债权人借入资金。可见，公司的融资活动离不开金融市场，金融市场是公司融资的场所。

2.金融市场是公司投资的场所

公司存在闲置资金时，为提高资金利用效率，往往需要在金融市场上进行有价证券投资，如图1-2中的②所示。在多元化经营的前提下，公司除了开展生产经营活动，有时也需要将部分资金用于对外股权投资或债权投资，各类投资活动都需要借助金融市场完成。可见，公司的投资活动离不开金融市场，金融市场是公司进行投资的场所。

3.金融市场为投资者价值增值提供了便捷的渠道

公司在运营后产生了现金，在留存一部分利润用于再投资外，另一部分利润以利息或者股利的方式向投资者支付投资回报，如图1-2中的③所示。同时，公司还会按照有关法律的规定向国家缴纳所得税，如图1-2中的④所示。可见，通过金融市场可以将公司创造的价值转换成为各类投资者的价值，从而实现价值增值。

4.金融市场为公司投融资活动提供决策信息

金融市场是公司投融资决策所需信息的重要来源。如市场利率的变化反映了资金供求状况和宏观经济情况的各种变化，证券市场的行情则反映了投资者对公司经营状况的评价与预期，这些信息都为公司进行投融资决策提供了重要依据，是公司投融资活动有用的决策信息。

二、金融工具

金融工具通常是指形成一方的金融资产并形成其他方的金融负债和权益工具的合同，是一种书面文件，具有法律效力。借助金融工具，资金从供给方转移到需求方，因此金融工具也是完成资金融通的工具。金融工具一般分为基本金融工具和衍生金融工具两大类。常见的基本金融工具有企业持有的现金、从其他方收取现金或其他金融资产的合同权利、向其他方交付现金或其他金融资产的合同义务等。衍生金融工具又称派生金融工具，是在基本金融工具的基础上，通过特定技术设计形成的新金融工具，常见的衍生金融工具包括远期、互换、期货、期权合同等。其种类复杂，具有高风险、高杠杆收益等特点。

一般认为，金融工具具有流动性、风险性、收益性的特征。其中，流动性是指将金融工具在必要时迅速转变为现金而不致遭受损失的能力。风险性是指购买金融工具的本金和预期收益遭受损失的可能性，风险一般包括信用风险和市场风险。收益性是指金融工具定期或不定期地给持有人带来收益的特性。

金融工具的主要类别如下：

（一）短期金融工具

短期金融工具是指由政府、金融机构、公司等主体发行的期限在一年以内（含一年）的债务产品。短期金融工具主要利用货币市场完成发行，进行交易。非金融公司利用短期金融工具，一般需要通过金融机构才能完成交易。短期金融工具有同业拆借、短期国债、中央银行票据、短期融资券、国债回购、大额可转让定期存单、商业汇票、银行本票和支票等代表性产品。

（二）定息类金融工具

定息类金融工具是指由政府、金融机构、公司等主体发行，期限在一年以上，通常支付固定利息或收益的债务产品。其主要包括债券、定期存单和贷款。定息类金融工具也称债务性证券，持有此类证券就代表拥有对证券发行人的债权，发行人则是债务人。定息类金融工具与短期金融工具同属债务产品，区别主要在于到期期限上。定息类金融工具的代表性产品有政府债券、金融债券、公司债券、可转换债券、定期存款和中长期贷款等。

（三）权益类金融工具

权益类金融工具也称权益类证券，是指由公司、金融机构等主体发行的，代表在企业中享有所有者权益的证券。普通股和优先股是常见的权益类证券。持有此类证券就代表拥有证券标的物的财产所有权。有限责任公司的股权，股份公司发行的股票都属于权益类证券。以股票为基础发行和交易的认股权证、指数基金等产品也属于权益类金融工具。

(四) 证券投资基金

证券投资基金是一种实行组合投资、专业管理、利益共享、风险共担的集合投资方式，即通过发行基金单位，集中投资者的资金形成独立财产，由基金托管人托管，由基金管理人管理。与股票、债券等不同，证券投资基金是一种间接投资工具。近年来，由于我国金融市场快速发展，金融工具日益增多，社会财富快速积累，社会对财富管理的需求急剧增加，证券投资基金已经成为大众化的资产管理工具。证券投资基金大体包括以下几类：按照基金的组织形式，可分为公司型基金和契约型基金，目前我国的证券投资基金基本上为契约型基金；按照基金的运作方式，可分为封闭式基金和开放式基金；按照投资对象的不同，可分为货币市场基金、债券型基金、股票型基金和混合型基金等。

三、金融机构

金融机构是指专门从事货币、信用活动的中介组织。狭义的金融机构泛指经营性金融机构，即取得金融监管部门颁发的金融许可证，开展相应金融业务的金融企业。广义的金融机构指从事金融业务、协调金融关系、维护金融体系正常运行的机构，按其地位和功能分为三大类：经营性金融机构、金融监管机构和货币管理当局（中央银行）。

目前，我国已基本建立了以国有金融机构为主体，各类金融机构分工合作的金融组织体系，逐步形成了银行、证券、保险分业经营、分业监管的金融体系。

2014年，中国人民银行、中国银行业监督管理委员会发布了《金融机构编码规范》，明确了我国金融机构的涵盖范围，界定了各类金融机构的具体组成。根据《金融机构编码规范》，我国的金融机构可分为：货币当局、监管当局、银行业金融机构、证券业金融机构、保险业金融机构、交易及结算类金融机构、金融控股公司、其他金融机构共八类。后六类可统称为经营性金融机构。八类金融机构概况见表1-2。

表1-2 **我国金融机构的构成**

类型		组成
货币当局		中国人民银行、国家外汇管理局
监管当局		国家金融监督管理总局、中国证券监督管理委员会
银行业金融机构	银行业存款类金融机构	银行、城市和农村信用合作社、财务公司、农村资金互助社
	银行业非存款类金融机构	信托公司、金融资产管理公司、金融租赁公司、汽车金融公司、贷款公司、货币经纪公司等
证券业金融机构		证券公司、期货公司、投资咨询公司、证券投资基金管理公司
保险业金融机构		财产保险公司、人身保险公司、再保险公司、保险资产管理公司、保险经纪公司、保险代理公司、保险公估公司、企业年金
交易及结算类金融机构		交易所、登记结算类机构
金融控股公司		中央金融控股公司、其他金融控股公司
其他		小额贷款公司

资料来源 见《金融机构编码规范》。

（一）经营性金融机构

金融机构的多样化是市场经济发展和经济结构多元化的客观要求。社会融资渠道和国民收入分配格局的变化、经济主体的多样化、金融市场的快速发展，需要建立各类金融机构为不同层次经济主体的经济活动服务。

1.银行业金融机构

银行业金融机构是指经营存款、放款、汇兑、储蓄等金融业务，承担信用中介的金融机构。其包括银行业存款类金融机构和银行业非存款类金融机构。银行业存款类金融机构是接受个人或机构的存款并发放贷款的金融中介机构，主要包括银行、城市和农村信用合作社、财务公司、农村资金互助社等。其中，银行是指三家政策性银行和各类商业银行。银行业非存款类金融机构是指不能够接受个人或机构的存款，但可以发放贷款的金融中介机构，主要包括信托公司、金融资产管理公司、金融租赁公司、汽车金融公司、贷款公司、货币经纪公司等。

2.证券业金融机构

证券业金融机构是指为证券市场参与者（发行人、投资者）提供中介服务的机构，是直接融资中的重要中介人，承担着沟通资金供求双方的职责。我国的证券业金融机构包括证券公司、期货公司、投资咨询公司、证券投资基金管理公司等。

3.保险业金融机构

保险业金融机构是指专门经营保险业务的机构，这类机构以收取保险费为条件，向投保人或投保人指定的受益人提供某类风险的保障。我国保险业金融机构主要包括财产保险公司、人身保险公司、再保险公司、保险资产管理公司、保险经纪公司、保险代理公司、保险公估公司、企业年金等。

（二）金融监管机构

我国金融监管机构有国家金融监督管理总局、中国证券监督管理委员会。前者是中国银行业和保险业的监管机构，负责对银行业和保险业实施监管；后者是中国证券业的监管机构，负责对证券业和期货业进行监管。

（三）中央银行

中国人民银行是我国的中央银行，根据《中国人民银行法》的规定，中央银行承担着制定和执行货币政策、保证社会对该国货币的信心、保持货币币值的稳定等职责。随着我国经济的发展，促进经济增长和充分就业也成为中央银行的职责。这意味着当出现金融危机和影响金融系统流动性的事件时，中央银行应当施加影响，使经济体系保持流动性。如果一家银行发生清偿困难，并传递到其他银行，就会影响货币的稳定。这时，中央银行往往被迫作为最后贷款人给困难银行提供支持，以维持公众对银行体系的信心。中央银行对货币政策工具的运用会在第一时间影响金融市场和各类金融工具的市场表现，因此，保持对中央银行货币政策和中央银行运用货币政策工具的关注，是公司金融管理的基本要求。

本章小结

1.企业是依法设立的，以营利为目的，运用各种要素（土地、劳动力、资本、技术等）向市场提供商品或服务，自主经营、自负盈亏、独立核算的法人或其他社会经济组织。典型的企业组织形式有三种：个人独资企业、合伙企业和公司制企业。公司制企业具有所有权流动性强、有限债务责任、无限存续、易于融资等优点。

2.公司金融的目标取决于公司的目标。公司的目标是创造盈利（或称价值），而公司金融的目标是为实现公司创造财富或者价值服务。公司的目标有三种观点：利润最大化目标、股东价值最大化目标、利益相关者价值最大化目标。

3.公司金融主要研究公司的投融资管理，是金融学的一个重要分支学科。本书结合金融学经典理论和大多数学者的观点，认为公司金融比较合适的定义是：公司在生产、经营过程中主动进行的资金筹集与资金运用行为。

4.公司金融的研究内容主要包括融资、投资以及营运资金管理等金融活动。其中，公司的金融活动始于融资，是公司日常经营过程中一项经常性的理财活动；公司的投资活动成功与否是决定一个公司生死存亡的关键，由此，长期资产的投资决策便成为公司重要的金融问题之一；营运资本管理包括流动资产管理和流动负债管理，公司要合理安排流动资产和流动负债的比例，调整二者之间的配置结构，以提高营运资本管理效率。

5.公司金融环境是影响公司金融决策的外部因素之一，了解金融环境有助于公司做出有效的投融资决策。了解金融环境主要考虑金融市场、金融工具和金融机构等要素。

6.金融市场的构成十分复杂，是由许多不同的市场组成的一个庞大体系。我国金融市场上的资本市场已形成了多层次的结构。其中，发行市场又称为一级市场；流通市场又称为二级市场。公司的经营活动离不开金融市场，公司与金融市场密切相关。

7.金融工具具有流动性、风险性、收益性的特征。其主要包括短期金融工具、定息类金融工具、权益类金融工具以及证券投资基金等。

8.金融机构是指专门从事货币、信用活动的中介组织。我国的金融机构按其地位和功能分为三大类：经营性金融机构、金融监管机构和货币管理当局（中央银行）。

同步测试

同步测试

（一）单项选择题

1.关于公司经营目标，最准确的表述为（　　）。

A.利润最大化　　B.每股盈余最大化

C.股东价值最大化　　D.公司价值最大化

2.在柜台上从事已在交易所挂牌上市的证券的交易是（　　）。

A.第三市场　　B.第四市场

C.店头交易　　D.场内交易

3.货币市场是指融资期限在（　　）的金融市场。

A.1年以下　　B.1~5年

C.5年以上　　D.无限制

4.股份有限公司的最高权力机构是（　　）。

A.股东大会　　B.工会

C.董事会　　D.监事会

5.在公司解散或破产清算时，下列清偿顺序正确的是（　　）。

A.债权人、优先股、普通股　　B.优先股、债权人、普通股

C.优先股、普通股、债权人　　D.债权人、普通股、优先股

（二）多项选择题

1.就法律角度而言，企业的组织形式有（　　）。

A.独资企业　　B.合伙企业

C.公司制企业　　D.私营企业

2.公司金融的主要研究内容有（　　）。

A.公司融资　　B.公司投资

C.公司经营　　D.营运资本管理

3.公司使用的金融工具主要有（　　）。

A.短期融资工具　　B.定息类金融工具

C.权益类金融工具　　D.证券投资基金

4.与独资企业和合伙企业相比，公司具有的基本特征包括（　　）。

A.所有权与经营权分离　　B.财务不公开

C.股东对公司债务承担有限责任　　D.规模较大

5.以下属于定息类金融工具的有（　　）。

A.短期融资券　　B.公司债券　　C.定期存款

D.优先股　　E.认股权证

（三）简答题

1.企业的组织形式有哪几种？公司制企业与独资企业、合伙企业有何不同？

2.什么是公司金融？公司金融的研究内容有哪些？

3.公司金融的目标有哪些？如何理解各目标的利弊？

4.可以从哪些角度理解金融市场对公司金融的影响？

5.公司金融的活动有哪些？它们之间有何关联？

6.为什么要研究公司的金融环境？金融环境主要包括哪些要素？

7.公司融资时可以使用哪些金融工具？

8.我国的金融机构是如何划分的？

第二章

财务分析与财务规划

学习目标

［知识目标］

◇掌握财务报表的内涵与种类。

◇掌握财务分析的内涵。

◇掌握三大报表的含义及基本结构。

［能力目标］

◇掌握综合财务分析的两种方法。

◇掌握财务报表分析的常用方法。

◇掌握财务规划的编制方法。

［素养目标］

◇能识别优质企业的财务报表信息，培养学生的民族自信和爱国情怀。

◇掌握杜绝财务舞弊、评估公司健康状况的财务分析要点，培养学生遵纪守法、诚实守信的品德。

◇掌握根据公司财务状况制定长期财务规划的方法，培养学生良好的财务素养，端正职业态度。

引导案例

瑞幸咖啡财务造假事件

瑞幸咖啡总部位于厦门，是一家起源于中国的全球连锁咖啡品牌，于2019年5月在美国纳斯达克上市，市值曾一度超过百亿美元，并以其独特的商业模式和迅猛的扩张速度吸引了全球投资者的目光。2020年1月1日，瑞幸咖啡股价4日内累涨近17%，创历史新高。然而，2020年1月31日，美国著名专业做空机构“浑水”在官方推特上发布了一份做空报告。报告认为，瑞幸咖啡从2019年第三季度开始捏造财务和运营数据，夸大门店的每日订单量、每笔订单包含的商品数、每件商品的净售价，从而营造出单店盈利的假象。又通过夸大广告支出，虚报除咖啡外其他商品的占比来掩盖单店亏损的事实。随后在2020年4月2日，瑞幸咖啡宣布，公司内部发现部分员工存在财务造假行为，涉及金额高达22亿元人民币，相关的费用和支出也有相应虚增。这一消息犹如晴天霹雳，让投资者们跌破眼镜，也让瑞幸咖啡陷入了前所未有的危机之中，美股股价盘前应声暴跌85%。

据了解，瑞幸咖啡的财务造假行为主要发生在2019年的第二季度到第四季度之间。这期间公司为了达到业绩目标，通过虚构销售交易、夸大商品销量等手段，虚增了公司当期收入和应收账款。同时，为了掩盖这些造假行为，瑞幸咖啡还伪造了大量的虚假客户和虚假供应商，形成了一个庞大的虚假交易网络。

瑞幸咖啡财务造假事件被曝光后，立即引起了监管机构和投资者的高度关注。中国证监会迅速对其展开调查，并要求其提供相关财务数据和内部控制文件。美国证券交易委员会（SEC）也对瑞幸咖啡进行了调查，并对其进行了退市处理，此外，多家银行和金融机构也宣布对瑞幸咖啡进行风险评估和审查。在这场财务造假风波中，瑞幸咖啡的股价暴跌，市值蒸发过半。投资者们纷纷抛售股票，导致市场信心严重受损。同时，瑞幸咖啡的品牌形象也受到了极大的损害，消费者对其信任度大幅降低，销售量也大幅下滑。

除了对公司自身造成的巨大损失外，这场财务造假事件还对整个资本市场产生了深远的影响。它暴露了资本市场在信息披露、内部控制等方面存在的漏洞和不足，也引发了人们对于上市公司诚信问题的深思和探讨。为了挽回市场信心和重塑品牌形象，瑞幸咖啡采取了一系列措施。2020年4月5日下午，瑞幸咖啡通过官方社交平台进行道歉：对于任何涉事人员，公司将保留采取法律手段的权利，不会包庇，绝不姑息！公司也将深刻反思忏悔，强化内控合规，争取得到投资者的理解和支持。

瑞幸咖啡财务造假事件是一起典型的企业诚信危机案例。它给我们敲响了警钟，提醒我们要时刻保持警惕，加大对上市公司的监管和处罚力度，维护资本市场的公平、公正和透明；同时，也要引导企业树立正确的价值观和经营理念，注重诚信经营和长期发展，为社会创造更多的财富和价值。

资料来源　编者根据相关资料整理而成。

第一节　财务报表

一、什么是财务报表

财务报表是指定期地将公司日常会计核算资料加以分类整理、汇总，按照一定的表格形式编制，总括、综合地反映公司经济活动过程和结果，并为有关方面提供所需信息的一系列表格和数据。一套完整的财务报表至少包括资产负债表、利润表、现金流量表、股东权益变动表和附注。本教材主要介绍公司的基本财务报表，即资产负债表、利润表和现金流量表。

在公司的日常会计核算中，公司发生的各项经济业务都已经按照一定的会计程序，在有关的会计账簿中进行了记录和计算。虽然公司在一定日期内的财务状况和经营成果在日常的会计记录中已经得到反映，但是这些日常的核算资料数量多且较分散，不能集中、概括地反映公司的财务状况和经营成果。因此，公司的管理者、投资者以及其他有关的单位和个人，不能直接使用这些分散的会计记录来分析和评价公司的财务状况和经营成果，据以做出正确的决策。为此，公司有必要将日常的会计核算资料定期地加以分类、汇总，按照一定的形式编制成财务报表，总括、综合地反映公司的经济活动过程和结果。所以，财务报表是公司财务会计确认与计量的最终成果的体现，管理者、投资者等报表使用者主要通过财务报表来了解公司当前的财务状况、经营成果和现金流量等情况，从而预测未来发展趋势。同时，财务报表也是向投资者等报表使用者提供决策有用信息的媒介和渠道，是沟通投资者、债权人等报表使用者与公司管理者之间信息的桥梁和纽带。

二、公司基本财务报表

（一）资产负债表

1.资产负债表的结构

资产负债表是反映企业在某一特定日期（通常为各会计期末）的财务状况（即资产、负债和所有者权益状况）的主要会计报表，是公司经营活动的静态体现。

资产负债表是时点报表，它反映了特定时点上，企业拥有什么（资产）、企业欠别人什么（负债）以及两者相抵后，企业为其所有者留下了什么（所有者权益）。它们之间存在一定的数量关系，可以用会计恒等式来表示：资产=负债+所有者权益。它表明企业的资金来源与资金运用的关系，资产负债表就是按照资产等于负债加上所有者权益这一会计恒等式编制的，构成了资产负债表的基本结构，见表2-1。

表2-1 资产负债表

编制单位： 年 月 日 单位：元

资产	期初数	期末数	负债及所有者权益（或股东权益）	期初数	期末数
流动资产：			流动负债：		
货币资金			短期借款		
交易性金融资产			交易性金融负债		
衍生金融资产			衍生金融负债		
应收票据			应付票据		
应收账款			应付账款		
应收款项融资			预收款项		
预付款项			合同负债		
其他应收款			应付职工薪酬		
存货			应交税费		
合同资产			其他应付款		

续表

资产	期初数	期末数	负债及所有者权益（或股东权益）	期初数	期末数
持有待售资产			持有待售负债		
一年内到期的非流动资产			一年内到期的非流动负债		
其他流动资产			其他流动负债		
流动资产合计			流动负债合计		
非流动资产：			非流动负债：		
债权投资			长期借款		
其他债权投资			应付债券		
长期应收款			其中：优先股		
长期股权投资			永续债		
其他权益工具投资			租赁负债		
其他非流动金融资产			长期应付款		
投资性房地产			预计负债		
固定资产			递延收益		
在建工程			递延所得税负债		
生产性生物资产			其他非流动负债		
油气资产			非流动负债合计		
使用权资产			负债合计		
无形资产			所有者权益（或股东权益）		
开发支出			实收资本（或股本）		
商誉			其他权益工具		
长期待摊费用			其中：优先股		
递延所得税资产			永续债		
其他非流动资产			资本公积		
非流动资产合计			减：库存股		
			其他综合收益		
			专项储备		
			盈余公积		
			未分配利润		
			所有者权益（或股东权益）合计		
资产总计			负债和所有者权益（或股东权益）总计		

由表2-1可以看出，资产负债表包括资产、负债、所有者权益三大类项目。

资产负债表的左边表示资产，反映资金的投向、构成和具体运用情况，按照流动性大小可分为流动资产和非流动资产。流动资产是指在一年或一个营业周期内变现或者耗用的资产，主要有货币资金、交易性金融资产、应收票据、应收账款、存货和预付款项等。非流动资产是指除流动资产以外的长期资产，企业投资非流动资产可以取得比流动资产更高的收益，但需要承担更大的投资风险。它可能是有形的，如厂房、设备、运输工具等固定资产，也可能是无形的，如债权投资、无形资产等。

资产负债表的右边表示负债和所有者权益，反映公司资金来源的构成情况。首列是负债，按照期限的长短，负债分为流动负债和非流动负债。流动负债的偿还期限在1年以内或超过一年的一个营业周期内，包括短期借款、应付账款、应付票据、应交税费等。非流动负债的偿还期限在1年以上或超过1年的一个营业周期以上，主要包括应付债券、长期借款、长期应付款等。其后列示所有者权益，是资产总额和负债总额的差值，表示股东所拥有的资产净值，也称为股东权益，主要包括实收资本（或股本）、资本公积、盈余公积、未分配利润等。

2.资产负债表反映的信息

（1）资产负债表左边反映的信息

①企业资产的规模和结构。资产规模是存量概念，衡量企业能动用资产的总量。但企业资产的大小与企业的持续经营能力、盈利能力并不成正比。资产结构是各项资产的占比，与企业所处行业特征有关，也与企业自身对资产配置决策有关。例如，资本密集型行业固定资产的比例较高，而劳动密集型行业流动资产的比例较高。现金资产的持有比例反映出企业流动资产的配置决策，而应收账款的比例则与企业的信贷政策有关。

②资产的流动性。它是指资产转换成现金的速度和难易程度。流动性包含两个层次的含义：一是转换的难易程度，二是价值的损失。流动性高的资产是指那些能很快转成现金且没有重大价值损失的资产，而流动性低的资产则是那些不大幅度降价就无法迅速转换成现金的资产。

在资产负债表中，资产按其流动性递减的顺序进行排列。

③净营运资本。它是指流动资产归还抵补流动负债后的余额。这是反映企业短期偿债能力的一个重要指标，当流动资产大于流动负债时，净营运资产为正值，表示企业有足够的流动性偿还债务。若流动资产小于流动负债，净营运资本为负值，意味着企业短期偿债能力不足。因此，一个健康的企业其净营运资本通常为正值。

（2）资产负债表右边反映的信息

资产负债表的右边主要反映企业有关资本结构的管理决策。所谓资本结构，是指企业各项长期资金的构成及其比例关系，它通常用各种资金来源的相对规模来衡量。资本结构一般分为债务资本与权益资本两部分。债务资本是明确的，且具有强制性。负债率越高，所产生的固定费用和偿债义务就越高，公司无法偿付到期债务本息的可能性越大。权益资本是不确定的，具有非特指性，缺乏明确的偿还方式，且不带有强制性，但从根本上决定公司的稳定性和偿付能力强弱。

短期债务根据其性质可以分为两类：一是借入的债务，如短期借款，需要到期偿还；二是应付款项，如应付账款、应付票据、预收账款等，需要按照履行支付义务。前者是公司资金筹集的结果，后者多是由公司业务交易中的商业信用引起的支付活动。如果一个公司超过短期信用期的各项应付款项数额很大，则表明该公司资金短缺，信用极差。公司总负债中流动负债的比重越大，当前偿债的压力就越大。我们可以对比流动资产与流动负债的情况来分析短期偿债能力。

（3）资金来源与资金运用

考察公司的资产负债表，能够发现该公司在某一年度的资金来源与资金运用情况。如果资产账户增加，表明公司购买了某些资产，是一项资金运用；如果资产账户减少，表明公司出售了某些资产，则是一项资金来源。同样，如果负债账户减少，表明公司进行了一项净支出，是一项资金运用；如果负债账户增加，则表明公司取得了资金，是一项资金来源。

3.市场价值与账面价值

资产负债表的数额是按照各会计科目的期末余额填列的，公司的资产价值称作账面价值，账面价值按照取得资产时的历史成本计量，不能反映现时价值。而市场价值则反映了取得该项资产的现时成本，即资产的实际价值。因流动资产可以在相对较短的时间内购买和转变成现金，所以流动资产的账面价值和市场价值接近度较高。而固定资产的账面价值和市场价值差距较大。经理人和投资者感兴趣的是公司资产的市场价值而非账面价值。

总之，资产负债表提供了企业各方面的财务信息，综合反映了企业拥有和控制的资产及其分布情况，以及资金来源构成情况，从而对企业的财务实力和财务弹性做出评价，也可用来评价企业的盈利能力和偿债能力，通过比较期初、期末数额，可以看出企业资产、负债和所有者权益的增减变化和发展趋势，为财务决策提供参考信息。

（二）利润表

1.利润表的结构

利润表也称损益表，是企业一定时期内全部经营成果的反映，直接明了地揭示了企业获取利润的能力、潜力和经营趋势。简单而言，它是记录在一段时期内，企业所创造的收入减去该时期所发生的成本费用之后的余额，即：利润=收入-费用，利润表的基本结构据此而设计。与资产负债表为时点报表不同，利润表属于期间报表，即动态报表。

利润表的列表可以反映企业经营业绩的主要来源和构成，通过利润表，可以从总体上了解企业的收入、成本和费用，以及净利润（或亏损）的实现和构成情况，有助于报表使用者判断净利润的质量以及风险，预测净利润的持续性，从而做出正确的决策。我国现行会计制度规定利润表的格式为“多步式”利润表，分为营业收入、营业利润、利润总额、净利润、其他综合收益的税后净额、综合收益总额和每股收益七个项目（见表2-2）。

表 2-2　　利润表

编制单位：　　　　年　月　日　　　　单位：元

项目	本期金额	上期金额
一、营业收入		
减：营业成本		
税金及附加		
销售费用		
管理费用		
研发费用		
财务费用		
其中：利息费用		
利息支出		
加：其他收益		
投资收益（损失以“-”号填列）		
其中：对联营企业和合营企业的收益		
以摊余成本计量的金融资产终止确认收益（损失以“-”号填列）		
净敞口套期收益（损失以“-”号填列）		
公允价值变动收益（损失以“-”号填列）		
信用减值损失（损失以“-”号填列）		
资产减值损失（损失以“-”号填列）		
资产处置损失（损失以“-”号填列）		
二、营业利润（亏损以“-”号填列）		
加：营业外收入		
减：营业外支出		
三、利润总额（亏损总额以“-”号填列）		
减：所得税费用		

续表

项目	本期金额	上期金额
四、净利润（净亏损以“-”号填列）		
（一）持续经营净利润（净亏损以“-”号填列）		
（二）终止经营净利润（净亏损以“-”号填列）		
五、其他综合收益的税后净额		
（一）不能重分类进损益的其他综合收益		
1.重新计量设定受益计划变动额		
2.权益法下不能转损益的其他综合收益		
3.其他权益工具投资公允价值变动		
4.企业自身信用风险公允价值变动		
……		
（二）将重分类进损益的其他综合收益		
1.权益法下可转损益的其他综合收益		
2.其他债权投资公允价值变动		
3.金融资产重分类计入其他综合收益的余额		
4.其他债权投资信用减值准备		
5.现金流量套期储备		
6.外币财务报表折算差额		
……		
六、综合收益总额		
七、每股收益		
（一）基本每股收益		
（二）稀释每股收益		

根据我国企业会计准则，收入是指企业在销售商品、提供劳务及让渡资产使用权等日常活动中所形成的经济利益的总流入，包括主营业务收入和其他业务收入。费用是指企业为销售商品、提供劳务等日常活动所发生的经济利益的总流出。而成本是指企业为生产产品、提供劳务而发生的各种耗费。利润是指企业在一定会计期间的经营成果，包括营业利润、利润总额和净利润。

2.利润表反映的信息

(1)利润表反映了公司的盈利状况

利润表中的营业利润代表企业经营活动所得，是经营收益减去相关成本费用、损失后的数额。营业利润减去营业外收支净额则是利润总额，反映企业实现的全部税前利润。利润总额扣除当期损益中的所得税费用就是企业的净利润，反映企业缴纳所得税后的利润。在财务分析中，有关公司获利能力的指标（如销售利润率、资产收益率等）都是利用利润表的有关数据计算而得的。

(2)可以解释、评价和预测公司偿债能力

利润表本身并不提供偿债能力的信息，而是通过与资产负债表、现金流量表项目的综合分析，利用财务指标分析、评价公司的偿债能力。因此，公司的偿债能力不仅取决于资产的流动性和资本结构，也取决于获利能力。公司在个别年份获利不足不一定影响偿债能力，但若一家公司长期缺乏获利能力，则资产的流动性必然由好转坏，资本结构也将逐渐由优变劣，陷入资不抵债的困境。因此，一家数年收益很少、获利能力不强甚至亏损的公司，通常其偿债能力不会很强。报表使用者通过分析和比较利润表的有关信息，可以间接地解释、评价和预测公司的偿债能力，尤其是长期偿债能力。

(3)利润表反映公司的股利政策

利润表中的每股股利可以直观展示公司的股利支付情况，借助利润表的相关数据，我们也可以计算股利支付率、留存收益率等，从而判断公司股利政策类型和股利支付情况。

(4)利润表反映了企业经营现金流量

经营现金流量的计算公式为：经营现金流量=息税前利润+折旧-所得税。式中的息税前利润常常在资本预算和公司估值分析中用到，它是指利润表中在扣除利息费用和所得税之前的盈利部分，通常用“利润总额+利息费用”的来测算，也可以用“净利润+利息费用+所得税”来测算。

(三)现金流量表

1.现金流量表的结构

现金流量是反映企业在一定会计期间内现金及现金等价物流入和流出情况的报表，它解释了企业在一段时期内的现金流量变化情况，属于动态报表，又称流量表。现金流量表是以现金及现金等价物为基础，按照收付实现制原则编制的，编制时需要将以权责发生制原则计量的盈利信息调整为现金流量，从而提供更加准确的财务信息。

对于某一特定会计期间，权责发生制下的利润通常并不等于收付实现制下的现金流量，而现金流量常常与企业的生产经营活动息息相关，对维持企业的正常运转和发展壮大极其重要，因此需要单独编制现金流量表。

现金流量表中的现金是指企业的库存现金以及可以随时用于支付的存款，不能随时用于支付的存款不属于现金。现金等价物是指企业持有的期限短、流动性强、易于转换为已知金额的现金、价值变动风险很小的投资等。现金流量是指现金和现金等价物的流入和流出。用公式表示为：现金流量净额=现金流入-现金流出，这就是我国现行现金流量表的编制基础，见表2-3。

表2-3　　现金流量表

编制单位：　　年　月　日　　单位：元

项目	本年金额	上年金额
一、经营活动产生的现金流量：		
销售商品、提供劳务收到的现金		
收到的税费返还		
收到其他与经营活动有关的现金		
经营活动现金流入小计		
购买商品、接受劳务支付的现金		
支付给职工以及为职工支付的现金		
支付的各项税费		
支付其他与经营活动有关的现金		
经营活动现金流出小计		
经营活动产生的现金流量净额		
二、投资活动产生的现金流量：		
收回投资收到的现金		
取得投资收益收到的现金		
处置固定资产、无形资产和其他长期资产收回的现金净额		
处置子公司及其他营业单位收回的现金净额		
收到其他与投资活动有关的现金		
投资活动现金流入小计		
购建固定资产、无形资产和其他长期资产支付的现金		
投资支付的现金		
取得子公司及其他营业单位支付的现金净额		
支付其他与投资活动有关的现金		
投资活动现金流出小计		
投资活动产生的现金流量净额		
三、筹资活动产生的现金流量：		
吸收投资收到的现金		

续表

项目	本年金额	上年金额
取得借款收到的现金		
收到其他与筹资活动有关的现金		
筹资活动现金流入小计		
偿还债务支付的现金		
分配股利、利润或偿付利息支付的现金		
支付其他与筹资活动有关的现金		
其中：子公司支付给少数股东的股利、利润或偿付的利息		
筹资活动现金流出小计		
筹资活动产生的现金流量净额		
四、汇率变动对现金及现金等价物的影响		
五、现金及现金等价物净增加额		
加：期初现金及现金等价物余额		
六、期末现金及现金等价物余额		

如表2-3所示，现金流量表的“现金流量”分为经营活动产生的现金流量、投资活动产生的现金流量和筹资活动产生的现金流量三部分。各类现金流量围绕“现金”又分为“现金流入量”和“现金流出量”，某个时期内的“现金流入量”与“现金流出量”之间的差额就是该时期的现金流量净额。

2.现金流量表的内容

（1）经营活动产生的现金流量

企业的经营活动是指企业投资活动和筹资活动以外的所有交易和事项，经营活动产生的现金流量是影响企业现金流量的最重要因素。根据我国企业会计准则，经营活动产生的现金流量主要包括购销商品、提供劳务、经营性租赁、缴纳税款、支付劳务报酬、支付经营费用等形成的现金流入和流出。

（2）投资活动产生的现金流量

企业的投资活动是指企业长期资产的购建和不包括在现金等价物范围内的投资及其处置活动。根据我国企业会计准则，筹资活动产生的现金流量包括吸收投资、发行股票、分配利润、发行债券、向银行借款及偿还债务等收到和付出的现金。

（3）筹资活动产生的现金流量

企业筹资活动是指导致企业资本、债务规模和构成发生变化的活动，包括吸收投资、取得借款、分配利润、偿还债务本息等。

现金流量表的作用主要是提供企业的现金流量信息，便于报表使用者了解企业利润的含金量，为评价企业的支付能力和偿债能力、预测企业未来现金流量提供重要依据，从而弥补资产负债表和利润表的不足。

实际上，现金流量表就是资产负债表结果的解释，可以说资产负债表体现了企业经营的结果，而现金流量表则体现了企业经营的过程，揭示了企业的现金从哪里来、到何处去。企业必须有持续的经营活动产生的现金流量才能维持下去，短期内企业可以通过筹资产生的现金流入量满足经营活动和投资活动产生的现金流出量要求。但从长期看，企业必须证明经营活动产生的现金流量能够偿付筹资活动所带来的未来现金流出量；否则，企业难以可持续发展。

知识拓展2-1　我国财务报表体系的形成与现行企业会计准则体系

我国的财务报表体系是在长期的经济发展和实践探索中逐渐形成的。最初，我国的财务报表体系受到了苏联的影响，主要以资金平衡表为核心；随着改革开放政策的实施以及对外开放程度的加深，我国开始引入西方的财务报表体系，特别是资产负债表和利润表的概念。

1985年，我国发布了中外合资会计制度，首次引进了西方的资产负债表。但是，直到1993年的会计制度改革，我国企业才开始全面采用资产负债表，以取代1952年开始使用的资金平衡表。进入21世纪后，我国的财务报表体系进一步完善和发展。在历次的会计制度改革中，资产负债表均被保留，并成为财务报表体系的重要组成部分。

我国的财务报表体系在吸收国外先进经验的基础上，结合我国的实际情况，不断地改革和完善，最终形成了现在的体系。该体系包括资产负债表、利润表、现金流量表、所有者权益变动表等基本报表和其他附表、附注，能够全面、准确地反映企业的财务状况、经营成果和现金流量，为企业决策提供重要的信息支持。

我国于1992年首次正式发布企业会计准则，并自1993年7月1日起在全国正式实施。2006年颁发了包含38项具体准则的《企业会计准则——基本准则》，形成了企业会计准则体系；之后经历了四次修订与增补，目前共有42项具体的企业会计准则。

第二节　财务分析

一、什么是财务分析

财务分析主要是财务报表分析，是以财务报表等资料为依据，运用一定的分析方法和技术对公司相关情况进行分析，为公司的投资者、债权人、经营者以及其他相关利益者了解公司过去、评价公司状况、预测公司未来，从而做出正确决策提供准确的信息或依据的过程。

财务报表中包含了大量的会计数据，这些数据是对公司在某一时点或者一段时间内财务状况和经营活动成果的展现。由于会计报表具有专业性强和概括性高的特点，报表使用者必须运用专门的、系统性的财务分析方法，才能对公司整体财务状况有较全面的理解。

二、财务分析技术方法

财务分析技术方法是指以财务报表信息为载体，按照一定的分析程序，从不同的角度出发，综合运用各种分析方法的分析体系。

（一）财务报表的横截面分析

财务报表的横截面分析是一种从空间维度出发的静态分析技术，包括对特定会计期间内公司财务报表内部结构的分析、与同行业整体或可比公司的比较分析等。

1.财务报表的结构分析

财务报表的结构分析通常采用结构分析法，结构分析法是将相关项目的金额与同期相应的合计金额、总计金额或特定项目金额进行对比，以考察相关项目的结构百分比，得出公司各项结构的一种分析方法。由于结构分析需要对纵向排列的各报表项目计算其相对比重，因而又称“垂直分析”。需要指出的是，结构分析法既可用于静态的结构分析，也可用于动态的趋势分析。

结构分析法通常运用于资产负债表和利润表的结构分析中。在对资产负债表进行结构分析时，资产类项目通常以总资产为基数计算各项资产在总资产中所占百分比；权益类项目通常以负债和所有者权益总计金额（即总权益）为基数，分别计算各负债项目和所有者权益项目占总权益的比重。对利润表进行结构分析时，由于营业收入是计算营业利润的起点，因而通常将营业收入设为100%，分别计算各收入、费用和利润项目占营业收入的百分比。

值得注意的是，结构分析中将什么项目设为100%并非固定的，而是依据分析目的而定。例如，为了分析流动资产的结构，可以将流动资产合计设为100%，分别计算各流动资产项目占所有流动资产的比重。同理，在分析负债的结构时可以将负债合计设为100%，分别计算各流动负债项目和非流动负债项目占所有负债的比重。

下面以A公司的利润表为例，以营业收入为起点通过结构百分比利润表，考察各个项目对营业利润的影响，见表2-4。

表2-4 **结构百分比利润表**

项目	金额（亿元）	百分比（%）
营业收入	232.80	100.00
营业成本	171.79	73.79
毛利	61.01	26.21
税金及附加	2.20	0.94
销售费用	23.59	10.13
管理费用	21.21	9.11
财务费用	8.75	3.76
其他损益合计	6.70	2.88
营业利润	11.96	5.14

从表2-4的结构百分比可以看出，营业成本、销售费用和管理费用分别占营业收入的73.79%，10.13%和9.11%，这是计算营业利润的重要减项；此外，与营业收入无关但影响营业利润的其他损益合计（公允价值变动收益-资产减值损失+投资收益+汇兑收益，下同）也同样值得关注。借助结构分析法很容易看出各项目在总体中的相对重要性，有助于报表使用者抓住问题的关键，明确进一步的分析方向。

2.财务报表的行业比较分析

行业比较分析可以分为两个层次：一是与行业的整体水平进行比较，通常以行业中位数或者平均值作为基准；二是与同行业中某一特定公司进行比较，包括行业的领先者、规模相近的公司、业务性质相似或营业地点相同的公司等。

（1）与同行业整体水平进行比较

与同行业整体水平进行比较大致可以看出某一公司在同行业中所处的竞争地位。从统计分析的角度看，首先，基于财务分析目的选取一个或几个具体的财务指标作为比较对象；然后，按照财务指标的大小对同行业的公司进行排序，选出行业的中位数并计算整个行业的平均水平；最后，求出目标公司与行业整体水平的差异程度。

（2）与可比公司进行比较

多数情况下，由于不同类型的报表使用者进行财务分析的目的不同，评价公司财务状况的视角不一，因而实施财务分析所选取的比较对象也存在差异。从公司内部管理层激励角度出发，可能需要与同行业的领先者或者竞争对手进行比较，以分析本公司与行业的领先者或者竞争对手在各个方面存在的差距，进而寻求改进的方向，提高公司的市场竞争力。从外部投资者的角度出发，他们在选择投资对象时不仅要考虑投资收益，也要兼顾投资风险，此时他们可能会从公司的盈利能力、偿债能力等方面出发，将潜在的投资对象与同行业中的其他可比公司进行比较，综合权衡投资收益与投资风险，最终确定投资对象

这里所说的可比公司通常是指同行业内与本公司的产品相同或相似、经营规模相近的公司。当然，从股票投资者的角度看，有时还会跨越行业界限，将市盈率（PE）或市净率（PB）相近的公司作为现有或潜在的投资对象的可比公司。

（二）财务报表的时间序列分析

财务报表的时间序列分析是从时间维度出发的一种动态分析技术。与横截面分析中的横向比较不同，时间序列分析侧重于纵向比较。从比较对象来看，横截面分析侧重于与同行业中的可比公司进行比较，而时间序列分析侧重于与公司本身的历史水平、战略目标、预算标准或者经验标准进行比较。财务报表的时间序列分析方法包括趋势分析法、比较分析法与因素分析法等。

1.趋势分析法

趋势分析法是指将特定公司连续几个期间的财务数据进行比较，以查看相关项目的变动情况，得出公司财务状况和经营成果变化趋势的一种分析方法。趋势分析法有助于预测公司未来的财务状况和经营成果。由于趋势分析时往往将连续几期的财务数据并列排列，故又称作水平分析。在趋势分析法中，常见的分析技术有以下三种：

（1）绝对数额分析法

绝对数额分析法就是将有关项目连续几期的绝对数额进行对比。这种分析可以看出相关项目指标的变动趋势。

（2）环比分析法

环比分析法是指计算有关项目相邻两期的变化率，即分析期某项目数值相对于前期该项目数值的变动百分比。这种分析不仅可以看出相关项目变动的方向，还可以看出其变动的幅度。环比变动百分比的计算公式为：

$$环比变动百分比=\frac{分析期某项目数值-前期某项目数值}{前期某项目数值}\times 100\% \quad （公式2-1）$$

需要注意，如果前期某项目的数值为零或者负数，则无法计算出有意义的变动百分比。

（3）定基分析法

定基分析法就是选择一个固定的期间作为基期，计算相关项目在各分析期的水平相对于基期水平的百分比。这种分析不仅能看出不同期间的变动方向和幅度，还可以看出一个较长期间内的总体变动趋势，便于进行较长时期的趋势分析。定基变动百分比的计算公式为：

$$定基变动百分比=\frac{分析期某项目数值}{基期某项目数值}\times 100\% \quad （公式2-2）$$

在定基分析法中，基期的选择非常重要，因为基期是所有期间的参照。选择基期时，不要选择项目数值为零或者负数的期间，否则无法计算出有意义的定基百分比。最好选择一个公司状况比较正常的年份作为基期，否则得出的定基百分比就不具有典型意义。另外，通常选择时间序列中较早的年份作为基期，这样便于分析整个时间序列中各项目的变化趋势。

为了更直观地理解以上三种方法在财务报表分析中的应用，我们以A公司2021—2023年的年度利润表为例，分析结果见表2-5。

表2-5　**利润表项目的变动趋势**

项目	各年金额（亿元）			环比变动百分比（%）		定基百分比（%）	
	2021年	2022年	2023年	2022年	2023年	2022年	2023年
营业收入	303.65	233.67	232.80	−23.05	−0.37	76.95	76.67
营业成本	225.39	175.77	171.79	−22.02	−2.26	77.98	76.22
毛利	78.26	57.90	61.01	−26.02	5.37	73.98	77.96
税金及附加	1.83	1.21	2.20	−33.88	81.82	66.12	120.22
销售费用	28.72	19.39	23.59	−32.49	21.66	67.51	82.14
管理费用	25.33	20.03	21.21	−20.92	5.89	79.08	83.73
财务费用	12.30	13.21	8.75	7.40	−33.76	107.40	71.14
其他损益合计	−2.90	−2.35	6.70	18.97	385.11	81.03	−231.03
营业利润	7.18	1.71	11.96	−76.18	599.42	23.82	166.57

从表2-5不难看出，A公司的营业利润在2021—2023年呈现出先下降、后上升的“V”字形特征。与2021年相比，2022年的营业收入下降了23.05%，而营业利润却下降了76.18%，主要原因在于营业成本和管理费用的下降幅度低于营业收入，财务费用项目甚至有所上升。2023年的营业收入比2022年减少了0.37%，但营业利润却增长了599.42%，主要原因在于营业成本和财务费用的降幅都明显大于营业收入，而“其他损益合计”数额大幅上升。从定基分析可知，2022年、2023年的营业收入分别为2022年的77.98%、76.22%，变动幅度不明显；而营业利润则从23.82%变动为166.57%，增幅极为显著。由此可见，通过趋势分析可以大致看出各财务指标在不同年份的变化趋势及相邻年份间的差距，为内部管理人员改善经营管理、外部投资者进行价值评估提供了分析依据。

2.比较分析法

比较分析法是指将分析期指标与选定的某种标准指标进行对比，进而解释指标间客观存在的差异，为进一步的分析指明方向。常见的比较标准有经验标准、历史标准、行业标准和预算标准等。

（1）经验标准

经验标准是依据大量且长期的实践经验总结而成的，其优点是客观和相对稳定，有助于分析者观察公司的经营活动是否合乎常规。不足之处在于：一是受行业限制，不能广泛适用于所有行业的公司，尤其是不能适用于银行、保险等特殊行业的公司；二是经验标准来源于特定的经营环境，如果公司的经营环境发生变化，经验标准可能失去其原有的意义。

（2）历史标准

历史标准是以公司过去某一时间的实际业绩为标准，其优点是比较可靠，具有较高的可比性，有助于分析者揭示差异，查明产生差异的原因，为改进公司经营管理提供依据，同时也便于进行趋势分析，了解公司经营活动的变化趋势及规律性。因此，历史标准在分析评价公司财务状况和盈利水平是否得到改善方面具有不可替代的作用。这种方法的不足之处是比较保守，适用范围较窄。

（3）行业标准

行业标准是指行业的平均水平或同行业中某一先进公司业绩水平，其优点是可以反映公司在行业中所处的相对地位和水平，也可以判断公司的发展趋势，且同行业公司由于从事相同或类似的业务活动，可比性比较强。当然，在选取行业标准时，可以是行业的先进水平，也可以是行业的平均水平。通过和行业标准比较，可以大致了解公司在行业中的竞争能力和经营水平，找出公司与同行业先进水平间的差异，指明发展方向。

（4）预算标准

预算标准是指实行预算管理的公司所制定的财务预算指标，其优点是综合性强，有助于推动财务预算管理的有效实施。其缺点为：一是由于财务预算编制建立在业务和财务预测的基础之上，存在不确定性，甚至还可能存在一定的主观随意性，从而使得预算指标未必可靠。二是由于公司财务预算不是公司需要公开披露的信息，因此预算标准通常适用于公司内部的财务分析和评价，而不适用于公司外部的财务报告分析与评价。

总之，财务评价的实质是提供比较的参照物。在分析中，可以根据分析目的和资料的可获得性，选择恰当的分析标准：如果是对公司的竞争地位进行评价，可使用行业标准；如果是对公司的发展趋势进行预测，可使用历史标准；如果是考察公司预算的完成情况，可使用预算标准。财务报表分析人员可以将多种评价标准综合使用，从不同角度对公司财务状况和经营成果进行全面的分析与评价。

3.因素分析法

因素分析法是指根据财务指标与其各影响因素之间的关系，确定各个影响因素对指标差异的影响方向和程度的一种分析方法。由于构成综合指标的各因素之间相互关系的复杂性不同，因素分析有多种方法，常用的是连环替代分析法，其具体步骤是：确定财务指标差异，即财务指标实际值与比较标准之间的差异，该差异是因素分析的对象；确定影响财务指标的因素，从财务指标标准值开始，依次用每个影响因素的实际值替代标准值，有几个因素就替换几次，每次替换后得到的财务指标值与替换前的财务指标值之间的差异就是由所替换的因素带来的差异。

【例 2-1】某公司 2023 年净利润及影响利润指标变动的计划数与实际数见表 2-6。

表 2-6 某公司净利润等指标

项目	销售量（件）	单价（元）	销售利润率（%）	净利润（元）
计划	10 000	100	20	200 000
实际	12 000	90	25	270 000

用连环替代法计算如下：

因：净利润=销售量×单价×销售利润率

则：计划利润=10 000×100×20%=200 000（元）

第一次替代销售量后的净利润=12 000×100×20%=240 000（元）

销售量变化对利润的影响数额为：

240 000−200 000=40 000（元）（使利润增加）

第二次替代单价后的净利润=12 000×90×20%=216 000（元）

单价变化对利润的影响数额为：

216 000−240 000=−24 000（元）（使利润减少）

第三次替代销售利润率后的利润=12 000×90×25%=270 000（元）

销售利润率变化对利润的影响数额为：

270 000−216 000=54 000（元）（使利润增加）

三个因素影响数额之和为：

40 000+（−24 000）+54 000=70 000（元）

即：销售量、单价与销售利润率的变化，使实际利润比计划利润增加了 70 000 元。

三、财务比率分析

在财务分析中，科学完善的财务指标体系尤为重要，利用公司财务指标体系中的相关指标计算出来的相对数就是财务比率。财务比率分析是用以揭示同一张财务报表中不同项目之间或不同财务报表有关项目之间所存在内在联系的一种分析方法。财务比率分析能够恰当地反映公司过去或当前的财务活动，可以评价过去的经营业绩，衡量现在的财务状况，预测未来的发展趋势。财务比率分析是迄今为止被广泛接受并普遍采用的一种财务报表分析方法。

（一）短期偿债能力比率分析

短期偿债能力比率能够提供有关公司流动性的信息，反映流动资产与流动负债之间的关系，是对公司各利益相关者的利益都有非常重要的影响，特别是短期债权人着重关注的财务指标。这些指标的高低意味着公司承受财务风险能力的大小，反映短期债权人权益的保障程度；对投资者而言，公司短期偿债能力的强弱是其判断投资机会是否良好的一个标志；对公司财务经理而言，短期偿债能力指标也反映了公司短期面临的财务状况。

1.流动比率

流动比率是流动资产对流动负债的比例，用以衡量公司流动资产在短期债务到期以前，可以变为现金用于偿还负债的能力。其计算公式为：

流动比率=流动资产÷流动负债　　（公式2-3）

流动比率在本质上反映了流动负债的覆盖率，即对一定量的流动负债，公司有多少倍的流动资产与之对应。

在国际上，合理的最低流动比率被认为是2∶1，即流动资产是流动负债的两倍。但许多公司的净产值占资产总额的比例较低，流动比率在2以下，某些行业大大低于2。因此，在流动比率分析中，公司要结合自身实际，以行业平均流动比率作为衡量标准进行评价。

一般来讲，流动比例越大，表示公司短期偿债能力越强，反之则弱。但是流动比率过大会浪费资金，也不是件好事。对债权人来说，流动比例越高越好；对公司来说，高流动比率意味着其流动性较强，但同时也意味着现金和其他短期资产的利用效率较低，不利于提高公司的经营效率和盈利能力。

2.速动比率

速动比率是指速动资产对流动负债的比率，它是衡量公司流动资产可以立即变现用于偿还流动负债的能力。其计算公式为：

速动资产=速动资产÷流动负债　　（公式2-4）

其中，速动资产=流动资产-存货

计算速动比率时，流动资产中扣除存货称为速动资产。存货通常是流动资产中流动性较低的一种，变现速度较慢，有些存货可能滞销，无法像预期的那样迅速转化为现金。此外，在清算时存货是最有可能发生损失的资产。因此，速动比率是衡量公司在不依赖销售库存的情况下偿还短期债务的能力。

传统经验认为，速动比率维持在1∶1较为正常，它表明公司的速动资产与流动负债相当，短期偿债能力有可靠的保证。速动比率过低，公司的短期偿债风险较大；速动比率过高，公司在速动资产上占用资金过多，会增加公司投资的机会成本。但以上评判标准并不是绝对的，在实际工作中，应考虑到公司的行业性质，例如，商品零售行业，由于采用大量现金销售，几乎没有应收账款，速动比例大大低于1，也是合理的。

3.现金比率

现金比率是指公司现金与流动负债的比率，反映公司的即刻变现能力。这里所说的现金，是指现金及现金等价物，这项比率可表明公司立即偿还到期债务的能力。其计算公式为：

现金比率=现金÷流动负债 （公式2-5）

为了保证基本的支付能力，公司保持一定的现金比率是很重要的，当公司大量赊销而形成大量应收账款时，运用该指标考察公司变现能力则非常重要，是很多债权人关心的财务比率。现金比率越高，说明公司的短期偿债能力越强，反之则越弱。

4.现金流量比率

现金流量比率是指公司一定时期内经营活动现金流量净额与流动负债的比值。其计算公式为：

现金流量比率=经营活动现金流量净额÷流动负债 （公式2-6）

现金流量比率考虑了公司资金周转的速度与实际的变现能力，是分析短期偿债能力的一个重要指标。该指标的主要优势在于：分子分母的时期匹配，即本期现金流量净额对应下期偿还的债务。该比率越高，说明公司偿还短期负债的能力越强，反之则越弱。

（二）长期偿债能力比率分析

长期偿债能力是指公司对债务的承担能力和对偿还债务的保障能力。长期偿债能力比率用以揭示公司在长期内偿还债务的能力，也是公司在长期内应付财务杠杆的能力，因此也称为财务杠杆比率、杠杆比率。

1.资产负债率

资产负债率也称负债经营比率或债务比率，是指公司负债总额与资产总额之间的比例关系，是综合反映公司偿债能力的重要指标。其计算公式为：

资产负债率=负债总额÷资产总额 （公式2-7）

资产负债率越高，公司债务负担越重，不能偿还的可能性越大，债权人的风险越大。一般情况下，资产负债率的适宜水平是40%~60%，达到或者超过100%，说明公司已经资不抵债。

根据资产负债率，可以得到它的两个变体：

（1）债务权益比率

债务权益比率=债务总额÷权益总额（D/S） （公式2-8）

债务权益比率用来衡量公司的风险程度和对长期债务的偿付能力。该比率与风险正相关，与偿债能力负相关。该比率越低越好，但比率过低，意味着公司没有充分利用财务杠杆，从而失去了为股东创造更多利润的机会。反之亦然。

（2）权益乘数

权益乘数=资产总额÷权益总额 （公式2-9）

权益乘数是资产总额与权益总额的比值，用以衡量公司财务风险的大小和长期债务的偿付能力。由于总资产等于总资本，该比率越大，表明股东投入公司的资本占总资本的比重越小，债务所占比重越大，财务风险就越大，债权人的权益受到的保障程度越低，偿付能力越低；反之，该比率越小，表明债权人受到的保障程度越高，偿付能力越好。

相比短期债务，公司财务分析人员通常更关注长期债务，因为短期债务会不断变动，而且应付账款可能更多反映的是交易业务，而非债务管理政策。

长期资本负债率=长期负债÷（权益资本+长期负债）　　（公式2-10）

长期负债与权益资本的合计有时被称作资本化总额，公司财务人员可能更关心这一数据，而非资产总额。

2.利息保障倍数

利息保障倍数也称已获利息倍数，是指公司息税前收益与利息支出的比率。计算公式为：

利息保障倍数=息税前收益（EBIT）÷利息支出　　（公式2-11）

利息保障倍数用以衡量公司负担利息的能力。要维持公司的正常经营，利息保障倍数应至少大于1。利息保障倍数越高，说明息税前利润相对于利息越多，则债权人的利息收入就越有保障。相反，利息保障倍数越低，说明公司负债太多或盈利能力不强，对债权人权益保障越小，从而影响长期偿债能力和重新借款能力。

正确评价公司的长期偿债能力，分析该指标的高低，应将本年度利息保障倍数同该公司以往年度，以及同行业的其他公司和该行业平均指标进行对比。此外，每个公司经营的好坏，信用的高低不同，对利息保障倍数的要求也不同。

（三）资产运用效率比率分析

资产运用效率比率是用来衡量公司在资产管理和利用方面效率的财务比率，又称营运能力比率。

1.存货周转率和存货周转天数

存货周转率是指在一定时期营业成本与平均存货余额的比率，用以反映一定量存货的周转速度，是衡量公司销售能力与存货运营效率的综合财务比率。由于存货包括原材料、在产品、半成品和产成品等，因而，存货数额很难精确计算，通常用产品销售成本表示。其计算公式为：

存货周转率=产品销售成本÷平均存货　　（公式2-12）

其中：平均存货=（期初存货+期末存货）÷2

此外，公司还可以计算存货周转天数，用来反映公司存货周转一次所需要的时间，时间越短越好。其计算公式为：

存货周转天数=计算期天数÷存货周转率　　（公式2-13）

存货周转率和存货周转天数用以衡量公司的管理效率和存货水平适当与否。一般情况下，存货周转率越高，表明公司对存货的管理效率越高，公司的销售能力越强，存货变现速度越快，存货资金占用水平越低。

2.应收账款周转率和应收账款周转天数

应收账款周转率是指在产品赊销的情况下，一定时期销售收入与应收账款平均余额的比率，用以反映一定量应收账款在1年内的周转次数。其计算公式为：

应收账款周转率（周转次数）=销售净额÷应收账款平均余额（公式2-14）

其中：应收账款平均余额=（期初应收账款+期末应收账款）÷2

应收账款周转的结果是实现销售收入，因此，这里的销售收入是指信用销售额，即销售净额。若赊销额不能确定，可以用收入总额来替代。应收账款周转率越高，表明公司销售货款的回收速度越快。

同样，公司也可以计算应收账款周转天数，用来反映应收账款周转一次所需要的时间，应收账款周转天数越短越好。应收账款周转天数也称为应收账款账龄或应收账款平均回收期。其计算公式为：

应收账款周转天数=计算期天数÷应收账款周转率（公式2-15）

应收账款周转率和应收账款周转天数用以衡量公司应收账款的管理效率。一般而言，应收账款周转率越高越好，表明公司收账速度快，平均收账期短，坏账损失少，应收账款管理的效率高。

3.总资产周转率

总资产周转率是指公司一定时期的销售收入与资产总额平均值的比率，反映公司的总资产在一定时期（通常为一年）内周转的次数。其计算公式为：

总资产周转率=销售收入÷平均资产总额（公式2-16）

其中：平均资产总额 =（期初总资产+期末总资产）÷2

总资产周转率是对公司资产总体使用效率进行评价的指标，体现了公司使用全部资产创造销售收入的能力和效率。一般而言，总资产周转率越高，说明公司资产总体的利用效率越高；反之则越低。但由于不同行业的特点不同，总资产周转率不能在不同行业间进行比较。如房地产公司的固定资产较多，总资产周转率都比较低。

4.固定资产周转率

固定资产周转率是衡量公司固定资产使用效率的指标。其计算公式为：

固定资产周转率=营业收入÷固定资产平均净值（公式2-17）

通常而言，固定资产周转率越高，说明公司固定资产的利用效率越高。

（四）获利能力比率分析

公司获利能力，是指公司在一定时期内取得利润的能力。公司获利能力可用绝对数表示，即用利润额的大小反映盈利能力的大小；也可以用相对值表示，即销售利润率、资产净利率等反映公司的获利能力。

1.销售利润率

销售利润率反映一定时期公司净利润与销售收入的比率，表明公司每单位销售收入能够带来多少净利润，反映公司销售收入的盈利能力，是公司经营活动最基本的盈利能力体现。其计算公式为：

销售利润率=净利润÷销售收入（公式2-18）

通常，销售利润率越高，公司的产品或服务的获利能力越强。该比率与净利润成正比，与销售收入成反比，因此公司必须在保持销售收入不变的情况下提高净利润，或者使净利润增长的幅度超过销售收入的增长幅度，才能达到提高公司销售利润率的目标。

2.销售毛利率

销售毛利率是指销售毛利占销售收入的比率，是衡量公司经营效率的指标，反映了在不考虑非销售成本的情况下，公司管理者通过经营收入获取利润的能力。其计算公式为：

销售毛利率=（销售收入-销售成本）÷销售收入 （公式2-19）

销售毛利率越高，表明公司营业成本控制得越好，获利能力越强。该指标之所以具有重要的分析价值，是因为它表明单位销售额可以创造的毛利，是公司产品竞争优势的表现，也是公司最终实现利润的基础。但销售毛利率指标具有明显的行业特点。

3.资产收益率

资产收益率（ROA）也称为资产报酬率，是指公司的净利润与平均资产总额的比率，反映公司投入的全部资金获取利润的能力，是公司资产综合利用效果的核心指标。其计算公式为：

资产收益率＝净利润÷平均资产总额 （公式2-20）

一般而言，资产收益率越高，说明公司的经营管理水平越高，资产的运用效果越好，公司的盈利能力越强；反之则越弱，公司需要加强经营管理。资产收益率不仅用于盈利能力分析，也通常应用于公司负债融资决策，当负债利率低于资产收益率时，负债资金带来的收益在向债权人支付利息后才有剩余，才能增加股东收益，否则负债融资不可取。

4.净资产收益率

净资产收益率（ROE）也称净值报酬率、权益收益率，是指净利润与平均净资产的比值，反映股东投入的资金所获得利润的能力，用以衡量公司运营自有资本的效率。其计算公式为：

净资产收益率＝净利润÷平均净资产总额 （公式2-21）

净资产收益率是立足于股东权益角度考核公司获利能力，因而它是所有股东关注的、对公司具有重大影响的指标。该指标越高，表明股东权益的收益水平越高，公司净资产使用效率越高，投资者和债权人的利益保障程度也越大。

（五）市场价值比率分析

在财务报表分析中，针对上市公司的市场价值指标主要有：

1.每股收益

每股收益（EPS）也称每股盈余或每股利润，是公司净利润与发行在外的普通股股数的比率。反映公司在某一会计年度内平均每股普通股所能获得的利润（获承担的亏损）用以评价普通股股东获得报酬的程度。其计算公式为：

每股收益=净利润÷发行在外的普通股股数 （公式2-22）

每股收益是评价上市公司投资报酬率和盈利能力的最重要的一项核心指标。在公司股份没有变化的情况下，每股收益增加，表明公司的盈利能力增强，股东的投资回报越好。

2.每股净资产

每股净资产也称为每股账面价值，反映投资者持有的每一股权益在公司中对应的净资产或股东权益的金额。其计算公式为：

每股净资产=年末股东权益÷年末普通股股份总数 （公式2-23）

如果公司没有增发，则每股净资产反映了公司通过累计利润扩大公司股东权益的规模，每股净资产越高，公司积累利润越多，股东权益规模越大。因此，每股净资产在理论上提供了股票的理论估值。若每股市价低于每股净资产，表明资本市场对公司的前景不看好，但也有可能意味着股票的价格被市场低估。

3.市盈率

市盈率（PE）是资本市场常用的一个重要指标，是市价与每股收益的比值，反映了某一时刻的投资者对公司每一元盈利所愿支付的价格。其计算公式为：

市盈率=普通股每股市价÷普通股每股收益 （公式2-24）

市盈率的合理区间通常在10～20之间，但对市盈率的高低有很多种理解，投资者需要根据对公司的全面分析，自行甄别其内在的含义。此外，不同行业市盈率差异极大。

4.市净率

市净率（PB）也称市倍率，是普通股每股市价与普通股每股净资产的比值。其计算公式为：

市净率=普通股每股市价÷普通股每股净资产 （公式2-25）

市净率指标表明资本市场对于公司资产质量的评价，反映了股票的市场价格偏离其账面价值的程度。一般而言，市净率大于1，说明公司资产市价高于账面价值，资产质量好，未来有发展前景；市净率小于1，则说明资产质量差，缺少发展前景，但也可能表明公司价值被市场低估。

知识拓展2-2

关于市盈率的争议

市盈率（PE）作为评估股票价值的重要指标，长期以来一直备受资本市场和投资者关注。然而，围绕其准确性和适用性，市场上存在着一定的争议。

一方面，市盈率被认为是投资者判断股票价格是否合理的重要参考。它反映了投资者对公司未来盈利能力的预期，通过比较不同公司的市盈率，投资者可以大致判断股票是被高估还是被低估。此外，市盈率还可以用来分析行业趋势，帮助投资者把握投资机会。

另一方面，市盈率也受到了一些质疑。一是市盈率的计算基于过去的盈利数据，而未来的盈利情况可能受到多种因素的影响，导致市盈率无法准确反映股票的真实价值。二是不同行业的盈利波动差异较大，直接使用市盈率进行比较可能会产生误导。三是市盈率对于成长型公司来说可能不够适用，因为这些公司往往处于快速扩张阶段，未来的盈利潜力远高于当前水平。

市盈率作为一种估值工具，既有其优点也有局限性。投资者在使用市盈率进行投资决策时，应结合其他指标和信息进行综合分析，以提高判断的准确性。同时，随着市场环境的不断变化和投资者需求的多样化，对市盈率的研究和应用也需要不断完善和创新。

四、综合财务分析

综合财务分析是将公司的各种财务指标综合在一起，全面地评价公司的财务状况和公司价值，主要包括杜邦分析法和沃尔评分法两种。

（一）杜邦分析法

杜邦分析法是一种利用各主要财务比率指标之间的内在联系，系统地分析公司盈利水平的财务绩效综合评价方法。它由美国杜邦公司首创，是一种以净资产收益率为核心的财务指标。它将净资产收益率进一步分解为多项财务比率的乘积，重点揭示公司获利能力（销售利润率）、资产运用效率（总资产周转率）、负债结构（权益乘数）三方面对公司投资收益的影响，以及各相关指标的相互作用关系，又称为杜邦财务分析体系。

杜邦分析法以净资产收益率为逻辑起点，通过对净资产收益率公式的数学推导和分拆，列示出影响净资产收益率的各项财务因素及其关系，具体公式如下：

$$净资产收益率=\frac{净利润}{平均净资产}=\frac{净利润}{资产平均总额}\times\frac{资产平均总额}{平均净资产}=总资产收益率\times权益乘数$$

$$=\frac{净利润}{销售收入}\times\frac{销售收入}{资产平均总额}\times权益乘数=销售利润率\times总资产周转率\times权益乘数$$

（公式 2-26）

净利润和资产总额进一步分拆为：

净利润=销售收入-全部成本+其他利润-所得税

=销售收入+其他利润-制造费用-管理费用-财务费用-…… （公式 2-27）

资产总额=非流动资产+流动资产

=具体非流动资产项目金额+具体流动资产项目金额 （公式 2-28）

杜邦财务分析体系如图 2-1 所示。

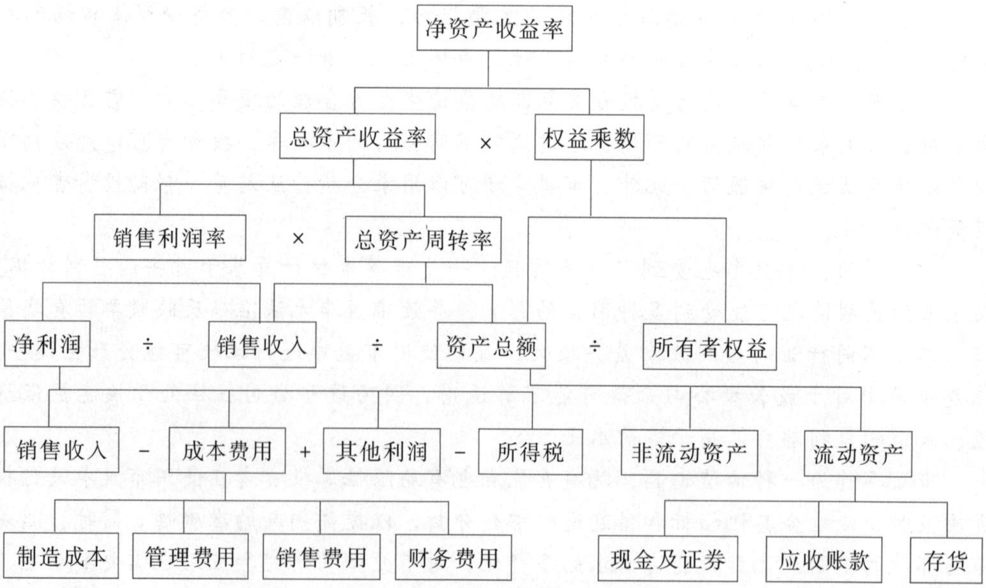

图2-1 杜邦分析框架图

从图2-1中各财务指标之间的关系可以看出，杜邦分析法实际上从两个角度来分析财务问题：一是进行内部管理因素分析；二是进行资本结构和风险分析。杜邦分析框架图提供了下列主要的财务指标关系的信息：

1.净资产收益率是综合性最强的财务比率，是杜邦分析法的核心

它反映所有者投入资本的获利能力，同时反映公司筹资、投资、资产运营等活动的效率，因此，决定净资产收益率水平的因素有三个方面，即权益乘数、销售利润率和总资产周转率，这三个比率分别反映了公司的杠杆比率、盈利能力和资产运用效率。销售利润率越高，总资产周转率越高，资产收益率则越高。而资产收益率越高，则净资产收益率就越高。权益乘数对净资产收益率则具有双重影响。在资产总额不变的前提下，增加负债可以减少所有者权益所占份额，能够提高权益乘数，从而达到提高净资产收益率的目的，但是同时也会增加利息支出，进而降低销售利润率，引起资产收益率的下降。因此，负债的增加是带来净资产收益率的提升，还是导致净资产收益率的下降，要视具体情况而定。

2.权益乘数主要受资产负债率影响

权益乘数与资产负债率的变动方向一致，负债比率越大，权益乘数越高。这说明公司有较高的负债程度，能够给公司带来较多的杠杆利益，同时也给公司带来较高的风险。

3.资产收益率也是一个重要的综合性指标

资产收益率可以分解为销售利润率和资产周转率，是二者的乘积，因此，要进一步从销售成果和资产营运两方面来分析。

4.销售利润率反映了公司利润总额与销售收入的关系

提高销售利润率是提高公司盈利能力的关键所在，主要有两条途径：一是扩大销售收入；二是降低成本费用。各项成本费用开支的列示有利于公司进行成本费用的结构分析，加强成本控制，为寻求降低成本费用的途径提供依据。

杜邦分析法有助于公司管理层清晰地看到净资产收益率的决定因素，以及销售利润率、总资产周转率和权益乘数之间的相互关系，给管理层提供了一个考察公司资产管理效率和判断是否最大化股东投资回报的途径：扩大销售，改善经营结构，节约成本费用，合理配置资源，加快资金周转，优化资本结构，在不危及公司财务安全的前提下，适当增加负债规模。

（二）沃尔评分法

沃尔在20世纪初出版的著作中提出了信用能力指数的概念，称为沃尔评分法。这种方法通过选择一系列财务指标，并分别给出每个指标的比重，总计100分。将公司的实际值与标准值进行比较，确定各项指标的实际得分，加总后得出总体指标的得分并据此对公司的财务状况做出评价。

沃尔评分法的重要性权数：第一类是最重要的盈利性指标，其评分值占45分左右，是公司经营活动的主要目的，也是公司发展的客观要求和基本素质指标，包括净资产收益率、总资产收益率、销售利润率等。第二类是较为重要的稳定性指标，其评分值占35分左右，包括公司的偿债能力和营运能力指标，它是公司生存和发展的基

本条件。偿债能力指标包括资产负债率、流动比率；营运能力指标包括总资产周转率、流动资产周转率等。第三类是一般重要的发展性指标和其他指标，其评分值占20分左右，主要包括利润增长率、营业收入周转率等。上述评分值权重不是一成不变的，而是可以根据实际情况进行调整，但尽管如此，沃尔评分法仍然没有能够从理论上说明选定这些指标的依据，在技术上不够完善。

第三节 现金流量分析

一、现金与现金流量

（一）现金

现金是指企业的库存现金以及可以随时用于支付的银行存款，是资产负债表的“货币资金”项目中真正可以随时支取的部分，由于被指定了特殊用途而不能随意支取的部分不应包括在内，如其他货币资金中的银行承兑汇票、开票保证金、借款质押保证金、金融机构存放中央银行款项中的法定存款准备金，以及由于受当地外汇管制或其他立法限制而无法正常使用的外币等。

（二）现金等价物

现金等价物是指企业持有的期限短、流动性强、易于转换为已知金额的现金、价值变动风险很小的投资。其中，期限短一般是指从购买日起3个月内到期，如可在证券市场上流通的3个月内到期的债券投资。现金等价物虽然不是现金，但因其随时可以变现，支付能力与现金相似，因此可视同现金。权益性投资变现的金额通常不确定，因而不属于现金等价物。

（三）现金流量

现金流量是某一段时期内企业现金和现金等价物流入和流出的数量，如企业销售商品、提供劳务、出售固定资产、向银行借款等取得现金，形成企业的现金流入；购买原材料、接受劳务、购建固定资产、对外投资、偿还债务等而支付现金，形成企业的现金流出。现金流量能够表明企业经营状况是否良好、资金是否紧张以及企业偿付能力大小等，从而为投资者、债权人、企业管理者提供非常有用的信息。

应该注意的是，企业货币资金不同形态之间的转换不会产生现金的流入和流出。比如，企业从银行提取现金是企业现金存放形式的转换，并未流出企业，不构成现金流量；同样，现金与现金等价物之间的转换也不构成现金流量，如企业用现金购买将于3个月内到期的国库券等。

二、财务现金流量分析

（一）现金流量的结构分析

现金流量结构分析主要包括现金流入量结构分析、现金流出量结构分析和现金流入流出之比分析等。

1.现金流入量结构分析

现金流入量结构反映公司全部现金流入量中，经营活动、投资活动和筹资活动分别所占比例，以及在这三项活动中，不同渠道流入的现金在该类现金流入量和总现金流入量中所占比例。一般而言，在公司现金流入量总额中，经营活动产生的现金流入量占有较大比重，特别是主营业务活动产生的现金流入量明显高于其他活动产生的现金流入量。通过现金流入量结构分析，可以计算各项活动现金流量中比重较高或增速较快的项目，从中寻找影响公司现金流入的主要因素。

2.现金流出量结构分析

现金流出量结构是指公司各项现金流出占公司当期现金流出总额的百分比，以反映公司的现金用途，即将公司经营活动的现金流出、投资活动的现金流出和筹资活动的现金流出的数额及其具体项目与现金流出总额相比，得出各活动、各明细现金流出项目所占的百分比，显示出公司现金流出的主要和次要项目，进而判断公司的现金使用效果。

不过，要评价现金使用的合理性，仅仅根据结构指标很难判断，因为不同时期现金支出的需要是不同的，通常只要支付能力正常，各类支出的比重大小并不十分重要。但如果将公司某期的现金支出结构与其上期的现金支出结构进行比较，则可以看出公司的理财策略。

3.现金流入流出之比分析

现金流入量与现金流出量之比，意味着从“投入与产出”的角度，分别考察现金流入量与现金流出量之间的关系。在具体分析时，可以按每项活动，也可以按总量进行分析，通过流入和流出结构的历史比较和同业比较，可以得到更有意义的信息。

现金流入流出比率=现金流入÷现金流出 （公式2-29）

对于一个健康的正常成长的公司来说，经营活动的现金流量应当是正数，投资活动的现金流量是负数，筹资活动的现金流量有正有负。

（二）现金流量的流动性分析

1.现金到期债务比率

现金到期债务比率是指经营活动现金净流入与本期到期债务的比值，用以反映公司偿还到期债务的能力，其计算公式为：

现金到期债务比率=经营活动现金净流入÷本期到期债务 （公式2-30）

该比率使用经营活动现金净流入，是因为现金流量中只有它能真实反映公司的资金运转能力，而本期到期债务是指本期到期的长期债务和应付票据，通常这两项不能展期，必须如数偿还。现金到期债务比率越大，说明公司的经营活动现金流量越充足，可以支付即将到期的债务。

2.现金流动负债比率

现金流动负债比率用来衡量公司的现金是否能够偿还到期债务。其计算公式为：

现金流动负债比率=经营现金净流入÷流动负债 （公式2-31）

该比率与流动比率和速动比率相比，不受不易变现或容易引起沉淀的存货和应收账款的影响，因此能更准确地反映公司的短期偿债能力。该比率越高，表明公司短期偿债能力越强；反之亦然。

3.现金债务总额比率

现金债务总额比率是经营现金净流入与债务总额的比率，用以衡量公司承担债务的能力，是评估公司中长期偿债能力的重要指标，同时也是预测公司破产的可靠指标。其计算公式为：

现金债务总额比率=经营现金净流入÷债务总额　（公式2-32）

该比率越高，公司承担债务的能力越强，破产的可能性越小；该比率越低，公司财务灵活性越差，破产的可能性越大。但是，该比率并非越高越好，比率过高则表明公司流动资金利用不充分，获利能力不强。

（三）获取现金能力分析

1.销售现金比率

销售现金比率是指公司经营现金净流入与公司销售额的比值，反映每元销售收入得到的现金流量净额。其计算公式为：

销售现金比率=经营现金净流入÷销售额　（公式2-33）

销售现金比率反映公司的销售质量，与公司的赊销政策密切相关。如果公司有虚假收入，该比率也会降低。通常该比率越大，表明公司销售收入质量越好，资金利用效果越好。

2.每股营业现金净流量

每股营业现金净流量是经营现金净流入与普通股股数的比值，用以反映某一会计年度内，发行在外的普通股加权平均每股所获得的经营活动现金净流量。其计算公式为：

每股营业现金净流量=经营现金净流入÷普通股股数　（公式2-34）

每股营业现金净流量从一个新的角度，即现金流量角度来反映普通股股份的产出效率和分配水平。公司经营活动现金越充裕，每股现金净流量越大，公司股利支付能力越强。

3.全部资产现金回收率

全部资产现金回收率是经营现金净流入与全部资产的比率。其计算公式为：

全部资产现金回收率=经营现金净流入÷平均资产总额　（公式2-35）

该比率旨在考评公司全部资产产生现金的能力。该比率越大，说明资产利用效果越好，利用资产创造的现金流入越多，整个公司获取现金的能力越强，经营管理水平越高；反之，则经营管理水平越低，经营者有待提高管理水平，进而提高公司的经济效益。

（四）财务弹性分析

财务弹性分析是指对公司适应经济环境变化和利用投资机会的能力进行的分析。这种能力来源于现金流量和支付现金需要的比较。现金流量超过支出需要，有剩余的现金，则财务弹性大，反之则小。因此，财务弹性的衡量是用经营活动现金流量与支付要求进行比较，支付要求可以是投资需求或承诺支付等。

1.现金满足投资比率

现金满足投资比率是用近5年经营活动现金流入量净额与近5年资本性支出、增加存货、支付现金股利等投资支出之和的比值。其计算公式为：

现金满足投资比率=经营活动现金流入÷各项投资支出之和　　（公式2-36）

该比率越大，说明公司资金自给率越高，公司发展能力越强。如果现金满足投资比率大于或等于1，表明公司经营活动所形成的现金流量足以应付各项投资支出的需要，不需要对外筹资；若该比率小于1，则说明公司来自经营活动的现金不足以应付各项支出需要，需要靠外部筹资补充。

2.现金股利保障倍数

现金股利保障倍数是指公司每股经营活动现金流入净额与每股现金股利的比值，用以衡量公司用年度正常经营活动所产生的现金净流量来支付股利的能力。其计算公式为：

现金股利保障倍数=每股经营活动现金流入净额÷每股现金股利　　（公式2-37）

该比率越大，表明公司支付股利的现金越充足，公司支付现金股利的能力越强。该比率还反映支付股利的现金来源及其可靠程度，是对传统股利支付率的修正和补充。理论上，该比率应大于1，说明公司当期创造的经营活动现金净流量足以支付当期现金股利；否则，公司就需要通过筹资来派发现金股利，而这表明公司支付现金股利的能力不足，财务弹性较小。由于股利发放与公司制定的股利政策有关，因此，该比率对财务分析仅仅具有参考作用。

知识拓展2-3

关于财务报表分析的评价

财务报表分析是公司管理和决策过程中的重要环节，它通过解析和评估公司的财务报表数据，帮助管理层、投资者、债权人及其他利益相关者了解公司的财务状况、运营效率和盈利能力。财务报表分析的作用不仅是满足监管要求或简单地揭示财务状况，更重要的是，它为公司提供了一种强有力的工具，以评估和提高经营效率，支持决策制定，优化资源配置，增强外部沟通，降低管理风险，并最终推动公司的持续增长和价值创造。

但在进行财务报表分析时，无论是报表数据本身还是受外部因素的影响，都会存在局限性，主要表现为：

（1）报表数据的时效性。财务报表通常是对企业过去某一时期的经营成果的反映，财务报表数据都是历史数据，可能无法及时反映最新的财务状况，因而不能过分依赖这些数据。如果不能及时得到有效的财务数据，分析得出的结论往往会失去现实意义。

（2）会计政策和处理方法的差异性。企业可以选择不同的会计政策和处理方法，这可能导致即使两家企业的经营状况相似，其财务报表也可能呈现出不同的结果，使得进行分析时，不能进行有效的比较。

（3）财务报表数据的可靠性。通常，企业出于各种原因，会出现人为操纵财务数据的情况，这极有可能使报表信息与企业实际情况相去甚远，从而误导报表信息使用者。

（4）通货膨胀对报表的影响。人民币的币值时刻变化，因而通货膨胀可能会影响资产负债表和损益表的可靠性，因为它改变了货币的实际购买力和资产的价值。

（5）信息披露得不充分。有时企业可能出于自身利益考虑，未充分披露所有相关信息，如未决诉讼、或有负债等，这可能导致报表使用者对企业价值的过高估计。

第四节　财务规划

一、财务规划概述

（一）财务规划的概念及意义

1.财务规划的概念

财务规划是在企业科学地对内部、外部各因素进行分析与预测的基础上，将决策目标具体化、系统化反映出来的，企业未来一定时期经济活动的一系列目标和规划。

制定财务规划的基本政策包括以下内容：

（1）企业在新资产上所需的投资。它来自企业所选定的投资机会，并且是企业资本预算的结果。

（2）企业选择利用的财务杠杆程度。它决定了企业为实体资产投资而举借资金的数额，是企业资本结构决策的结果。

（3）企业认为有必要且适当地支付给股东的现金数额。它是企业股利决策的结果。

（4）企业在持续经营的前提下所需要的流动性程度和营运资本数额。它是企业营运资本决策的结果。

由此可见，财务规划是在公司金融决策的基础上做出的，是公司金融决策的结果。财务规划分为长期财务规划和短期财务规划。这里重点阐述长期财务规划。长期财务规划包括预计资产负债表、预计利润表和预计现金流量表等内容。

2.财务规划的意义

（1）制定财务规划有助于企业改善经营决策和投资决策。长期财务规划是系统考虑企业未来可能面临的各种财务问题的一种方法。它通常要对企业未来各种可能情况做出假设，可以使企业避免陷入财务困境和经营失败，从而使企业决策建立在可行的基础上。

（2）制定财务规划可以评估企业经营策略对企业价值的影响。长期财务规划是企业基于对未来经济状况的预测以及自身情况，通过一定的决策程序做出的，是对未来经营活动、投资活动以及筹资活动等设定的目标，在经营管理中发挥着重要的作用。

（二）财务规划的步骤

1.销售预测

销售预测是制定财务规划的第一步。根据销售预测，可进一步预测实现销售所需要的资产以及支撑销售收入和资产所要进行的筹资。

2.预计报表

预计财务报表是指通过对财务报表进行预测，用来概括对未来所做的不同情形预测的一种形式。预计报表根据销售预测生成，是财务规划的最终产物。进行财务规划需要有一套预计资产负债表、利润表和现金流量表。

3.资产需求

财务规划要描述预测的资本性支出。预计资产负债表中至少要包括固定资产总额和净资本的变动额，这些变动实际上就是企业的总体资本预算。

4.筹资需求

财务规划包括必要的筹资需求安排。资金可以考虑从内部筹集，也可以考虑从外部筹集。就外部筹资而言，可能是发售新股，也可能是举债，这些内容实际上就是长期融资、资本结构和股利政策。

5.资金调剂

有了销售预测和对所需资产支出的预测之后，通常需要筹集一定数量的资金，因为预计资产总额可能超过预计负债和所有者权益总额，导致资产负债表不平衡，为此，必须选定一个筹资调剂变量，以应对筹资的不足（或过剩），从而使资产负债表保持平衡。

6.经济假设

财务规划必须明确指出企业在计划期内预计所面临的经济环境。必须做出的经济假设，包括利率水平和企业税率。

下面通过财务规划模型应用举例，介绍财务规划具体实施步骤。

【例2-2】某企业最近年度的财务报表分别见表2-7、表2-8。

表2-7 利润表简表

项目	金额（万元）
销售收入	1 000
成本	800
净利润	200

表2-8 资产负债表简表

项目	金额（万元）	项目	金额（万元）
资产	500	债务	250
		权益	250
总额	500	总额	500

假设公司以后的销售收入增长幅度为20%，从1 000万元增长到1 200万元，那么，规划制定人员可以预测成本也增加20%，从800万元增加到960万元。根据这些信息，编制的预计利润表见表2-9。

表 2-9　　**预计利润表**

项目	金额（万元）
销售收入	1 200（+200）
成本	960（+160）
净利润	240（+40）

按照所有变量都将增长20%的假设，构建的预计资产负债表见表2-10。

表 2-10　　**预计资产负债表**

项目	金额（万元）	项目	金额（万元）
资产	600（+100）	债务	300（+50）
		权益	300（+50）
总额	600（+100）	总额	600（+100）

需要注意的是，上述例子中，只是把每一个项目按照销售收入预测增加了20%。

那么，怎样才能使净利润等于240万元，而权益只增加50万元呢？答案是以现金股利的形式向股东支付两者之间的差额190万元（240-50）。在这种情况下，股利就是调剂变量。

假设公司并没有支付这190万元。此时，留存收益增加额是全部的240万元。结果，公司的权益增加到490万元（250+240）。公司必须偿还部分债务才能保证资产总额增加到600万元，债务金额为11万元（600-490），债务偿还额为140万元（250-110）。在此情况下，债务成为平衡预计资产总额和负债及所有者权益总额的调剂变量，见表2-11。

表 2-11　　**预计资产负债表**

项目	金额（万元）	项目	金额（万元）
资产	600（+100）	债务	110（-140）
		权益	490（+240）
总额	600（+100）	总额	600（+100）

由此可以表明，销售增长与筹资政策之间相互影响，即随着销售收入的增加，资产也会相应增加，必然要求负债和所有者权益的增加，而负债和所有者权益的变动取决于企业的筹资政策和股利政策，即企业资产的增长要求企业决定如何为这种增长筹集资金，可以考虑从内部筹集资金，也可以考虑从外部筹集资金。

二、销售收入百分比法

从前述财务规划模型可知，预计报表的每一个项目都与销售收入同步增长。这就是销售收入百分比法，它是根据财务报表中的项目占销售收入百分比来计算其预计值的一种方法。这种方法建立在两个假设基础上：

假设1：财务报表中所有的项目要素与销售紧密联系；

假设2：目前资产负债表中的各项水平对当前的销售而言是最佳的。

在制定财务规划时，企业可以通过敏感性分析、情景分析和压力测试等多种工具来加以完善，以确保计划的可靠性和有效性。

下面通过举例说明销售收入百分比法的计算方法：

【例2-3】接【例2-2】资料，上期销售收入是1 000万元，销售成本为800万元，本期销售收入增长25%，变为1 250万元，销售成本占销售收入的比例为80%，则销售成本变为1 000万元（800×1.25或1 250×80%）。

（一）利润表

假若B公司最近的利润表参见表2-12。

表2-12 **B公司利润表**

项目	金额（万元）
销售收入	1 000
成本（包括折旧、利息）	800
营业利润（应税所得额）	200
所得税（25%）	50
净利润	150
股利	45
留存收益增加	105

B公司预计下一年度销售收入将增长25%，因此，预计销售收入为1 250万元（1 000×1.25）。我们假设成本总额将继续保持销售收入的80%（800/1 000），据此，编制该公司的预计利润表，见表2-13（表中下划线表示不随销售收入而变动的项目）。

表2-13 **B公司预计利润表**

项目	金额（万元）
销售收入（预测）	1 250
成本（占销售收入的80%）	1 000
营业利润（应税所得额）	250
所得税（25%）	62.5
净利润	187.5

由于股利支出水平取决于公司管理当局制定的股利政策。最近年度，公司股利支付率为：

股利支付率=现金股利÷净利润=45÷150=30%

留存收益增加额对净利润的比率=105÷150=70%

留存收益增加额对净利润的比率叫作提存率，也称为再投资比率。

预计的股利支付金额=187.5×30%=56.25（万元）

预计留存收益增加额=187.5×70%=131.25（万元）

（二）资产负债表

接【例2-3】资料：假若B公司最近的资产负债表参见表2-14。

表2-14　　B公司资产负债表

项目	金额（万元）	占比	项目	金额（万元）	占比
资产			负债及所有者权益		
流动资产			流动负值		
现金	160	16%	应付账款	300	30%
应收账款	440	44%	短期借款	100	
存货	600		小计	400	
小计	1 200		长期债务	800	
固定资产			所有者权益		
厂房和设备净值	1 800		股本	800	
			留存收益	1 000	
			小计	1 800	
资产总额	3 000		负债及所有者权益	3 000	

需要注意的是：

①对于随销售收入变动而变动的项目，列示了其占销售收入的百分比；对于不随销售收入变动而变动的项目，用“_”表示“不适用”。

②资产项目通常随销售收入的增长而增长。资产对销售收入的百分比有时称为资本密集度，即资产周转率的倒数。

③负债项目：应付账款通常随销售收入的变动而变动，其原因是供应商的订单增加。短期债务如短期银行借款，通常不随销售收入的变动而变动。长期债务和股本不随销售收入的变动而变动。

运用销售收入百分比法计算后，预计资产负债表见表2-15。

表2-15　　B公司预计资产负债表　　单位：万元

项目	当年	变动	项目	当年	变动
			负债及所有者权益		
资产			流动负值		
流动资产			应付账款	375	75
现金	200	40	短期借款	100	0
应收账款	550	110	小计	475	75
存货	750	150	长期债务	800	0
小计	1 500	300	所有者权益		
固定资产			股本	800	0
厂房和设备净值	2 250	450	留存收益	1 110	110
			小计	1 910	110
资产总额	3 750	750	负债及所有者权益	3 185	185
			所需外部筹资	565	565

从表2-15看出，资产预计增加750万元，而负债和所有者权益只增加185万元，尚有565万元的资金缺口。这一缺口通常称为所需外部筹资。对于这一资金缺口，可以通过三种渠道来筹集资金：短期借款、长期借款和新增权益。

假设公司管理当局决定借入资金。可以选择一部分短期借款和一部分长期借款。例如，流动资产增加300万元，而流动负债增加75万元，为使营运资本总体水平保持不变，公司可以借入225万元。在565万元的资金缺口中，剩下的340万元只能依赖长期借款。

此外，如果公司有闲置生产能力，随着销售收入增长，固定资产投资可以不用增加，从而对外部筹资的要求降低。继续修正预计资产负债表，见表2-16。

表2-16　**B公司预计资产负债表**　单位：万元

项目	当年	变动	项目	当年	变动
资产			负债及所有者权益		
流动资产			流动负值		
现金	200	40	应付账款	375	75
应收账款	550	110	短期借款	325	225
存货	750	150	小计	700	300
小计	1 500	300	长期债务	1 140	340
固定资产			所有者权益		
厂房和设备净值	2 250	450	股本	800	0
			留存收益	1 110	110
			小计	1 910	110
资产总额	3 750	750	负债及所有者权益	3 750	750

本章小结

1.财务报表由基本报表、附表、附注以及财务情况说明书等组成。基本报表包括资产负债表、利润表和现金流量表。资产负债表反映了在给定时点上，企业所拥有的全部资产、负债和所有者权益，按照会计恒等式“资产=负债+所有者权益”编制。利润表反映某一特定时期公司的经营业绩，按照会计恒等式“收入-费用=利润”编制。现金流量表是反映企业一定时期内有关现金流入与现金流出的报表。

2.财务分析即财务报表分析，是指以财务报表等资料为依据，运用一定的分析方法和技术对公司相关情况进行分析，帮助公司的投资者、债权人、经营者以及其他利益相关者了解公司过去、评价公司状况、预测公司未来。

3.财务分析技术是指以财务报表信息为载体，按照一定的分析程序，从不同的角度出发，综合运用各种分析方法的分析体系。财务分析方法主要有财务比率分析、综合财务分析和现金流量分析等。

4.财务规划是在企业对内部、外部各因素进行分析与预测的基础上，将决策目标具体化、系统化反映出来的，企业未来一定时期经济活动的一系列目标和规划。财务规划分为长期财务规划和短期财务规划。

5.编制长期财务规划通常从销售收入预测入手，即首先编制预计利润表，在此基础上编制预计资产负债表，二者之间的内在联系是预计资产负债表的留存收益增加额来自预计利润表的留存收益。

6.所谓销售收入百分比法，就是根据财务报表中各项目占销售收入的百分比来计算其预计值的一种方法。

同步测试

同步测试

（一）单项选择题

1.净营运资本是代表（　　）。

A.流动资产和长期负债之差　　B.流动资产和流动负债之差

C.流动资产和固定资产之差　　D.流动资产和流动负债总额

2.反映某一时刻的投资者对公司每一元盈利所愿支付的价格的是（　　）。

A.股利支付率　　B.每股收益　　C.市盈率　　D.市净率

3.现金流量表以（　　）为编制基础。

A.权责发生制　　B.收付实现制　　C.收付记账制　　D.盈亏平衡制

4.以下属于获利能力分析指标的是（　　）。

A.产权比率　　B.资产负债率　　C.存货周转率　　D.销售利润率

5.以下属于留存收益项目的是（　　）。

A.累计折旧　　B.盈余公积　　C.内部职工筹资　　D.资本公积

（二）多项选择题

1.公司基本财务报表有（　　）。

A.资产负债表　　B.费用支出明细表　　C.利润表　　D.现金流量表

2.财务报表比较分析法的比较标准包括（　　）。

A.经验标准　　B.历史标准　　C.行业标准　　D.预算标准

3.以下属于短期偿债能力分析指标的有（　　）。

A.流动比率　　B.资产负债率　　C.现金比率　　D.速动比率

4.以下属于长期偿债能力分析指标的有（　　）。

A.流动比率　　B.资产负债率　　C.权益乘数　　D.利息保障倍数

5.杜邦财务分析体系中，净资产收益率可以分解为（　　）。

A.资产负债率　　B.销售利润率　　C.资产周转率　　D.权益乘数

（三）简答题

1.什么是财务报表？它由哪几部分构成？

2.简述三张基本财务报表提供的信息。

3.什么是资产负债表、利润表的会计恒等式？

4.现金流量表由哪三项活动现金流组成？

5.财务分析的具体方法有哪些？

6.衡量公司短期偿债能力、长期偿债能力的指标有哪些？

7.衡量公司盈利能力的财务比率指标有哪些？

8.如何基于财务报表指标分析上市公司的价值？

9.什么是杜邦分析法？

10.什么是销售收入百分比法？

（四）计算题

1.A公司是一家专门生产手机的厂家，2023年经营情况为：营业收入1 500万元，原材料成本380万元，支付给工人工资等245万元，支付手机升级换代研发费用100万元，偿还银行贷款利息15万元。公司适用的所得税税率为20%，试计算A公司2023年的净利润。

2.B公司于2023年赎回投资本金550万元；持有A公司股票100 000股，每股分发现金股利1.5元；发行2 000万元公司债券以建造新生产线，年利率为5%；新生产线支出工程款合计1 500万元。试计算B公司2023年的投资活动产生的现金流是多少？

3.C公司2023年的销售成本是40 000万元，期初存货为5 000万元，存货周转率为5次，该年度的赊销收入为5 000万元，期初应收账款为6 000万元，期末应收账款为10 000万元，当年实现利润为20 000万元，年末流动负债为8 000万元，流动比率为2：2，试计算C公司速动比率和应收账款周转率。

4.D银行的资产收益率长期预期值为3%，总资产为2 000万元，总负债为1 600万元，假定D银行总负债增加200万元，若其他因素不变，试计算D银行的长期预期净资产收益率是多少？

5.E公司2023年销售收入为1 000万元，销售利润率为12%，平均总资产为1 200万元，平均净资产为650万元，试运用杜邦分析法计算公司净资产收益率。

（五）综合分析计算题

1.某公司近年度的利润表见表2-17。

表2-17 利润表

项目	金额（万元）
销售收入	2 000
成本（包括折旧、利息）	1 500
营业利润	500
所得税（25%）	125
净利润	375
股利	150
留存收益增加	225

该公司预计下一年度销售收入将增长20%，同时假设下一年度成本总额占销售收入的比例以及股利支付比率保持不变。要求：采用销售收入百分比法编制该公司的预

计利润表。

2. 某公司最近年度资产负债表中的项目及其占销售收入的比例见表2-18。

表2-18　资产负债表

项目	金额（万元）	占比	项目	金额（万元）	占比
流动资产	1 200	120%	负债	1 200	—
固定资产净值	1 800	180%	所有者权益		
			股本	800	—
			留存收益	1 000	—
			小计	1 800	—
资产总额	3 000	300%	负债及所有者权益	3 000	—

该公司预计下一年度销售收入将增长25%，预计利润表见表2-19。

表2-19　预计利润表

项目	金额（万元）
销售收入（预测）	1 250
成本（占销售收入的80%）	1 000
营业利润	250
所得税（34%）	85
净利润	165
股利	66
留存收益	99

伴随着销售收入的增长，公司资产增加，所需资本也增加。公司管理层决定对于资金缺口通过负债的方式解决。要求：采用销售收入百分比法编制公司的预计资产负债表。

3. 长安汽车2022—2023年的资产负债表、利润表和现金流量表分别见表2-20、表2-21、表2-22。试根据上述报表，分析计算以下项目。

表2-20　长安汽车资产负债表　单位：亿元

资产	2022年	2023年	负债和股东权益	2022年	2023年
流动资产：			流动负债：		
货币资金	535	649	短期借款	0.29	0.30
交易性金融资产	2.80	1.68	交易性金融负债		
应收票据	358	377	应付票据	221	375
应收账款	30.68	24.12	应付账款	294	383
应收款项融资			预收款项		
预付款项	7.50	2.88	合同负债	56.55	79.24
其他应收款	12.61	8.94	应付职工薪酬	28.07	27.51
应收股利			应交税费	17.50	19.29

续表

资产	2022年	2023年	负债和股东权益	2022年	2023年
应收利息			应付股利		
存货	58.23	135	应付利息		
合同资产			其他应付款	40.83	58.81
持有待售资产			持有待售负债	45.89	
一年内到期的非流动资产			一年内到期的非流动负债	8.86	0.80
其他流动资产	10.55	97.36	其他流动负债	41.27	88.98
流动资产合计	1 015.37	1 295.98	流动负债合计	754.26	1 032.93
非流动资产：			非流动负债：		
债权投资			长期借款	0.36	0.72
其他债权投资			应付债券	9.99	9.99
长期应收款			其中：优先股		
长期股权投资	144	138	永续债		
其他权益工具投资	4.90	5.04	租赁负债	0.60	1.34
其他非流动金融资产			长期应付款	5.54	9.53
投资性房地产	0.06	0.06	预计负债	34.97	62.77
固定资产	193.31	199.88	递延收益	3.48	7.19
在建工程	13.88	19.14	递延所得税负债	2.37	15.66
生产性生物资产	—	—	其他非流动负债	8.82	14.98
油气资产	4.58	14.43	非流动负债合计	66.13	122.18
使用权资产	1.01	2.06	负债合计	820.39	1155.11
无形资产	44.46	150	股东权益		
开发支出	7.23	22.42	股本	99.22	99.17
商誉	0.10	18.11	资本公积	85.33	82.51
长期待摊费用	0.26	0.24	其他综合收益	0.99	1.18
递延所得税资产	30.29	32.48	专项储备	0.24	0.54
其他非流动资产	—	4.50	盈余公积	35.28	67.83
非流动资产合计	440.08	606.36	未分配利润	414	496
			股东权益合计	635.06	747.23
资产总计	1 455.45	1 902.34	负债和股东权益总计	1 455.45	1 902.34

表2-21 长安汽车利润表（部分） 单位：亿元

项目	2022年	2023年
一、营业总收入	1 213	1 513
其中：营业收入	1 213	1 513
二、营业总成本	1 124.80	1 450.84
其中：营业成本	964.1	1 235
营业税金及附加	41.02	47.58
销售费用	51.38	76.45
管理费用	35.32	40.98
研发费用	43.15	59.80
财务费用	−10.17	−8.97
其中：利息费用	0.49	0.66
利息收入	10.14	—
加：公允价值变动收益（损失以“−”号填列）	0.04	−0.19
投资收益（损失以“−”号填列）	−7.69	30.50
其中：联营企业和合营企业的投资收益	−30.61	−22.02
资产减值损失（损失以“−”号填列）	−9.46	—
信用减值损失（损失以“−”号填列）	−0.32	—
资产处置收益（损失以“−”号填列）	0.75	4.41
其他收益	5.30	16.44
三、营业利润	76.82	113.32
加：营业外收入	1.29	1.70
减：营业外支出	0.54	0.28
四、利润总额	77.57	114.74
减：所得税费用	19.39	28.69
五、净利润	58.18	86.05

表 2-22　　长安汽车现金流量表　　单位：亿元

项目	2022 年	2023 年
经营活动产生的现金流量		
销售商品、提供劳务收到的现金	1 226	1 685
收到的税收返还	21.34	22.26
收到其他与经营活动有关的现金	24.42	33.58
经营活动现金流入小计	1 271.76	1 740.84
购买商品、接受劳务支付的现金	973.7	1 206
支付给职工以及为职工支付的现金	91.88	111
支付的各项税费	86.05	116
支付其他与经营活动有关的现金	63.66	109
经营活动现金流出小计	1 215.29	1 542
经营活动产生的现金流量净额	56.47	198.84
投资活动产生的现金流量		
收回投资收到的现金	1.32	1.32
取得投资收益收到的现金	17.51	3.45
处置固定资产、无形资产和其他长期资产收回的现金净额	6.10	2.96
收到其他与投资活动有关的现金		
投资活动现金流入小计	24.93	7.73
购建固定资产、无形资产和其他长期资产支付的现金	14.05	28.24
投资支付的现金	32.26	23.73
支付其他与投资活动有关的现金	8.15	80
投资活动现金流出小计	54.46	131.97
投资活动产生的现金流量净额	−29.53	−124.24
三、筹资活动产生的现金流量：		
吸收投资收到的现金	0	0.35
取得借款收到的现金	10.87	1.20
收到其他与筹资活动有关的现金	17.06	8.63

续表

项目	2022年	2023年
筹资活动现金流入小计	27.93	10.18
偿还债务支付的现金	3.91	6.83
分配股利、利润或偿付利息支付的现金	18.04	23.81
支付其他与筹资活动有关的现金	3.73	0.83
筹资活动现金流出小计	25.68	31.47
筹资活动产生的现金流量净额	2.25	−21.29
四、汇率变动对现金及现金等价物的影响	0.37	−0.94
五、现金及现金等价物净增加额	29.74	114
加：期初现金及现金等价物余额	495	525
六、期末现金及现金等价物余额	525.11	638.06

（1）运用时间序列分析法，对长安汽车的利润结构以及盈利能力进行分析。

（2）结合长安汽车的自由现金流状况，分析现金流量的结构情况。

（3）根据三张报表信息，试计算并分析长安汽车偿债能力、资产管理能力和获利能力。

第三章

时间价值与证券估值

学习目标

［知识目标］

◇掌握终值和现值的计算。

◇掌握单利和复利的计算。

◇掌握年金终值和现值的计算。

◇掌握债券和股票的价值评估。

［能力目标］

◇理解单利和复利的差异。

◇掌握不同年金终值和现值的区别。

◇掌握债券价格和股票价格的决定因素。

◇掌握债券和股票估值中货币时间价值的应用。

［素养目标］

◇掌握货币的时间价值，尊重货币时间价值规律，避免盲目冒险行为。

◇掌握证券估值方法，树立风险意识、遵守法律和法规及职业道德的意识。

引导案例

拿破仑的承诺给法兰西带来的尴尬

提起拿破仑，当今的法国人依然感到自豪，作为法国历史上伟大的军事统领，是民族国家的象征。当时，拿破仑每到一个地区，便有大量的民众出来夹道欢迎，以目睹拿破仑的风采。1797年3月28日，拿破仑在征战途中经过卢森堡的第一国立小学，受到了全校师生的热烈欢迎。

在学校的欢迎会上，拿破仑手举一束价值3路易的玫瑰花说了这样一番话："为了答谢贵校对我，尤其是对我夫人约瑟芬的盛情款待，我不仅今天呈上一束玫瑰花，并且在未来的日子里，只要我们法兰西存在一天，每年的今天我将亲自派人送给贵校一束价值相等的玫瑰花，作为法兰西与卢森堡友谊的象征。”说完，拿破仑潇洒地把一束价值3路易的玫瑰花送给该校的校长。这一番演讲看似浪漫又热情，然而却给法国惹来不大不小的麻烦。时过境迁，拿破仑穷于应付连绵的战争和此起彼伏的政治事件，最终惨败而被流放到圣赫勒拿岛，把在卢森堡的诺言忘得一干二净。可与此相反，卢森堡这所国立小学的全体师生却把这一承诺深深地记在了心里。之后每一年的这一天，这所小学的全体师生都会身着盛装期盼拿破仑派人送来的玫瑰花。时过境迁，200年过去了，该小学一直没有忘记承诺，但每次的希望都以破灭而告终。1984年年底，卢森堡旧事重提向法国政府提出违背“赠送玫瑰花”诺言案的索赔，要求：要么从1797年起，用3个路易作为一束玫瑰花的本金，以5厘复利（即利滚利）计息全部清偿这笔玫瑰案；要么法国政府要在法国各大报刊上公开承认拿破仑是个言而无信的小人。起初，法国政府准备不惜重金保全拿破仑的声誉，但却又被电脑算出的数字惊呆了：原本3路易的许诺，本息竟高达1 375 596法郎。经反复斟酌，法国政府最终给出答复：“马上给卢森堡第一国立小学建一座现代化的教学大楼，这所小学的毕业生将来如果愿意到法国留学，一切费用由法国政府提供；以后，无论在精神上还是物质上，法国将始终不渝地对卢森堡的中小学教育事业予以支持，来兑现我们的拿破仑将军那一诺千金的玫瑰花信誓。”这一补偿最终得到了卢森堡人民的谅解。

一场跨越两个世纪的等待终于画上了圆满的句号。此后，卢森堡第一国立小学的大门口竖起了一座玫瑰花的雕塑来见证这200多年的玫瑰花承诺。拿破仑可能自始至终没有想到，自己一次演讲给出的承诺，给法国带来了这样的尴尬。

资料来源　作者根据相关资料整理而成。

第一节　货币的时间价值

一、货币时间价值的内涵

在经济活动中有这样一种现象：今年的100元钱和一年后的100元钱的经济价值是不同的，或者说是经济效用不同。今年的100元钱到了一年后，其经济价值远大于100元。也就是说，今年的100元钱的经济价值远大于一年后的100元钱的经济价值。例如，某人将100元的资金存入银行，或者是购买债券、股票，一年后取得的资金是110元，这100元的资金经过一年的时间，价值增加了10元。也就是说，今年100元的资金在效用上相当于明年的110元，其中增加的10元就是100元的时间价值。

货币具有时间价值。如上例，某人将手中的资金存入银行，或者是购买债券、股票，这部分资金将转化为企业的经营资金参与企业的价值周转，在企业价值周转过程中实现价值增值。资金参与企业价值周转的次数越多，实现的价值增值额也越大。可见，货币实现价值增值的前提条件是参与企业价值周转，货币实现的价值增值来源于企业价值周转过程中的价值增值。至此，我们可以给货币时间价值下一个定义，即货币时间价值是指货币经历一定时间的投资和再投资所增加的价值，也称为资金时间价值。

货币时间价值体现为货币的价值增值，但在实务中，人们习惯上不用绝对数即货币的价值增值额来表示货币的时间价值，而是用相对数即价值增加额占投入货币的百分数来表示货币的时间价值。根据上面的分析，从量的规定性来看，货币时间价值的相对数指标就是社会平均利润率。

货币时间价值的客观性要求公司管理者必须具有货币时间价值观念，将公司金融活动过程中不同时点的现金收入和现金支出换算到相同的时间基础上，然后进行大小的比较计算，进而做出科学的融资决策、经营投资决策和金融投资决策。

二、货币时间价值的计算

货币时间价值有两种形式：终值和现值。终值是指在一定的利率条件下，一定量货币在未来某一时间所具有的价值，即货币的本利和。现值是指在一定的利率条件下，未来某一时间的一定量货币现在的价值。计算货币时间价值的方法有单利法和复利法两种。下面分别按这两种方法来讨论有关货币时间价值的计算。

（一）单利终值和现值的计算

所谓单利计息法，是指只对本金计算利息。单利利息的计算公式是：

$$I = PV_0 \cdot i \cdot n \tag{公式3-1}$$

式中：I表示利息；PV_0表示本金，即现值；i表示年利率；n表示计息的期数，常以年为单位。

1.单利终值

单利终值是指在单利计息方式下，现在一定量资金的未来价值，即本利和。用FV_n表示终值，则单利终值的计算公式为：

$$\begin{aligned} FV_n &= PV_0 + I \\ &= PV_0 + PV_0 \cdot i \cdot n \\ &= PV_0 \cdot (1 + i \cdot n) \end{aligned} \tag{公式3-2}$$

【例3-1】现在的1元钱，年利率为10%，第1到第5年各年年末的终值可计算如下：

第1年年末的终值=1×（1＋10%×1）=1.1（元）

第2年年末的终值=1×（1＋10%×2）=1.2（元）

第3年年末的终值=1×（1＋10%×3）=1.3（元）

第4年年末的终值=1×（1＋10%×4）=1.4（元）

第5年年末的终值=1×（1＋10%×5）=1.5（元）

2.单利现值

单利现值是指在单利计息方式下，未来一定量资金的现在价值。单利现值可用倒求本金的方法计算，由终值求现值，叫作贴现。

根据公式（1），可求得单利现值的计算公式，即：

$$PV_0 = \frac{FV_n}{1 + i \cdot n} \tag{公式3-3}$$

【例3-2】年利率为10%，从第1年到第5年各年年末的1元钱，其现值计算如下：

第1年年末1元的现值$=\frac{1}{1 + 10\% \times 1} = \frac{1}{1.1} = 0.909$(元)

第2年年末1元的现值=$\frac{1}{1+10\%\times 2}=\frac{1}{1.2}=0.833$(元)

第3年年末1元的现值=$\frac{1}{1+10\%\times 3}=\frac{1}{1.3}=0.769$(元)

第4年年末1元的现值=$\frac{1}{1+10\%\times 4}=\frac{1}{1.4}=0.714$(元)

第5年年末1元的现值=$\frac{1}{1+10\%\times 5}=\frac{1}{1.5}=0.667$(元)

（二）复利终值和现值的计算

所谓复利计息法，是指将上期的利息转列为本期的本金与原来的本金一起计算利息，即通常讲的“利滚利”。

1.复利终值的计算

复利终值是指在复利计息方式下，现在一定量资金的未来价值，即本利和。

复利终值的计算公式推导如下：

$FV_1 = PV_0 + PV_0 \cdot i = PV_0 \cdot (1+i)$

$FV_2 = PV_0 \cdot (1+i) + PV_0 \cdot (1+i) \cdot i = PV_0 \cdot (1+i)^2$

$FV_3 = PV_0 \cdot (1+i)^2 + PV_0 \cdot (1+i)^2 \cdot i = PV_0 \cdot (1+i)^3$ （公式3-4）

……

$FV_n = PV_0 \cdot (1+i)^n$

式中：$(1+i)^n$称为1元复利终值或复利终值系数。数复利终值系数的简略形式为$FVIF_{i,n}$（可以通过年金复利终值系数表得到），因此年金终值的计算公式可以表示为：

$FV_n = PV_0 \cdot FVIF_{i,n}$ （公式3-5）

【例3-3】现在的1元钱，年利率为10%，从第1年到第5年年末的终值计算如下：

第1年年末的终值=1×（1+10%）^{1}=1×1.10=1.1（元）

第2年年末的终值=1×（1+10%）^{2}=1×1.21=1.21（元）

第3年年末的终值=1×（1+10%）^{3}=1×1.331=1.331（元）

第4年年末的终值=1×（1+10%）^{4}=1×1.464=1.464（元）

第5年年末的终值=1×（1+10%）^{5}=1×1.611=1.611（元）

2.复利现值的计算

复利现值是指在复利计息方式下未来一定量资金的现在价值，可用倒求本金的方法计算。根据复利终值的计算公式，可求得复利现值的计算公式，即：

$PV_0 = FV_n \cdot \frac{1}{(1+i)^n}$ （公式3-6）

式中：$\frac{1}{(1+i)^n}$称为复利现值系数。复利现值系数的简略形式为$PVIF_{i,n}$（可以通过查找复利现值系数表得到），因此，复利现值的计算公式也可表示为：

$PV_0 = FV_n \cdot PVIF_{i,n}$ （公式3-7）

【例3-4】年利率为10%，从第1到第5年各年年末的1元钱的现值计算如下：

第1年年末的现值=$1\times\frac{1}{(1+10\%)}=1\times 0.909=0.909$(元)

第2年年末的现值=$1\times\frac{1}{(1+10\%)^2}=1\times 0.826=0.826$(元)

第3年年末的现值$=1\times\frac{1}{(1+10\%)^3}=1\times0.751=0.751$(元)

第4年年末的现值$=1\times\frac{1}{(1+10\%)^4}=1\times0.683=0.683$(元)

第5年年末的现值$=1\times\frac{1}{(1+10\%)^5}=1\times0.621=0.621$(元)

（三）年金终值和现值的计算

年金是指一定时期内每期等额的收付款项。如利息、租金、保险费等通常表现为年金的形式。按付款方式不同，年金分为普通年金、即付年金、递延年金和永续年金。

1.普通年金终值和现值的计算

普通年金，又称后付年金，是指在一定时期内每期期末有等额收付款项的年金。在现实经济生活中，这是最为常见的年金形式。

（1）普通年金终值的计算

普通年金终值是指在一定时期内每期期末等额收付款项的本利和，如零存整取存款的本利和。

设A为每期期末收付款项的金额，即年金数额，i为年利率，n为全部年金的计息期数，FVA_n为年金终值，则普通年金终值的计算过程可用图3-1表示。

普通年金终值的计算公式为：

$$\begin{aligned}FVA_n &= A\cdot(1+i)^0+A\cdot(1+i)^1+A\cdot(1+i)^2+\cdots+A\cdot(1+i)^{n-2}+A\cdot(1+i)^{n-1}\\ &= A\cdot[(1+i)^0+(1+i)^1+(1+i)^2+\cdots+(1+i)^{n-2}+(1+i)^{n-1}]\\ &= A\cdot\frac{(1+i)^n-1}{i}\end{aligned}$$ （公式3-8）

式中：$\frac{(1+i)^n-1}{i}$称为年金终值系数，简略形式为$FVIFA_{i,n}$（可通过查年金终值系数表得到）。因此，普通年金终值计算公式也可表示为：

$$FVA_n = A\cdot FVIFA_{i,n}$$ （公式3-9）

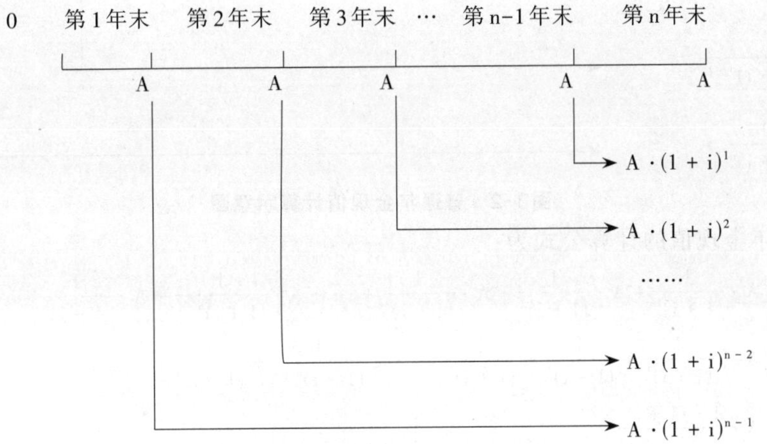

图3-1　普通年金终值计算示意图

【例3-5】每年存款100元，年利率10%，5年后的存款本利和为：

$$FVA_5 = 100 \times \frac{(1+10\%)^5 - 1}{10\%} = 100 \times 6.105 = 610.5(\text{元})$$

上题中，我们是已知A来求FVA_n。如果已知FVA_n来求A，就是计算偿债基金，即为使未来某年年金终值达到一定金额每年应提取的年金额。

由于$FVA_n = A \cdot \frac{(1+i)^n - 1}{i}$，所以，

$$A = FVA_n \cdot \frac{i}{(1+i)^n - 1} \qquad (\text{公式 3-10})$$

【例3-6】某公司5年后须偿还100 000元的债务，从现在起每年存入银行一笔资金，存款的年利率为10%，问每年应存入银行多少元资金？

$$A = 100\,000 \times \frac{10\%}{(1+10\%)^5 - 1} = 16\,380.02(\text{元})$$

（2）普通年金现值的计算

普通年金现值是指一定期间内每期期末等额收付款项的现值之和。

设A为每期期末收付款项的金额，即年金数额，i为年利率，n为全部年金的计息期数，PVA_n为年金现值，则普通年金现值的计算如图3-2所示。

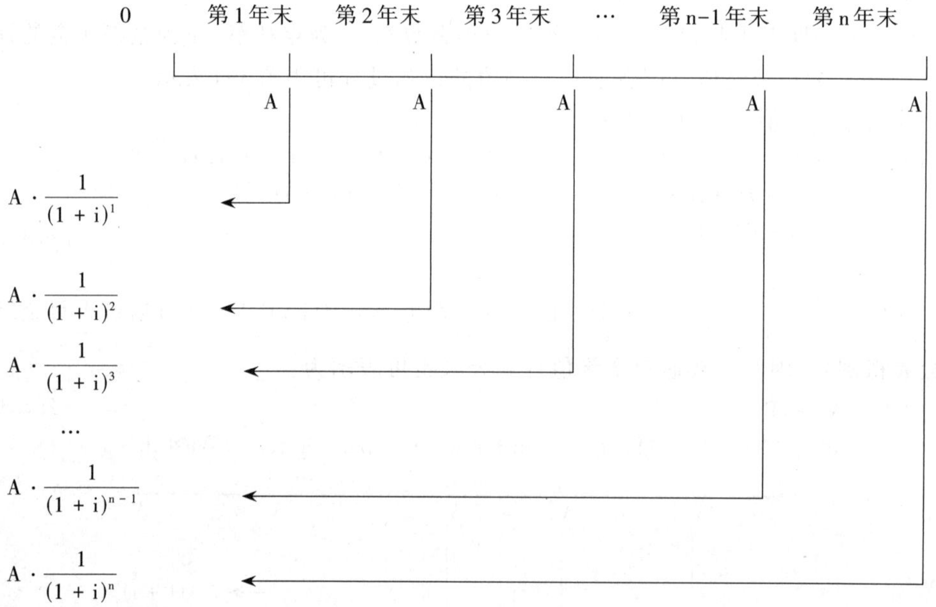

图3-2 普通年金现值计算示意图

普通年金现值的计算公式为：

$$\begin{aligned} PVA_n &= A \cdot \frac{1}{(1+i)^1} + A \cdot \frac{1}{(1+i)^2} + A \cdot \frac{1}{(1+i)^3} + \cdots + A \cdot \frac{1}{(1+i)^{n-1}} + A \cdot \frac{1}{(1+i)^n} \\ &= A \cdot [\frac{1}{(1+i)^1} + \frac{1}{(1+i)^2} + \frac{1}{(1+i)^3} + \cdots + \frac{1}{(1+i)^{n-1}} + \frac{1}{(1+i)^n}] \\ &= A \cdot \frac{1-(1+i)^{-n}}{i} \end{aligned} \qquad (\text{公式 3-11})$$

式中，$\frac{1-(1+i)^{-n}}{i}$称为年金现值系数，简略形式为$PVIFA_{i,n}$（可通过查年金现

值系数表得到)。因此，普通年金的现值计算公式也可表示为：

$$PVA_n = A \cdot PVIFA_{i,n} \quad \text{（公式 3-12）}$$

【例 3-7】某投资项目的有效期限为10年，从今年起每年可得收益100 000元，按年利率10%计算，10年的收益现值为：

$$100\,000 \times \frac{1-(1+10\%)^{-10}}{10\%} = 100\,000 \times 6.1446 = 614\,460(\text{元})$$

2.即付年金终值和现值的计算

即付年金，又称先付年金，是指在一定时期内每期期初等额的收付款项。先付年金与后付年金的区别仅在于收付款时间的不同，即前者是在每期期初收付款项，而后者是在每期末收付款项。

（1）即付年金终值的计算

即付年金终值的计算如图3-3所示。

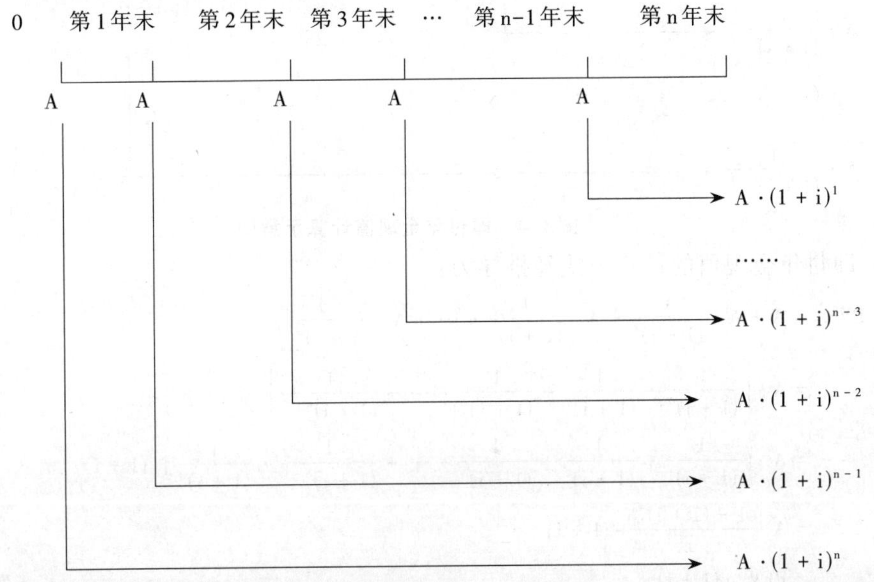

图3-3　即付年金终值计算示意图

即付年金终值的计算公式为：

$$\begin{aligned} FVA_0 &= A \cdot (1+i)^1 + A \cdot (1+i)^2 + \cdots + A \cdot (1+i)^{n-2} + A \cdot (1+i)^{n-1} + A \cdot (1+i)^n \\ &= A \cdot [(1+i)^1 + (1+i)^2 + \cdots + (1+i)^{n-2} + (1+i)^{n-1} + (1+i)^n] \\ &= A \cdot [(1+i)^0 + (1+i)^1 + (1+i)^2 + \cdots + (1+i)^{n-2} + (1+i)^{n-1}] \cdot (1+i) \\ &= A \, \frac{1-(1+i)^{-n}}{i} \cdot (1+i) \\ &= FVA_n \cdot (1+i) \end{aligned} \quad \text{（公式 3-13）}$$

式3-13表明，n期先付年金终值可在n期后付年金终值的基础上乘以（1+i）求得。

【例 3-8】某人每年年初存入银行10 000元，年利率8%，第6年后的本利和为多少？

$$
\begin{aligned}
FVA_0 &= A \cdot \frac{1-(1+i)^{-n}}{i} \cdot (1+i) \\
&= 10\,000 \times \left(FVIFA_{8\%,\ 6}\right) \times (1+8\%) \\
&= 79\,227.72\left(\text{元}\right)
\end{aligned}
$$

（2）即付年金现值的计算

即付年金现值的计算过程如图 3-4 所示。

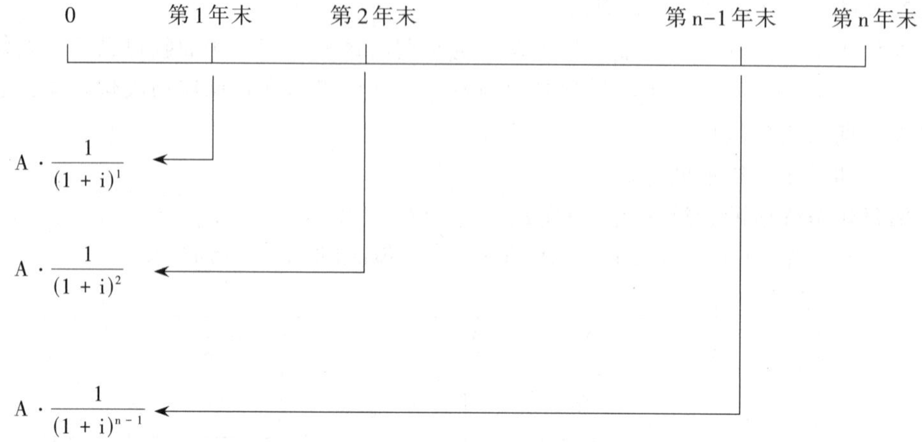

图3-4 即付年金现值计算示意图

即付年金现值的计算公式经推导为：

$$
\begin{aligned}
PVA_0 &= A + A \cdot \frac{1}{(1+i)^1} + A \cdot \frac{1}{(1+i)^2} + \cdots + A \cdot \frac{1}{(1+i)^{n-1}} \\
&= A \cdot \left[\frac{1}{(1+i)^0} + \frac{1}{(1+i)^1} + \frac{1}{(1+i)^2} + \cdots + \frac{1}{(1+i)^{n-1}}\right] \\
&= A \cdot \left[\frac{1}{(1+i)^1} + \frac{1}{(1+i)^2} + \frac{1}{(1+i)^3} + \cdots + \frac{1}{(1+i)^{n-1}} + \frac{1}{(1+i)^n}\right] \cdot (1+i) \\
&= A \cdot \frac{1-(1+i)^{-n}}{i} \cdot (1+i) \\
&= PFV_n \cdot (1+i)
\end{aligned}
$$

（公式 3-14）

即付年金现值公式表明，n期即付年金现值可在n期后付年金现值的基础上乘以（1+i）求得。

【例 3-9】某公司租用一设备，租期为10年，每年年初支付租金10 000元，年利率为8%，试问10年支付租金的现值为多少？

$$
\begin{aligned}
PVA_0 &= A \cdot \frac{1-(1+i)^{-n}}{i} \cdot (1+i) \\
&= 10\,000 \times \left(PVIFA_{8\%,\ 10}\right) \times (1+8\%) \\
&= 10\,000 \times 6.7101 \times 1.08 \\
&= 72\,469.08\left(\text{元}\right)
\end{aligned}
$$

3. 递延年金终值和现值的计算

递延年金，又称为延期年金，是指在最初若干期没有收付款项的情况下，后面若干期有等额系列收付款项。后面若干期等额收付款又有后付和先付两种情况，因而，递延年金又分为后付递延年金和先付递延年金两种。

（1）递延年金终值的计算

假设最初m期没有收付款项，后面n期有等额收付款项，那么，递延年金终值的计算可用图3-5、图3-6表示如下：

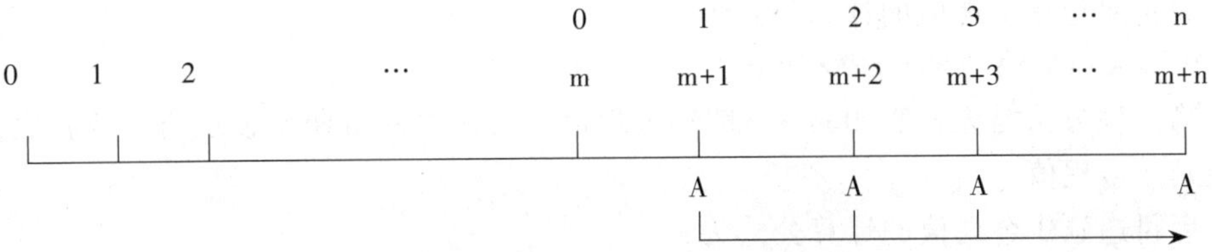

图3-5　后付递延年金终值计算示意图

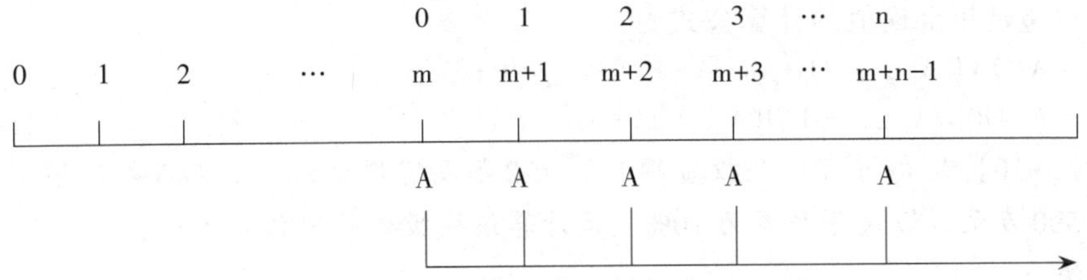

图3-6　先付递延年金终值计算示意图

从图3-5和图3-6可以看出，递延年金终值的计算与递延期无关，故计算方法和年金终值相同。

（2）递延年金现值的计算

假设最初m期没有收付款项，后面n期有等额收付款项，那么，递延年金现值的计算可用图3-7、图3-8表示如下：

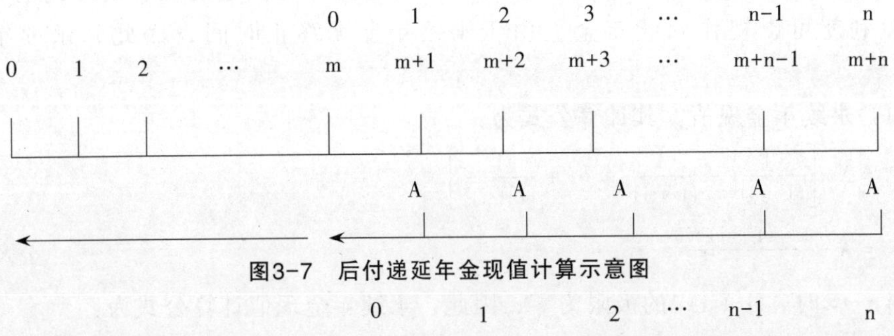

图3-7　后付递延年金现值计算示意图

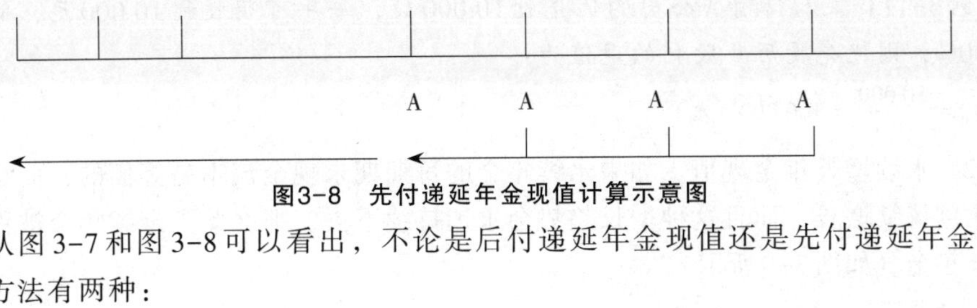

图3-8　先付递延年金现值计算示意图

从图3-7和图3-8可以看出，不论是后付递延年金现值还是先付递延年金现值，计算方法有两种：

第一种方法：先计算出递延年金在n期期初即m期期末的现值，再将它作为终值贴现至第m期期初，就可求出递延年金现值。

后付递延年金现值的计算公式为：

$$PV_0 = A \cdot PVIFA_{i,n} \times PVIF_{i,m} \quad \text{（公式3-15）}$$

先付递延年金现值的计算公式为：

$$PV_0 = A \cdot PVIFA_{i,n} \times (1+i) \times PVIF_{i,m} \quad \text{（公式3-16）}$$

第二种方法是先计算出m + n期年金现值，再减去前m期年金现值，两者之差就是递延年金现值。

后付递延年金现值的计算公式为：

$$PV_0 = A \cdot PVIFA_{i,m+n} - A \cdot PVIFA_{i,m} = A \cdot (PVIFA_{i,m+n} - PVIFA_{i,m}) \quad \text{（公式3-17）}$$

先付递延年金现值的计算公式为：

$$\begin{aligned} PV_0 &= A \cdot PVIFA_{i,m+n} \cdot (1+i) - A \cdot PVIFA_{i,m} \cdot (1+i) \\ &= A \cdot (PVIFA_{i,m+n} - PVIFA_{i,m}) \cdot (1+i) \end{aligned} \quad \text{（公式3-18）}$$

【例3-10】某公司有一个投资项目，前2年没有现金流入，后5年每年年末现金流入为500万元，假设年利率为10%。试计算该项投资的现值是多少？

方法一：

$$PV_0 = 500 \times PVIFA_{10\%,5} \times PVIF_{10,2} = 1\,566.45(\text{万元})$$

方法二：

$$PV_0 = A \cdot PVIFA_{i,m+n} - A \cdot PVIFA_{i,m} = 500 \times (PVIFA_{10\%,7} - PVIFA_{10\%,2}) = 1\,566.45\ (\text{万元})$$

4.永续年金现值的计算

永续年金是指从第1期起，无期限每期期末等额支付的款项。它是普通年金的一种特殊形式。比如，如果公司持续经营，其优先股有固定的股利而无到期日，优先股股利就可以视作永续年金。由于永续年金无终止时间，因此，永续年金无终值。

（1）永续年金现值，其计算公式为：

$$\begin{aligned} PV_0 &= A \cdot \left[\frac{1}{(1+i)^1} + \frac{1}{(1+i)^2} + \cdots + \frac{1}{(1+i)^n}\right] \\ &= A \cdot \frac{1-(1+i)^{-n}}{i} \end{aligned} \quad \text{（公式3-19）}$$

当$n \to \infty$时，$(1+i)^{-n}$的极限为零，因此，永续年金现值计算公式为：

$$PV_0 = \frac{A}{i} \quad \text{（公式3-20）}$$

【例3-11】某人持有A公司的优先股10 000股，每年可获股利10 000元，假设利率为10%，则优先股历年股利的现值为：

$$PV_0 = \frac{10\,000}{10\%} = 100\,000\ (\text{元})$$

（2）永续增长年金现值。如果永续年金的每期期末现金流不是等额的，而是以一定的比例持续增长，而且这种增长趋势会永远持续下去，那么此类永续年金被称为永续增长年金（如图3-9所示）。

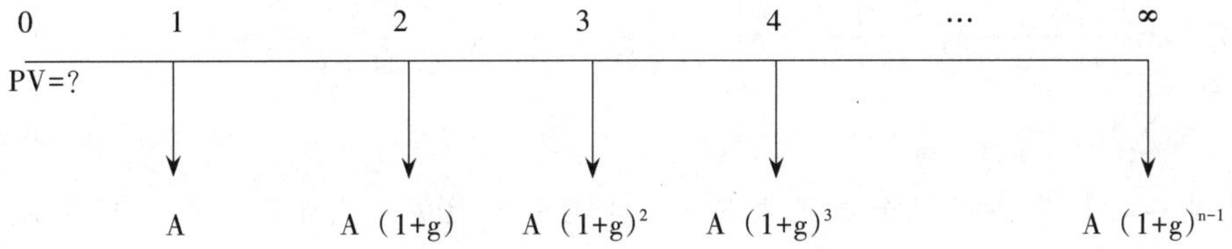

图3-9　永续增长年金示意图

从图3-9可知，以A表示第1期的现金流，g表示增长率，则永续增长年金现值的计算公式为：

$$PV_0 = \sum_{n=1}^{\infty} \frac{A \times (1+g)^{n-1}}{(1+i)^n} \qquad \text{（公式3-21）}$$

公式3-21是把等比数列相加，当公比（1+g）/（1+i）<1时，即i大于g，且n趋于无穷大时，永续增长年金现值可以用公式3-22计算：

$$PV_0 = \frac{A}{i-g} \qquad \text{（公式3-22）}$$

总之，普通年金、即付年金、递延年金与永续年金最大的区别在于收支时间点与期限的不同。其中，普通年金是最基础、最重要的年金，其他三种年金的相关计算均是通过普通年金进行转换得到的。

5.不等额系列收付款现值的计算

以上介绍的是货币时间价值的基本原理。单利、复利终值和现值的计算是就一次收付款而言的，年金则表现为等额的系列收付款，而在实际经济活动中，收付款往往表现为不等额的系列收付款，这就需要计算不等额系列收付款的现值之和。

计算不等额系列收付款现值之和，可先计算出每次收付款的现值，然后将每次收付款的现值进行加总。不等额系列收付款现值的计算可用图3-10表示。

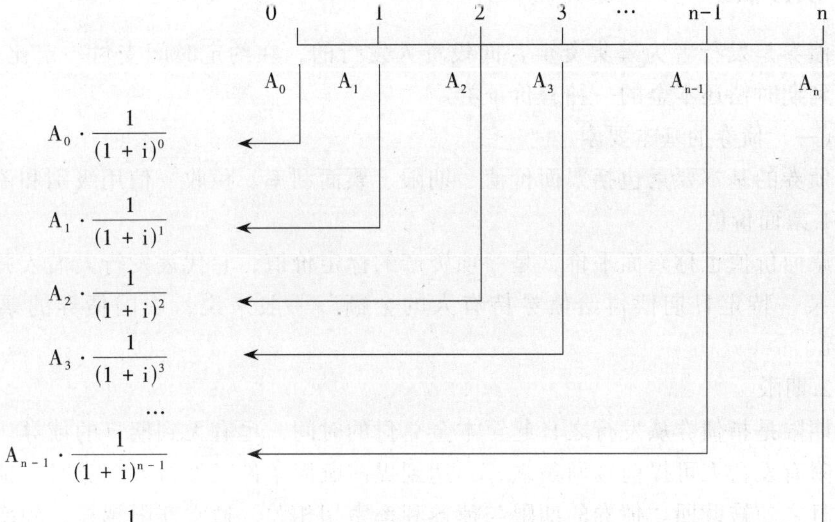

图3-10　不等额系列收付款现值计算示意图

不等额系列收付款现值的计算公式为：

$$PV_0 = A_0 \cdot \frac{1}{(1+i)} + A_1 \cdot \frac{1}{(1+i)^1} + A_2 \cdot \frac{1}{(1+i)^2} + \cdots + A_{n-1} \cdot \frac{1}{(1+i)^{n-1}} + A_n \cdot \frac{1}{(1+i)^n}$$

$$= \sum_{t=0}^{n} A_t \cdot \frac{1}{(1+i)^t} \quad \text{（公式 3-23）}$$

【例 3-12】某公司现金流见表 3-1，贴现率为 10%，试计算不等额现金流量的现值。

表 3-1　　某公司现金流量表　　单位：万元

年（t）	0	1	2	3	4
现金流	100	200	250	300	300

不等额现金流量现值的计算过程如下：

$$PV_0 = 100 \times \frac{1}{(1+10\%)^0} + 200 \times \frac{1}{(1+10\%)^1} + 250 \times \frac{1}{(1+10\%)^2} + 300 \times \frac{1}{(1+10\%)^3} + 300 \times \frac{1}{(1+10\%)^4}$$

$$PV_0 = 100 \times PVIF_{10\%,0} + 200 \times PVIF_{10\%,1} + 250 \times PVIF_{10\%,2} + 300 \times PVIF_{10\%,3} + 300 \times PVIF_{10\%,4}$$

$$= 100 \times 1 + 200 \times 0.9091 + 250 \times 0.8264 + 300 \times 0.7513 + 300 \times 0.6830$$

$$= 918.71$$

由上述计算可知，有关系列现金流量的问题其实就是单一现金流量分析的一个简单扩展。

第二节　有价证券估价

一、债券估价

债券是发行者为筹集资金，向投资人发行的，在约定时间支付一定比例的利息，并在到期时偿还本金的一种有价证券。

（一）债券的基本要素

债券的基本要素包括票面价值、期限、票面利率、税收、信用级别和流动性等。

1.票面价值

票面价值也称票面平价，是一项资产的标定价值，它代表发行人借入并且承诺于未来某一特定日期偿付给债券持有人的金额。一般来说，中国债券的票面价值是100元。

2.期限

期限是指债券从发行之日起至本金兑付的时间，也有无到期日的债券。有的债券还会附有发行人可提前赎回条款，当达到提前赎回条件且发行人同意时，债券可以在到期日之前被赎回。债券的期限与债券利率密切相关，通常期限越长，利率越高。

3.票面利率

票面利率是债券的关键要素之一，它是指债券利息与票面价值的比值。票面利率通常为年利率，用百分比表示，债券发行时票面利率的高低与发行人的信用级别、到期期限、当时的市场利率水平均有关。

4.税收

债券的税收是指债券的利息是否免税。在中国和许多国家，国债都是免税的，但金融债券和公司债券的利息则需要缴税。我国金融债券和公司债券的利息税一般为20%。一般来说，免税债券的利率要低于纳税债券的利率。

5.信用级别

信用级别是指债券发行人及其债券的信用等级，即发行人按期履约兑付本息的可靠程度。显然，国债的信用等级最高。除国债外，债券发行时，债券发行人都要请第三方中介机构对其发行的债券进行信用评级，以供投资者决策时参考。信用等级越低的债券，市场对它的利率补偿要求越高，发行越困难。

6.流动性

流动性是指债券变现的难易程度。债券的发行规模、投资者构成、债券的上市交易场所等都会影响债券的流动性。流动性高的债券的利率通常较流动性低的债券要低一些。在二级市场上，由于债券具有较强流动性，其价格与收益率成反比：价格上升，收益率下降；价格下降，收益率上升。

（二）债券价值的含义及基本估价模型

在证券市场上，公司发行债券需要合理定价，只有公司给出的债券价格与投资者愿意付出的债券价格相一致时，公司才能顺利地发行债券。可见，债券估价是否合理，直接影响到公司债券能否顺利发行，合理地进行债券估价是公司金融研究的一项重要内容。

所谓债券价值，是指债券未来各期现金流量按照应得贴现率计算的现值的和，也称为债券的理论价格。以付息债券为例，债券价值就是与债券有关的未来现金流量折现值以及有效期内各年的利息折现值之和。

假设债券的票面价值为F，票面利率为r，贴现率为i，I为债券利息，债券的有效期限为n，那么，债券价格P的基本估算模型为：

$$p=\frac{Fr}{(1+i)^1}+\frac{Fr}{(1+i)^2}+\frac{Fr}{(1+i)^3}+\cdots\cdots+\frac{Fr+F}{(1+i)^n}$$

$$=\sum_{t=1}^{n}\frac{I}{(1+i)^t}+\frac{F}{(1+i)^n} \qquad \text{（公式3-24）}$$

上式是以利息每年支付一次为假设前提的。实际上，利息的支付频率可能是每半年一次，也可能是每季度一次。在此情况下，债券价格的基本估价模型就需要做出相应的调整。

（三）债券估值的方法

1.附息债券的估值

附息债券通常有两种付息方式：一年一付和半年一付。如果附息债券的票面利率与市场利率一致，则平价发行；如果二者发生偏离，附息债券将溢价发行或者折价发行。附息债券的内在价值的计算公式如下：

$$p=\sum_{t=1}^{n}\frac{I}{(1+i)^t}+\frac{F}{(1+i)^n} \qquad \text{（公式3-25）}$$

【例3-13】假设某公司决定发行期限为5年、票面价值为1 000元、票面利率为10%的附息债券。债券的发行价格可能出现以下三种情况：

（1）债券票面利率等于市场利率时，债券就会以面值发行

根据附息债券的计算公式，计算如下：

$$p=\frac{100}{(1+10\%)^1}+\frac{100}{(1+10\%)^2}+\frac{100}{(1+10\%)^3}+\frac{100}{(1+10\%)^4}+\frac{100+1\,000}{(1+10\%)^5}$$
$$=100\times0.9091+100\times0.8264+100\times0.7513+100\times0.6830+1\,100\times0.6209$$
$$=1\,000(元)$$

或者：$p=\sum_{t=1}^{5}\frac{1\,000\times10\%}{(1+10\%)^5}+\frac{1\,000}{(1+10\%)^5}=1\,000$（元）

（2）在债券票面利率低于市场利率时，债券就会折价发行

假设债券发行时，市场利率为11%，而债券的票面利率为10%，则计算如下：

$$p=\frac{100}{(1+11\%)^1}+\frac{100}{(1+11\%)^2}+\frac{100}{(1+11\%)^3}+\frac{100}{(1+11\%)^4}+\frac{100+1\,000}{(1+11\%)^5}$$
$$=100\times0.9009+100\times0.8116+100\times0.7312+100\times0.6587+1\,100\times0.5935$$
$$=963.09(元)$$

计算结果表明，这种情况下，债券的发行价格为963.09元，以低于面值1 000元的价格发行，二者的差额为36.91元，这就是债券的折价数额。

（3）在债券票面利率高于市场利率时，债券就会溢价发行

假设债券发行时，市场利率为9%，而债券的票面利率为10%，则计算如下：

$$p=\frac{100}{(1+9\%)^1}+\frac{100}{(1+9\%)^2}+\frac{100}{(1+9\%)^3}+\frac{100}{(1+9\%)^4}+\frac{100+1\,000}{(1+9\%)^5}$$
$$=100\times0.9174+100\times0.8417+100\times0.7722+100\times0.7084+1\,100\times0.6599$$
$$=1\,038.86(元)$$

计算结果表明，债券发行价格为1 038.9元，以高于面值1 000元的价格发行，二者的差额38.86元为溢价数额。

从本质而言，在债券到期日，无论是溢价发行的债券还折价发行的债券，债券的市场价格都等于面值。也就是说，在债券溢价或折价发行时，债券的市场价格随着债券到期日的临近逐渐向债券面值靠近，直至到期日，债券的市场价格等于债券面值，如图3-11所示。

图3-11表明，在溢价发行债券的情况下，随着时间向到期日靠近，债券的市场价格逐渐下降，直至到期日，等于债券的面值；在折价发行债券的情况下，随着时间向到期日靠近，债券的市场价格逐渐提高，直至到期日，等于债券的面值。

2.一次性还本付息债券的估价

由于一次性还本付息债券所产生的现金流量是债券到期时的本金和利息之和，因此，一次性还本付息债券的估价就是将债券到期时的本金和利息之和按投资者要求的必要报酬率进行贴现的现值。用公式表示即为：

$$p=\frac{F(1+r)^m}{(1+i)^n} \qquad （公式3-26）$$

式中：m表示债券期限；n表示债券持有期限，其它符号的含义同上。

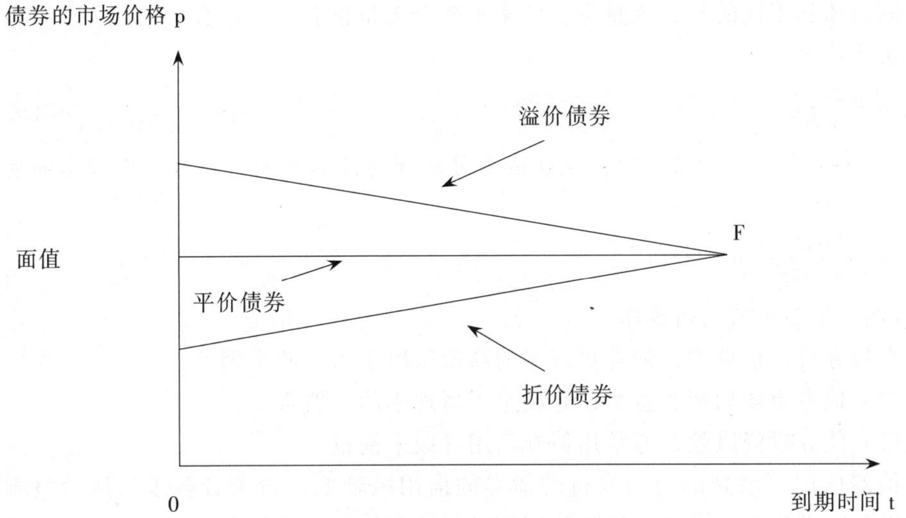

图3-11 债券市场价格与到期时间关系

【例 3-14】接【例 3-13】资料，假设债券采取的是到期一次还本付息，发行时市场利率为9%。试求该债券的发行价格。

根据公式，计算如下：

$$p = \frac{1\,000 \times (1 + 10\%)^5}{(1 + 9\%)^5} = 1\,000 \times 1.6105 \times 0.6499 = 1\,046.66（元）$$

若某投资者在该债券发行2年后购买，其他条件不变，试问：用多少钱购买合适？

根据题意可知：m=5，n=3，m≠n，则计算如下：

$$p = \frac{1\,000 \times (1 + 10\%)^5}{(1 + 9\%)^3} = 1\,000 \times 1.6105 \times 0.7722 = 1\,243.63（元）$$

所以，投资者在第三年以不高于1 243.63元的价格购买该债券合适。

3.永久性债券的估价

永久性债券是指没有到期日，也没有最后支付日，债券投资者可以定期地、永久地获得固定收益的债券。永久性债券实际上是一种特殊形式的附息债券，即利息支付趋向于无穷大。因此，永久性债券估价可以采用永续年金的计算方法，其计算公式为：

$$p = \frac{Fr}{i} = \frac{I}{i} \qquad （公式3-27）$$

式中：有关符号的含义同上。

【例 3-15】接【例 3-13】，假设该公司发行的债券为永久性债券，则债券的发行价格为：

$$p = \frac{1\,000 \times 10\%}{9\%} = 1\,111.11(元)$$

4.零息债券的估价

零息债券又称贴现债券，是一种按照低于债券面值的价格发行，到期按债券面值偿还的债券。实际上，零息债券也是一种附息债券，是附息债券中的折价债券。体现在：在债券发行时，就将应支付给投资者的利息扣除，采取折价的方式发行债券。与普通附息债券不同的是，零息债券的未来现金流量仅有债券本金，因此，其估价公式可表示为：

$$p = \frac{F}{(1+i)^n} \quad \text{（公式 3-28）}$$

【例 3-16】接【例 3-13】，假设该公司发行的债券为零息债券，则债券的发行价格为：

$$p = \frac{1\ 000}{(1+9\%)^5} = 649.9(\text{元})$$

（四）债券价值与折现率

在债券价格估算中，债券折现率的高低取决于以下两个因素：

（1）债券市场均衡收益率，它决定了折现率的一般水平。

（2）债券投资风险，通常用债券信用等级来衡量。

债券信用等级高的公司发行的债券的信用风险低，投资者要求的风险报酬率就低，即风险溢价低；反之，债券信用等级低的公司发行的债券的信用风险高，投资者要求的风险报酬率就高，即风险溢价高。

综合以上两个因素，就特定公司发行的债券而言，折现率等于债券市场均衡收益率加上风险溢价。

从投资者的角度来看，其购买公司发行的债券相当于进行一项投资。在债券投资中，债券价格相当于现金流出，债券未来各期的利息收入及其债券到期时收回的本金相当于现金流入，债券投资项目的现金流入的现值减去现金流出的现值，即债券投资项目的净现值。从债券估价基本模型可以看出，债券投资项目的净现值实际上是零，也就是说，从项目评估的角度来看，估算债券价格采用的是内含报酬率法，其中i就是债券投资项目的内涵报酬率，即债券收益率。

一般情况下，在债券的收益率曲线中，债券收益率就是内部到期收益率。所谓内部到期收益率，是指债券持有到期的预期收益率。它将持有长期债券的收益率以固定利率的形式表示出来，假定债券会以目前的票息再投资，即将债券未来的投资收益与到期值折算成现值，使之等于初始投资额的折现率。计算公式表示为：

$$p = \frac{I}{(1+R)^1} + \frac{I}{(1+R)^2} + \frac{I}{(1+R)^3} + \cdots + \frac{F}{(1+R)^n} \quad \text{（公式 3-29）}$$

式中：P表示债券的价格；I为债券的利息（此为年息，半年息除以2）；F表示债券的到期票面价值；R表示到期收益率。

由公式3-29可知，它与附息债券内在价值的计算是同一个公式。此处，债券的价格假定为市场价格，而折现率R是要计算的到期收益率。由于内部到期收益率相当于内部报酬率，其计算方法可参见第五章“内部收益率”。

二、股票估价

股票是股份公司发行的，用以筹集资金，证明其持有者投资份额和金额的一种有价证券。或者说，股票是股份公司发给股东证明其所有股份数，并凭此取得股息和红利的有价证券。

（一）股票估价的含义

与债券相比，普通股具有以下特点：

（1）无法事先知道任何允诺的现金流量；

（2）没有到期日，即投资期限实质上是永远；

（3）无法简易地观察市场上的必要报酬率；

（4）股票持有人具有投票权；

（5）公司支付的股利不属于经营成本，全部在税后列支；

（6）股票持有人拥有公司的剩余索取权。

股票内在价值也是由未来的现金流量的现值所决定的。与股票有关的现金流量包括两部分：一是未来各期的股利；二是未来出售股票所得售价，即市场价格。前者公司发放现金股利的现金流具有一定的规律性；后者股票的售价受资本市场的影响，需要一定的确定方法。计算股票未来现金流量的现值所使用的贴现率是股东要求的必要报酬率。

根据股票内在价值的含义，股票价值可以用以下公式进行估算：

$$P_0=\frac{D_1}{(1+r)^1}+\frac{D_2}{(1+r)^2}+\frac{D_3}{(1+r)^3}+\cdots+\frac{D_\infty}{(1+r)^\infty}=\sum_{t=1}^{\infty}\frac{D_t}{(1+r)^t}$$（公式3-30）

这就是股票基本的估价模型。

式中：P_0表示股票的价值；D表示第t期支付的股利；r表示股票的贴现率。

如果投资者购买了某种股票并不打算永久持有该股票，而是在一段时间后出售，那么，未来现金流就是几次发放的股利和出售时的股价。因此，买入时的价值与持有一年后的价值具有如下关系：

$$P_0=\frac{D_1}{1+r}+\frac{P_1}{1+r}$$（公式3-31）

式中：P_0表示股票的发行价格；D_1表示第一年的股利；P_1表示第一年股票的价格；r表示股票的贴现率。

同理，我们可以得到第一年末的股票价格：

$$P_1=\frac{D_2}{1+r}+\frac{P_2}{1+r}$$（公式3-32）

式中：D_2表示第二年的股利；P_2表示第二年末股票的价格；其他符号含义同上。

将公式3-32代入公式3-31，得：

$$P_0=\frac{D_1}{1+r}+\frac{1}{1+r}\times\left(\frac{D_2}{1+r}+\frac{P_2}{1+r}\right)=\frac{D_1}{1+r}+\frac{D_2}{(1+r)^2}+\frac{P_2}{(1+r)^2}$$（公式3-33）

同理，P_2又可以通过第三年的股利现值和第三年末的股票价格的现值求和得出，而且这个过程可以一直延续下去，由此可得：

$$P_0=\frac{D_1}{(1+r)^1}+\frac{D_2}{(1+r)^2}+\frac{D_3}{(1+r)^3}+\cdots+\frac{D_\infty}{(1+r)^\infty}+\frac{P_\infty}{(1+r)^\infty}=\sum_{t=1}^{\infty}\frac{D_t}{(1+r)^t}+\frac{P_\infty}{(1+r)^\infty}$$（公式3-34）

由于当$n\to\infty$，$\frac{1}{(1+r)^n}\to 0$，所以：

$$P_0 = \sum_{t=1}^{\infty} \frac{D_t}{(1+r)^t}$$ （公式3-35）

公式3-35就是股票的基本估价模型。

根据股票的基本估价模型，股利是重要的现金流量。根据股利在未来的不同分布，在一些非常有用的特殊情形下，普通股的估价模型具体分为以下三种情形：零增长模型，即股利在各期是等值的；固定增长模型，即股利呈固定比例持续增长；分阶段增长模型，即股利在各期以不同的增长率增长。

（二）股利零增长的股票估价模型

如果股利每年都稳定不变，且投资者准备长期持有，根据股票的基本估价模型，可得：

$$P_0 = \frac{\frac{D}{(1+r)} \times [1 - (\frac{1}{1+r})^n]}{1 - \frac{1}{(1+r)}} = \frac{D[1 - (\frac{1}{1+r})^n]}{r}$$ （公式3-36）

由于当$n \to \infty$，$\frac{1}{(1+r)^n} \to 0$，所以：

$$P_0 = \frac{D}{r}$$ （公式3-37）

式中：D表示每年相等的股利。

与股利零增长相对应的公司的情况是：公司经营规模不变，资产收益率不变，公司实现的收益全部以股利的形式支付给股东。现实中，这一类型的公司是很少见的。

（三）股利以某一固定比例持续增长的股票估价模型

股利以某一固定比例持续增长的股票估价模型，即股利固定增长模型，又称股利不变增长模型。

假设某公司股票的当期股利为D_0，以后每年以某一固定的比例g持续增长，且投资者打算长期持有，那么，根据股票的基本估价模型，可得：

$$p_0 = \frac{D_0(1+g)}{(1+r)} + \frac{D_0(1+g)^2}{(1+r)^2} + \cdots + \frac{D_0(1+g)^n}{(1+r)^n}$$ （公式3-38）

设$r > g$，将公式3-38两边同乘以$\frac{1+r}{1+g}$，得如下公式：

$$P_0 \times \frac{1+r}{1+g} = D_0 + D_0\frac{1+r}{1+g} + \cdots + \frac{D_0(1+r)^{n-1}}{(1+r)^{n-1}}$$ （公式3-39）

将公式3-39减去公式3-38，可得：

$$P_0 \times \frac{1+r}{1+g} - P_0 = D_0 - \frac{D_0(1+g)^n}{(1+r)^n}$$

由于$r > g$，当$n \to \infty$，$\frac{D_0(1+g)^n}{(1+r)^n} \to 0$，将上式简单换算后，可得：

$$P_0 = \frac{D_0(1+g)}{r-g}$$ （公式3-40）

现实中，国民经济是不断增长的，而国民经济的增长又是由公司的成长推动的，因此，公司的成长是客观的。与公司成长相对应，公司支付的股利也是在不断增长的。因此，股利持续增长模型是应用最广的股利估价模型。

【例 3-17】某公司在第一年按每股 0.5 元支付股利，预计未来各年股利支付将按 6% 的比例增长，且准备长期持有，假设股票的贴现率为 10%，则股票的理论价格为：

$$P_0=\frac{D_1}{r-g}=\frac{0.5}{10\%-6\%}=12.5\text{（元）}$$

（四）股利分阶段增长的股票估价模型

现实中，公司支付的股利是不断增长的，却并不一定按照固定的比例增长，比如有时高速增长，而有时又按固定比例增长或零增长。在此情况下，就需要分别不同情况来估算股票价格。

1. 各年度股利的增长率不同，且持有时间有限

在此情况下，可通过估算各年度股利和出售时股票市场价格的复利现值，然后相加求得股票的内在价值。股利估价模型的计算公式为：

$$P_0=\sum_{t=1}^{n}\frac{D_t}{(1+r)^t}+\frac{P_n}{(1+r)^n}\qquad\text{（公式 3-41）}$$

式中：D_t 表示第 t 期支付的股利。

【例 3-18】假设某公司股票的市价为 10 元，预计第 1 年、第 2 年每股支付股利为 0.5 元和 0.6 元，第 3 年年末的股票市价为 12 元。假设投资者要求的必要报酬率为 10%。那么，该股票的理论价格为：

$$P_0=\frac{0.5}{(1+10\%)}+\frac{0.6}{(1+10\%)^2}+\frac{12}{(1+10\%)^3}$$
$$=0.5\times0.9091+0.6\times0.8264+12\times0.7513$$
$$=9.97(\text{元})$$

2. 前若干年股利增长率不等，但经过一定年份后，股利按某一固定的比例增长，且长期持有

这种情况多发生在公司从创业期向成长期发展的过程中。假设 m 期股利按不同的增长率增长，而从 m+1 期开始，股利按某一增长率 g 增长，那么，股票估价模型的计算公式为：

$$P_0=\sum_{t=1}^{m}\frac{D_t}{(1+r)^t}+\frac{P_m}{(1+r)^m}=\sum_{t=1}^{m}\frac{D_t}{(1+r)^t}+\frac{D_{m+1}}{(r-g)(1+r)^m}\qquad\text{（公式 3-42）}$$

式中：D_{m+1} 表示第 m+1 期支付的股利，$D_{m+1}=D_m(1+g)$。

$$P_m=\frac{D_{m+1}}{r-g}=\frac{D_m(1+g)}{r-g}$$

【例 3-19】接【例 3-18】资料，假设从第 3 年开始股票股利按 8% 的增长率增长，那么，股票的理论价格为：

$$P_0=\frac{0.5}{(1+10\%)}+\frac{0.6}{(1+10\%)^2}+\frac{0.6\times(1+8\%)}{(10\%-8\%)(1+10\%)^2}$$
$$=0.5\times0.9091+0.6\times0.8264+32.4\times0.8264$$
$$=27.73$$

需要注意：在本题中，固定增长是从第 3 年开始的。这意味着可以用固定增长模型来确定股票在第 2 年的价格。解决这类问题时，最常见的错误是没有正确地界定固定增长的开始时点。

3.股利在前若干期按某一较高的固定比例增长，而在以后各期则以另一相对较低的比例固定增长

这种情况多发生在公司由成长期向成熟期转变的发展时期。假设前m期股利按较高的增长率g_1增长，而从m+1期开始股利按某一较低的增长率g_2增长（$g_1>g_2$），且长期持有。那么，股票的理论价格为：

$$P_0 = \sum_{t=1}^{n}\frac{D_0(1+g_1)}{(1+r)^t} + \frac{D_{m+1}}{(r-g_2)(1+r)^m} \quad \text{（公式3-43）}$$

其中：$D_{m+1} = D_0(1+g_1)^m(1+g_2)$ （公式3-44）

$$P_m = \frac{D_{m+1}}{r-g_2} = \frac{D_0(1+g_1)^m(1+g_2)}{r-g_2} \quad \text{（公式3-45）}$$

【例3-20】假设某公司最近每股支付的股利是0.6元，预计未来3年股利将以8%的比例增长，之后股利将持续以6%的比例稳定增长，假设投资者对该公司要求的必要报酬率为10%。那么，该公司股票的理论价格为：

$$P_0 = \sum_{t=1}^{3}\frac{0.6\times(1+8\%)^t}{(1+10\%)^t} + \frac{0.6\times(1+8\%)^3\times(1+6\%)}{(10\%-6\%)(1+10\%)^3}$$

$$= \frac{0.6\times(1+8\%)}{(1+10\%)} + \frac{0.6\times(1+8\%)^2}{(1+10\%)^2} + \frac{0.6\times(1+8\%)^3}{(1+10\%)^3} + \frac{0.6\times(1+8\%)^3\times(1+6\%)}{(10\%-6\%)(1+10\%)^3}$$

= 16.78元）

除以上模型外，还有H模型、多元增长模型等股票估值模型，在此不再介绍。

本章小结

1.货币的时间价值是指货币经历一定时间的投资和再投资所增加的价值，也称资金的时间价值。在公司金融活动中，现金流量发生在不同的时间，要比较现金流入量与现金流出量，就必须将现金流入量和现金流出量换算成某一时点的值，即要树立货币时间价值观念。

2.货币时间价值的计算方法有单利和复利两种，货币时间价值的表示形式有现值和终值两种，进而货币时间价值又分为单利终值和单利现值，复利终值和复利现值。

3.年金是指一定时期内每期等额收付款项。年金终值和现值的计算分为普通年金终值和现值、即付年金终值和现值、递延年金终值和现值、永续年金现值等。

4.从投资者的角度来看，债券价格是指因投资债券而在未来获得的现金流量的现值。决定债券价格的因素有两个：一是与债券有关的未来现金流量，二是贴现率，即投资者要求的必要报酬率。投资者要求的必要报酬率等于债券市场均衡收益率加上风险溢价。

债券的基本估价模型为：

$$p=\sum_{t=1}^{n}\frac{Fr}{(1+i)^t} + \frac{F}{(1+i)^n}$$

5.债券估价的情况有三种：一次性还本付息债券的估价、永久性债券的估价和零息债券的估价。

6.股票的价格是由未来现金流量的现值决定的。与股票有关的未来现金流量包括两部分：一是未来各期的股利，二是未来出售股票所得售价。计算股票未来现金流量的现值所使用的贴现率是股东的必要报酬率，也就是股权资本成本。

股票的基本估价模型为：

$$P_0=\sum_{t=1}^{\infty}\frac{D_t}{(1+r)^t}+\frac{P_n}{(1+r)^n}$$

7.股票估价模型的几种特殊形式：股利零增长的股票估价模型、股利按某一固定比例增长的股票估价模型、股利以不同的增长率增长的股票估价模型。

同步测试

同步测试

（一）单项选择题

1.小张在本地商业银行开立账户，存入10 000万，下列选项中，哪个选项表示小张这项投资一年后的价值（　　）。

A.终值　　B.现值　　C.投资资本　　D.折现率

2.一定时期内每期期初等额收付的系列款项称为（　　）。

A.普通年金　　B.即付年金　　C.递延年金　　D.永续年金

3. 以低于债券面值的价格发行，到期按债券面值偿还的债券是（　　）。

A.附息债券　　B.永久性债券　　C.还本付息债券　　D.贴现债券

4.关于股票的特点，下列说法不正确的是（　　）。

A.无法事先指导任何允诺的现金流量

B.公司支付股利不属于经营成本，全部在税后列支

C.有到期日，股东可以随时撤回投资

D.股票持有人拥有公司的剩余索取权

5.某公司股票，上年度每股派息0.95美元，今天，该公司宣布未来的股息将保持每年2.6%的增长速度，假设股东需要13%的投资回报率，则该股票的价格为（　　）。

A.9.67　　B.9.88　　C.9.37　　D.9.72

（二）多项选择题

1.货币时间价值的两种形式，包括（　　）。

A.单利　　B.复利　　C.终值　　D.现值

2.按照付款方式的不同，年金可以分为（　　）。

A.普通年金　　B.即付年金　　C.递延年金　　D.永续年金

3.按照债券票面收益率和市场利率的关系，可以将债券的发行分为（　　）。

A.等价发行　　B.溢价发行　　C.折价发行　　D.付息发行

4.股票内在价值是由其未来现金流量决定的，主要包括（　　）。

A.未来各期股利　　B.未来市场价格　　C.期限　　D.利率

（三）简答题

1.货币时间价值的基本内涵是什么?

2.什么是债券价格，决定债券价格的因素有什么?

3.债券发行价格通常有几种形式，是在何种情况下出现的？

4.什么是股票价格，决定股票价格的因素有什么？

5.普通股的估价方式有哪些？

（四）计算题

1.银行借入一笔款项，银行贷款的年利率为5%，每年复利一次，银行规定前5年不用还本付息，第6—10年每年年末偿还利息5 000元，这笔借款的现值是多少？

2.张先生准备购买汽车，商家提供三种付款方式供张先生选择：（1）支付现款80 000元，商家给予5%的销售折扣；（2）采取分期付款方式，每年年末付款20 000元，期限5年，年利率10%；（3）不用付现款，3年后按10%的利率一次性支付100 000元的本息。试计算并分析：以上购买哪种方式最合适？

3.若一位客户将1 000元存入银行，该银行存款的年利率为6%，分别计算按半年、按季度以及按月复利计息的一年后终值。

4.年利率为5%时，20年期的普通年金终值系数和年金现值系数是多少？20年期的预付年金终值系数和年金现值系数又是多少？

5.某设备安装施工期为3年，从第4年起投产，每年可增加收益10万元，若按年利率10%计算，投产后10年的总收益现值是多少？

6.如果有一只优先股，每年可分得股息10元，年利率为6%，该优先股出售价格为多少元，投资人才愿意购买。

7.公司欲发行面值为1 000元，期限为5年的零息债券。发行债券时，同类债券的市场利率为10%。试问该公司应以何种价格发行债券？

8.某债券面值1 000元，期限8年，票面利率10%，市场利率8%，到期一次还本付息，如在发行时购买，多高的价格是可接受的？若已发行3年，该债券的现行价格是多少？

9.某公司最近支付的普通股的每股股利为1.6元，公司预计以后的4年股利将以20%的比率增长，在往后则以8%的比率增长，投资者要求的报酬率为12%，试计算该普通股的理论价格。

第四章

风险与收益

学习目标

[知识目标]

◇掌握风险和收益的概念。

◇掌握证券投资收益和风险的衡量方法。

◇掌握投资组合风险和收益的衡量。

◇掌握资本资产定价模型的含义及基本观点。

[能力目标]

◇理解风险和收益之间的关系。

◇理解证券市场上多样化的投资组合中均衡价格的形成机制。

◇能够识别和评估公司面临的各种风险，并掌握量化风险的方法。

[素养目标]

◇掌握投资的风险和收益原理，引导学生的投资心理与行为，以提高学生的金融素养和风险意识。

◇掌握投资风险和收益的测算知识，增强学生的风险意识和风险承受能力，培养遵守投资纪律和道德规范的意识。

引导案例

伯纳德·麦道夫的金融欺骗案

伯纳德·麦道夫（Bernard L. Madoff）被称为现代的“金融惯偷”和“运筹大师”。他一手创立的投资证券公司直至2009年被揭开欺诈黑幕，这一事件引发了全球金融市场的崩溃。

麦道夫的骗局究竟有多大？他营造的“一级行情”的投资模式，让全球高净值资产人群投入了数百亿美元。“一级行情”以盈利保本，然后加固宣传计划。2008年，麦道夫诈骗审计师遭到了美国权威金融监管机构美国证券交易委员会（SEC）和在华尔街拥有声望的基金经理哈里·马尔科波洛斯（Harry Markopolos）的调查。但是，马尔科波洛斯的警告却被掩盖，导致麦道夫的骗局拖延了数年，损失堪比大萧条的经济震荡——总盈亏高达640亿美元。

麦道夫利用了许多金融机构的盲点和缺陷，而他身为华尔街的老手更是知道这些禁忌之地。许多的投资公司选择外包审计师进行财务控制，而麦道夫通过高级别人员的协作，避开了审计师和监管机构的追查。同时，麦道夫还在计划中设置了强大的保密措施，为了避免泄漏，其拥有的公司坚持独立运营，公司文书全部由麦道夫制作，服务人员不知道何时出现利润。

悲剧发生在2008年12月并达到了顶峰，麦道夫逐渐失控，其无法通过吸纳新投资者的方式获得更多的资金。最终，麦道夫无法偿还投资者的本金和利息，公司不得不宣布倒闭。麦道夫于2009年12月以诈骗和证券欺诈为罪名被逮捕，判决结果为150年的监禁。

麦道夫被认为是当前金融界和证券界历史上最有代表性的“金融惯偷”和“运筹大师”。这场全球性的骗局，伤害了无数人，其造成的影响可能未来多年还将持续存在。

资料来源　根据齐齐文库伯纳德·麦道夫的金融欺骗案整理而成。

第一节　风险与收益度量

一、风险概述

（一）风险的概念与特征

风险是指行为主体为自己做出的某一决策所承担的不确定性，也就是行为主体决策所依据的主观预期与客观现实偏离的可能性。概括而言，风险具有如下特征：

1.不确定性

不确定性是指投资者预期收益具有不确定性，即不利事件是否发生以及不利事件发生后带来损失程度的大小是不确定的。投资者的预期是建立在现有信息基础上的一种对经济变量预测值的计算活动。从结果上看，预期仅是经济变量未来变动结果的一种预测值。预测结果的准确性，一方面取决于决策者所掌握的信息的充分性、准确性和及时性，另一方面取决于决策者处理信息的有效性。然而，当经济变量的主观预测值与客观实际值之间发生不可避免的偏离时，这种偏离发生的可能性就是风险。

2.客观性

现实世界的变化是永恒的、普遍的，通过价格配置资源的市场经济中，市场参与者不可能完全掌握市场的运动规律。因此，风险普遍存在，不论你是否愿意，风险是客观存在的，只要你做出决策，就必须承担相应的风险。风险不可能消除，只能积极的防范与管理。

3.相对性

现实中，同一不利事件在不同投资者身上发生的概率及其影响程度不同，具有相对性。因为，不同经济主体对同一事件未来变动趋势预期的准确性不同，对未来变动趋势的控制能力和对不利事件造成损失的承受能力也不同。所以，某一风险对于有的经济主体来说是大风险，而对于有的经济主体来说可能是小风险。

4.突发性

风险的收益或者损失有时不一定立即表现出现实中的收益或者损失。因此，投资者往往存有侥幸心理，尽力掩盖风险，期待市场出现转机。加之在资本市场上存在信用创造，容易掩盖已经出现的损失问题，但如果风险持续累积，最终会以突发的形式表现出来。

5.损益性

虽然风险是指损失或者收益的可能性，但人们较多关注的还是其损失，即给经济主体带来的消极性、负面性。一般来说，经济主体对意外损失的关注远远大于对意外收益的关注，因此，人们研究风险时主要是从不利的方面来考察风险，将风险看作不利事件发生的可能性。

（二）风险的种类

风险可以从不同的角度按不同的标准进行多种划分。

1.从能否通过投资组合分散的角度划分

按照能否通过投资组合分散，风险可以分为系统性风险和非系统性风险。

（1）系统性风险，也称不可分散风险

系统性风险是指无法通过投资组合或分散化投资来消除的风险。其来自对经济运行的所有资产都会产生影响的因素，其所造成的影响对任何资产都不可避免，如战争、自然灾害、汇率政策变化等。

（2）非系统性风险，也称可分散风险

非系统性风险是指某些只能对个别资产收益产生影响的风险。它是与特定公司或行业相关的风险，并且与经济、政治和其他影响所有金融变量的因素无关，如某公司的管理水平、违约事件等。

风险的形成是多方面因素共同作用的结果。例如，经济环境的恶化、适用法律的变化、监管政策的不力或税率的调整等因素为风险的形成奠定了前期基础，在经济运行中，由于监管失误或其他各方面原因，当遇有资产价格突然下降等风险事故时，危机一触即发，风险就产生了。就金融市场而言，历史上多次金融危机往往是可以有效避免的，但是为了一时的繁荣、为了当下的经济利益最大化，而忽略了风险的管理。

2.从整个金融领域的角度划分

从整个金融领域来看，金融风险可以分为市场风险、信用风险、流动性风险、操作风险、法律和监管风险等。这种分类方式是金融领域风险管理飞速发展的基础，也说明了每一种类型的风险在经济上的基本差异。

（1）市场风险

市场风险是指由于金融市场因素（如利率、汇率、股票和商品价格等）的不利变动而导致的金融资产价值损失。市场因素对金融参与者造成的影响可能是直接的，也可能是通过对其竞争者、供应商或消费者所造成的间接影响。根据不同的风险因素，市场风险又可分为利率风险、汇率风险、价格风险等。其中，利率风险尤为重要，因为利率波动会直接导致金融机构所持有的资产价值的变化，使机构的持续经营能力受到威胁。利率风险主要表现为利率结构性风险，如在资产、负债的利率结构上，由于期限、利率种类和水平以及利率波动政策等方面未经科学、充分的考虑，不能应对各种变动而造成的风险。利率波动可能源于经济周期不同阶段市场对资金的需求变化，也可能由国际经济环境变化等因素引起。

（2）信用风险

信用风险是指在交易完全履约期间，由于金融市场环境的变化等原因导致合约内容无法履行而造成损失的可能性。信用风险主要包括两方面的内容：一是违约可能性的大小；二是由违约造成的损失的多少。前者取决于交易对方的资信，后者则取决于金融产品的价值。对于商业银行来说，其面临的主要风险之一就是信用风险，即交易对手不能完全履行合同的风险。这种风险不仅出现在贷款中，也发生在担保、承兑和证券投资等业务中。

（3）流动性风险

流动性风险是指金融参与者由于资产流动性降低而可能导致损失的风险。当金融参与者无法通过变现资产，或无法减轻资产作为现金等价物偿付债务时，流动性风险就会产生。例如，金融机构的流动性风险一般包括两方面的内容：一是市场流动性风险，即金融产品的持有者无法在可接受的市场价格条件下轧平或冲销其头寸，造成无法平仓的风险，这种风险在场外交易市场中进行动态对冲交易时表现得更为突出；二是现金流动性风险，即因交易商流动资金不足出现合约到期无法履行支付义务，或者无法按合约要求追加保证金的风险。

（4）操作风险

操作风险来源于交易过程中出现的错误所导致的附加成本，比如清算失败、未能达到监管要求和不能及时汇总等。操作风险直接与机构的管理系统相关，这种风险在无意识状态下可能引发市场敞口风险和信用风险，从而损害交易机构的形象。巴塞尔银行监管委员会将操作风险定义为“由于不完善的内部流程、人员、系统或外部事件而带来的风险损失”。由此可见，操作风险可能由多种不同的原因引起，例如，欺诈、不健全的管理和报告结构、不正确的操作流程、交易结算失误、错误的信息系统或者自然灾害等。

（5）法律和监管风险

法律和监管风险是指由于违反现行法律、法规，或者由于适用性法律的变化而带来的损失。法律风险在某种程度上与操作风险相关。当合同出现违约时，法律风险就会产生。

3.从公司本身的角度划分

从公司本身的角度来看，金融风险可以分为经营风险和财务风险。

（1）经营风险

经营风险又称商业风险，是指生产经营的不确定性所带来的风险，是任何商业活动都存在的风险。在产供销的诸多环节中，任何一个环节出现问题都会带来经营风险。

（2）财务风险

财务风险又称融资风险，是指因公司负债而增加的风险，是公司的融资决策所带来的风险。若公司不负债，全部使用权益资本，就没有财务风险，而只有经营风险；但只要负债经营，就会存在财务风险。财务风险经常表现为财务杠杆风险和偿付风险。

二、收益概述

（一）收益与收益率的基本含义

收益是指投资所带来的回报。投资收益有两种表达形式：投资收益额和投资收益率。

1.投资收益额

投资收益额是投资收益的绝对值表达方式，其计算公式为：

$$R = C_t + \sum_{i=1}^{N} C_i - C_0 \quad \text{（公式4-1）}$$

式中：C_0表示期初投资额；C_t表示期末收回投资额；N表示获得投资收益的次数。

2.投资收益率

绝大多数投资者对投资收益率更为关注。投资收益率是指项目整个投资期间的投资收益（此项目产生的现金流C_t加上投资项目本身的价值变化）与期初投资的百分比，其计算公式为：

$$r = \frac{C_t + \sum_{i=1}^{N} C_i - C_0}{C_0} \quad \text{（公式4-2）}$$

上式隐含着项目在存续期内所获得的各期投资收益不再进行追加投资，所以，其又称为持有期收益率。

式中：$\sum_{i=1}^{N} C_i$表示项目在存续期内所获得的N次投资收益。由于投资项目的存续期各不相同，所以，无法通过投资收益率进行项目评估。

如果将项目在存续期内所获得的现金流进行再投资，则持有期收益率的计算公式为：

$$r = \frac{C_t + \sum_{i=1}^{N} FV(C_i) - C_0}{C_0} \quad \text{（公式4-3）}$$

式中：FV（C_i）表示各期投资的复利终值；其他符号的含义同上。

按照公式4-3，假设某项投资的年限为N年，则该项投资在N年间实现的“持有期收益率”与各年收益率的关系为：1+r=（1+r_1）（1+r_2）…（1+r_n）。

此外，还可以用“年平均收益率”来表示投资收益状况。在实践中，通常以1年为一个标准的时间长度单位，投资收益标准化定义的计算公式为：

$$r_t = \frac{C_t + P_t - P_{t-1}}{P_{t-1}} \quad \text{（公式4-4）}$$

式中：P_t表示某项投资在t年末（时点t）的价格；C_t表示某项投资在t年末（时

点t）所获得的收益；t-1表示初始投资时刻。

公式4-4经常被用来计算证券投资中股票投资的每股收益率，其也适用于预测未来的证券投资收益率。

（二）证券投资收益率

投资者进行证券投资的目的是获得收益，因此，证券投资收益及其大小对投资者的投资选择具有重要的作用，投资者在进行投资决策时首先考虑的是证券的收益状况。投资者总是希望投资收益越高越好，但收益和风险是并存的，市场上很少存在收益高且风险小的证券。通常，预期收益越高，投资者愿意承担的风险越大；风险越小，预期收益越低。从理论上说，投资者只能在风险相同的证券中选择收益较高的证券，或者在收益相同的证券中选择风险较小的证券。因此，收益和风险一同构成了证券投资的核心问题。

证券投资收益可以分为两类：一类是已经实现的收益，是指在过去的投资期间实现的收益；另一类是预期收益，是指未来投资期间可能实现的收益。两类收益的主要区别是：已经实现的收益是投资者已经完成的收益；而预期收益是投资者期望的收益，该收益并未实现，将来的实际收益也可能与期望收益存在偏差。

1.证券投资的实现收益

证券投资的实现收益是指投资者在一定时期内进行投资，其所得与支出的差额即证券投资者从事证券投资活动所获得的报酬。它由持有期的证券红利（利息）和资本利得构成，主要包括债券投资收益、股票投资收益、基金投资收益。其中，债券投资收益主要来源于债券的利息收入和资本损益（资本利得）；股票投资收益主要来源于股利、资本利得和资本增值收益；基金投资收益主要由利息收入、股利收入、资本利得所构成。

对投资者来说，证券投资风险的产生主要是由于未来预期收益的不确定性，在投资分析中，需要面对的更多的是对未来收益的预期。证券投资的实现收益从这种意义上讲，对于投资者面向未来的投资活动是无用的。但是，已经实现收益对于预测未来收益具有重要的参考价值，是证券投资分析以及相关理论验证的基础。因此，已经实现收益与投资的未来收益具有相关性，对证券投资已经实现收益的分析是有现实意义的。

2.预期收益率

预期收益是指投资者投资于证券所希望获得的收益，是投资者未来投资期间可能实现的平均收益。证券的未来收益是一个随机变量，基于上文将证券投资风险定义为未来预期收益的不确定性，这种不确定性可用收益率概率分布的方差或标准差来度量。因此，分析时常用收益率的数学期望来反映预期收益的大小。

预期收益率，就某一年而言，其等于下一年的预期收益额与年初投资额之间的比率。其中，预期收益额等于预期的当期收益与预期的资本利得之和。如果投资者年初投资额为V_0，预期该资产的年末市值为E（V_1），预期这段时间的当期收益为E（C_1），则预期收益率E（R）的衡量公式表示为：

$$E(R) = \left[E(V_1) - V_0 + E(C_1)\right] / V_0$$ （公式4–5）

【例4–1】如果某投资者年初以10元/股的价格购买A股票100股，预期该年将获得0.5元/股的红利，预计该年末A股票价格将上升到11元/股，则其预期收益率是多少？

根据题意可知：

期初投资=100×10=1 000（元）

预期当期收益=100×0.5=50（元）

则有：

预期资本利得=100元

预期收益=50+100=150（元）

预期收益率=150÷1 000×100%=15%

常用的计算预期收益率的方法有：一是选择某资产的历史收益率作为样本，通过计算该样本的算术平均值来估计该资产的预期收益率。二是通过预测某资产在未来各种情况下的收益率和各种情况发生的概率，然后通过加权平均法来计算该资产的预期收益率。

假定用r_1，r_2，…，r_n描述投资某证券未来可能的收益率，用p_1，p_2，…，p_n描述各种收益出现的可能性，则该证券未来期望收益率的公式为：

$$E(r) = r_1p_1 + r_2p_2 + \cdots + r_3p_3 = \sum_{i=1}^{n} r_ip_i$$ （公式4–6）

以概率加权的平均收益率，反映了人们对未来收益率的总体预期，未来期望收益率一般与实际收益率存在偏差，期望收益率只不过是与可能的实际值误差最小的预测值。

【例4–2】王某准备经营冷饮生意，冷饮的销量与天气有关，从过去的经验得知：天气很热，收益率可达35%；天气正常，收益率可达10%；天气凉爽，收益率只有5%。三种天气出现的概率分别为25%、50%和25%，那么，王某经营冷饮生意的预期收益率为多少？

根据题意可知：

$$E(r) = \sum_{i=1}^{n} r_ip_i = 35\% \times 0.25 + 10\% \times 0.5 + 5\% \times 0.25 = 15\%$$

三、风险衡量

前已述及，风险是指行为主体决策所依据的主观预期与客观现实偏离的不确定性。所谓风险衡量，就是测算主观预期与客观现实的偏离程度。风险衡量的方法可以借助概率统计中的方差、标准差、标准差系数等离散指标进行定量描述和评估。

（一）概率

在经济活动中，某一事件在相同的条件下，可能发生也可能不发生，这类事件称为随机事件。概率用来表示某一随机事件发生的可能性。通常，将必然发生的事件的概率确定为1，将不可能发生的事件的概率确定为0，而一般随机事件的概率则介于0和1之间。概率越大，表明随机事件发生的可能性就越大。

概率必须符合以下两项规则：

（1）$0 \leq P_i \leq 1$

（2）$\sum_{i=1}^{n} P_i = 1$

【例4-3】某公司准备投资开发一种新产品，根据市场预测，未来投资收益率和概率分布见表4-1。

表4-1　　某公司的投资收益率

客观状态	概率	投资收益率
市场需求较高	0.3	20%
市场需求一般	0.5	15%
市场需求较低	0.2	10%

（二）预期值

随机变量的各个取值以相应的概率为权数的加权平均值，称为随机变量的预期值（期望值），其反映了随机变量取值的平均化。其计算公式为：

$$\bar{K} = \sum_{i=1}^{n}(P_i \cdot K_i) \qquad \text{（公式4-7）}$$

式中：P_i表示第i种结果出现的概率；K_i表示第i种结果出现后的预期收益率；n表示所有可能结果的数目。

【例4-4】某公司准备投资开发新产品，现有三个方案可供选择。根据市场预测，三种不同市场状况下的预期年收益率和概率见表4-2。

表4-2　　新产品的预期收益率

市场状况	发生概率	预期年收益率		
		A产品	B产品	C产品
繁荣	0.3	30%	40%	50%
一般	0.5	15%	15%	15%
衰退	0.2	0	-15%	-30%

则A、B、C三种产品的预期值分别为：

$\bar{K}_A = 0.3 \times 30\% + 0.5 \times 15\% + 0.2 \times 0 = 16.5\%$

$\bar{K}_B = 0.3 \times 40\% + 0.5 \times 15\% + 0.2 \times (-15\%) = 16.5\%$

$\bar{K}_C = 0.3 \times 50\% + 0.5 \times 15\% + 0.2 \times (-30\%) = 16.5\%$

上述计算结果表明，三种产品的预期收益率相同。但是，投资收益率是一个变量，其具体值一般不会等于期望值，而是围绕着期望值上下波动。因此，在评价期望值的代表性强弱时，要依据投资收益率的具体值对期望值的偏离程度来确定。偏离程度越大，期望值的代表性就越弱；偏离程度越小，期望值的代表性就越强。这种偏离程度就是风险程度。投资项目的预期收益率相同，但其风险程度可能不同。为了定量地衡量风险程度，还需使用概率统计中的衡量概率分布离散程度的有关指标。

（三）方差、标准差和标准差系数

方差是用来衡量随机变量的具体值与预期值之间离散程度的指标。其计算公式为：

$$\sigma^2 = \sum_{i=1}^{n}(K_i - \bar{K})^2 \cdot P_i \qquad \text{（公式4-8）}$$

式中：K_i表示随机变量的具体值；$\bar{K}$表示随机变量的预期值；P_i表示第i种结果出现的概率。

标准差是方差的平方根，也称均方差。其计算公式为：

$$\sigma = \sqrt{\sum_{i=1}^{n}(K_i - \bar{K})^2 \cdot P_i} \qquad \text{（公式4-9）}$$

【例4-5】根据【例4-4】的相关数据，计算该方案的方差和标准差。

将相关数据代入公式4-8和公式4-9可得：

$$\sigma_A^2 = (30\% - 16.5\%)^2 \times 0.3 + (15\% - 16.5\%)^2 \times 0.5 + (0 - 16.5\%)^2 \times 0.2 = 0.0110$$

$$\sigma_A = \sqrt{0.0110} = 10.49\%$$

$$\sigma_B^2 = (40\% - 16.5\%)^2 \times 0.3 + (15\% - 16.5\%)^2 \times 0.5 + (-15\% - 16.5\%)^2 \times 0.2 = 0.0365$$

$$\sigma_B = \sqrt{0.0365} = 19.10\%$$

$$\sigma_C^2 = (50\% - 16.5\%)^2 \times 0.3 + (15\% - 16.5\%)^2 \times 0.5 + (-30\% - 16.5\%)^2 \times 0.2 = 0.0770$$

$$\sigma_C = \sqrt{0.0770} = 27.25\%$$

投资收益率的波动程度即投资收益率的具体值与预期值的离散程度，代表着投资风险的大小，而标准差就是表示变量的各个具体值与预期值波动程度的统计量，所以，标准差的大小就代表着投资风险的大小。上例中，A产品的标准差小于B产品，B产品的标准差小于C产品，即$\sigma_A < \sigma_B < \sigma_C$。一般来说，A产品的投资风险小于B产品，B产品的投资风险小于C产品。但是，由于标准差是一个表示变量的具体值与预期值波动程度的统计量，属于绝对数指标，所以，采用标准差来衡量投资风险大小的前提条件是各个投资项目的预期值相同。如果各个投资项目的预期值不同，就不能采用标准差来衡量风险，而必须采用相对数指标即标准差系数来加以衡量。

标准差系数是标准差与预期值之比，也称变差系数或变异系数。其计算公式为：

$$V = \frac{\sigma}{\bar{K}} \qquad \text{（公式4-10）}$$

式中：V表示标准差系数；σ表示标准差；$\bar{K}$表示预期值。

【例4-6】某公司有A、B两个投资项目可供选择，两个投资项目的标准差分别为15%和10%，期望值分别为30%和15%。

则两个投资项目的标准差系数分别为：

$$V_A = \frac{15\%}{30\%} = 0.50$$

$$V_B = \frac{10\%}{15\%} = 0.67$$

就A、B两个投资项目来看，若采用标准差来衡量投资风险，则会得出A项目的投资风险比B项目大的结论，但因两个项目的预期值不同，若采用标准差系数来衡量投资风险，则会得出B项目的投资风险比A项目大的结论。显然，后者的结论是正确的。

通过以上分析，我们可以得出衡量投资风险大小的基本规则：在预期值相同的情况下，用标准差指标来衡量风险大小，即标准差越小，风险越小；在预期值不同的情况下，用标准差系数指标来衡量风险大小，即标准差系数越小，风险越小。

第二节　投资组合

一、投资组合的收益

前已述及，对单一投资项目的风险和收益的衡量，可以使用概率统计的方法。在实际中，投资者进行证券选择时，很少进行单一投资，而往往是将各项投资组合起来，构成最佳投资组合，以减弱总投资的风险程度。投资组合就是由两个或者两个以上证券组成的组合，将不同投资组合在一起构成的总投资，则称为总投资组合。

假设某公司进行由项目1和项目2构成的组合投资，项目1的投资比例为X_1、期望报酬率为$\bar{K}_1$，项目2的投资比例为X_2、期望报酬率为$\bar{K}_2$，则总投资的期望收益率为：

$$\bar{K} = X_1 \cdot \bar{K}_1 + X_2 \cdot \bar{K}_2$$（公式4-11）

二、投资组合的风险度量

投资组合的风险是用协方差与相关系数来度量的。

根据概率统计相关知识可知，由两个投资项目构成的投资组合的方差的计算公式为：

$$\sigma^2 = \sum_{i=1}^{n}\sum_{j=1}^{n} X_i X_j \sigma_{ij} = (X_1\sigma_1)^2 + 2X_1X_2\sigma_{12} + (X_2\sigma_2)^2$$（公式4-12）

投资组合的标准差的计算公式为：

$$\sigma = \sqrt{X_1^2\sigma_1^2 + 2X_1X_2\sigma_{12} + X_2^2\sigma_2^2}$$（公式4-13）

式中：σ_{12}表示协方差。

协方差是用来描述两个投资项目之间的相关程度的指标。如果两个投资项目不相关，协方差为零；如果两个投资项目正相关，协方差大于零；如果两个投资项目负相关，协方差小于零。

协方差可用下式计算：

$$\sigma_{12} = \sum(\bar{K}_1 - K_1)(\bar{K}_2 - K_2) \cdot P$$（公式4-14）

【例4-7】根据【例4-4】的相关资料，假设将A和B两种产品看作两个投资项目并进行投资组合，其协方差计算见表4-3。

表4-3　　投资项目A和投资项目B的协方差计算表

$\bar{K}_A$	K_A	$\bar{K}_A - K_A$	$\bar{K}_B$	K_B	$\bar{K}_B - K_B$	$(\bar{K}_A - K_A)(\bar{K}_B - K_B)$	P
16.5%	30%	-13.5%	16.5%	40%	-23.5%	3.17%	0.3
16.5%	15%	1.5%	16.5%	15%	1.5%	0.02%	0.5
16.5%	0	16.5%	16.5%	-15%	31.5%	5.20%	0.2

$$\sigma_{12} = \sum(\bar{K}_A - K_A)(\bar{K}_B - K_B) \cdot P$$
$$= 3.17\% \times 0.3 + 0.02\% \times 0.5 + 5.20\% \times 0.2$$
$$= 2\%$$

协方差是用绝对值的形式反映两个变量的相关程度。在实际中，人们更多地使用相对值来反映两个变量的相关程度，这个相对值就是相关系数ρ。

相关系数的计算公式为：

$$\rho_{12} = \frac{\sigma_{12}}{\sigma_1\sigma_2} \quad \text{（公式 4-15）}$$

相关系数永远满足$-1 \leqslant \rho \leqslant 1$的条件。$\rho_{12} = 1$，表示投资项目1和投资项目2完全正相关，即当投资项目1的收益增加时，投资项目2的收益同比例增加；$\rho_{12} = -1$，表示投资项目1和投资项目2完全负相关，即当投资项目1的收益增加时，投资项目2的收益同比例减少；$\rho_{12} = 0$，表示两个投资项目之间没有相关性。

根据相关系数的公式，上文介绍的两个投资项目构成的投资组合的标准差公式可以进一步表示为：

$$\sigma = \sqrt{(X_1\sigma_1)^2 + (X_2\sigma_2)^2 + 2X_1X_2\sigma_{12}} = \sqrt{(X_1\sigma_1)^2 + (X_2\sigma_2)^2 + 2X_1X_2\rho_{12}\sigma_1\sigma_2} \quad \text{（公式 4-16）}$$

【例4-8】根据【例4-4】的相关资料以及【例4-5】【例4-7】的计算结果，投资项目1和投资项目2的相关系数为：

$$\rho_{12} = \frac{2\%}{10.49\% \times 19.10\%} = 0.9982$$

投资组合的期望值为：

$$\bar{K} = \sum_{i=1}^{2} X_i\bar{K}_i = X_1\bar{K}_1 + X_2\bar{K}_2$$

假设投资项目1的比重为30%，则有：

X_1=0.3，X_2=1−0.3=0.7

$$\bar{K} = 0.3 \times 16.5\% + 0.7 \times 16.5\% = 16.5\%$$

投资组合的方差和标准差为：

$$\sigma^2 = \sum_{i=1}^{2}\sum_{j=1}^{2} X_iX_j\sigma_{ij} = (X_1\sigma_1)^2 + 2X_1X_2\sigma_{12} + (X_2\sigma_2)^2$$
$$= (0.3 \times 0.1049)^2 + 2 \times 0.3 \times 0.7 \times 0.02 + (0.7 \times 0.1910)^2 = 0.027266$$
$$\sigma = \sqrt{\sigma^2} = \sqrt{0.027266} = 0.165124$$

上述计算结果表明，$\sigma < \sigma_2$，$\sigma > \sigma_1$，即投资组合的风险较投资项目2有所降低，但高于投资项目1。如果进一步提高投资项目1的比重，投资组合的风险将会进一步降低。例如，将投资项目1的比重提高到0.7，投资项目2的比重降低为0.3，那么，投资组合的标准差将会下降为0.130671。

期望值和方差的公式表明，投资组合的期望收益与投资项目之间的相关程度无关，投资组合的标准差的大小取决于各投资项目所占比重的大小、标准差的大小以及相关系数的大小。因此，投资组合的风险的大小，不仅与各投资项目风险的大小有关，而且与各投资项目之间的相互影响、联系方式有关。

根据公式：

$$\sigma = \sqrt{(X_1\sigma_1)^2 + (X_2\sigma_2)^2 + 2X_1X_2\sigma_{12}} = \sqrt{(X_1\sigma_1)^2 + (X_2\sigma_2)^2 + 2X_1X_2\rho_{12}\sigma_1\sigma_2}$$

可知：

当 $\rho_{12} = 1$，即投资项目完全正相关时，

$$\sigma = \sqrt{(X_1\sigma_1)^2 + 2X_1X_2\sigma_1\sigma_2 + (X_2\sigma_2)^2} = \sqrt{(X_1\sigma_1 + X_2\sigma_2)^2} = X_1\sigma_1 + X_2\sigma_2$$

投资组合不能减少风险。

当 $0 < \rho_{12} < 1$，即投资项目不完全正相关时，

$$\sigma = \sqrt{(X_1\sigma_1)^2 + 2X_1X_2\rho_{12}\sigma_1\sigma_2 + (X_2\sigma_2)^2} < \sqrt{(X_1\sigma_1 + X_2\sigma_2)^2} = X_1\sigma_1 + X_2\sigma_2$$

投资组合可以减少风险。

当 $\rho_{12} = 0$，即投资项目无相关性时，

$$\sigma = \sqrt{(X_1\sigma_1)^2 + (X_2\sigma_2)^2} < X_1\sigma_1 + X_2\sigma_2$$

投资组合可以减少风险。

当 $-1 < \rho_{12} < 0$，即投资项目不完全负相关时，

$$\sigma = \sqrt{(X_1\sigma_1)^2 - 2X_1X_2|\rho_{12}|\sigma_1\sigma_2 + (X_2\sigma_2)^2} < X_1\sigma_1 + X_2\sigma_2$$

投资组合可以减少风险。

当 $\rho_{12} = -1$，即投资项目完全负相关时，

$$\sigma = \sqrt{(X_1\sigma_1)^2 - 2X_1X_2\sigma_1\sigma_2 + (X_2\sigma_2)^2} = \sqrt{(X_1\sigma_1 - X_2\sigma_2)^2} < X_1\sigma_1 + X_2\sigma_2$$

投资组合可以减少风险。

第三节　资本资产定价模型

根据对单项投资和投资组合风险度量方法的介绍可以看出，投资者利用投资组合可以减少风险，但该风险是投资总风险中的非系统风险，而系统风险无法利用投资组合减少，只能通过获取风险报酬的方式对于可能发生的风险所造成的损失予以补偿。关于如何确定风险报酬，如何将风险和报酬联系起来，进而计算投资组合中单项资产的报酬率，国外已有成熟的理论研究成果。威廉·夏普、约翰·林特纳、杰克·特雷诺等金融经济学家在投资组合理论的基础上创建了资本资产定价模型，简称CAPM。由于资本资产定价模型研究最优投资组合中单个风险性金融资产与市场组合的关系，因而，CAPM使计算组合中单个资产的贴现率成为可能。

一、有效投资组合及投资组合边界

投资者选择风险投资项目时，若各投资项目预期报酬率相同，则选择风险最小的投资项目；若各投资项目风险相同，则选择预期收益率最高的投资项目。根据这一规则选取的投资项目所构成的投资组合，即为一个有效投资组合。这样的投资组合之所以称为有效投资组合，是因为在某一风险水平下，投资者能够获取最高的收益率；或者是，在某一收益率水平下，投资者承受的风险最小。

市场上有众多个体投资者，每个个体投资者都有自己的有效投资组合。就整个市

场而言，在给定收益率水平r下，如果某个投资组合的风险是所有期望收益率为r的投资组合中最小的，则这个组合称为边界组合，所有边界组合构成的集合称为组合边界。组合边界可用图4-1表示。

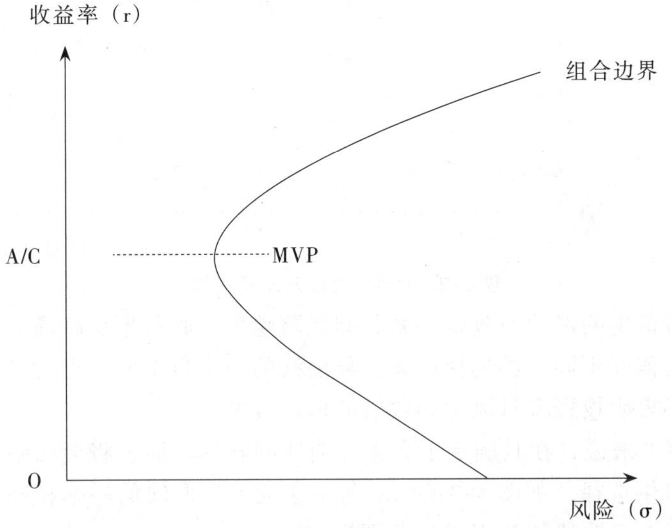

图4-1 （σ，r）平面上的组合边界——双曲线

组合边界呈现为一条双曲线。显然，投资者永远不会选择组合边界上期望收益率低于A/C的那些资产组合，因为持有这些资产组合所得的收益率低于MVP（双曲线顶点所对应的一个在所有组合中方差最小的组合）的收益率，同时还要承担比MVP更高的风险。所以，图4-1中的双曲线的上半部分（A/C以上的部分）为资产组合的有效边界，也称为有效前沿。这条线之所以有效是因为此线包含着所有符合投资项目选择规则的有效投资组合，即在此线上的所有投资组合有着最好的风险与收益率的关系，也就是说，在相同的风险水平上获得最高的收益率，或者是，在相同的收益率水平上承担最小的风险。高于此线的投资组合是不存在的，低于此线的投资组合不如线上的投资组合好。

二、无风险资产与最优投资组合

上述分析表明，在有效前沿线上有着最好的风险和收益关系。但是，就最优投资组合而言，不可能是一系列的组合，而只能是某一特定组合，这一特定组合必定落在有效前沿线上。那么，如何寻找这一最优组合点呢？其答案就是分析投资者的无差异曲线。

由于不同的投资者对风险和收益的偏好不同，因此，不同的投资者有着不同的无差异曲线，如图4-2所示。

图4-2中的无差异曲线表示投资者对风险和收益的偏好。无差异曲线包括两层含义：第一层含义是投资者对风险和收益的偏好不同，无差异曲线的斜率也不同，无差异曲线的斜率越大，表明投资者不愿承担较大的风险。投资者B的无差异曲线的斜率比投资者A的大，说明投资者B较投资者A不愿承担较大的风险，相应地，投资者B较投资者A在风险增加一个单位时需要更多的风险收益作为补偿。第二层含义是在无

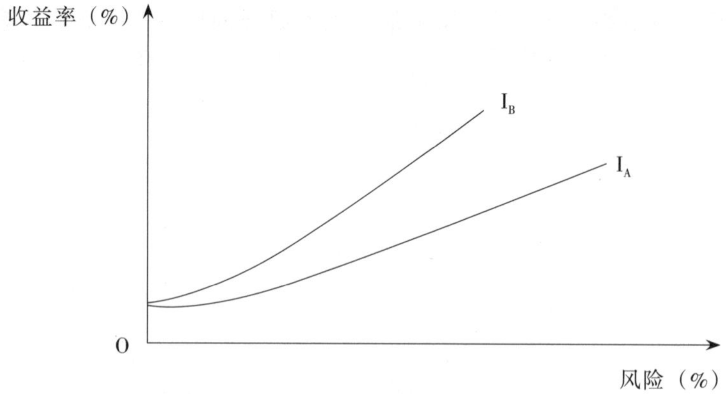

图4-2 风险-收益无差异曲线

差异曲线上有着最优的风险与收益关系，即风险越大，收益率也越高。可见，投资者对风险和收益的偏好不同，其选择的无差异曲线的斜率也不同，也就是说，无差异曲线的斜率的大小表明投资者对风险和收益的偏好程度。

对于投资者B来说，在其确定了无差异曲线的斜率之后，将会面临一组斜率相同的无差异曲线可供选择，如图4-3所示。每一条无差异曲线的斜率相同，但效用却是不同的，四条无差异曲线的效用顺序分别为：$I_{B4}>I_{B3}>I_{B2}>I_{B1}$。

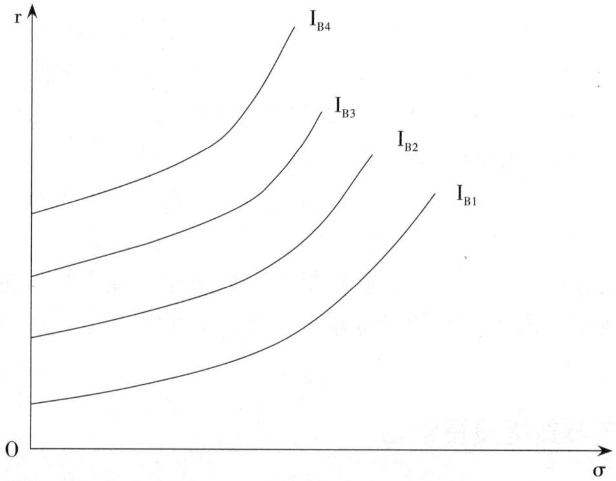

图4-3 投资者的无差异曲线

将投资者的无差异曲线和投资组合的有效前沿线叠加在一起，可以得到图4-4所示的投资者的最优投资组合。图中的投资者的无差异曲线和投资组合的有效前沿线相切于C点。在C点上，两条曲线的斜率相同。对于投资者来说，C点一方面有着最好的风险和收益关系，即属于有效前沿线上的一点，另一方面有着符合风险和收益偏好的最高的效用，也就是说，在这一点上投资者有着最好的投资组合，并达到了最高的效用。图中的I_{B4}有着最高的效用，但没有最优的投资组合与之配合，因而是无法实现的效用。图中的I_{B2}与有效前沿线有两个交点A和B，但A和B两点虽然是最优投资组合点，但没有实现最高的效用，即没有给投资者带来最高的收益率。

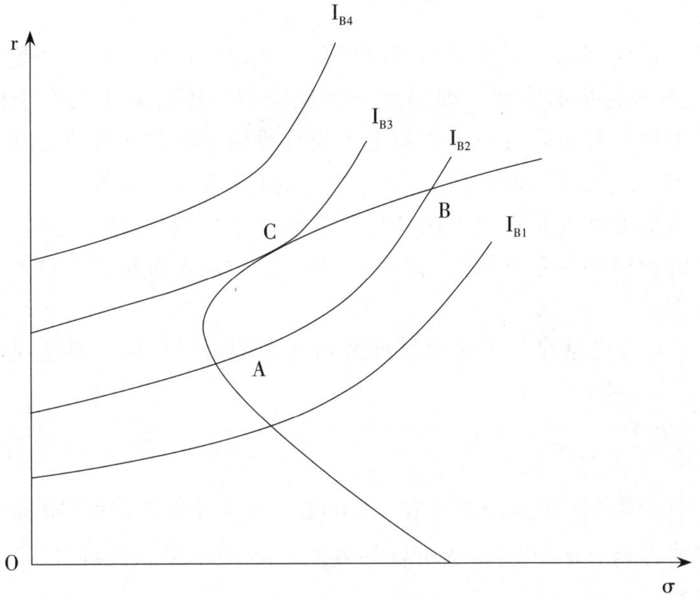

图4-4 投资者的最优投资组合

三、资本资产定价模型

根据马科维茨的资产组合理论，通过多样化或者风险分散化投资可以有效地规避非系统风险。但在分析中发现，其并未考虑到现实金融领域中存在的无风险资产的情况，并且对于系统风险的定价问题未能有效地解决。1964年，威廉·夏普在其研究的基础上，将无风险资产引入分析框架，提出了资本资产定价模型，从而给出了在市场均衡的状态下，预测风险资产预期收益率的方法。CAPM是现代金融市场价格理论的支柱，其被广泛应用于投资决策和公司金融领域。

所谓资本资产定价模型，是在投资组合理论和资本市场理论等两种理论的基础上形成发展起来的。其主要研究证券市场上多样化投资组合中资产的期望报酬率与风险资产之间的关系，以及均衡价格是如何形成的。

（一）基本假设

资本资产定价模型做出如下假设：

（1）投资决策是针对一个确定的阶段而言的，其决策标准是使其预期效用最大化。

（2）投资者以资产组合的预期收益率和标准差来评价资产组合。

（3）投资者的预测具有同质性，即每个投资者对证券的预期收益、标准差和协方差都具有相同的估计。

（4）投资者可以无风险利率R_f进行无限制的借贷。

（5）所有资产都是完全可分的，投资者可以任何比例投资。

（6）每个投资者都可单独进行决策，个人的投资行为不可能影响整个市场的价格。

（7）市场处于均衡状态，无个人所得税，无交易成本，所有投资者可以免费得到有价值的信息。

资本资产定价模型的一个重要经济机理是：风险资产组合中各风险资产水平的选择遵从微观经济学的基本原理，即如果一个风险资产组合对于某个个体来说是最优的，那么，其中每一种风险资产在边际上为组合投资带来的额外收益与额外成本（边际标准差）的比，或者说均值与标准差的边际转换率都应该相等。

资本资产定价模型就是在以上两种理论的基础上形成发展起来的。其主要研究证券市场中资产的预期收益率与风险之间的关系，以及均衡价格是如何形成的。

（二）β系数

CAPM的主要特点是建立了客观测度公司证券的市场风险（系统风险）程度的指标——β系数。

$$\beta_i = \frac{Cov(R_i，R_M)}{\sigma_M^2} = \rho_{im} \times \frac{\sigma_i}{\sigma_m} \quad (公式4-17)$$

式中：β_i表示第i种证券的β系数；$Cov(R_i，R_m)$表示第i种风险资产与市场组合收益率之间的协方差；σ_m^2表示市场组合的方差；ρ_{im}表示第i种风险资产与市场组合收益率的相关系数。

β系数在国内外金融市场上广泛应用于测定某种证券或证券组合的相对风险，其代表了一种证券或证券组合在证券市场上市场风险的相对大小。β系数通常应用于证券投资组合和资本资产定价模型。在实际操作中，β系数的重要性是其代表了一种证券对于未来市场变化的敏感度，某种股票的β系数较大，说明该股票在证券市场发生变化时，其价格上下波动剧烈，也就是通常所说的风险较大。如果投资者对收益有着较高的期望，同时也有能力并愿意为之承担较大的风险，就可以在证券市场上选择那些具有较大β系数的证券，并将其加入到证券组合中；反之，则可以选择证券市场上具有较小β系数的证券。投资者购买证券主要是期望未来收益，而β值是根据历史数据计算出来的。为了使历史β系数能够预测未来的收益，需要对其进行调整，使之能够在一定程度上预测未来的收益和风险。

（三）相关说明

资本资产定价模型的相关说明如下：

（1）单个证券的期望收益率由两部分组成：无风险利率以及对所承担的风险的补偿——风险溢价。

（2）风险溢价的大小取决于β系数的大小，β值越大，表明单个证券的风险越大，所得到的补偿也就越多。

（3）β值度量的是单个证券的系统性风险，非系统性风险没有风险补偿。

CAPM说明了风险与收益之间的线性关系，如果代表证券风险的横轴用β表示，纵轴仍然用期望收益率r表示，便会得到一条斜率为市场组合风险溢价的直线，称为证券市场线（如图4-5所示）。

资本资产定价模型的内容可以描述为：普通股的预期收益率等于无风险利率加上风险报酬率。其反映了单个资产的预期收益率与其系统性风险之间的关系，可用公式表示为：

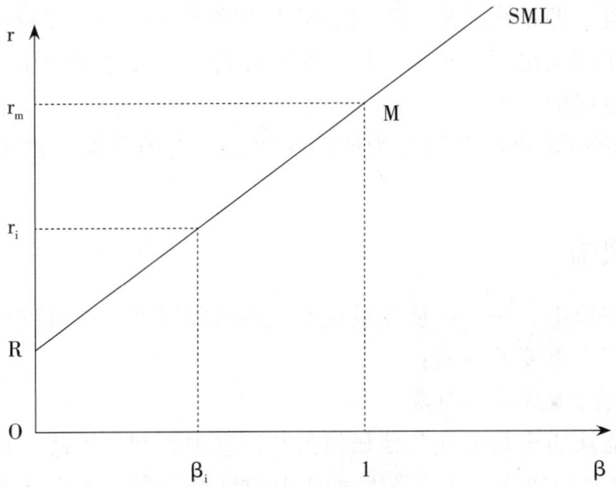

图4-5　证券市场线

$$R_i = R_f + (R_m - R_f) \cdot \beta_i$$ （公式4-18）

其中：

$$\beta_i = \frac{\sigma_{im}}{\sigma_m^2}$$

式中：R_m表示市场组合预期收益率；R_f表示无风险报酬率；β_i表示股票的系统风险。

资本资产定价模型公式在坐标系（β，r）中显示为一条斜率为（r_m-R）的直线（如图4-5所示），在实践中通常将其称为证券市场线（SML）。SML表示某一种风险证券的风险报酬与其β值之间的关系。由于无风险证券的β值为零，所以，SML在纵轴上的截距即为无风险证券收益率R。在市场组合M点上，β值为1（只有风险证券组合M点，$\sigma_{im}=\sigma^2 m$；位于M点右侧的证券，β值大于1，其有着较高的期望收益率，同时也伴随着较大的风险，可归属于攻击性证券；位于M点左侧的证券，β值小于1，其期望收益率较低，但风险也较低，可归属于防守性证券。

【例4-9】某股票的β系数为1.3，市场的期望收益率为14%，无风险收益率为5%，请问这只股票的预期收益率是多少？

根据证券市场线的公式可得：

$R_i=R_f+\beta$（R_m-R_f）=5%+1.3×（14%-5%）=16.7%

因此，这只股票的预期收益率为16.7%。

根据CAPM可知，按照资本市场有效原则，在市场均衡的条件下，必要报酬率等于期望收益率。因此，证券市场线也可用来计算包含在资本市场中的某种证券的必要报酬率。

第四节　套利定价模型

20世纪70年代，斯蒂芬·罗斯提出了另一个风险收益模型，称为套利定价理论（arbitrage pricing theory，APT）。按照资本资产定价模型，只有一种不可分散的风险影响证券的预期收益，即系统风险。不同于资本资产定价模型，套利定价理论采用一种更为直观的方式明确指出了多种风险因素影响收益。证券之间的相关性正是由于这些共同的风险因素造成的。

套利定价理论假定市场套利行为的存在使得证券的预期收益率与所承担的风险相当。

一、套利定价风险

在套利定价理论中，一个经济变量能否成为风险因素，并得到市场补偿，取决于其是否具备以下三个重要的性质：

1.期初市场无法预测这一因素

风险因素不能从历史数据或其他任何公开信息中预知。因此，在期初，风险因素的期望值为0。例如，通货膨胀率不是APT中的风险因素，因为其部分可以预测。只有不能预测的通货膨胀率，即实际通货膨胀率与预期通货膨胀率之差，才是风险因素。同样的道理，只有不能预测的国内生产总值（GDP）才是APT中的风险因素。如果将即将公布的信息分为预期的部分和不能预期的部分，相应地，金融资产的实际收益可以分为期望收益——取决于未来信息中预期部分的收益和非预期收益——取决于令投资者惊异的信息的收益，即风险收益。

2.套利定价理论中的因素必须对市场中的证券具有广泛的影响

公司特有的事件不构成APT中的风险因素。在第三章中已经指出，在一个规模较大的投资组合中，公司特有的风险，即非系统性风险可以被化解。只有系统性风险，即影响大多数资产的不确定因素，无法通过投资分散化而消除。因此，APT中的风险因素指的是系统性风险。

3.相关因素必须影响预期收益率，即价格不能为0

这意味着风险得到了市场补偿。这一点是针对实际应用中的统计确认所讲述的。

根据以上三个性质，可以将股票的实际收益表示为：

$$R = \overline{R} + m + \varepsilon \qquad \text{（公式4-19）}$$

式中：R表示实际收益；$\overline{R}$表示期望收益；m表示系统风险；ε表示非系统风险。

按照套利定价理论，系统风险的因素可能不止一个。罗斯（1983）认为，主要有四个系统风险因素可以较好地解释股票收益率：①非预期的通货膨胀率的变化；②非预期的产出（如GDP）的变化；③非预期的风险溢价的变化，反映了投资者对风险的偏好变化，表现为高收益债券与低收益债券的利差；④非预期的利率期限结构的变化，即长短期利率关系的变化。

二、套利定价理论

同一系统性风险对资产的影响程度不同，可以用β系数表明资产收益对于某种系统性风险的敏感程度。假设有四个风险因素，一项资产的收益率可以表示为：

$$R_i = \overline{R_i} + \beta_{i1}F_1 + \beta_{i2}F_2 + \cdots + \varepsilon_i \qquad \text{（公式4-20）}$$

式中：R_i表示资产i的实际收益；$\overline{R_i}$表示资产i的期望收益；F_1表示系统风险

因素1的价值；β_{i1}表示资产i对系统风险因素1的反应程度；ε_i表示资产i的特有风险。

如果每一资产都可以用上式表示，那么，由这些资产组成的投资组合的收益率也由三部分组成——期望收益、四个系统风险产生的风险补偿以及各资产特有风险的加权平均。套利定价理论假设资产或资产组合都可以用上式表示，假定无套利机会的存在，即在不改变资产总值的情况下，通过调整资产比例，构建的无风险组合的收益率必定等于无风险利率。APT证明风险的单位价格必然相等，并进一步证明某种证券或证券组合的收益与风险的关系如下：

$$R_i = R_f + \beta_{i1}(\overline{R_1} - R_f) + \cdots + \beta_{iN}(\overline{R}_N - R_f) \quad \text{（公式4-21）}$$

式中：R_i表示对应因素i的β值为1，而对应其他因素的β值资产（或资产组合）；R_f表示无风险利率；$(\overline{R}_i - R_f)$表示市场对风险i的价值补偿，也即风险i的价格。

上式表明资产的期望收益与相应的系统风险因素的β系数正相关，β值越高，得到的补偿也就越多。

本章小结

1.一般来说，风险是指行为主体为自己做出的某一决策所承担的不确定性，也就是行为主体决策所依据的主观预期与客观现实偏离的可能性。风险具有不确定性、客观性、相对性、突发性、损益性等特征。

2.收益就是指投资所带来的回报。投资收益有两种表达形式：投资收益额和投资收益率。证券投资收益可以分为两类：一类是已经实现的收益，是指在过去的投资期间实现的收益；另一类是预期收益，是指未来投资期间可能实现的收益。

3.投资组合就是由两个或者两个以上证券组成的组合，将不同投资组合在一起所构成的总投资则称为总投资组合。

4.预期收益是指投资者投资于证券所希望获得的收益，是投资者未来投资期间可能实现的平均收益。分析时常用收益率的数学期望来反映预期收益的大小。

5.风险是指行为主体决策所依据的主观预期与客观现实偏离的可能性。从单个投资者的角度看，风险可以分为市场风险和公司特有风险；从整个金融领域的角度看，金融风险可以分为市场风险、信用风险、流动性风险、操作风险、法律和监管风险等；从公司的角度看，风险可以分为经营风险和财务风险。

6.风险衡量是借助于概率论中的方差、标准差、标准差系数等离散指标进行的。

7.预期投资报酬率由无风险报酬率和风险报酬率构成。无风险报酬率是投资者到期一定能够获得的报酬率，风险报酬率是投资者冒着风险进行投资而获得的一种风险补偿报酬率。

8.资本资产定价模型是在市场均衡的状态下，预测风险资产预期收益率的方法。

9.套利定价模型是考虑多因素风险的重要模型。

同步测试

同步测试

（一）单项选择题

1.无法通过投资组合或分散化投资来消除的风险，是指（　　）。

A.系统性风险　　B.非系统性风险　　C.经营风险　　D.财务风险

2.你持有一个公司的股票，预计在经济繁荣的条件下，这份投资的回报率是10%；在经济萧条的条件下，这份投资的回报率是2%。根据不同经济条件出现的概率，你估算出这份投资能够获得6%的回报率。以下对于6%这个回报率的解释，正确的是（　　）。

A.平均收益率　　B.历史收益率　　C.预期收益率　　D.无风险收益率

3.一项投资在经济萧条的情况下（概率为45%）的回报率是13%，在经济繁荣的情况下（概率为5%）的回报率是-4%，在经济处于普通状态下（概率为50%）的回报率是6%。这项投资的期望回报率是（　　）。

A.8.75%　　B.9.28%　　C.9.05%　　D.8.65%

4.以下衡量证券期望回报率和其对应的系统性风险关系的模型是（　　）。

A.货币时间价值模型　　B.资本资产定价模型

C.非系统风险计算公式　　D.风险回报率计算公式

5.以下可以衡量系统性风险的大小的是（　　）。

A.几何平均回报率　B.期望回报率　　C.标准差　　D.β系数

（二）多项选择题

1.下列风险属于非系统性风险的有（　　）。

A.汇率政策变动　　B.财务风险　　C.自然灾害　　D.管理风险

2.下列关于投资组合的说法中，正确的有（　　）。

A.当投资组合中只有两种证券时，该组合收益率的标准差等于这两种证券收益率标准差的加权平均值

B.当投资组合中包含所有证券时，该组合收益率的标准差主要取决于各种证券收益率之间的协方差

C.利用证券市场线描述投资组合（无论是否有效地分散风险）的期望收益与风险之间的关系的前提条件是市场处于均衡状态

D.有效投资组合的期望收益与风险之间的关系，既可以利用资本市场线描述，也可以利用证券市场线描述

3.下列关于证券投资组合理论的表述中，错误的有（　　）。

A.证券投资组合的总规模越大，所承担的风险越大

B.最小方差组合是所有组合中风险最小的组合，所以其报酬最多

C.一般情况下，随着更多的证券加入到投资组合中，整体风险降低的速度会越来越慢

D.证券投资组合能够消除大部分的系统风险

4.CAPM假设投资者所关心的风险仅为（　　），并用（　　）来衡量。

A. 非系统风险　　　B. 市场股票组合的平均收益率

C. 系统风险　　　　D. β系数

5. 下列各项内容中，能够影响特定投资组合β系数的有（　　）。

A. 该组合中所有单项资产在组合中所占比重

B. 该组合中所有单项资产各自的β系数

C. 市场投资组合的无风险收益率

D. 该组合的无风险收益率

（三）简答题

1. 风险有哪些种类？

2. 什么是投资收益率？如何度量风险与收益？

3. 什么是系统风险和非系统风险？

4. 如何理解资本资产定价模型？有哪些假设？

5. 什么是β系数？如何度量投资组合中的β系数？

（四）计算题

1. 某投资者准备投资购买股票，现有A、B两家公司可供选择。从A、B两家公司上一年的有关会计报表及补充资料可以获知：A公司发放的每股股利为5元，股票的每股市价为40元；B公司发放的每股股利为2元，股票的每股市价为20元。预期A公司未来5年内股利恒定，在此以后转为正常增长，增长率为6%；预期B公司股利将持续增长，增长率为4%。假定目前无风险收益率为8%，市场上所有股票的平均收益率为12%，A公司股票的β系数为2，B公司股票的β系数为1.5。

要求：

（1）通过计算股票的价值并与股票的市价进行比较，判断两家公司的股票是否应当购买。

（2）若投资购买两种股票各100股，则该投资组合的预期收益率为多少？

（3）计算该投资组合的综合β系数。

2. 某投资者准备从证券市场上购买A、B、C、D四种股票组成投资组合。已知A、B、C、D四种股票的B系数分别为0.7、1.2、1.6、2.1。假设现行国库券的收益率为8%，市场平均股票的必要收益率为15%。

要求：

（1）采用资本资产定价模型分别计算四种股票的预期收益率。

（2）假设该投资者准备长期持有A股票。A股票上一年的每股股利为4元，预计年股利增长率为6%，当前每股市价为58元。投资A股票是否合算？

（3）若该投资者按5∶2∶3的比例分别购买了A、B、C三种股票，计算该投资组合的β系数和预期收益率。

（4）若该投资者按3∶2∶5的比例分别购买了B、C、D三种股票，计算该投资组合的β系数和预期收益率。

（5）根据上述（3）和（4）的计算结果，如果该投资者想要降低风险，则应选择哪一个投资组合？

第五章

投资决策

学习目标

［知识目标］

◇理解资本预算的概念。

◇掌握项目投资的分类及基本要求。

◇掌握现金流量的概念及构成。

◇掌握投资决策的含义及程序。

［能力目标］

◇掌握现金流量的估算方法及估算原则。

◇掌握净现值的计算方法，并理解其对投资决策的影响。

◇掌握内含报酬率的计算方法，并理解其对投资决策的影响。

◇掌握不同的经济和市场情境下评估项目投资的可行性和回报。

［素养目标］

◇学习投资决策理论，培养分析数据真实性和公正性的意识，养成遵循职业道德和规范的习惯。

◇学习企业投资决策方法，培养学生负责任的投资决策意识和社会责任感。

引导案例

美国企业选用资本预算方法的频率统计

在所有的项目投资决策中，净现值法是最不容易犯错误的资本预算方法。因此，净现值法理应是公司CFO进行项目投资决策的不二选择。但实际情况并非如此，2001年，美国学者Graham和Harvey在对美国公司的调查问卷中发现了一些有趣的现象。

该调查问卷统计了美国《财富》500强企业中的329家公司常用的资本预算方法。经过统计的数据发现，在受访企业中，多数企业选择净现值法和内含报酬率法作为其资本预算的常用方法。其中，大约75%的受访企业选择使用净现值法，也就意味着，尚有25%的企业不使用净现值法。

除此之外，调查数据显示，在使用最多的五种（内含报酬率法、净现值法、最低收益率法、投资回收期法、敏感性分析）资本预算方法中，任意两种的使用方法相加，其使用的频率都超过了100%，也就意味着，很多公司在选择资本预算方法时，并不是单一采用一种方法，而是同时采用多种资本预算方法。例如，调查数据显示，57%的受访企业同时使用投资回收期法和净现值法作为投资决策的依据。

对于大多数公司选择净现值法，我们很容易理解。但是，对于超过半数以上公司同时选择两种及两种以上的投资决策方法，就存在不同的解读。对于此现象，目前较为主流的解读是：投资回收期法之所以很受欢迎，是因为其简单直观，而且投资回收期法可以获取有关项目的流动性信息，因此，公司CFO首先利用投资回收期法对投资项目做出一个初步的评价，然后对合适的项目进行净现值分析。

资料来源 格雷厄姆，哈维，等. 公司金融的理论与实践：来自专业的证据［J］. 经济学杂志，2001（60）：187-243. 有删改.

第一节 资本预算概述

一、资本预算的基本概念

资本预算又称投资预算、投资决策，是指公司利用从金融市场上筹集的资金，对所拥有的资产，特别是长期资产进行分析、估算和筛选的过程。通常，公司投资决策选定了一个投资项目，实质上选定了该项目给公司带来的效用，其至少比直接投资于金融市场所获得的效用要高。由于公司投资决策涉及的主要是长期投资项目，而在长期投资项目中，固定资产投资是占用投资资金最大、期限最长，也是能够带来最高投资收益的项目。因此，本章介绍的资本预算内容和投资决策方法，就是以固定资产投资决策为主要对象的。

固定资产是公司从事生产经营活动的物质基础，是公司主要的生产资料。其具有在使用过程中能够保持原有物质形态，价值随着使用逐渐转移到新产品中，并从新产品销售收入中逐渐获得补偿的特点。建筑物、机器设备、运输工具、器具等，都属于固定资产的范畴。

以固定资产为投资对象的项目投资是一种直接的、生产性的对内实物投资，即将资金投资于生产性资产，从而获取利润。项目投资一般被纳入公司资本预算程序中，其主要目的是增加公司长期资产，获取未来现金流量的能力，从而使公司具备提高其价值的发展潜力。生产性公司的投资项目主要分为以新增生产能力为主的新增项目和以恢复或改善生产能力为目的的更新改造项目两大类。

项目投资具有投资次数少、投入金额大，投资的实物资产形态是厂房或机器设备，因而项目投资变现能力差，涉及项目时间长、风险大等特点。在项目投资决策中，要利用科学的程序、较多的时间进行专门的研究和评价，并要做好项目前期的可行性分析。同时，项目投资耗资巨大，影响时间较长，要为项目投资制订专门的自身筹措计划，一旦投资即具有不可逆性，如果投资决策失误，将会严重影响公司的财务状况和现金流量。因此，投资决策时，要研究风险的来源并做好风险规避措施，将项目投资风险控制在公司可以承受的范围之内。

二、资本预算的过程

资本预算是一个完整的投资决策过程，通常包括识别、评估、选择和执行四个阶段，具体内容如下：

（一）识别：寻找投资机会，制订投资计划

识别具有潜在投资价值的项目，是资本预算决策面临的第一个挑战。这个阶段也称为调查研究阶段。调查研究的主要内容是对投资环境的研究、对市场状况的考察和对技术能力的分析。识别项目是否具有潜在投资价值的准则是能否产生净现值。净现值准则隐含的前提条件是项目的投资报酬率必须高于资本市场上资本的机会成本。然而在现实中，能够真正产生净现值的项目并不多，竞争性的行业比非竞争性的行业更难找到具有净现值的项目，而资本预算中的识别阶段的重要内容，就是要寻找到这样的投资机会。

（二）评估：预测项目的相关现金流量和恰当的贴现率

在调查研究的基础上，需要对调查研究所得到的数据资料进行整理，并根据历史和现有资料对未来情况做出假设，在合理假设的基础上制订各种可行的投资方案。这是资本预算决策中具有挑战性的第二个步骤。

评估的主要内容是对项目的现金流量和评估变量进行分析预测。投资项目相关的现金流量取决于未来投资收益、费用和投资额的情况。因此，在分析预测中，首先，需要对未来产品和生产要素的市场需求状况和价格水平进行预测，以便确定投资的收益和费用。其次，需要估计投资额的大小，具体包括投资准备费用、设备费用、建筑工程费用、营运资金垫支及不可预见的费用等。在上述分析预测结果的基础上，就可以估算出对投资项目进行评估所需要的相关的期望现金流量。对项目评估变量的预测，主要是估计项目资本限制所需要的贴现率。为了得到恰当的贴现率，需要在资本市场上寻找等价的投资项目的收益率，这样得到的贴现率称为门槛比率，或资本机会成本。资本机会成本的概念非常重要，因为利用项目的机会成本来贴现项目的期望现金流量时所得到的限制，是投资者愿意为项目付出的资金数量。

（三）选择：计算评价指标，选择决策方法

依据评估数据，需要按照一定的决策准则来决定是接受还是拒绝项目，也就是进入选择阶段。这是资本预算决策中关键性的决策阶段。在进行项目的选择时，有多种评价标准，如净现值法、内部收益率法、回收期法等。

（四）执行：实施、监控、事后评价

被采纳的项目计划付诸实施，进入资本预算过程的执行阶段。执行就是在项目整个寿命期内对其进行监督、定期审核和事后评价。执行的有关信息有助于公司管理层减少未来的决策错误，提高资本预算决策的准确性。

三、资本预算中的项目投资分类

项目投资可以按照不同的标准进行分类：

（一）按照项目投资的目的，分为新建项目投资与更新改造项目投资

新建项目投资是指以新增公司生产能力为目的而进行的外延式扩大再生产投资，如新建厂房、购置设备和新产品研制开发等。更新改造项目投资是指以恢复或改善生产能力、提高质量为目的而进行的内涵式扩大再生产投资，如厂房的改扩建设备的更新、现有产品的改造等。

（二）按照投资的影响程度，分为战略性投资和战术性投资

战略性投资是指对公司全局有重大影响的投资，如公司转产、新增产品投资等。战术性投资是指不涉及整个公司的前途，但与日常生产经营相关的投资，如为提高产品质量、改善工作环境所进行的投资。战略性投资一般所需资金较多，回收时间较长，风险相对较大。战术性投资则一般所需资金较少，回收时间较短，风险相对较小。

（三）按照投资与利润的关系，分为扩大收入投资和降低成本投资

扩大收入投资是指通过不断扩大公司生产经营规模，以便增加公司销售额，进而增加公司利润的投资。降低成本投资是指通过挖掘内部潜力，不断降低公司经营成本，以便增加公司利润的投资。

（四）按照投资项目之间的关系，分为独立投资项目、互斥投资项目和关联项目

1.独立投资项目

独立投资项目就是对一个投资项目无论做出接受或放弃的决定，都不会影响其他项目的投资决策。在一组投资项目中，是否接受一个项目与是否接受另一些项目之间不存在任何关系的项目，就是独立投资项目。独立投资项目按照独立性的强弱，又可分为完全独立的投资项目和非完全独立的投资项目。

项目的独立性可以从技术上和经济上来考察。技术独立是指在一组投资项目中，是否接受某一项目并不影响其他投资项目实施的技术可行性。经济独立是指是否接受某一项目并不影响其他投资项目的现金流量。完全独立的投资项目是在技术上和经济上都独立的项目；非完全独立的投资项目是指仅在技术上独立，但在经济上不独立的项目。例如，公司决定增设新的连锁销售店的决定和更新电脑系统可能毫不相关，就为两个完全独立的投资项目。完全独立的投资项目表明项目之间不存在依赖关系，因而对其可以进行单独的分析。但在实际中，多数项目属于非完全独立的投资项目，比如上例中的两个项目，在技术上是完全独立的，但其现金流量可能相互影响，在经济上是不独立的，因此不是完全的独立投资项目。

2.互斥投资项目

互斥投资项目是指在一组投资项目中，各项目之间具有排他性，其中一个项目的收益将会因采纳另一个投资项目而完全丧失。这是一种相关性项目投资，是项目之间的一种极端情况，两个项目或者都遭放弃，或者非此即彼。例如，在公司的一块闲置土地上，是兴建写字楼还是建造居民楼；公司购买新设备，只能从诸多品牌中选择一

家产品。这两个投资项目就是互不相容的投资项目。到底选择哪一个投资项目为优的投资决策，就是互斥项目的投资决策。在实际中，只要将各投资项目按照某一标准计算出的结果从大到小顺序排列，就可以一目了然地判断投资项目的优劣。

3.关联项目

关联项目是相对于独立投资项目而言的，是指在一组投资项目中，各项目之间的投资决策相互影响。这也是一种相关性项目投资，采纳或放弃某个项目时，将会直接引起另一个投资项目的有关经济指标发生变动。例如，某些项目以其他项目的实施为前提条件，兴建一条新的生产线可能需要建造一座新的厂房。对于关联项目，最好将其联系起来，作为一个大型的投资项目一并考察。

四、投资决策的程序

在资本预算过程中，项目投资遵循以下程序进行投资决策：

（一）挖掘与公司发展战略一致的投资机会

公司首先要将公司未来发展战略的构想传达给每一位员工，并为员工自身的未来发展创造良好的环境，鼓励员工积极探索、寻找事关公司未来发展的有利的投资机会，这是决定固定资产投资的第一步。

（二）收集项目有关的信息数据，评估项目的现金流量

项目有关资料的收集、分析和整理，将直接决定项目财务分析的可靠程度。信息数据齐备后，就需要对项目做出财务分析，关键的步骤就是估算项目的现金流量。

（三）根据决策原则，选择投资项目

对各个潜在的投资机会进行财务分析后，就需要根据股东价值最大化的原则判断投资项目是否可行，根据公司的资金情况，决定需要取舍哪些项目。

（四）重新评价已投资项目并适时调整，对已完成项目进行事后审计

固定资产投资项目作为长期投资项目，不仅需要事前的分析和论证，在项目的执行过程中，还需要适时的监督，并根据实际情况进行调整。项目结束后，还需要经过事后的审计，评价实际和计划的执行情况，总结经验教训。

第二节　估算投资项目现金流量

投资决策的关键是要计算和评价投资项目的经济效益，这将取决于该项目的有关收入和支出。在对公司投资项目的投资方案进行价值评价的过程中，以现金流量作为投资决策的评价指标，与投资项目有关的全部资金支出称为现金流出，与投资项目有关的全部资金收入称为现金流入。因此，正确地计算投资项目各期的现金流量，是运用有关指标对投资方案进行投资价值评价的基础。

一、现金流量的构成

（一）现金流量的概念

在资本预算中，现金流量是指与投资项目有关的现金流入和现金流出的增加数

量，其是计算项目投资评价指标的主要依据和重要信息之一。这里的现金，是指广义现金，其不仅包括各种货币资金，还包括项目需要投入的公司现有的非货币资源的变现价值，如更新项目中的原有厂房、设备的变现价值。需要说明的是，项目投资决策中所使用的现金流量的概念与财务报表中所提供的现金流量相比，在具体构成方面、计算口径方面，以及生成原理方面都有着很大的不同，不能将二者混淆或者相互替代。

（二）投资项目现金流量的构成

投资项目的现金流量按照现金流发生的时间来表述，通常由现金流出量、现金流入量和净现金流量三部分构成。

1.现金流出量

现金流出量也称初始现金流量，是指项目从投资开始到寿命终止过程中所发生的现金流出。其主要包括：

（1）固定资产投资支出。其是指在项目投资中用于构成固定资产价值的现金流出，包括购入或建造成本、运输及安装成本等。这是建设期内所发生的主要现金流量。

（2）垫支的营运成本。其又称为垫支的流动资金或流动资金投资，是指项目投产前后分次或一次投放于流动资产上的资本增加额。其一般包括产品生产过程中所需要的材料、在产品和货币资金等，是运营期内主要的现金流量项目。

（3）付现成本。其是指在生产经营过程中，需要实际支付现金的营运成本。其相当于当年的营运成本总额减去固定资产折旧、无形资产摊销等的差额。

（4）有关税金。其是指项目投产后，在营运期内依法缴纳的、单独列支的各种税费。

（5）其他现金流出。

2.现金流入量

现金流入量也称营业现金流量，是指项目从投资开始到寿命终止过程中所发生的现金流入。其主要包括：

（1）营业收入。其是指项目投产后，各期正常的生产经营活动中形成的现金流入量，是运营期内主要的现金流量。

（2）固定资产残值收入。其是指在投资项目终止时，固定资产报废、清理或中途转让所回收的固定资产价值。

（3）流动资金回收额。其是指在固定资产使用寿命终止时，回收的公司垫资在流动资产上的价值。

（4）其他现金流入。其是指除上述三种情况以外的现金流入量。

3.净现金流量

净现金流量是指在项目寿命期内，某一时期现金流入量与现金流出量之间的差额。其用公式表示为：

净现金流量=现金流入量-现金流出量　　（公式5-1）

这里所说的某一期间泛指一年，有时也指投资项目持续的整个期间。当现金流入量大于现金流出量时，净现金流量为正；反之，净现金流量为负。因此，如果在项目建设期内，净现金流量一般为负值；在项目投产后的正常经营期内，各期净现金流量通常为正值。可见，项目计算期内的各期净现金流量指标是进行项目投资决策评价的重要信息。

二、投资项目现金流量的估算原则

为保证投资项目现金流量估算的准确性，估算项目的现金流量时必须遵循以下原则：

（一）仅计算增量现金流量

在项目评估中，现金流量应当是因项目而产生的现金流量“增量”。增量现金流量是指采用该项目而直接导致的公司未来现金流量的变动。在项目投资中，只有增量现金流量才是与项目相关的现金流量。

确定增量现金流量采用的是区分原则，即只关注项目所产生的增量现金流量。根据区分原则，一旦确定了接受某个项目，就可以将该项目看作一个“微型公司”，其拥有自己的未来收益和成本以及资产，当然还拥有自己公司的现金流量。确定增量现金流量时，要与取得的成本进行比较。

在计算增量现金流量时，应当注意以下问题：

1.区分相关成本和非相关成本

相关成本是指与特定决策相关的、在分析评价时必须加以考虑的成本。新旧项目差额成本、未来成本等，都属于相关成本。与特定决策无关的、在分析评价时不必加以考虑的成本是非相关成本，例如，沉没成本、过去成本等。如果将非相关成本纳入投资方案的总成本，则一个有利的方案可能因此变得不利，从而造成决策失误。

沉没成本是指已经发生的成本，或者是已经发生、必须偿还的债务。这种成本不会因为今天是否决定接受一个项目而改变，如项目评估费用等。在项目评估中，应当忽略这种成本。

2.考虑机会成本

机会成本是指采用某个项目而放弃的在其他项目上的收益。比如，投资10万元于某一项目，就该笔投资而言，用于该项目投资就不能用于其他项目投资，其他投资项目可能获得的收益就是投资本项目的一种代价，即存在机会成本。对于该机会成本的处理，体现在要对现金流量以资本成本作为贴现率进行贴现。

3.重视外部效应

外部效应是指新增投资项目对原有项目或者其他部门造成的有利或者不利的影响。比如，某公司计划实施一项投资推出一款新车，该款新车的推出将会降低旧款车的销售，那么，旧款车销售收入的减少就是新款车推出的负效应。此时，新款车的现金流量应该调减。也可能发生相反的情况，如新产品上市后促进了其他部门产品的销售增长，这就要考虑新项目与原有部门是竞争关系还是互补关系，从而外部效应也有不同的表现。诸如此类，在实际中很难准确计算，但决策者进行投资分析时仍要将其考虑在内。

（二）融资现金流量不在投资项目现金流量的分析范畴

融资过程中的现金流入表现为项目融资取得的债务资本和权益资本，在数额上等于项目的初始投资。项目投资决策时，就应制订相应的资金筹措计划，即以具备初始投资额为前提，因此，融资环节的现金流出体现为投资项目的现金流入。如果在项目投资环节考虑融资环节的现金流量，将导致重复计算问题。

（三）现金流量是税后的现金流量

项目实现的现金流量归投资者所有，而投资者获取的现金流量是公司缴纳所得税后的现金流量，估算时，所有的现金流量都要转换为税后的现金流量。

（四）现金流量，而非会计利润

投资项目评价是对现金流量进行贴现，而非对会计利润进行贴现。这是因为，会计利润不等于现金流量。会计利润在一定程度上受存货估价、费用摊配和折旧计提等不同方法的影响较大，所以计算出来的利润具有一定的主观随意性，使得决策的主要依据并不可靠，采用现金流量能够使投资决策更加符合实际。运用现金流量时，有利于科学地考虑时间价值因素，进而能够科学地进行投资决策。由于利润的计算并不考虑资金收付的时间，以权责发生制为基础，反映的是会计期间“应计”的现金流量，而不是实际的现金流量，因而应用现金流量能够更科学、更客观地评价投资方案的优劣。

（五）考虑对净营运资本的影响

所谓净营运成本，是指项目增加的经营性流动资产与增加的经营性流动负债之间的差额。一般情况下，项目开始营运后，对于存货和应收账款的经营性流动资产的需求也会增加，公司必须筹措新的资金以满足这种额外需求；同时，随着经营的继续，应付账款与一些应付费用等经营性流动负债也会同时增加，从而降低了公司营运资金的实际需要。通常，净营运成本为正值时，表明公司对营运成本的投资，则现金流出净额增加；净营运成本为负值时，表明公司对营运成本的回收，则现金流入净额增加。

当投资项目的寿命期结束时，公司将与项目有关的存货出售，应收账款变为现金，应付账款和应付费用也随之偿还，营运资本恢复到原有水平。通常在进行投资分析时，假定开始投资时筹措的营运资本在项目结束时收回。

三、现金流量的估算方法

在项目投资中，公司固定资产投资有两种基本类型：一是新增固定资产投资，二是替代固定资产投资。新增固定资产投资属于扩大收入投资项目，其现金流量的计算采用全额分析法；替代固定资产投资属于降低成本投资项目，其现金流量的计算采用差额分析法。下面分别介绍这两种类型下的固定资产投资现金流量的估算。

（一）新增固定资产投资现金流量的估算

新增投资项目是公司可以独立采纳或否决的项目，即该项目的采纳不会因此排除其他项目，与其他项目之间不具备替代性或竞争性。在没有资本限额的情况下，只要独立项目符合最低评估标准，就将被采纳。

【例5-1】某公司为扩大生产能力，购置价款为110 000元的某设备，运输安装费用为10 000元。该设备使用寿命为5年，采用直线法计提折旧，5年后的残值收入为20 000元。根据市场部门的预测，5年内该设备每年的销售收入为80 000元，付现成本为30 000元。第1年垫支营运资本30 000元，这笔资金在第5年年末收回。假设该公司适用的所得税税率为25%。

该设备产生的现金流量的计算步骤如下：

第一步，计算现金流出量。

设备投资支出=110 000+10 000=120 000（元）

营运资本垫支=30 000元

初始现金流量总计=120 000+30 000=150 000（元）

第二步，计算现金流入量。具体计算过程见表5-1。

表5-1 **营业净现金流量计算表** 单位：元

项目	第1年	第2年	第3年	第4年	第5年
销售收入	80 000	80 000	80 000	80 000	80 000
减：付现成本	（30 000）	（30 000）	（30 000）	（30 000）	（30 000）
折旧	（20 000）	（20 000）	（20 000）	（20 000）	（20 000）
税前利润	30 000	30 000	30 000	30 000	30 000
减：所得税	（7 500）	（7 500）	（7 500）	（7 500）	（7 500）
税后利润	22 500	22 500	22 500	22 500	22 500
加：折旧	20 000	20 000	20 000	20 000	20 000
税后现金净流量	42 500	42 500	42 500	42 500	42 500

第三步，计算净现金流量。

固定资产残值收入=20 000元

固定资产残值税后收入=20 000×（1-25%）=15 000（元）

收回垫支营运资本=30 000元

净现金流量总计=15 000+30 000=45 000（元）

将以上现金流量计算结果汇总起来，计算得出投资项目各年的现金流量，具体见表5-2。

表5-2 **投资项目各年现金流量计算表** 单位：元

项目	第0年	第1年	第2年	第3年	第4年	第5年
设备投资支出	（120 000）					
营运资本垫支	（30 000）					
营业现金流量		42 500	42 500	42 500	42 500	42 500
设备残值收入						15 000
营运资本回收						30 000
现金流量合计	（150 000）	42 500	42 500	42 500	42 500	87 500

（二）替代固定资产投资现金流量的估算

替代项目都是互斥项目，通常在两个替代项目中，只能选择其中最好的一个项目。对替代项目的现金流量进行估算，与新增项目的大不相同，主要表现在比较两个或多个项目现金流量的区别，计算增量现金流量。

【例5-2】某公司准备用新设备替代旧设备，以减少成本、增加收益。旧设备原值为40 000元，已使用5年，已提折旧额为20 000元，该设备估计尚可使用5年，假定使用期满无残值；如果现在将其出售，可获得变价收入10 000元；使用该设备每年可获得收入50 000元，每年的付现成本为30 000元。该公司现购进一台新设备替代原有的旧设备，新设备的买价、运输费和安装费合计为60 000元，使用寿命估计为5年，期满后的残值预计为10 000元；使用新设备后，每年可获得收入80 000元，每年的付现成本为40 000元。假设该公司适用的所得税税率为25%。请问用新设备替代旧设备的现金流量会有什么变化？

在本例中，继续使用原有设备和用新设备替换原有设备，属于成本降低的投资，可以采用差额分析法来分析用新设备替换原有设备所引起的现金流量增减。

增量现金流量的计算过程如下：

第一步，计算初始现金流出量。

设备投资支出=60 000-10 000=50 000（元）

年折旧额=10 000-4 000=6 000（元）

第二步，计算营业净现金流量的差量。具体计算过程见表5-3。

表5-3　营业净现金流量的差量计算表　单位：元

项目	第1~5年现金流量的差量
销售收入	30 000
付现成本	10 000
折旧	6 000
税前利润	14 000
所得税	3 500
税后利润	10 500
营业净现金流量	16 500

第三步，计算终结现金流量的差量。

设备残值税后收入=10 000×（1-25%）=7 500（元）

将以上现金流量的差量汇总，可以得出用新设备替换原有设备现金流量的差量，具体见表5-4。

表5-4　用新设备替换原有设备现金流量的差量计算表　单位：元

项目	第0年	第1~4年	第5年
初始投资现金流量差量	（50 000）		
营业净现金流量差量		16 500	16 500
终结现金流量差量			6 000
现金流量差量合计	（50 000）	16 500	22 500

第三节 投资决策方法

判断公司的投资项目是否可行，需要借助一定的投资决策方法。投资决策的评价方法有两种：一是贴现现金流量法，是指考虑货币时间价值的分析方法，主要包括净现值法、盈利指数法和内部收益率法等，以及折现投资回收期法。二是非贴现现金流量法，该方法不考虑货币时间价值，将不同时间的货币看作等效的，一般在选择方案时起到辅助作用，主要有投资回收期法和年平均报酬率法。

一、净现值法

净现值法是运用投资项目的净现值进行投资评价的基本方法，是在长期项目投资决策中最常用的决策标准。所谓净现值（NPV），是指投资项目未来现金流入量的现值之和减去现金流出量的现值的差额。

任何一项投资总是希望未来获得的报酬总金额大于原来投资的金额。根据货币时间价值的概念，这两项金额必须在同一时间的基础上才能进行比较。因此，必须将投资项目在项目期内各年的营业现金流入和期末残值按照资金成本折算成现值，求出现金流入总现值，然后与该项目的投资额现值进行比较，计算出净现值。如果净现值为正值，即折现后的现金流入大于折现后的现金流出，该投资项目的投资报酬率大于投资者期望的报酬率，能为公司带来盈利；如果净现值为负值，即折现后的现金流入小于折现后的现金流出，该投资项目的投资报酬率小于投资者期望的报酬率，项目不可行。从理论上讲，净现值越大，说明方案越优。净现值可用公式表示为：

净现值=未来净现金流量现值-初始投资现值

$$NPV = \frac{CF_1}{1+i} + \frac{CF_2}{(1+i)^2} + \frac{CF_3}{(1+i)^3} + \cdots + \frac{CF_n}{(1+i)^n} - CF_0 = \sum_{t=1}^{n} \frac{CF_t}{(1+i)^t} - CF_0 \quad \text{（公式 5-2）}$$

式中：NPV表示净现值；CF_t表示第t年的净现金流量；CF_0表示项目的初始投资支出；i表示预定贴现率（加权平均资本成本或项目的资本成本）；n表示项目的预计使用年限。

【例5-3】某公司有A、B两个投资项目，其资本支出见表5-5。其中，第0年的现金流量代表初始投资，假如资本成本为10%，要求计算A、B两个方案的净现值，并确定该公司所要采纳的投资方案。

表5-5 某公司资本支出相关数据 单位：万元

年度	项目A		项目B	
	现金流量	净利润	现金流量	净利润
0	（200）		（200）	
1	80	20	40	20
2	80	20	80	35
3	80	20	100	50
4	80	20	150	75

根据题意可知，项目A的各期现金流量相等，可以采用年金现值折现法计算净现值；项目B的各期现金流量均不相等，可以采用复利现值折现法计算净现值。

A、B两个项目净现值的计算如下：

$$NPV_A = \sum_{t=1}^{4} \frac{80}{(1+10\%)^4} - 200$$
$$= 253.59 - 200$$
$$= 53.59(万元)$$

$$NPV_B = [\frac{40}{1+10\%} + \frac{80}{(1+10\%)^2} + \frac{100}{(1+10\%)^3} + \frac{150}{(1+10\%)^4}] - 200$$
$$= 280.06 - 200$$
$$= 80.06(万元)$$

上述计算结果显示，A、B两个项目的净现值均为正数，两个项目均可行。但项目B的净现值大于项目A的净现值，因此，如果两个项目是互斥项目，应该选择项目B。

净现值法的决策规则：采用净现值法评估时，在独立项目决策中，净现值大于零，表明该项目会为股东创造价值，该方案则是项目的可行方案；在互斥项目决策中，净现值大于零且净现值中的最大者为可行方案。

净现值法的优点如下：

(1) 考虑了项目各期现金流量的货币时间价值，有利于评价项目的经济性和时效性。

(2) 现值是可以相加的，一个公司或某个部门所有单个投资项目的净现值可以相加，成为该公司或部门总的净现值。

(3) 考虑了投资风险的影响，贴现率的选用包含了项目本身的机会成本以及风险收益率。

(4) 净现金流量符合逻辑，投资项目的价值建立在项目预期的未来现金流量的基础上，并能够直接表明项目投资额与资金成本之间的关系，能够反映投资项目的可获得收益，从而反映股东财富绝对值的增加。

净现值法的缺点如下：

(1) 尽管净现值充分考虑了货币时间价值，但由于净现值并不能揭示各投资方案本身所能达到的实际报酬率为多少，因此，当不同方案的投资额不相等时，单从净现值的绝对量大小并不能做出正确评价。

(2) 净现值衡量的是经济效益，而非经济效率。

(3) 净现值无法控制项目的存续期，净现值可能偏向接受存续期较长的项目。

(4) 在互斥项目的决策中，没有考虑投资规模的差异。

二、盈利指数法

盈利指数法是根据投资方案盈利指数的大小来确定方案是否可行的决策方法。所谓盈利指数（PI），也称获利能力指数，是指项目投资的未来现金流量的现值与初始投资额的现值之比。

如果投资方案的盈利指数小于1，表示未来现金流量的现值小于初始投资额的现值，说明该投资方案不可行；如果投资方案的盈利指数大于1，表示未来现金流量的现值大于初始投资额的现值，说明该投资方案可行。从理论上讲，盈利指数越大，说明方案越优。

盈利指数的计算公式可表示为：

盈利指数=现金流量现值÷初始投资现值

$$PI = \frac{\frac{CF_1}{1+i} + \frac{CF_2}{(1+i)^2} + \cdots + \frac{CF_n}{(1+i)^n}}{CF_0} = \frac{\sum_{t=1}^{n} \frac{CF_t}{(1+i)^t}}{CF_0} \quad \text{（公式 5-3）}$$

式中：PI表示盈利指数；CF_t表示第t年的净现金流量；CF_0表示项目的初始投资支出；i表示贴现率（公司的资本成本或要求的报酬率）；n表示项目的预计使用年限。

【例5-4】根据【例5-3】的相关数据，分别计算项目A和项目B的盈利指数如下：

$$PI_A = \frac{253.59}{200} = 1.27$$

$$PI_B = \frac{280.06}{200} = 1.40$$

上述计算结果表明，项目A和项目B的盈利指数均大于1，说明两个项目均可以采纳。但比较来看，项目B的盈利指数更大，相对更优。

盈利指数法的决策规则：如果盈利指数大于1，说明项目的收益率达到期望收益率或资本成本率，项目可以接受；如果盈利指数小于1，说明项目的收益水平低于期望收益率或资本成本率，项目不能接受。如果存在多个项目且相互关联，则使盈利指数大于1的项目都是可以接受的项目；而当各个项目互斥时，应该选择获利能力最大的项目，即盈利指数最大的项目为最优项目。

盈利指数法的优缺点如下：

（1）该决策方法考虑了货币时间价值，反映了不同投资方案项目投资额的获利情况。

（2）盈利指数法克服了净现值法不便于不同规模项目的比较问题，可以进行独立投资机会的比较。

（3）盈利指数不能直接表示投资额的经济效果，不能揭示投资方案本身可能达到的实际报酬率为多少，也具有一定的局限性。

（4）该方法只适用于独立项目的选择，若投资项目较多，该方法就会比较烦琐。

三、内含报酬率法

内含报酬率法也称内部收益率法，是根据投资方案的内部收益率是否高于资金成本来确定方案是否可行的决策方法。所谓内含报酬率，是指能够使未来现金流入量现值等于未来现金流出量现值的折现率，也就是使投资项目的净现值等于零的折现率。

内含报酬率可用公式表示为：

$$NPV = 0 = \sum_{t=1}^{n} \frac{CF_t}{(1+IRR)^t} - CF_0 \quad \text{（公式 5-4）}$$

式中：IRR表示内含报酬率；其他符号的含义同上。

内含报酬率法是根据项目投资方案的现金流量计算而得出的，是投资方案本身的报酬率。其反映项目所占用资金的盈利率，是考察项目盈利能力的主要动态评价指标。

内含报酬率法的决策规则：如果内含报酬率大于资金成本，则方案可行；如果内含报酬率小于资金成本，则方案不可行。采用内含报酬率法评估多个互斥投资项目时，选用内含报酬率最大的项目。内含报酬率法的计算比较复杂，但其结果能够正确反映投资方案所能达到的实际投资报酬水平。从理论上讲，内含报酬率越高，说明方案越优。

关于内含报酬率的计算，有以下两种方法：

（1）逐步测试法。其计算方法为：先估计一个贴现率，用其计算方案的净现值。如果净现值为正数，说明方案本身的内含报酬率超过估计的贴现率，应当提高贴现率后进一步测试；如果净现值为负数，说明方案本身的内含报酬率低于估计的贴现率，应当降低贴现率后进一步测试。经过多次测试，从而找出使净现值接近于零的贴现率，即方案本身的内含报酬率。

（2）插值法。其计算方法为：先选取一个贴现率r_1并代入净现值的计算公式，计算出NPV_1。如果计算出的净现值大于零，说明选取的贴现率比IRR要高，应当提高贴现率并代入净现值的计算公式，直至根据选取的贴现率计算出的净现值为正值且趋于0。此时，对应的贴现率称为低贴现率r_1，与该贴现率对应的净现值称为低贴现率时的净现值NPV_1。再进一步选取贴现率r_2并代入净现值的计算公式，计算出的净现值称为NPV_2，该净现值为负值且接近于0。如此计算的结果是，IRR比r_1大但比r_2小，其介于r_1和r_2之间。

内含报酬率的计算公式为：

$$\frac{r_1 - IRR}{r_1 - r_2} = \frac{NPV_1 - 0}{NPV_1 - NPV_2} \Rightarrow$$

$$IRR = r_1 + (r_2 - r_1) \times \frac{NPV_1}{NPV_1 - NPV_2} \qquad \text{（公式5-5）}$$

【例5-5】根据【例5-3】的相关数据，计算项目A和项目B的内含报酬率，并做出项目选择。

由于项目A的每年现金流量相等，可以采用如下方法计算IRR值：

$$NPV_A = 0 = 80 \times PVIFA_{10\%,\ 4} - 200$$

$$PVIFA_{10\%,\ 4} = \frac{200}{80} = 2.5$$

查阅年金现值系数表可知，第4年与2.5相近的年金现值系数为2.5887和2.4043，分别对应的贴现率为20%和24%。

先计算投资项目的NPV值：

当r_1=20%时，年金现值系数为2.5887，则有：

$NPV_1=80\times PVIFA_{20\%,\ 4}-200=80\times2.5887-200=7.096$（万元）

当r_2=24%时，年金现值系数为2.4043，则有：

$NPV_2=80\times PVIFA_{24\%,\ 4}-200=80\times2.4043-200=-7.656$（万元）

将r_1、NPV_1、r_2、NPV_2等值代入插值法的计算公式，可得：

$$\begin{aligned} IRR_A &= r_1 + (r_2 - r_1) \times \frac{NPV_1}{NPV_1 - NPV_2} \\ &= 20\% + (24\% - 20\%) \times \frac{7.096}{7.096 - (-7.656)} \\ &= 21.92\% \end{aligned}$$

所以，项目A的内含报酬率是21.92%。

因为项目B的每年现金流量均不相等，需要进行逐次测试。假定先估计一个贴现率为24%，进行第一次测试，可得：

$$NPV_B=\left[\frac{40}{1+24\%}+\frac{80}{(1+24\%)^2}+\frac{100}{(1+24\%)^3}+\frac{150}{(1+24\%)^4}\right]-200$$

$$=0.19(\text{万元})$$

NPV_B大于零，说明应该提高贴现率，假定采用25%进行第二次测试，可得：

$$NPV_B=\left[\frac{40}{1+25\%}+\frac{80}{(1+25\%)^2}+\frac{100}{(1+25\%)^3}+\frac{150}{(1+25\%)^4}\right]-200$$

$$=-4.10(\text{万元})$$

代入插值法的计算公式，可得：

$$IRR_B=24\%+(25\%-24\%)\times\frac{0.19}{0.19-(-4.10)}$$

$$=24.04\%$$

因此，项目B的内含报酬率是24.04%。

从计算结果来看，项目B的内含报酬率大于项目A的内含报酬率，所以，以内含报酬率选择投资项目方案时，应该选择项目B。

内含报酬率法的优点如下：

（1）内含报酬率法既适用于独立投资项目的选择，也适用于互斥投资项目的比较选择，其适用性非常广泛。

（2）内含报酬率法考虑了资金时间价值，能够正确地反映投资项目本身实际达到的真实收益率。

（3）内含报酬率不受资本市场利率的影响，而是完全根据项目的现金流量计算出来的，从而在一定程度上反映了项目的内在特征。所以，对于独立项目，内含报酬率法总是能够得出与净现值法一致的结论；互斥项目则经常不一致。

但是，其计算过程比较复杂，特别是每年现金流量不相等时，需要多次测算求得，因此一般需要借助财务软件或者Excel完成。另外，在互斥项目的选择中，内含报酬率法有可能得出与净现值法完全不同的结论。

四、投资回收期法

投资回收期法是根据各投资项目回收期的长短来评价项目优劣的一种决策方法。所谓投资回收期，是指收回投资项目初始投资所需要的时间，一般以年为单位表示。

投资回收期法的计算公式为：

$$\text{投资回收期}=\text{收回全部投资的年数}-1+\frac{\text{未收回的投资}}{\text{收回全部投资年份的现金流量}} \quad \text{（公式5-6）}$$

如果一个项目的投资回收期低于公司预先设定的年份，那么，这个项目是可行的。一般来说，投资回收期越短，说明投资所冒风险越小。因此，在投资回收期法下，投资回收期越短的项目越优。

以是否考虑资金时间价值为标准，可将投资回收期分为普通投资回收期和贴现投资回收期。普通投资回收期和贴现投资回收期的差异来自时间价值因素，而时间价值的计算有单利和复利两种方法。在项目可行性分析中，贴现投资回收期的计算一般采用复利的方法。

（一）普通投资回收期

普通投资回收期是指在不考虑货币时间价值的情况下，以投资项目净现金流量抵偿原始总投资所需要的时间。简单地说，就是项目投入的资金需要多少年才能全部收回。

【例5-6】某公司有A和B两个投资项目，其预测现金流量见表5-6，计算A、B两个方案的投资回收期。

表5-6 项目投资有关资料 单位：万元

年份	A方案净现金流量	B方案净现金流量
0	-1 000	-1 200
1	530	550
2	530	620
3	530	700

根据有关资料可知，A、B两个投资项目的回收期为：

$$A方案的投资回收期 = 2 - 1 + \frac{470}{530} = 1.89(年)$$

$$B方案的投资回收期 = 3 - 1 + \frac{30}{700} = 2.04(年)$$

上述两个投资项目中，A方案每年的净现金流量相等，因此，投资回收期的计算公式也可表示为：

投资回收期=原始投资额÷每年相等的净现金流量 （公式5-7）

普通投资回收期的计算通常都是为了满足投资者尽快收回资金的要求，因此，普通投资回收期越短越好，通常会有一个行业规定的标准投资回收期或者行业平均投资回收期，只要计算出的项目普通投资回收期低于标准投资回收期或者行业平均投资回收期，就可以认为从该指标来看，项目是可行的。

（二）贴现投资回收期

普通投资回收期忽略了货币时间价值，投资回收期的另一种变化形式——贴现投资回收期则避免了这一问题。所谓贴现投资回收期，是指贴现现金流的总和等于初始投资现值所需要的时间。

【例5-7】根据【例5-6】的相关资料，假定投资项目中B方案的贴现率为10%，计算该项目的贴现投资回收期。根据题意，可将相关资料列示为表5-7。

表5-7 B方案现金流量 单位：万元

年份	现金流量	折现现金流（10%）
0	-1 200	-1 200
1	550	500
2	620	512.40
3	700	525.92

因此，该项目的贴现投资回收期为：

$$贴现投资回收期 = 3 - 1 + \frac{187.60}{525.92} = 2.36(年)$$

根据上述计算结果可以发现，B方案采用普通回收期法和贴现回收期法计算的结果相差不大。这是因为，在项目投资回收期不长或折现率不大的情况下，资金时间价值因素对两种投资回收期法的计算结果的影响不大，因此不会影响项目或方案的优选。此时，采用普通回收期法和贴现回收期法都可以进行项目的可行性分析。但如果在项目投资回收期较长或折现率较大的情况下，这两种投资回收期法的计算结果的差异会很大。此时，只有通过计算贴现投资回收期，才能较为准确地计算出接近实际的投资回收期，从而正确地进行项目的选择。

投资回收期法相对于其他方法而言，操作与计算简单，易于理解，可以近似反映一个投资项目的风险及其变现能力。但该方法的应用取决于人为给出的投资回收期，主观性较强，并且投资回收期法只考虑了投资回收期之前的现金流，而忽视了投资回收期之后的现金流，因此不够全面。

五、年平均报酬率法

年平均报酬率法是根据各投资方案的年平均报酬率的大小来评估方案优劣的一种决策方法。所谓年平均报酬率，是指投资项目建成投产后，投资项目寿命期限内年平均净收益与年平均账面投资额的比例。一般认为，年平均报酬率越高的方案越优。

计算项目的年平均报酬率，首先要确定项目的年平均净收益，即扣除所得税和折旧后的项目平均收益，然后除以整个项目期限内的年平均账面投资额。

年平均报酬率的计算公式为：

$$年平均报酬率=\frac{年平均净收益}{年平均账面投资额}\times 100\% \qquad （公式5-8）$$

将计算结果与公司的目标收益率相比较，如果项目的年平均报酬率大于项目的目标收益率，则项目是可行的；反之，项目应被放弃。当存在多个互斥方案时，要选择年平均报酬率最高的项目。

【例5-8】某公司计划购置一套新设备用于扩大生产，设备成本为50 000元，使用寿命为5年，期末无残值，按直线法每年计提折旧10 000元。该公司适用的所得税税率为25%，预计每年新设备带来的净现金流量见表5-8。假定公司管理层设定的目标平均收益率为30%，判断该项目的可行性。

表5-8　**某公司项目有关资料**　单位：元

项目	净现金流量	折旧	所得税（25%）	税后净利
0	-50 000			
1	20 000	10 000	2 500	7 500
2	30 000	10 000	5 000	15 000
3	35 000	10 000	6 250	18 750
4	20 000	10 000	2 500	7 500
5	10 000	10 000	0	0

根据相关材料，可以计算出该项目的年平均报酬率为：

$$该项目的年平均净收益 = \frac{7\,500 + 15\,000 + 18\,750 + 7\,500 + 0}{5} = 9\,750(元)$$

$$该项目的年平均账面投资额 = \frac{50\,000 + 40\,000 + 30\,000 + 20\,000 + 10\,000 + 0}{6} = 25\,000(元)$$

$$该项目的年平均报酬率 = \frac{9\,750}{25\,000} \times 100\% = 39\%$$

该项目的年平均报酬率39%大于公司管理层设定的目标平均收益率30%，因此，该项目是可行的。

年平均报酬率法简单明了，易于理解和掌握，并且考虑了投资项目整个寿命期间的全部现金流量。但其没有考虑货币时间价值，因而不能正确地反映各投资方案的真实效益，具有较大的局限性，一般用来进行已经使用的各项目之间的经济效益的比较。

六、投资决策方法的比较

（一）盈利指数法与净现值法的比较

盈利指数法与净现值法的基本原理是相同的，但当初始投资额不同时或者在其他约束条件下，盈利指数法和净现值法在项目评估上会出现明显差异。

【例5-9】假设某公司有A和B两个备选项目，项目的现金流量、净现值、盈利指数见表5-9。

表5-9 **A、B项目预期现金流量、盈利指数和净现值** 单位：万元

项目	预期现金流量			PI	NPV=10%
	0	1	2		
A	−200	700	100	3.60	519.01
B	−100	150	400	4.67	366.94

如果两个项目是独立项目，根据净现值法评估，这两个项目的净现值均为正值，投资项目可行；根据盈利指数法评估，这两个项目的盈利指数均大于1，投资项目可行。可见，对于独立项目来说，净现值法与盈利指数法的决策结果相同。

如果项目A和项目B是互斥项目，根据净现值法，应当选择净现值最大的项目，即项目A；根据盈利指数法，应当选择盈利指数最大的项目，即项目B。可见，盈利指数法与净现值法的评估发生矛盾，其原因是盈利指数法忽略了初始投资规模问题。解决这一问题的办法是计算增量现金流量的盈利指数，具体见表5-10。

表5-10 **增量现金流量盈利指数计算表** 单位：万元

项目	预期现金流量			PI	NPV=10%
	0	1	2		
A−B	−100	550	−300	2.52	152.07

上述计算结果表明，增量现金流量盈利指数大于1，项目A可行，这与净现值法的结论是一致的。因此，当盈利指数法与净现值法得出不同结论时，应该以净现值法为准。

盈利指数法与净现值法的相同点是：二者都考虑了货币时间价值，有助于评价项目的收益和成本，是投资项目评价的主要方法。

盈利指数法与净现值法的不同点是：净现值法计算的结果是绝对数指标，反映投资效益的大小，衡量项目未来经济效益减去初始投资成本后剩余多少；盈利指数法计算的结果是相对数指标，反映投资的效率，衡量项目未来经济效益与初始投资成本的比值。一般情况下，二者会得出相同的结论。当二者的结论出现差异时，若是独立方案，应当优先安排盈利指数高的项目；若是互斥项目，应当采用净现值最大的方案。

（二）内含报酬率法与净现值法的比较

对于相互独立的项目来说，采用内含报酬率法与净现值法最后得出的结论是一致的，不会产生冲突。但在互斥项目的状态下，两种方法有时会得出不同的结论。

【例 5-10】假设某公司有A和B两个备选项目，项目的现金流、净现值、内含报酬率见表5-11。

表5-11　**A、B项目内含报酬率与净现值**　单位：万元

项目	预期现金流量			IRR	NPV=10%
	0	1	2		
A	-1 000	500	1 500	50.0%	694
B	-2 000	1 000	2 500	39.6%	975

如果两个项目是独立项目，根据净现值法评估，这两个项目的净现值均为正值，投资项目可行；根据内含报酬率法评估，这两个项目的内含报酬率均大于资本成本（10%），投资项目可行。可见，对于独立项目来说，净现值法与内含报酬率法的决策结果相同。

如果项目A和项目B是互斥项目，根据净现值法，应当选择净现值最大的项目，即项目B；根据内含报酬率法，应当选择内含报酬率最大的项目，即项目A。这时，采用增量内含报酬率法进行判断，具体见表5-12。

表5-12　**增量内含报酬率计算表**　单位：万元

项目	预期现金流量			IRR	NPV=10%
	0	1	2		
B-A	-1 000	500	1 000	28.10%	281

上述计算结果表明，增量内含报酬率大于资本成本，项目B可行，这与净现值法的结论是一致的。因此，当内含报酬率法与净现值法得出不同结论时，应该以净现值法为准。

净现值法与内含报酬率法的相同点是：二者都考虑了货币时间价值，都能够比较客观准确地反映投资项目的经济效益，都是比较好的投资决策评估方法。

净现值法与内含报酬率法的不同点是：

（1）净现值法计算的结果是绝对数，反映投资收益额的大小；而内含报酬率法计算的结果是相对数，反映投资项目的真实收益水平。

（2）在对独立项目的可行性进行决策时，二者会得出相同的结论。即对于独立项

目，净现值指标认为可行，内含报酬率指标也会同样认为可行。这时，一般应当根据内含报酬率指标优先安排指标值较高的方案。

（3）在对互斥项目的可行性评价中，二者可能会得出不一致的结论。其矛盾的关键点是认定再投资收益率方面存在着不同的观点：净现值指标隐含着较早得到的现金流量是按照投资者所要求的收益率进行再投资的假定；而内含报酬率指标隐含着公司可以按照项目本身内含报酬率进行再投资的假定。如果二者得出的结论不一致，应当采用净现值法的结论，即选择净现值最大的项目作为最优投资方案。此外，内含报酬率法很可能出现多个内含报酬率的问题，而净现值法则不会出现这样的困境。

第四节 其他投资决策方法与应用

一、特殊条件下的投资决策

在前文阐述的项目投资决策分析方法中，忽略了项目投资的资本限额、项目的寿命周期不同以及项目可能的更新改造等问题。在现实中，这些问题是不可避免的，因此，在特殊情况下，需要灵活地使用项目投资决策方法。

（一）资本限额下的决策

所谓资本限额，是指公司用于投资的资本存在最高限额，即资本是有限的。在存在资本限额的情况下，如果公司有多个可供选择的项目，就需要选择使项目净现值之和最大的项目或项目组合。通常使用盈利指数法来进行投资决策。

运用盈利指数法选择投资项目的步骤如下：

（1）确定可用于项目投资的资本数额，这代表资本预算的约束条件。

（2）计算所有项目的净现值，估算每一个项目所需要的初始投资额。

（3）计算所有项目的盈利指数。

（4）根据盈利指数对项目进行排序。

（5）按照盈利指数的大小，由高到低选择项目。同时，计算被采纳项目的累计初始投资额，并将其与可用于项目投资的资金数额进行比较。

（6）当项目的累计初始投资额达到资本限额时，就不再接受其他项目。

【例5-11】假设公司现在和1年后可分别筹集到10万元，可供选择的投资项目有四个，假设投资项目的资本成本为10%，具体见表5-13。

表5-13　A、B、C、D四个项目净现值与盈利指数　单位：万元

项目	预期现金流量			PI	NPV=10%
	0	1	2		
A	−10	30	5	3.14	21.40
B	−5	5	20	4.21	16.07
C	−5	5	15	3.39	11.94
D	0	−40	60	1.33	13.22

对于这四个项目，一种选择是接受项目B和项目C，因为项目B和项目C的初始投资之和等于10万元，且净现值之和大于项目A。但是，这种选择会导致项目D被拒绝，因为1年后项目B和项目C收回的现金流量为10万元，加上筹集到的10万元，总共只有20万元，不能满足项目D的投资所需。

另一种选择是接受项目A，因为1年后项目A收回的资金为30万元，加上筹集到的10万元，正好等于项目D的初始投资。就项目B和项目C的组合而言，项目A和项目D实现的净现值要高些。所以，应该选择项目A和项目D的组合。

（二）不同寿命周期的决策

在很多情况下，公司必须对具有不同寿命周期的项目进行选择。在此情况下，公司就不能仅仅依赖净现值法进行判断，因为项目的寿命周期越长，其净现值就越大。如果在两个具有不同寿命周期的互斥项目中进行选择，就必须在相同的寿命周期内进行评价。

【例5-12】假设公司有A、B两个投资项目，项目A的寿命周期为5年，初始投资为1 000元，且在以后的5年内每年产生400元的现金流量；项目B的寿命周期为10年，初始投资为1 500元，且在以后的10年内每年产生350元的现金流量。假设两个项目的资本成本均为12%，那么，选择哪个项目更好呢？

根据题意，计算两个投资项目的净现值。

两个项目的现金流量为年金，根据年金现值的计算公式，可得：

$NPV_A = 400 \times 3.6048 - 1\ 000 = 441.92$(元)

$NPV_B = 350 \times 5.6502 - 1\ 500 = 477.57$(元)

上述计算结果表明，项目B优于项目A。然而，就项目A而言，忽略了5年后项目获得的现金流量进行再投资所产生的额外收益。

对不同寿命周期的项目的选择，可以利用两种方法：周期匹配法和约当年金法。

1.周期匹配法——重置链法

为了解决项目不同寿命周期的问题，假设项目可以被复制，直到各个项目具有相同的寿命周期为止，然后计算复制后的项目净现值，再根据净现值的大小进行选择。

【例5-13】假设在【例5-12】中，项目A被进行了两次投资，其寿命周期达到了10年。这样，项目A的10年期的现金流量为：

时期	0	1	2	3	4	5	6	7	8	9	10
现金流	-1 000					-1 000					
		400	400	400	400	400	400	400	400	400	400

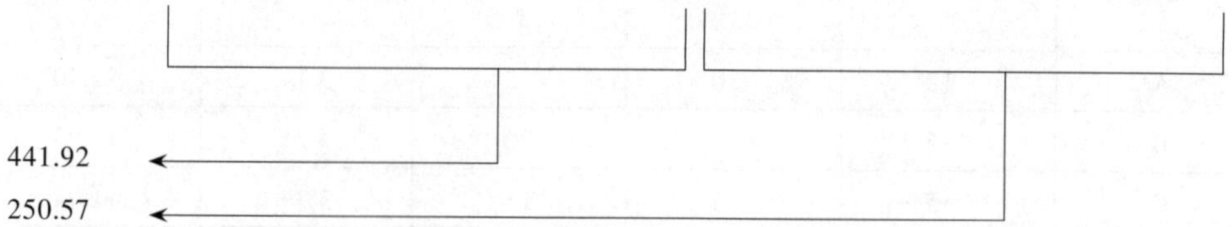

$NPV_A=441.92+441.92\div(1+12\%)^5=692.49$（元）

可见，项目A被复制为一个10年期的投资项目后，其净现值（692.49元）大于10年期的项目B的净现值（477.57元），即项目A为可行投资方案。

2.约当年金法

约当年金法是指某项资产或者某个项目（NPV）在整个寿命周期内每年收到或支出的现金流量，是将寿命周期不同的项目的净现值转换成同等价值的年金后加以比较。其计算公式为：

$$EAC=NPV\times PVIFA_{r,n} \quad \text{（公式5-9）}$$

式中：EAC表示约当年金；NPV表示净现值；r表示贴现率；n表示期限。

约当年金法的决策步骤如下：

（1）计算项目的NPV值；

（2）计算项目的EAC值，即寿命周期内的年金现值；

（3）比较两个项目的EAC值，并进行决策。

约当年金法的决策方法为：若是收益类投资项目，收到现金流量，接受EAC值大的项目；若是成本费用类投资项目，支出现金流量，接受EAC值小的项目。

在实践中，如果项目的数量较多，且项目的寿命周期较长，那么，各个项目寿命周期的最小公倍数就会非常大，计算相当烦琐。比如，寿命周期分别为7年、9年和11年的三个项目，就不能使用周期匹配法，在此情况下，可以考虑采取约当年金法。约当年金法是按照年金的概念，将不同项目的净现值换算成每年等额的年金，然后比较不同项目的年金。

【例5-14】假设在【例5-12】中，项目A和项目B的约当年金为EAC，计算两个项目哪个更适合作为可选投资方案？

不同寿命周期的项目只要给定贴现率和寿命周期，就能够按照上式将NPV转换成同等价值的年金。根据题意，具体计算如下：

$EAC_A=441.92\times PVIFA_{12\%,5}=122.62$（元）

$EAC_B=477.57\times PVIFA_{12\%,10}=84.60$（元）

根据计算结果可知，项目A的净现值要比项目B低，但其约当年金要比项目B高，因此，应当选择项目A，这与采用重置链法计算的结论相一致。

（三）更新决策

更新是对技术上或经济上不宜继续使用的旧资产，利用新资产进行更换或者利用先进的技术对原有设备进行局部改造。

更新决策指是否利用一个具有相同功能的新资产取代旧资产的决策，也就是在继续使用旧设备和购置新设备之间进行选择。其涉及两个决策问题：一是决定是否更新，即继续使用旧资产还是更新为新资产；二是决定选择什么样的新资产加以更新。

更新决策会带来现金流量的变化，主要体现为：

（1）购置新设备的金额会超过出售旧设备所获得的金额，所以，用新设备置换旧设备将会导致现金流出。

（2）使用新设备会降低经营成本或提高经济效益，从而在新设备的使用期内产生现金流入；同时，新设备的使用会增强折旧的节税效应，这也导致现金流入的增加。

（3）新设备使用期末的残值表现为差别残值，即新设备的残值与旧设备不被置换并继续使用至期末时的残值之差，残值收入也是一种现金流入。

【例5-15】某公司正在考虑更新计算机设备。旧设备目前的账面价值为50 000元，剩余使用年限为5年，且可以按20 000元出售，无资本利得税；新设备的购置成本为150 000元，试用期为5年，使用新设备后营业费用将下降40 000元。假设新旧设备均采用直线法计提折旧，期末无残值。该公司适用的所得税税率为25%，贴现率为10%。该公司是否应该进行计算机设备的更新？

采用新设备的净初始投资=-150 000+20 000=130 000（元）

采用新设备增加的每年税后收益=40 000×（1-25%）=30 000（元）

采用新设备增加的折旧节税收益=（3 000-10 000）×25%=5 000（元）

采用新设备的净现值=（3 000+5 000）×$PVIFA_{5,\ 10\%}$-130 000=2 678（元）

上述计算结果表明，更新设备后将产生2 678元的净现值，因此，对设备进行更新是可行的。

（四）扩展决策

扩展是指在现有资产的基础上，通过额外投资，从而实现资产规模扩张，以增加未来现金流量。扩展决策就是对是否进行额外投资的选择。

扩展决策引起的现金流量的变化包括：

（1）对现有资产进行额外投资会导致现金流出量的增加。

（2）对现有资产进行额外投资会带来生产能力的提高，进而带来现金流入量的增加。

（3）在项目期末，扩展投资所产生的增量残值也是一种现金流入量。

【例5-16】某企业正在考虑扩大经营规模，预计投资金额为500 000元，并在未来10年内采用直线法计提折旧，期末无残值。从扩展投资后的下一年开始，每年收益将增加200 000元。假设贴现率为10%，该企业适用的所得税税率为25%。该企业的扩展决策是否可行？

扩展的初始投资=-500 000元

扩展增加的年税后收益=200 000×（1-25%）=150 000（元）

扩展增加的折旧节税收益=50 000×25%=12 500（元）

扩展产生的净现值=（150 000+12 500）×$PVIFA_{5,\ 10\%}$-500 000=116 005（元）

上述计算结果表明，扩展产生的净现值为116 005元，该扩展项目可以实施。

二、不确定条件下的投资决策

项目现金流量是项目投资决策的重要分析变量。影响项目现金流量的因素有很多，如销售量、销售价格等。在前述项目投资决策分析中，假定根据销售量、销售价格、固定成本和变动成本的预测值来估算项目现金流量，且假设预测值是确定的。实际上，当外部经济环境发生变化时，这些因素的数值也会发生变化，进而对评估结果产生影响。因此，必须分析客观因素变化对评估结果的影响程度，进而分析判断项目风险的高低，即要对项目投资决策进行不确定性分析。投资决策的不确定性分析的方法主要有敏感性分析、场景分析和盈亏平衡分析。

（一）敏感性分析

敏感性分析是指研究NPV对项目假设条件变动的敏感程度的一种分析方法。其分析步骤如下：

（1）基于对未来的预期，估算基础状态分析中的现金流量。

（2）找出基础状态分析中的主要假设条件。

（3）改变分析中的一个假设条件，保持其他假设条件不变，然后估算该项目在条件发生变化后的净现值。

将所得到的信息与基础状态分析相联系，从而决定项目是否可行。

【例5-17】假设有一个投资方案，设备初始投资为500万元，使用期为10年，期末无残值。该项目投资的基本数据见表5-14。

表5-14 **投资方案的基本数据** 单位：万元

项目	第0年	第1~10年
初始投资	500	
销售收入（销售价格每件5元，销售量100件）		500
销售费用		250
管理费用		20
折旧		50
税前利润		180
所得税（税率25%）		45
税后利润		135
现金流量		185

根据题意，该项目投资的净现值计算如下：

$NPV = 185 \times PVIFA_{10,\ 10\%} - 500 = 636.75$（万元）

在实际中，每年的现金流量都会受销售量、销售价格、成本等因素变化的影响。表5-15列示了产品销售价格变动引起的现金流量的相应变化。

表5-15 **销售价格变动的敏感性分析** 单位：万元

销售价格变动	-30%	-20%	-10%	0	10%	20%	30%
销售价格	3.50	4.00	4.50	5.00	5.50	6.00	6.50
销售收入	350	400	50	500	550	600	650
销售费用	250	250	250	250	250	250	250
管理费用	17	18	19	20	21	22	23
折旧	50	50	50	50	50	50	50
税前利润	33	82	131	180	229	278	327
所得税	8.25	0.50	32.75	45	57.25	69.50	81.75
税后利润	24.75	61.50	98.25	135	171.75	208.50	245.25
现金流量	74.75	111.50	148.25	185	221.75	258.50	295
投资总额	500	500	500	500	500	500	500
净现值（贴现率10%）	-40.69	185.12	410.94	636.75	862.57	1 088.38	1 312.66

从表5-15中可以看出，产品销售价格的变动越大，净现值的变动也越大。同样

地，我们也可以计算出销售量、销售费用中的变动成本等变动对NPV的影响程度。

敏感性分析的局限性如下：

（1）在进行敏感性分析时，只允许一个假设条件发生变动，其他假设条件不变，而实际上，这些假设条件会相互影响并同时变动，如通货膨胀推动产品销售价格上升，而产品成本可能已经上升到一定的程度，在此情况下，仅仅分析销售价格变动对NPV的影响是不够全面的。

（2）对敏感性分析结果的应用也存在主观性。影响NPV的假设条件有很多，仅仅依靠某一因素对NPV的影响而决定是接受还是放弃某一项目，将导致决策的主观性。

（二）场景分析

场景分析是一种改进后的敏感性分析方法。这种分析方法测算的是NPV对未来不同场景的敏感程度。每个场景是由多个变量的不同情况构成的。

【例5-18】某公司正在考虑投入150万元生产一种电动自行车。估计正常情况下的市场规模为10万辆，公司的市场占有率为10%。由于石油价格上涨，公司的市场份额将增加3%，而石油价格上涨可能导致经济衰退，同时引起通货膨胀。在此情形下，估计市场规模将达到20万辆，产品销售价格和成本也可能上升15%。

表5-16列示了不同场景下的项目现金流量预测。

表5-16　**不同场景下的项目现金流量预测**　金额单位：万元

项目	基础情形	油价上涨、经济衰退情形
市场规模（万辆）	10	20
市场份额	0.10	0.13
单位价格	0.20	0.23
单位变动成本	0.15	0.17
固定成本	25	28.75
销售收入	2 000	5 980
变动成本	1 500	4 485
固定成本	25	28.75
折旧	15	15
税前利润	460	1 451.25
所得税（20%）	115	362.81
税后利润	345	1 088.44
现金流量	360	1 103.44
投资总额	150	150
净现值（10%）	2 062.06	6 630.20

从表5-16的计算结果可以看出，油价上涨、经济衰退最终可能会对公司的投资有益。

（三）盈亏平衡分析

盈亏平衡分析又称保本点分析，是指考察公司盈亏平衡时所要达到的销售量和业务量的一种分析方法。该分析方法研究在其他经济解释变量保持不变时，产品销售量与项目分析对象之间的关系。当目标项目所产生的预期销售量或预期销售收入超过盈亏平衡点时，该项目可行；反之，就应该放弃该项目。

1.会计保本点

会计保本点是指净利润为零时的销售量或业务量，也就是销售收入刚好弥补了成本。

假设P表示销售价格，V表示单位变动成本，Q表示销售量，S表示销售收入，VC表示总变动成本，FC表示固定成本，D表示折旧，T表示所得税税率。

根据定义，下列等式成立：

（VC–FC–D）×（1–T）=0　　（公式5–10）

Q×（P–V）=FC+D　　（公式5–11）

Q=（FC+D）/（P–V）　　（公式5–12）

式中：P–V表示边际利润；Q×（P–V）表示边际总利润，保本点实际上就是边际总利润等于固定成本时的销售量。

【例5–19】假设某公司生产一批新设备，产品销售价格为4万元，单位变动成本为2万元，固定成本为50万元，总投资为350万元，适用的所得税税率为30%。该笔投资将在5年内按直线法计提折旧，期末无残值，每年计提折旧70万元。

根据会计保本点的计算公式，保本点的销售量为：

Q=（50+70）÷（4–2）=60（件）

会计保本点分析图，如图5–1所示。

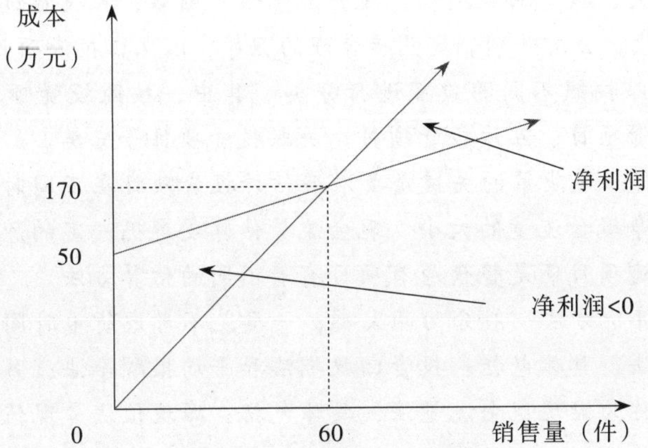

图5–1　会计保本点分析图

2.财务保本点

财务保本点是指项目净现值为零时的销售量或业务量。

假设P表示销售价格，V表示单位变动成本，$Q_{财务}$表示销售量，S表示销售收入，VC表示总变动成本，FC表示固定成本，D表示折旧，T表示所得税税率，r表示年利率，CF_0表示初始投资。

根据定义，下列等式成立：

$$NPV(Q_{财务}) = \sum_{t=1}^{N} \frac{CF}{(1+r)^t} - CF_0 = 0 \qquad (公式5-13)$$

$$NCF = \left[(P-V)Q_{财务} - FC - D\right](1-T) + D \qquad (公式5-14)$$

$$Q_{财务} = \frac{FC \times (1-T) - D \times T + CF_0 / A_r^N}{(P-V) \times (1-T)} \qquad (公式5-15)$$

【例5-20】假设在【例5-19】中，该公司对新项目所要求的报酬率为20%，则该项目的财务保本点为：

$$Q_{财务} = \frac{50 \times (1-30\%) - 70 \times 30\% + 350 \div 2.9902}{(4-2) \times (1-30\%)} = 93.60(件)$$

显然，在其他条件相同的情况下，会计保本点和财务保本点的计算结果不相等，财务保本点的计算结果会高于会计保本点。从这个意义上看，利用财务保本点进行投资决策更稳妥、更稳健。

本章小结

1.资本预算又称投资决策，是指公司利用从金融市场上筹集到的资金，对所拥有的资产，特别是固定资产进行分析、估算和筛选的过程。其中，固定资产投资决策是涉及投资金额最大、期限最长、对公司收益及风险影响最大的决策方法，因此，其是公司投资决策的重点所在。

2.固定资产是公司从事生产经营活动的物质基础，是公司主要的生产资料，是公司长期投资决策和资金预算的主要对象。由于对其投资涉及长期的、未来的投资计划，资金投入数额大，投资回收期长，现金流量估算困难，在投资过程中存在着诸多的不确定因素。因此，公司必须制定明确合理的程序，以保证投资项目决策的正确性。

3.投资项目可以按照不同的口径进行分类。其中，按照投资项目之间的相互关系，可分为独立投资项目、互斥投资项目、关联投资项目等三类。

4.项目投资进行正确决策的关键是要准确估计投资项目在不同时期的现金流入量和现金流出量，即净现金流量的大小。现金流量估算要遵循一定的原则。在对现金流量进行估算时，新建项目还是替代原有项目有着不同的估算方法。

5.投资决策的评价方法一般分为两大类：一类是不考虑货币时间价值的方法，称为非贴现现金流量法，具体包括：投资回收期法和平均报酬率法；另一类是考虑货币时间价值的方法，称为贴现现金流量法，具体包括：净现值法、现值指数法和内含报酬率法等。

6.净现值法与现值指数法相比，二者的相同点表现为：使用的信息是相同的，通常二者会得出相近的结论；二者的不同点表现为：当初始投资额不相等时，二者得出的结论有所差异。实践证明，净现值反映了回收额的多少，符合公司的最大利益要求，净现值越高，说明收益越大。

7.内含报酬率是指使投资项目的未来现金流入量现值等于未来现金流出量现值时的贴现率。内部收益率即是净现值等于零时的贴现率。

8.对于存在资本限额的投资项目，可以采用盈利指数法；对于寿命周期不同的投资项目，可以采用周期匹配法和约当年金法进行评价；对于更新项目和拓展项目，应首先计算项目产生的现金流量，然后采用净现值法进行决策。

9.资本投资决策中的不确定分析的方法有敏感性分析、场景分析和盈亏平衡分析。

同步测试

同步测试

（一）单项选择题

1.在资本预算决策中，项目的决策依据是（　　）。

A.现金流量　　B.会计收益　　C.初始投资额　　D.营业收入

2.在投资决策方法中，其指标越小越好的是（　　）。

A.净现值　　B.回收期　　C.盈利指数　　D.内含报酬率

3.在资本预算决策中，首选的评价方法是（　　）。

A.净现值法　　B.内部收益率法

C.盈利指数法　　D.增量内部收益率法

4.计算投资项目内部收益率，不需要考虑的因素是（　　）。

A.投资项目的现金净流量　　B.投资项目的初始投资额

C.投资项目的有效年限　　D.投资项目的必要收益率

（二）多项选择题

1.如果一个投资方案的净现值大于0，则下列说法正确的有（　　）。

A.未来现金流入量的现值之和大于未来现金流出量的现值之和

B.内部收益率大于投资者要求的必要收益率

C.方案不可以接受，不应该投资

D.方案可以接受，应该投资

2.计算投资项目内部收益率时需要考虑的因素有（　　）。

A.投资项目的各期现金流量　　B.投资项目的初始投资

C.投资项目的年限　　D.投资项目的盈利指数

3.计算增量现金流量时应当注意的问题有（　　）。

A.忽略沉没成本　　B.考虑沉没成本　　C.忽略机会成本　　D.考虑机会成本

（三）简答题

1.试理解投资决策的含义。

2.简述现金流量的含义和种类。

3.估算现金流量要遵循什么原则？为什么？

4.投资决策的方法有哪些？哪种方法在实际中应用得最广，为什么？

5.与敏感性分析法相比，场景分析法有何优势？

6.试理解净现值法、现值指数法与内含报酬率法的含义，并比较这三种方法在投资项目决策时的异同。

（四）综合分析计算题

1. 某公司正在评估A、B两个投资项目，这两个项目的净现金流量见表5-17。假设该公司的资本成本为6%，公司决定的投资回收的标准期限为2年，投资项目的平均报酬率不低于40%。

要求：

（1）计算两个项目的投资回收期、平均报酬率、净现值、现值指数、内含报酬率等评价指标。

（2）如果两个项目是独立项目，其是否均可行？如果两个项目是互斥项目，应该选择哪一个投资项目？

表5-17　**A、B两个项目净现金流量表**　单位：元

年限	净现金流量	
	A项目	B项目
第0年	（8 000）	（8 000）
第1年	5 000	3 000
第2年	3 000	3 000
第3年	2 000	3 000
第4年	1 000	3 000

2. 某公司拟投资10万元购置并安装生产设备，预计该项目当年投资当年完工，预计投产后每年可获得净利润15 000元，年折旧率为10%，且该项目对应的风险贴现率为12%。试计算该项目的简单投资回收期与贴现投资回收期。若该公司认为现金流在4年的时间内收回较为安全，试确定该项目能否被接受。

3. 某投资项目当贴现率为10%时，净现值为500元；当贴现率为15%时，净现值为-480元。试计算该投资项目的内含报酬率。

4. 某公司有一个投资项目，需要投资6 000万元（其中，5 400万元用于购置设备，600万元用于追加流动资金）。预期该项目可使销售收入增加，第一年为2 000万元，第二年为3 000万元，第三年为5 000万元。预计该项目的付现成本每年均为800万元，第三年年末项目结束，收回垫支的流动资金600万元。假设该公司适用的所得税税率为25%，固定资产按3年采用直线法计提折旧并不计残值，公司要求的最低报酬率为10%。

要求：

（1）计算该项目的税后现金流量。

（2）计算该项目的净现值。

（3）计算该项目的盈利指数。

（4）计算该项目的内含报酬率。

（5）如果不考虑其他因素，你认为该项目能否被接受？

5. 某公司拟进行一个项目投资，引进新设备生产商品，存续期为5年。预计初始设备投资为2 000万元，固定成本为200万元，产品售价为10元/件，单位变动成本为

4元/件，适用的所得税税率为20%。假设设备按直线法计提折旧，期末无残值。假设项目的折现率为10%。

要求：

（1）该生产方案的净现值为多少？

（2）计算该生产方案的会计保本点和财务保本点。

（3）根据上述计算结果，做出合理的解释。

6. 某公司拟新建一条生产线，预计有两个建设方案可供选择，两个方案的现金流量见表5-18。假定两个方案的资本成本均为10%。

表5-18　**甲、乙两个方案净现金流量表**　单位：元

项目	0	1	2	3	4	5
甲方案	−80 000	25 000	25 000	25 000	25 000	25 000
乙方案	−100 000	30 000	25 000	35 000	20 000	35 000

要求：

（1）两个方案的净现值为多少？

（2）两个方案的盈利指数为多少？

（3）假定两个方案为互斥方案，试对两个方案做出选择，并说明理由。

第六章

长期资本融资

学习目标

[知识目标]

◇掌握长期资本融资的动因、种类和融资原则。

◇掌握债务融资的种类和特点。

◇掌握权益融资的种类和特点。

◇掌握混合型融资的概念及种类。

[能力目标]

◇掌握长期债券融资的发行管理。

◇掌握IPO的条件及定价方法。

◇掌握再融资的方式对资本市场的影响。

◇掌握优先股融资的利弊分析。

◇掌握可转换债券的特点和融资利弊。

◇掌握经营租赁和融资租赁的特点，以及融资的利与弊。

[素养目标]

◇了解长期资本融资中的伦理问题，培养学生坚守职业道德和法律、法规的意识。

◇学习企业融资方案，充分考虑企业的社会责任和可持续发展，培养学生的责任意识和可持续发展观。

引导案例

成也萧何，败也萧何——东方园林的PPP之路

2018年5月20日股市收盘后，东方园林（002310.SZ）发布《2018年面向合格投资者公开发行公司债券（第一期）发行结果公告》，公司于2018年5月17-18日，网下面向合格投资者公开发行公司债券（第一期），发行规模不超过10亿元（含10亿元），分2个品种，品种一为3年期固定利率债券，附第1年末发行人调整票面利率选择权及投资者回售选择权；品种二为3年期固定利率债券，附第2年末发行人调整票面利率选择权及投资者回售选择权。品种一最终发行规模0.50亿元，票面利率7.00%；品种二无实际发行规模。

据申万宏源统计，在融资收紧和债市对民企风险偏好提高的大背景下，截至2018年5月21日全部取消或失败发行的企业债、公司债、短融、中票及定向合计达到1 552亿元。事实上，东方园林的本期债券此前计划发行时间是4月中旬，已取消过一次，发行目的是偿还5月即将到期的超短期融资券8亿元和6月即将到期的中期票据5亿元。此次公司债券发行规模远远低于预期，几近"全部流标"，引起市场恐慌。5月21日星期一股市刚开盘，股价即开始下跌。尽管5月24日早间7点42分东方园林发布《关于公司债券发行情况及部分媒体质疑的说明公告》，称每年的6月份和第四季度是公司回款高峰期，完全可以覆盖公司年内到期债券，但当天股价仍下跌了8.74%，四天累计下跌了20%。5月25日开盘前，公司又发布了由于正在筹划发行股份购买关联方资产构成重大资产重组将于当天开始停牌的公告，后实际停牌了3个月之久，直至8月27日才复牌。

东方园林是A股市场上的"园林第一股"，亦被称为PPP（政府和社会资本合作）民营第一股。总资产从2009年上市初期的14.2亿元发展到2018年第一季度末的383.7亿元，增长26倍。缘何一次发债失败就令其陷入财务困境？何时才能风雨之后见彩虹？

资料来源　向东．成也萧何，败也萧何——东方园林的PPP之路［EB/OL］．［2020-09-15］．http：//case.sf.ruc.edu.cn/alk/alfl/jr/24810a9130c249deb3cc6e6f379e16ea.htm．有删减．

第一节　长期资本融资概述

长期资本融资是指公司作为融资主体，根据其生产经营活动、投资活动、资本结构管理和其他需要，运用一定的融资方式，通过多渠道融资，经济、有效地筹措资金的活动。

一、公司长期融资动机

融资是公司获取资金的重要手段，是公司资金运动的起点。公司融资最基本的目的是满足公司经营活动和投资活动所需资金，一般而言，公司融资动机表现为以下几类：

（一）公司创立时的资金需要

公司创立时为取得资本金，并形成开展生产经营活动的基本条件而产生了融资动机。在公司新建时，按照公司战略所确定的生产经营规模，需要核定长期资本需求量和流动资金需求量，以及因维持经营活动正常波动而需要安排铺底资金，以便形成经营能力。

（二）满足经营中的支付需求

生产产品和提供服务是公司的基本功能。为此，所有公司都需要物质资本，如厂房、机器设备以及在生产过程中的其他中间投入品。为形成物质资本，公司需要通过不同融资渠道和融资方式筹集资金。随着生产经营规模的扩大，公司经常会出现超出正常经营活动的季节性、临时性资金需求，也会开始对外投资而产生大量的追加投资需求，可见，公司融资要满足生产经营过程中的不同支付需要。

（三）满足资本结构调整的需要

公司是否具有最优资本结构，不仅影响公司融资方式选择，特别是债务融资方式，也影响着公司价值最大化目标能否实现。因此，构建并维持能够促进公司价值最大化的最优资本结构是公司在金融管理中追求的决策目标之一。一旦公司的资本结构偏离最优资本结构，便将对公司价值产生不利影响，因而需要对资本结构进行调整。具体来说，调整资本结构的融资动机有两个原因：一是优化资本结构，合理利用财务杠杆效应，如筹集债务资本以回购股票等；二是偿还到期债务，对债务结构进行内部调整，如筹集权益资本以偿还部分债务等。这类融资的目的是调整资本结构，通常不会增加公司的资本总额。

（四）满足混合型融资需求

公司在成长发展过程中，往往既需要扩大经营的长期资金，又需要偿还债务的现金，还会因对外投资而需要大额资金，此时，公司需要在融资时间和数量上，服从融资决策和投融资计划的安排，避免资金闲置，也不能贻误投资时机。混合型融资兼具扩张性融资和调节资本结构等特性，同时增加公司的资产总额和资本总额。

二、公司长期融资方式

所谓公司融资方式，是指公司筹集金融资本所采取的方式。按照不同的标准可以把融资方式分为以下种类：

（一）按照资本来源的方向不同，融资方式分为内源融资和外源融资

1.内源融资

内源融资是指公司从内部筹集资本的一种融资方式，包括公司设立时股东投入的股本、折旧以及留存收益，是公司将自身储蓄转化为投资的过程。

内源融资具有以下特点：

（1）自主性。内源融资获取的资本来源于公司内部，公司在使用这部分资本时，具有较大的自主权，受外部的制约和影响较小。

（2）低成本。相对于外源融资支付的大量费用而言，内源融资无发行成本。

（3）低风险。外源融资特别是债务融资需要面临还本付息的财务负担，容易使企业陷入破产的困境，而内源融资的风险较低。

（4）有限性。内源融资资本来源中的主要成分是保留盈余，它主要取决于公司的盈利，因此，相对于外源融资而言，内源融资的融资量是有限的，不适用于大规模的资金需求。

2.外源融资

外源融资是公司从外部其他经济主体筹集资本的一种融资方式，包括发行股票和债券、向银行借款、融资租赁等。

外源融资具有以下特点：

（1）高效性。外源融资不受公司自我积累能力的限制，资金来源极其广泛，方式多种多样，使用灵活方便，可以满足资金短缺者的各种各样的资金需求，提高资金的使用效率。

（2）限制性。公司的外源融资要受诸多条件的限制，特别是公开融资，比如，公开发行债券和股票，条件比较严格，不符合条件者很难获得资金供给，公司缺乏自主性。

（3）高成本。发行债券和股票需要支付较高的发行费用，向银行借款和融资租赁也要支付手续费用，因而与内源融资相比，外源融资会产生较高的发行成本。

（4）高风险。对债务融资而言，公司不仅要向债权人还本，还要支付利息，因而债务融资不仅具有偿还性的特点，还具有较高的财务风险。权益融资有可能导致原有的企业控制者面临企业控制权转移的风险。

（二）按照公司取得资金的权益不同，融资方式分为股权融资、债务融资和衍生工具融资

1.股权融资

股权融资是指公司通过出售股权而向股东筹集资本的一种方式。股权融资是公司筹集长期资本的重要方式，筹集的资本形成公司的股本。因而，股权融资也称为权益融资。股权融资的方式包括：发行股票、留存收益和其他形式等。其中，发行股票包括发行普通股和发行优先股两种形式，由于优先股兼具普通股和公司债券的特点，将在混合型融资方式中予以介绍。股权融资部分将着重介绍普通股融资。

股权融资具有以下特征：

（1）股权融资筹集的资本形成公司的股本。股本是股东对公司实施股权控制和享有剩余索取权的基础。

（2）股权融资筹集资本的多少制约着公司的负债能力。

（3）股权融资具有股权稀释效应，即股权融资会削弱原有股东对公司的控制权和收益权。

2.债务融资

债务融资也称为借入资本，是公司依法向债务人筹集资本的一种方式，需要按期偿还本金和利息。债务融资筹集的资本形成公司的负债。债务融资的方式包括：发行公司债券、向银行借款以及融资租赁等。

债务融资具有以下特征：

（1）债务融资形成公司的负债，具有偿还性的特征。

（2）债务融资能够提高股东的回报率，具有财务杠杆效应。

（3）债务融资的利息在税前列支，具有抵税效应。

（4）债务融资形成债权人对公司的债权控制。

债权控制是一种相机控制，即如果公司能够向债权人按期支付本息，公司的控制权就掌握在股东手中；否则，债权人就会对公司实施债权控制。

3.股权融资和债务融资的区别

股权融资和债务融资具有以下区别：

（1）筹集的资本性质不同。股权融资筹集的是权益资本，具有永久性的特点，而债务融资筹集的是债务资本，具有偿还性的特点。

（2）财务负担不同。不同的资本性质形成了不同的财务特征，具体表现在：①股权融资不用还本，而债务融资需要还本；②股权融资需要向股东支付股利，且股利的多少取决于公司的盈利状况和股利政策，具有软约束的特点；③债务融资需要向债权人支付利息，支付利息的多少取决于债务契约的约定，具有硬性约束的特点。

（3）索取权的顺序不同。负债是债权人对公司资产的索取权，而股权是股东对公司净资产的索取权。由于债权和股权所具有的索取权的性质不同，因此，其索取权的顺序也不同：在公司经营破产或清算时，清算财产首先向债权人清偿，然后再向股东清偿。

（4）管理权限不同。债权人拥有的是对公司债务控制权，而股东拥有的是对公司股权的控制权，这是两类性质不同的控制权。当公司能够保证向债权人还本付息时，对公司的控制权就掌握在股东手中，由股东行使对公司的股权控制；否则，对公司的控制权就转移到债权人手中，由债权人实施对公司的债权控制。

（5）税收优惠不同。债务融资向债权人支付的利息可以作为利息费用在税前列支，具有抵税效应，而股权融资向股东支付的股利是在税后列支，不具有抵税效应。

4.衍生工具融资

衍生工具融资是指兼具股权和债务融资性质的混合融资和其他衍生工具融资。我国上市公司目前最常见的混合融资方式是可转换债券融资，最常见的其他衍生工具融资方式是认股权证融资。

三、公司长期资本融资管理原则

公司为了有效地筹集所需资金，应根据公司生产经营和资金需求特点，在权衡资金的性质、数量、成本和风险的前提下，合理选择融资方式，提高资金效率。为此，公司融资时应遵循以下原则：

（一）筹资及时性原则

公司在融资前必须制订完备的融资计划，掌握公司用资时间、数量，以便根据资金需要的具体情况，合理安排融资方式与融资时间，适时获取所需资金，使得融资与投资在时间上相互协调，避免资金闲置或因融资滞后而贻误投资机会。

（二）规模适当性原则

公司融资时要合理预测资金的需要量，使融资规模与融资需要量相匹配，既要避免因融资不足影响生产经营的正常进行，又要防止融资过度造成资金闲置。

（三）筹措合法性原则

公司要充分利用各种融资渠道选择经济可行的资金来源。不论是直接融资还是间接融资，都必须遵守国家法律法规，合法筹措资金，依法披露筹资和用资信息，维护出资人或投资方的合法权益。公司要履行与相关各方约定的责任，并力求降低融资成本。

（四）来源经济性原则

公司在确定融资数量、融资时间、融资可得性等基础上，还必须认真研究、比较各种融资方式优缺点，充分考虑需要付出的融资成本和需要承担的融资风险，从而选择经济可行的融资方式，遵循降低成本、减少风险的原则，确定合理的资本结构。

第二节　债务融资

债务融资是公司有偿使用外部资金的一种融资方式，是公司通过负债方式进行的融资。债务融资所获得的资金，需要承担支付使用资金的利息，在债务到期后要向债权人偿还本金。债务融资分为短期债务融资和长期债务融资，短期债务融资将在第九章介绍，此处仅介绍长期债务融资。

目前，在我国，长期债务融资主要有长期债券和长期借款两种方式。

一、长期债券

债券是经济主体为筹集资金而发行的、用以记载和反映债权债务关系的有价证券。由公司发行的公司债券（或称企业债券），发行目的通常是为建设大型项目筹集大笔长期资金，通常期限都在一年以上，如西方国家的公司债券期限多在10年以上，因而发行长期债券是公司筹集长期资金的重要手段。

（一）长期债券的类型

1.按照有无特定财务担保，分为有担保债券和信用债券

有担保债券是指以某种特定财产作为担保而发行的债券，主要有抵押债券、质押债券和保证债券。抵押债券是指以土地、房屋、设备等不动产作为抵押而发行的债券，当债务人在债务到期不能按时偿还本息时，债券持有人有权处理抵押品做抵偿。质押债券也称抵押信托债券，债券发行人通常将作为抵押品的有价证券委托给信托机构保管，当债务人无力偿债时，由信托机构代为处理抵押品并用于偿还债务。保证债券是指由第三者担保偿还本息的债券，担保人一般由政府、银行及公司等担任。

信用债券也称无担保债券，是指债券发行人不提供任何形式的担保，仅凭自身信用发行的债券。在公司清算时，信用债券的持有人因无特定的资产作为担保品，只能作为一般债权人参与剩余财产的分配。

2.按照能否转换为公司股权，可分为可转换债券和不可转换债券

可转换债券，简称可转债，是一种可以在特定时间、按特定条件转换为普通股票的特殊公司债券。它兼具债务和期权的特征，因而又被称为混合证券。可转换债券的发行主体是上市公司。

不可转换债券是指不能转换为发债公司普通股股票的债券。大多数公司债券属于这种类型。由于可转换债券给予债券持有人更多的选择权，不可转换债券的利率一般要高于可转换债券。

3.按照是否能够赎回，可分为可赎回债券和不可赎回债券

可赎回债券是发行人有权在特定的时间按照某个价格从债券持有人手中赎回的债

券。通常，债券赎回时的价格高于债券面值，高出的部分则称为赎回溢价。

不可赎回债券是指在债券到期前，发行债券的公司不可赎回的债券。

4.按照利率是否固定，可分为浮动利率债券和固定利率债券

浮动利率债券是指在债券有效期内，债券利率会在某种预先规定的基准上定期调整的债券。作为参照基准的多是一些有代表性的利率（如LIBOR，伦敦同业拆借利率），债券利率根据基准利率的变化每3个月或6个月（依债券发行条件规定）调整一次。

固定利率债券是指在债券有效期内，债券的利率水平是固定的，且标记在债券票面上。

5.按照是否记名，可分为记名债券和无记名债券

记名公司债券，是指在公司债券存根簿上载明债券持有人的姓名及住所，债券持有人取得债券的日期及债券的编号等信息。若需要转让，由债券持有人以背书形式或者法律法规规定的其他方式转让。转让后，由公司将受让人的姓名或者住所记载于公司债券存根簿。

无记名公司债券，是指在公司债券存根簿上载明债券总额、利率、偿还期限和方式，发行日期及债券的编号。无记名公司债券的转让，由债券持有人将该债券交付给受让人后即发生转让的效力。

（二）长期债券的发行

1.长期债券的发行条件

《中华人民共和国证券法》第十五条规定："公开发行公司债券，应当符合下列条件：（一）具备健全且运行良好的组织机构；（二）最近三年平均可分配利润足以支付公司债券一年的利息；（三）国务院规定的其他条件。公开发行公司债券筹集的资金，必须按照公司债券募集办法所列资金用途使用；改变资金用途，必须经债券持有人会议做出决议。公开发行公司债券筹集的资金，不得用于弥补亏损和非生产性支出。上市公司发行可转换为股票的公司债券，除应当符合第一款规定的条件外，还应当遵守本法第十二条第二款的规定。但是，按照公司债券募集办法，上市公司通过收购本公司股份的方式进行公司债券转换的除外。"

2.长期债券发行的程序

（1）制订发行计划。在长期债券发行之前，发行债券的公司应就债券发行的目的、可行性以及具体工作内容等制订发行计划和发行章程。

（2）公司权力机关做出决议。股份有限公司、有限责任公司发行债券，应由董事会制订方案，股东大会做出决议。国有独资公司发行债券，需由国家授权的机构或部门做出决议。

（3）提交发行债券的申请。发行债券的公司须向国务院证券监督管理部门提交申请，同时提交公司登记证明、公司章程、公司债券募集办法、资产评估报告和验资报告等文件。国务院证券管理部门根据有关规定，对公司的申请予以核准。

（4）签订委托代理协议。公司发行债券的申请得到批准后，应与债券承销商就本次发行债券的发行总额、发行价格、发行时间以及双方的权利、义务、责任进行磋商

并签订相关协议。

（5）公告募集办法。《公司法》规定，发行债券的公司应以公告的形式公布发行内容，主要包括：发行债券总额、面额、债券利率、还本付息期限和方式、债券发行起止日期、公司净资产总额、已发行但尚未到期的债券总额，以及债券的承销机构等。

（6）募集资金。公司债券募集资金的方式有公募和私募两种。公募发行是指由证券承销机构面向社会公开发行债券；私募发行是指发行债券的公司直接向少数特定的投资者发行债券。

（7）交割。我国公司债券的公募发行采取间接发行方式。在这种发行方式下，发行公司与承销商签订承销协议，投资者直接向承销商付款购买，承销商代理收取债券款，交付债券。然后承销商向发行债券的公司结算债券款项。

3.长期债券的发行价格

长期债券的发行价格是指债券发行时所使用的价格。发行价格是以票面金额为基础，主要取决于票面利率与市场利率的关系，同时还与发行成本、发行者与承销机构的信誉、市场供求状况有关。

发行价格与票面金额是两个不同的概念，债券面额是指用于计算票面利率的金额。按照发行价格与票面金额的关系，债券的发行价格通常有三种：平价、溢价和折价。其中，平价是指以债券的票面金额为发行价格，溢价是指以高于债券票面金额为发行价格，折价是指以低于债券票面金额为发行价格。

债券发行价格的形成受诸多因素影响，其中最主要的因素是市场利率与票面利率的一致程度。由于债券票面金额、票面利率在债券发行前即已参照市场利率与发行公司的具体情况确定下来，并载明于债券条款。如果发行债券时市场利率发生变动，为协调债券购销双方在债券利息上的利益，就需要调整发行价格。当市场利率低于债券票面利率时，如果债券按面值发行，发债公司就会多付利息，这时债券以溢价发行，从而使发债公司按市场利率支付利息，债券购买者也按市场利率获取利息；反之，当市场利率高于债券票面利率时，就以折价发行债券。当市场利率与票面利率一致时，则以平价发行债券。

4.长期债券的信用评级

公司公开发行长期债券通常需要由债券评级机构评定信用等级。投资者可以根据评级结果选择债券进行投资，所以债券的评价等级对于发债公司和投资者都有重要影响。

国际上流行的债券等级一般是3等9级。标准普尔公司的评级为4等10级：AAA级为最高级，AA级为高级，A级为上中级；BBB级为中等级，BB级为中下级，B级为投机级；CCC级为完全投机级，CC级为高度投机级，C级为最差级；D级为已违约。从AA到B五级还可以用“+”或“-”进一步细分。

我国债券评级工作正在开展，尚无统一的债券等级标准和系统评级制度。根据中国人民银行的有关规定，凡是向社会公开发行的企业债券，需要由经中国人民银行认可的资信评级机构进行评级。

（三）长期债券的偿还

长期债券的偿还方式，按照实际发生的时间与规定的到期日之间的关系，可分为提前偿还与到期偿还两类。其中后一种又包括到期分批偿还和到期一次偿还两种。

1.提前偿还

提前偿还又称为提前赎回或收回，是指在债券到期日之前予以偿还。只有在公司发行债券的契约中明确规定了有关允许提前偿还的条款，公司才可以进行此项操作。提前偿还所支付的价格通常要高于债券面值，并随到期日的临近而逐渐下降。具有提前偿还条款的债券，可使公司筹资有较大的弹性。当公司资金有结余时，可提前赎回债券；当预测利率下降时，也可提前赎回债券，而后以较低的利率来发行新债券。

2.到期分批偿还

到期分批偿还是指在公司债券有效期内，分期偿还债券本金的偿还方式。分批偿还债券能够减轻发债公司期末偿还债券本息的资金运用压力，此种方式下还通常会建立偿债基金分批偿还本息。由于这种方式下在债券发行时便确定了不同批次到期日，便于投资者进行挑选，因而易于发行。

3.到期一次偿还

到期一次偿还是指除按期支付利息外，债券的本金在到期时一次性付清。这种偿还方式多数情况下，会使发债公司在偿还本息时承担巨额资金支付压力，另一方面也不利于债权人对发债公司的监督。

（四）长期债券融资的利弊分析

1.长期债券融资的优点

（1）融资成本低。债券利息可以税前列支，具有抵税作用；债券比股票投资风险低，所以公司债券的资本成本低于普通股和优先股的资本成本。

（2）保护股东控制权。债券持有人不直接参与公司经营管理，一般也不享有公司决策的表决权，发行债券融资与发行股票融资相比，更能保持股东对公司的控制权。

（3）便于调整资本结构。公司通过在发行债券时规定赎回条款，有利于公司在必要时调整资本结构。

（4）筹集长期资金。发行债券所筹集的资金一般属于长期资金，可供企业在1年以上的时间内使用，这为企业安排投资项目提供了有力的资金支持。

2.长期债券融资的缺点

（1）财务风险大。发行债券需要按期还本付息，若公司经营状况不佳，会影响公司偿债能力，严重时会使公司陷入财务危机，甚至会招致破产。

（2）筹资数额有限。公司负债越多，投资者要求的回报率就越高，财务风险也将增大。《公司法》规定，企业发行在外的债券累计总额不得超过其净资产的40%。

（3）限制性条款多。为了保障债权人的资金安全，债券合同中通常包含各种限制性条款。严格的债券合同会影响企业资金使用的灵活性。

二、长期借款

长期借款是指公司向银行或非银行金融机构借入的期限在1年以上的借款。长期借款主要用于固定资产投资、更新改造以及研发、投资等方面，是公司筹集长期资本的一种重要方式。

（一）长期借款的种类

（1）根据借款用途划分，可分为固定资产投资借款、更新改造借款、科研开发借款和新产品试制借款。

（2）按照有无提供担保划分，可分为信用借款和担保借款。

（3）按照偿还方式划分，可分为一次性偿还借款和分期偿还借款。

（4）按照涉及的货币种类划分，可分为人民币借款和外币借款。

（5）按照资金来源划分，可分为从商业银行借款、从政策性银行借款和从其他金融机构借款。

（二）长期借款的基本条件

金融结构对企业发放贷款时，为降低贷款风险，对借款企业提出了诸多条件。企业申请贷款一般应具备的条件是：

（1）借款企业要独立核算、自负盈亏、具有法人资格；

（2）遵守国家有关的政策、法规和信贷制度，经营方向和业务范围符合国家产业政策，借款用途属于银行贷款办法的规定范围；

（3）经营管理制度健全，有固定的经营场所，财务状况良好，不挤占挪用信贷资金，恪守信用，资产负债率符合贷款人的要求，有按时还本付息的能力；

（4）企业具有一定的物资和财产保证，担保单位具有相应的经济实力；

（5）在银行开立基本账户或一般存款账户，通过银行办理结算；

（6）企业应经市场监督管理部门办理年检手续；

（7）除国务院的有关规定外，有限责任公司和股份有限公司对外权益性投资累计额未超过其净资产的50%。

符合以上条件的企业，如果需要资金，可向银行或非银行金融机构提出借款申请。

（三）长期借款的保护性条款

由于长期借款期限长、风险大，按照国际条例，银行通常对这类企业提出一些有助于保证贷款按时足额偿还的条件。这些条件列入贷款合同，就形成了合同的保护性条款。长期借款的保护性条款大致有如下几类：

1.一般性保护条款

这是应用于大多数的借款合同，但会根据具体情况有所不同的内容，主要包括：对借款企业流动资金保持量的规定，其目的在于保持借款企业资金的流动性和偿债能力；对支付现金股利和再购入股票的限制，其目的在于限制现金外流；对资本性支出规模的限制，其目的在于减少企业日后不得不变卖固定资产以偿还贷款的可能性；限制其他长期债务，其目的在于防止其他贷款人取得对企业资产的优先求偿权。

2.例行性保护条款

这是常规条款，在大多数借款合同中都会出现，主要包括：借款企业定期向银行提交财务报表，其目的在于及时掌握企业的财务情况；不准在正常情况下出售较多资产，以保持企业正常的生产经营能力；如期缴纳税费和清偿其他到期债务，以防被罚款而造成现金流失；不准以任何资产作为其他承诺的担保或抵押，以避免企业负担过重；不准贴现应收票据或出售应收账款，以避免或有负债；限制租赁固定资产的规模，其目的在于防止企业负担巨额租金以致削弱其偿债能力，还在于防止企业以租赁固定资产的办法摆脱对其净经营性长期资产总投资和负债的约束。

3.特殊性保护条款

这是只有在特殊情况下才生效的保护性条款，一般出现在部分借款合同中，主要包括：贷款专款专用；贷款不能用于购买有价证券、期货；限制企业高级职员的薪金和奖金总额；要求企业主要领导人在借款期内担任领导职务；规定企业的领导人员必须购买人身保险等。

（四）长期借款的利弊分析

1.长期借款的优点

（1）能够改善信息不对称问题。债务融资中，债权人与债务人往往存在诸如生产经营状况、盈利分配情况等方面的信息不对称。由于银行在放贷之前可以深入借款企业做实地调查，放款之后又可以跟踪检查，银行可以及时了掌握借款企业的实际情况，从而有助于解决信息不对称问题，降低信用风险。

（2）借款弹性较大。发行债券的企业所面对的是社会公众，出现问题时，与广大投资者协商改善融资条件的可能性很小；而向银行借款时，企业是与银行直接交涉，有关条件可以谈判确定；用款期间发生变动，借款企业也可与银行再协商。

（3）有利于维护借款企业的商业秘密。与发行债券相比，借款企业不用向社会公众披露筹集资金的用途，有助于保守投资秘密，增强其市场竞争力。

（4）长期借款资本成本较低。与发行债券相比，向银行借款省去了债券发行的承销费、发行费、审批费等费用，且向银行借款所需时间比发行债券要短，融资速度快。

2.长期借款的缺点

（1）限制性条款多。与发行债券相比，银行借款对借款用途有明确规定，通过借款的保护性条款，对公司资本支出额度、再融资、股利支付等行为有严格的约束，借款合同的这些限制性条款对公司经营活动与财务政策必将产生一定程度的影响。

（2）筹资数额有限。银行借款的数额往往受到金融机构资本实力的制约，难以像发行公司债券、股票那样筹集到大笔资金，无法满足公司大规模融资的需要。

（3）融资风险较大。与股权融资相比，长期借款需要还本付息，这对公司而言是“硬约束”。一旦公司经营管理不善，或资金周转出现困难而不能按时还本付息，企业将面临破产的可能。

第三节　权益融资

权益融资是通过扩大企业所有者权益来实现的，筹集的资金是公司长期资本的主要来源。权益融资的主要渠道有普通股融资、留存收益、优先股融资。

一、普通股融资

普通股是指在公司的经营管理和财产分配上享有普通权利的股份，代表满足债权偿付要求及优先股股东的收益权与求偿权后，对企业盈利和剩余财产的索取权，它构成公司资本的基础，是股票的一种基本形式，也是发行量最大、最为重要的股票。发行普通股是公司最重要的融资方式，普通股融资的方式一般分为公开发行和其他权益融资。其中，公开发行也叫公募发行，是指没有特定的发行对象，面向广大投资者公开推销的发行方式。公开发行包括首次公开发行和再融资（再次权益发行）。

（一）首次公开发行

股份有限公司第一次向社会公众公开招股被称为首次公开发行（IPO）。IPO一般发生在一家公司决定要公开上市时。

公司进行首次公开发行的目的是多方面的，归纳起来主要有：筹集新资金，满足公司的融资需求；获得资本市场的定价，提高公司股票的流动性；获得在未来并购中可作为支付对价的公众股票；提高公司的声誉、知名度和员工的认同感；完善公司治理，提高公司价值；分散公司主要经营者兼股东的投资风险，降低融资风险；帮助公司包括风险投资基金在内的原始股东退出等。

但是，IPO也存在缺点，主要包括：上市成本高，手续复杂、严格；公司将负担较高的信息披露成本；信息公开的要求可能会暴露公司的商业机密；股价有时会歪曲公司的真实情况，影响公司声誉；可能会分散公司的控制权，造成管理上的困难。

1.IPO条件

根据《证券法》、《公司法》、《股票发行与交易管理暂行条例》和《上市公司证券发行管理办法》等的有关规定，首次公开发行必须具备一定的条件：

（1）公司的生产经营符合国家产业政策。

（2）公司发行的普通股只限一种，同股同权。

（3）发起人认购的股本数额不少于公司拟发行股本总额的35%。

（4）在公司拟发行的股本总额中，发行人认购的部分不少于人民币3 000万元。但国家另有规定的除外。

（5）向社会公众发行的部分不少于公司拟发行股本总额的25%。其中，公司职工认购的股本数额不得超过拟向社会公众发行的股本总额的10%；公司拟发行的股本总额超过人民币4亿元的，证监会按照规定可酌情降低向社会公众发行部分的比例。但是，最低不少于公司拟发行股本总额的10%。

（6）发行人在近3年内没有重大违法行为。

（7）证监会规定的其他条件。原有企业改组设立股份有限公司申请公开发行股票，除了要符合新设立股份有限公司申请发行股票的条件外，还要符合下列条件：发行前一年年末，净资产在总资产中占比不低于30%；无形资产在净资产中占比不高于20%；近3年连续盈利。

知识拓展6-1　　我国新三板市场及北京证券交易所

2006年1月，北京中关村科技园区“非上市股份有限公司报价转让系统”（即新三板）正式推出，作为沪深证交所主板、中小板及创业板市场的补充。2006年11月，新三板挂牌的北京时代和中科软两家公司定向募集增资成功，标志着新三板市场融资功能的起步。2009年7月《证券公司代办股份转让系统中关村科技园区非上市股份有限公司报价转让试点办法（暂行）》正式实施，新三板实现进一步扩容。截至2011年12月，我国在新三板挂牌上市的企业已突破100家。2012年8月3日，经国务院批准，决定扩大非上市股份有限公司股权转让试点，首批扩大试点新增了上海张江高科技术产业开发区、武汉东湖新技术产业开发区和天津滨海高新区三个地区的中小企业。2013年1月，全国中小企业转让系统正式挂牌，标志着我国多层次资本市场的建设迈出了新的一步。2013年12月13日，为了更加充分地发挥全国中小企业股份转让系统的功能，缓解中小企业的融资难困境，《国务院关于全国中小企业股份转让系统有关问题的决定》发布，这标志着新三板正式扩容至全国。2016年5月27日起，《全国中小企业股份转让系统挂牌公司分层管理办法（试行）》生效，全国股份公司正式对挂牌公司实行分层管理（当时分为普通层和创新层）。2020年6月3日，证监会发布《关于全国中小企业股份转让系统挂牌公司转板上市的指导意见》，新设精选层，明确精选层挂牌满一年可申请科创板或创业板。统计显示，截至2020年9月18日，在新三板挂牌的企业已达8 377家，总市值约4.4万亿元。

2021年9月，随着北京证券交易所的设立，新三板改革进一步得以深化，成为服务创新型中小企业的主阵地。新三板在我国多层次资本市场中的定位，是为非上市的高新技术公众公司提供高效、便捷的股权转让和投融资平台。

北京证券交易所牢牢坚持服务创新型中小企业的市场定位，尊重创新型中小企业发展规律和成长阶段，提升制度的包容性和精准性。北京证券交易所坚持错位发展，发挥好转板上市功能，同时与新三板现有的创新层、基础层坚持统筹协调与制度联动，维护市场结构平衡，努力构建一套契合创新型中小企业特点的涵盖发行上市、交易、退市、持续监管、投资者适当性管理等基础制度安排，补足多层次资本市场支持普惠金融的短板。通过畅通北京证券交易所在多层次资本市场的纽带作用，形成相互补充、相互促进的中小企业直接融资成长路径。着力培育一批专精特新中小企业，形成创新创业热情高涨、合格投资者踊跃参与、中介机构归位尽职的良性市场生态。

资料来源：根据相关资料整理而成。

2.IPO定价

确定合理的发行价格是首次公开发行中最重要也是最困难的工作，它关系到发行公司和投资者的根本利益和股票上市后的表现。若发行价格太高，会抑制投资者的热情，增大投资者风险，同时增加承销机构的发行风险和发行难度，并会影响股票上市后的价格走向；若发行价格定在真实价格之下，则难以满足发行公司的融资需求，甚至会损害原有股东利益。因此，发行公司和承销机构必须对公司的利润及其增长趋势、行业因素、二级市场的股价水平等因素综合分析、评估，合理确定发行价格。

从各国股票发行市场的经验来看，具体确定股票发行价格的方法有以下几种：

(1) 议价法。它是指证券发行者与证券承销机构就证券发行价格、手续费等权责事项充分商讨后再发行或推销的一种发行方式。议价法一般有固定价格和市场询价两种方式。

固定价格方式是由发行人和主承销商在新股公开发行前商定一个固定价格，然后根据该价格进行公开发售。

市场询价方式是由发行人和承销商根据发行人的情况和市场需求，先确定一个发行价格的区间，这个价格区间可以通过现金流贴现或者可比公司估值等方法得到，然后确定发行价格。

(2) 竞价法。它是指由各承销商或者投资者以投标方式相互竞争确定股票发行价格。竞价法在具体实施过程中有三种形式：网上竞价是通过证券交易所电脑交易系统按集中竞价原则确定新股发行价格；机构投资者竞价是采取对法人配售和对一般投资者上网发行相结合的方式，通过法人投资者竞价来确定股票发行价格；券商竞价是由多家承销商通过招标竞争确定证券发行价格。

竞价法虽然有各种不同的方式，但都是以股票价值作为发行底价，以此为基础由承销商或者投资者进行竞价，是一种“直接”的市场化定价方式，只是参加定价的市场主体及其范围存在差异。

(3) 净资产倍率法。它是指通过资产评估等手段确定发行公司拟募每股资产的净现值和每股净资产，然后根据市场状况将每股净资产乘以一定的倍率或折扣确定发行价格。其定价公式为：

发行价格=每股净资产×溢价倍率（或折扣倍率） （公式6-1）

一般来说，发行价格在净资产的3~5倍是正常状况。

(4) 市盈率法。市盈率（P/E）是资本市场常用的一个重要指标，它反映了在某一时刻投资者对企业每一元盈利所愿意支付的价格。通过市盈率法确定股票发行价格，首先，应根据专业会计师审核后的盈利预测出发行人的每股净收益；其次，根据二级市场的平均市盈率、发行公司所在行业平均市盈率、发行公司经营状况、成长性等确定发行市盈率；最后，依据发行市盈率和每股净收益的乘积决定发行价格。计算公式为：

发行价格=平均市盈率×每股净收益 （公式6-2）

(5) 现金流量折现法。它是指通过预测发行公司未来盈利能力，然后按一定折现率测算，计算发行公司的净现值，从而确定股票发行价格。使用现金流量折现法定价的关键在于：一是预测发行人未来存续期各年度的现金流量；二是确定一个合理的、公允的折现率，折现率的大小要反映未来现金流量的风险。

我国股票IPO定价先后采取过固定价格法、相对固定市盈率定价法、累积投标定价法、控制市盈率定价法、初步询价法和累计投标询价法等。随着我国资本市场的不断发展和法治体系的不断健全，我国新股发行制度不断向市场化方向迈进。新股发行制度越来越强调市场纪律，重视中小投资者意愿，促进长期理性投资，提高了新股发行的市场化程度。

3.IPO抑价现象及解释

IPO抑价现象是指公司股票常常以过低的价格发行，上市首日（或初期）的市场交易价格显著高于发行价格，发行市场与交易市场出现了巨额价差，从而使从申购到新股者获得稳定的超额收益，并导致公司上市前的现有股东遭受重大损失的现象。新股超额收益现象的存在，表明IPO市场存在效率损失，并直接表现为上市公司可募集资金的减少。

IPO抑价现象在世界所有的股票市场几乎都存在，但是各国抑价程度差异较大。一般来说，发达国家市场的抑价幅度普遍小于新兴市场国家。

为什么会存在IPO抑价呢，有以下相关解释：

（1）“赢家的诅咒”。这是Rock在1986年提出的观点，他认为，市场上存在两种投资者，即掌握信息的投资者和未掌握信息的投资者。前者往往能利用其信息优势购买到具有投资价值的股票，而后者只能根据其他主体的行为做出判断，最终购买前者所规避的、不具有投资价值的股票。当未掌握信息的投资者意识到自己处于不利地位时，就会退出市场。为了避免这一现象发生，吸引所有投资者参与首发新股投资，承销商不得不使新股发行定价平均偏低，以确保发行的顺利进行。

（2）承销商的动机。在制定发行价格时，如果发行企业将新股定价权交给更具有信息优势的承销商，承销商会倾向于将新股的发行价定在其价值之下。这样做对承销商是有利的：一是可以降低其在承销或包销该股票时的风险，更有利于新股的成功发行，不会因新股发行失败给承销商声誉造成影响。二是折价发行实际上给承销商的投资者提供了一个“超额收益率”，有利于承销商与投资者建立起良好的关系，而发行公司对承销商往往缺乏有效的监督，承销商便经常性地采取折价发行策略。

（3）信号假说。由于发行人、承销商和投资者之间拥有不同的信息资源，一般来说，发行人和承销商掌握更全面的信息，具有信息优势，这会给投资者购买新发股票带来风险，IPO抑价就是对因不对称信息带来的风险的补偿。

（4）股权分散假说。该理论认为，新股上市后需要保持一定的流动性，才有助于其价格发现，而流动性需要通过大量投资者交易该股票才能实现。发行人有意压低新股发行价格，就是为了造成新股的超额需求，从而使公司拥有大量的小股东。这种分散的股权将大大增加公司股票的流动性。同时，也使得公司自身能够持有足够的所有权份额，这不仅可以减少公司外部对管理层的压力，而且可以防止公司控制权旁落，从而保持管理层对该公司的控制。

（5）流行效应假说。这一假说是从行为金融学角度进行的分析。该假说认为，通常投资者进行投资时，往往并不只是根据自己所掌握的信息进行，而是经常受到其他投资者行为的影响。若投资者看到其他投资者对新股反应冷淡，即便自己拥有该新股某一利好消息，也会动摇购买的信心；相反，若是其他投资者购买比较活跃，则会增强其购买新股的信心。而要避免无人购买情况出现，最实际的方法就是抑价发行，即通过有意压低新股发行价格以吸引第一批投资者购买，从而带动其他投资者踊跃购买。

4.IPO的成本

股票IPO成本是指发行公司在股票发行过程中所支付的各项费用，通常包括以下几项：

（1）承销费用。它是指发行人委托证券承销机构发行股票时支付给后者的佣金，通常在股票发行费用中所占的比重最大。承销费用一般按募集资金总额的一定百分比计算，从投资者付给企业的股款中扣除。股票承销费用的影响因素包括承销方式、发行总量、发行总金额、发行公司的信誉、发行股票的种类等。

（2）保荐费用。依法采取承销方式公开发行股票时，应当聘请具有保荐资格的机构担任保荐人。保荐费用则是发行公司委托保荐机构推荐股票发行上市所支付的费用。

（3）其他中介机构费用。股票发行过程中必然涉及评估、财务和审计等问题，因此，发行公司聘请资产评估机构、会计师事务所、律师事务所参与发行工作就需要支付中介费用。此类费用的收费标准基本上根据企业规模大小和工作难易程度来确定。

（4）其他费用。它是指股票发行中除上述费用外的其他所有费用，包括印刷费、宣传广告费及其他需要支付的直接费用，以及发行中需要支付的间接费用。

（5）绿鞋条款。它是公司赋予承销商按发行价格买入额外股份的权利。如果股票发行价格低于市场价格，这一选择权就会更有价值，对公司而言就是一种发行成本。

知识拓展6-2

绿鞋机制

绿鞋机制也叫绿鞋期权（Green Shoe Option），是“超额配售选择权”制度的俗称。“绿鞋”一词因美国波士顿绿鞋制造公司1963年首次公开发行股票时率先使用而得名，此后成为IPO承销协议中的一项条款。超额配售选择权是指除了最初发行的股票外，承销商还能够获得额外的股票，即公司向承销商提供以发行价格向发行者购买额外股份的选择权。

绿鞋机制是为了满足超额需求和实现超额认购。其工作原理为：承销商充当联络人的角色，为客户新发行的股票寻找买方；卖方（公司所有者和董事）和买方（承销商和客户）确定股价；一旦股价确定，买卖双方就准备公开交易，承销商可使用一切法律手段将股价维持在发行价之上；如果承销商预计股价有跌破发行价的可能，他们就会行使绿鞋选择权；为了保持定价控制，承销商比公司最初的计划多卖出或卖空15%的股票（即不得超过新发行股份的15%）。

绿鞋机制可以稳定大盘股上市后的股价走势，防止股价大起大落。在股票上市之日起30日内，当股价上扬时，主承销商即以发行价行使绿鞋期权，从发行人购得超额的15%股票并发售，满足市场需求；当股价下跌时，主承销商将不行使该选择权，而是从股票二级市场上购回超额发行的股票以支撑价格。可见，绿鞋机制的引入起到了稳定新股股价的作用。

《证券发行与承销管理办法》第15条规定：首次公开发行股票数量在4亿股以上

的，发行人和主承销商可以在发行方案中采用超额配售选择权。国际市场上大部分新股发行都规定有绿鞋机制。在海外股票发行中采用超额配售选择权机制已成为惯例。我国交行、建行、中行和招行等多家境内商业银行赴海外上市时均采用了这一机制。

资料来源：根据相关资料整理而成。

（二）再融资

再融资是指上市公司首次公开发行股票后，再次在证券市场上公开募集资金的行为。再融资的方式主要包括：向不特定对象公开募集股份（简称增发）、向原股东配售股份（简称配股），以及向特定对象公开发行新股（非公开发行）等。

1.增发

（1）增发的含义

增发是上市公司向社会公众（既包括原股东，也包括潜在投资者）发售股票进行融资的行为。增发的目的是扩大资本金额，分散股权，增强股票的流动性，并可避免股权过分集中。增发的股票价格大都以市场价格为基础，是最常用的增资方式。

按照取得股票时是否缴纳股金来划分，增发分有偿增资发行和无偿增资发行两种。有偿增资发行是指股份公司通过增发股票吸收新股份的办法增资，认购者必须按照发行价格支付现款才能取得股票。采用这种方式可以直接从外界募集股本，增加公司的资本金。无偿增资发行是指公司原股东不必缴纳现金即可获得新股的方式，发行对象仅限于原股东，主要包括公积金转增、红利转增和股票分割。无偿增资发行的目的是使股东增强对公司的信心或者调整资本结构。

（2）增发价格

增发新股时，如果新股的定价不能合理地反映股票的价值，必然会造成新老股东之间的财富转移。

例如，某公司目前有1亿股发行在外的普通股，当前股价为10元/股，则公司的股东权益价值为10亿元。如果公司按照每股12元的价格增发500万股，可以筹集的资金额为6 000万元。公司的权益价值增加到10.6亿元，股价变为10.095元/股（106 000万元/10 500万股）。于是，公司原股东的每股价值增加了0.095元，而新股东每股损失了1.905元，这就产生了新股东向老股东的价值转移。

反之，如果公司按照每股8元的价格增发500万股，可以筹集的资金额为4 000万元，增资后公司的权益总价值增加到10.4亿元，股价变为9.905元/股（104 000万元/10 500万股）。则原股东的每股价值减少了0.095元，而新股东的每股价值增加了1.905元，从而产生了老股东向新股东的价值转移。

可见，增发定价非常重要，为保护新老股东权益，上市公司应合理确定增发价格。

2.配股

配股是上市公司根据发展需要，按照股东的持股比例向原股东分配该公司新股认购权，准其优先认购新股的股权融资行为。这种新股的发行价格一般低于市场价格，实际上是对原股东的优惠，一般老股东都乐于认购。原股东对公司的配股，没有必须应募的义务，可以放弃新股认购权，也可以把认购权转让给他人，从而形成了认购权的交易。

配股作为一种再融资工具，在我国证券市场上有着广泛的应用。由于配股仅是对原有股东发行的新股认购权，通常也被视作对原有股东权益的一种保护。上市公司配股融资对股票价格和股东财富有何影响呢？一般而言，配股的发行价要低于原有股票价格，因而，配股后股票的价格会下降。通常，配股前股票的发行价格称为除权前价格；配股后股票价格称为除权后价格，则有如下关系：

$$P_1 \times n_1 + P_i \times m \times n_1 = P \times (n_1 + m \times n_1) \quad \text{（公式6-3）}$$

把上式简单变形后，则有：

$$P = \frac{P_1 + mP_i}{1 + m} \quad \text{（公式6-4）}$$

式中：P_1表示配股前价格；n_1表示配股前股数；P_i表示配股价格；m表示配股比例；P表示配股后理论价格。

【例6-1】假若某公司发行在外的普通股数量为500万股，配股比例为10股配1股，若股票除权前的市场价格为10元。配股价格为每股8元，则配股后该公司股票的除权价格是多少？

由6-4公式可知：$P = \frac{10 + 0.1 \times 8}{1 + 0.1} = 9.82$（元）

显然，由计算结果可知，配股后股票的除权价格小于配股前价格。这两者之间的差额即为配股权的价值。而且，配股价格越高，配股后的除权价格就越高，除权前后股票的价值差异就越小。但只要所有股东都按照配股比例认购新股，则新股定价的高低不会影响股东财富的变化。

仍以上例说明：假设某股东在配股发行之前持有该公司的股票数量为100股，配股前的市场价值为1 000元。按照上述每10股配1股的比例，他将得到10股配股且配股价格为8元/股，该股东付出80元。此时他持有的股票数量变为110股，按除权后股票价格9.82元/股计算，股票的市场价值为1 080元（忽略误差），等于配股前的股票价值1 000元加上购买新股的资金80元。即该股东的股票价值没有发生变化。

可见，配股发行后公司股票的市场价格低于配股前的市场价格，而且，新股的认购价格越低，配股发行引起的价格下降幅度越大。但是，原股东不会因为配股发行而遭受损失。即只要所有股东都能按照配股价格认购配股，则不论配股价格如何确定，公司股东在配股中得到的利益都是相同的，不会出现一部分股东侵害另一部分股东利益的情况。但若一部分股东没有参加配股，也没有出售配股权，就可能出现一部分股东侵害另一部分股东利益的情况。

3.非公开发行

由于公开发行对公司的要求较为严格，很多公司在无法满足公开发行的条件时，可通过非公开发行为公司筹集权益资本。

非公开发行又称为私募发行、私下发行或者内部发行，是指面向少数特定投资人发行证券的方式。非公开发行的特定对象大致有两类：一类是个人投资者，例如公司老股东或发行机构自己的员工；另一类是机构投资者，如投资基金、社会保险基金、商业银行或与发行人有密切往来关系的企业等机构投资者。

对于特定发行对象，通常需满足一定的条件，包括：特定对象符合股东大会协议规定的条件；发行对象不超过10名；如果发行对象为境外战略投资者，应当经国务院相关部门事先批准。非公开发行是证券发行中最常见、最基本的发行方式，适合于证券发行数量多、筹资额大、准备申请上市的发行公司。

非公开发行的优点有：①发行费用较低。由于有确定的投资者，不需要中间机构承销，发行层次较少，手续简便，发行费用相对于公开发行要低很多，且发行时间相对要短。②发行要求宽松。与公开发行相比，非公开发行要求较低，也可以通过对发行条件加以修改来吸引投资者。③发行规模灵活。非公开发行更适合小规模发行，且发行规模由交易双方协商，较为灵活。④保护商业秘密。非公开发行没有严格的信息披露要求，有助于对公司重大经营活动进行保密。

非公开发行的缺点有：①更高的资本成本。由于非公开发行缺少监管部门的严格审批和管理，信息披露不充分，容易造成信息不对称，投资者承担着较大的风险，为此，投资者要求更高的投资收益率。②股票流动性差。非公开发行规模往往较小，发行面较窄，股票流动性较差。

（三）其他权益融资

1.引入战略投资者

战略投资者是指与发行公司具有合作关系，或有合作意向和潜力，与发行公司业务联系紧密，且欲长期持有发行公司股票的法人。我国在新股发行中引入战略投资者，允许战略投资者在公司发行新股中参与配售，形成了权益融资的一项融资方式。

一般说来，对战略投资者的基本要求是：①要与公司的经营业务联系紧密；②出于长期投资目的而将在较长时期内持有股票；③具有相当的资金实力，且持股数量较多。我国在股权结构中引入战略投资者，主要是因为：战略投资者具有资金、技术、管理、市场、人才等方面的优势，能够增强企业核心竞争力和创新能力。上市公司引入战略投资者，能够与其形成紧密的伙伴式的合作关系，并由此增强公司经营实力，提高公司管理水平，改善公司治理结构。因此，对战略投资者的基本资质要求是：拥有比较雄厚的资金、核心的技术、先进的管理等，有较好的实力基础和较强的投资能力。

从现有情况看，目前我国上市公司确定引入战略投资者还处于募集资金最大化的实用原则阶段。谁的申购价格高，谁就能够成为战略投资者，管理型、技术型的战略投资者还很少见。资本市场中的战略投资者大多是追逐持股价差，有较大承受力的股票持有者，一般都是大型证券投资机构。

2.风险投资

风险投资（Venture Capital，VC）也叫创业投资，广义的风险投资泛指一切具有高风险、高潜在收益的投资；狭义的风险投资是指以高新技术为基础，对生产与经营技术密集型产品的投资。风险投资主要针对创立不久的增长驱动型风险企业，如高新技术企业、具有广阔市场前景且具有新的商业模式的传统零售业，或者某些特殊的消费品行业。这类企业一般都能够为社会大众提供高附加值的产品、服务或者技术，并且能够保持一定期间的产品和技术优势，可以为企业提供较稳定的盈利回报。

风险投资虽然是一种股权投资，但投资的目的不是为了获得企业的所有权，不是为了控股，更不是为了经营企业，而是通过投资和提供增值服务把被投资企业做大，然后通过公开上市、兼并收购或其他方式退出，在产权流动中实现投资回报。

风险投资的特点是不规避风险，放眼企业未来的收益和高成长性，追逐高风险后隐藏的高收益。风险投资一般都是投资处于初创期的企业，真正能够通过IPO的概率一般只有10%，但是对风险投资来说，这10%所获得的丰厚利润远远大于其他90%项目带来的损失。所以对风险投资来说，风险很大，利润空间也大。

风险投资中有一种“天使投资”，是在公司初创期甚至是种子期进行的权益融资，比典型意义上的风险投资介入更早。天使投资人要承担的风险更加巨大，一般天使资金的提供者是创业者的朋友或家人。由于天使投资人提供的资金对于一家刚刚创立的小公司而言极为重要，所以天使投资人所占有的股权也比较多。

3.私募股权基金

私募股权基金（Private Equity，PE），指通过私募形式对非上市企业进行的权益性投资，在交易实施过程中附带考虑了将来的退出机制，即通过上市、并购或管理层回购等方式，出售股权获利。

私募股权基金分为广义和狭义两种概念：广义的私募股权基金包括对企业首次公开发行股票上市前各个阶段所进行的权益性投资。因此，广义的私募股权基金包括风险投资，在企业的初创期进行投资的私募股权基金的表现形式就是风险投资。狭义的私募股权基金是指对那些已有一定规模，并在实践中已有稳定的现金流且比较成熟的企业进行投资。

因此，比较典型的风险投资是投资企业的前期，私募股权基金投资企业的后期。但目前，很多传统意义的风险投资和私募股权基金业务互相融合，边界越来越模糊。

需要注意的是，私募股权基金与我们常说的“私募基金”不是一个概念。我们常说的私募基金指的是私募证券基金，是指通过私募形式，向投资者筹集资金，进行管理并投资于证券市场（多为流通市场）的基金，是用来区别公募基金的。而私募股权基金主要以私募形式投资于未上市的公司股权，绝少投资于已经公开发行的公司证券。

二、留存收益

（一）留存收益概述

留存收益是盈余公积和未分配利润的合称。从性质上说，企业通过合法有效的经营所实现的税后净利润都属于企业的所有者，因此，属于所有者的利润包括分配给所有者的利润和尚未分配留存于企业的利润。

企业将净利润的一部分留存下来的原因很多，主要有：

1.净利润经常与现金流量不同步

企业收益的确认与计量是建立在权责发生制基础上，企业实现利润后，不一定有相应的现金流量增加，因此，盈利的企业也不一定有足够的现金流将利润全部或部分分配给所有者。

2.出于保护债权人利益和企业自身长期发展的目的

有关法律法规从保护债权人利益和要求企业可持续发展等角度出发，也限制企业将利润全部分配出去。《公司法》规定：企业每年的税后利润必须提取10%的法定盈余公积金。

3.企业有净现值为正的项目需要资金

企业近期有良好的投资项目需要筹集资金时，基于自身生产经营和扩大再生产的筹资需要，也要将一部分利润留存下来。

（二）留存收益融资的特点

1.不发生筹资费用

与企业从外界筹集长期资本，如普通股融资相比较，留存收益融资不会产生筹资费用，筹资成本较低。

2.维持公司的控制权分布

利用留存收益融资不用对外发行新股或吸收新投资者，由此增加的权益资本不改变公司的股权结构，也不稀释原有股东的控制权。

3.融资数额有限

留存收益的数额大小，一方面取决于当期利润的高低，而不像从外部融资，一次性可以筹集到大量资金，一旦企业发生亏损，当年就没有了利润留存；另一方面，留存收益的高低还取决于公司的股利政策，股东和投资者从自身利益出发，往往希望从净利润中发放一定比例的现金股利，因此，现金股利的大小与留存收益此消彼长。

三、优先股融资

（一）优先股的概念与特征

所谓优先股，是同普通股相对应的一种股权形式，持有这种股份的股东在盈余分配和剩余财产分配上优先于普通股东。但在参与公司决策管理方面，优先股的权利受到限制。因此，优先股并不完全具备通常意义上所定义的股票特征，它是兼具股票和债券某些共同特点的一种混合证券。其特征如下：

1.约定固定股息率

相对于普通股而言，优先股按照事先设定的股息率获取股息，即在公司发售股票时就已经确定了股息率，股息是相对固定的，一般不会随公司业绩的变化而变化。

2.优先分配股息

相对于普通股而言，优先股具有优先利润分配权，即优先股股东优先于普通股股东分取股息。不过，不论公司当年盈余多少，一般优先股不再参与普通股的利润分红。

3.优先清偿剩余资产

相对于普通股而言，优先股具有破产财产优先求偿权。即在公司破产清算时，清算财产在偿还了全部债务之后，优先股对公司剩余财产的分配顺序在普通股之前。

4.表决权受到限制

一般情况下，优先股股东不能参加公司的经营管理，不享有投票表决权，只有当公司活动涉及优先股所保障的权利时，优先股的股东才能享有相应的表决权。

5.股票可由公司赎回

相对于普通股而言，优先股可由公司赎回。优先股与普通股一样没有到期日，股东不能要求退股。但是公司在发行优先股时，通常会设定赎回条款，有权按照规定的价格赎回。

（二）优先股的类型

1.累积优先股和非累积优先股

累积优先股是指在某个营业年度内，如果公司所获的盈利不足以分配规定的股利，在以后年度，可以对往年未付的股息进行累积补发的优先股。在累积未发的优先股股利没有补足前，公司不得分派普通股股利。这是一种常见的、发行范围非常广的优先股。非累积优先股是指在某个营业年度内，如果公司所获得的盈利不足以按规定的股利分配时，非累积优先股的股东不能要求公司在以后年度中予以补发。其特点是股息固定，且只能在本营业年度净利润中进行分配。一般来讲，对投资者来说，累积优先股比非累积优先股对投资者具有更大的吸引力。

2.参与优先股和非参与优先股

参与优先股是指优先股股东在获取固定股息后，还有权与普通股股东一起参与剩余利润的分配。参与优先股可以享受除固定股息之外的额外股利。非参与优先股是指优先股股东只按固定股息率获取股息，不能参与剩余利润分配。一般来讲，参与优先股比非参与优先股对投资者更为有利。

3.可转换优先股和不可转换优先股

可转换优先股是指在特定条件下，股东可以按照一定价格将其持有的优先股转换成公司的普通股或公司债券的一种优先股。持有这种股票的股东，可以根据公司的经营情况和市场行情自主决定是否进行转换。一般来说，当公司盈利增加，市场行情好转时，持有者可以将优先股转成普通股，以获得较大收益，并且可以取得表决权，参与公司管理；当公司发展前景不明，盈利减少时，持有者可以将优先股转成公司债券，持有者由公司的股东变为债权人，有权在规定时间内收回本息。这种可以转换的权利减少了投资者的风险，但这类可转换优先股在出售时一般价格较高。不可转换优先股是指不具有转换成公司普通股或公司债券的优先股。

4.可赎回优先股和不可赎回优先股

可赎回优先股又称为库藏股或库存股，是指公司可以在未来某一时期按照规定价格赎回的优先股，一般地，赎回价格要高于原来的发行价格。不可赎回优先股是根据规定公司无权从持股人手中赎回的优先股。

5.固定股息率优先股和浮动股息率优先股

股息率在存续期内不做调整的优先股，称为固定股息率优先股；股息率根据约定的计算方法进行调整的优先股，称为浮动股息率优先股。优先股采用浮动股息率的，在优先股存续期内票面股息率的计算方法要在公司章程中事先明确。一般常见的都是固定股息率优先股。

（三）优先股融资的利弊分析

优先股融资属于混合证券，融资特点兼有债务融资和权益融资的特性。

1.优先股融资的优点

（1）增强融资能力。发行优先股筹集的是公司权益资本，因此，发行优先股能增强公司的权益资本实力，提高公司的负债能力。

（2）减少财务负担。优先股没有固定的到期日，不用偿还本金。如果公司财务状况恶化，这种优先股股利也不是必须偿付的一项法定债务，从而相对避免了公司的财务负担，减少了公司的破产风险。

（3）增强财务灵活性。与普通股相比，大多数优先股附有赎回条款，使得这部分资金运用具有较大的弹性，也便于控制公司的资本结构，具有较大的灵活性。

（4）保障普通股收益和控制权。与普通股相比，优先股每股收益是固定的，只要企业净资产收益率高于优先股股息率，普通股每股收益就会上升。同时优先股股东没有表决权，不影响普通股股东对企业的控制权。

（5）有利于丰富资本市场的投资结构。优先股的发行，有助于为投资者提供多元化的投资渠道，增加固定收益型产品。偏好现金红利的投资者可以选择投资优先股。

2.优先股融资的缺点

（1）资金成本高。发行债券需要支付固定的利息，且利息支付是公司的法定义务；发行优先股也需要支付固定的股息，但支付优先股股息没有强制性，在公司经营恶化时，这种股息可以不付，因此优先股股东面临的风险大于债权人。因此，发行优先股的股息率一般高于发行债券的利息率。

（2）不具有节税效应。与债券相比，优先股不具有节税效应。公司发行债券支付的利息可在税前列支，从而给公司带来节税收益，而发行优先股支付的股息则在税后列支，不会产生节税收益。

（3）发行限制较多。发行优先股通常有许多限制条件，如对普通股现金股利支付的限制、对公司借债的限制等。

（4）损害普通股股东利益。优先股股东在利润分配和破产清算等方面享有优先权，因此，在公司经营状况不佳时，普通股股东利益受到影响较大；有些优先股（累积优先股，参与优先股先等）要求分享普通股的剩余所有权，会稀释普通股的每股收益。

第四节　混合型融资

现代金融工具的创新，为资本筹集提供了更多的选择方式。公司可以根据实际情况，选择更有效的融资渠道，降低融资成本，减轻财务负担。本节主要介绍金融租赁、可转换债券和认股权证这三种混合型融资方式。

一、金融租赁

（一）租赁概念及构成要素

租赁由“租”和“赁”两个词构成。“租”是指将物件借给他人使用而收取报酬，“赁”是指从他人手中借入物件使用而支付费用。因此，租赁是指出租人按照合同的规定，将物件在一定期限内出租给承租人使用，承租人按照约定向出租人支付租金的经济行为。

一个完整的租赁关系，主要由以下要素构成：

（1）租赁当事人。租赁的基本当事人是出租人和承租人。在融资租赁、杠杆租赁等租赁活动中，租赁当事人除了出租人、承租人外，还包括其他当事人，如供货商、贷款人等。

（2）租赁标的。在租赁业务中，由于出租的是租赁物件的使用权，因此，在理论上，可以合法转让使用权的物品都可以作为租赁标的。不过，在实务操作过程中，各国对租赁标的都有一些限制。如我国的《金融租赁公司管理办法》第四条规定：适用于融资租赁交易的租赁物为固定资产。

（3）租赁权。租赁权在性质上属于债权，它是基于租赁交易在出租人与承租人之间产生的债权债务关系。

（4）租金。租金是承租人在租赁期内获得租赁物品的使用权而支付给出租人的代价。

（5）租期。租期是指出租人出让物品给承租人使用的期限。租期的长短与租赁标的的性质及租赁业务类型有关，由出租人和承租人约定。金融租赁的租期一般为5~10年。

（二）融资租赁和经营租赁

从金融租赁的目的划分，各国普遍将金融租赁分为融资租赁和经营租赁两类基本形式。

1.融资租赁

融资租赁又称为设备租赁，是指企业通过租赁的方式获取长期所需设备以代替融资购买，从而达到融通资金、改善财务状况的目的。融资租赁是现代租赁业务中最主要、使用最广泛的租赁形式，具有浓厚的金融业务特征。

融资租赁具有以下特点：

（1）融资租赁一般涉及三方当事人，即出租人、承租人和供货商，并至少有两个以上合同，即买卖合同和租赁合同。

（2）承租人负责租赁设备的维修保养。

（3）承租人须按合同的规定，分期、足额地向出租人交纳租金，出租人以此收回投资并获取收益。

（4）完全付清，即在基本租期内，设备只租给一个特定的客户使用，承租人通过收取租金形式收回全部投资。

（5）不可撤销，即在基本租期内，租赁双方无权取消合同，任何一方违约，将课以重罚。

（6）租赁期限较长，与生产设备的使用年限基本一致。

（7）租赁期满后，承租人对设备有留购、续租和退回三种选择权。留购是指承租人按双方商定的价格把设备买下来，以此作为所有权转移的法律手段。续租是指租赁双方另行签订租赁合同，以新的较低的租金再租。退回是指承租人将设备退还给出租人。

2.经营租赁

经营租赁，是指企业通过租赁的方式以解决对某些大型通用设备、专用设备的一次性使用和临时性使用的需要。

经营租赁具有以下特点：

（1）经营租赁只涉及两方当事人，即出租人和承租人，只签订一个合同，即租赁合同。

（2）不足支付，即在基本租期内，出租人只能从一个承租人手中收回设备的部分投资，收回全部投资需要通过多次租赁活动。

（3）租金较高。经营性租赁的出租人，不仅要负责设备的维修保养、保险，而且还要承担设备过时和闲置风险，因此，经营租赁的租金较融资租赁的租金要高。

（4）可撤销性。在一定条件下，承租人可提前解约，终止合同，退回设备或改租更先进的设备。

（5）租期较短，具体期限视承租人对租赁设备的使用期限而定。

3.融资租赁和经营租赁的比较

融资租赁和经营租赁的比较见表6-1。

表6-1 **融资租赁和经营租赁的比较**

项目	融资租赁	经营租赁
当事人	出租人、承租人、供应商	出租人、承租人
合同	购买合同、租赁合同	租赁合同
租金支付	足额支付	不足额支付
租金水平	较低	较高
设备维护保养	承租人	出租人
合同性质	不可撤销	可撤销
租赁期限	较长	较短

（三）融资租赁租金的构成及计算方法

租金是融资租赁合同中一项非常重要的内容。由于租赁双方均以营利为目的，而租金又直接影响到利润，所以租金的确定在融资租赁交易中至关重要。通常情况下，出租人消耗在租赁物上的价值包括三部分，即租赁物件的购置成本、租赁业务的营业支出、租赁期间的利息费用和利润。

租金的计算方法有很多，最常见的是等额年金法。所谓等额年金法，是以现值理论为基础，从租赁开始的年份起，承租人每隔一段时间向出租人支付等额租金的一种租金支付方式。承租人定期支付等额租金，租赁期满，出租人收取的租金现值总额应正好等于租赁设备的本利和。等额年金法有期初等额年金法和期末等额年金法两种计算方法。

1.期初等额年金法

期初等额年金，又称先付年金，租金是在租赁期开始后的每期期初支付，属于即付年金性质。假定每期利率用i表示，租赁资产的价值用P表示，租期用n表示，每期租金用R表示，根据先付年金的计算方法，计算公式为：

$$R+\frac{R}{(1+i)^1}+\frac{R}{(1+i)^2}+\cdots+\frac{R}{(1+i)^{n-1}}=P \qquad \text{（公式6-5）}$$

整理得：

$$R=P\times\frac{1}{1+PVIFA(i,\ n-1)} \qquad \text{（公式6-6）}$$

式中：PVIFA（i，n−1）表示利率为i、期限为n−1期的年金现值系数。

【例6-2】某租赁公司将价值为100万元的1台设备出租给一家生产企业使用，租期为5年，每年支付1次租金，租金于每期期初支付，年利率为10%。计算承租企业每期支付的租金。

根据题意，查表得知PVIFA（10%，4）=3.17，则该企业每年年初支付的租金为：

$$R=P\times\frac{1}{1+PVIFA(i,\ n-1)}=100\times\frac{1}{1+3.17}=23.98(\text{万元})$$

2.期末等额年金法

期末等额年金，又称后付年金，租金是在租赁期开始后的每期期末支付，属于普通年金性质。假定每期利率用i表示，租赁资产的价值用P表示，租期用n表示，每期租金用R表示，根据后付年金的计算方法，计算公式为：

$$\frac{R}{(1+i)^1}+\frac{R}{(1+i)^2}+\cdots+\frac{R}{(1+i)^n}=P \qquad \text{（公式6-7）}$$

整理得：

$$R=P\times\frac{1}{PVIFA(i,\ n)} \qquad \text{（公式6-8）}$$

式中：PVIFA（i，n）表示利率为i、期限为n的年金现值系数。

【例6-3】在例6-2中，如果租金改在每期期末支付，其他条件不变。计算承租企业每期支付的租金。

根据题意，查表得知PVIFA（10%，5）=3.791，则该企业每年年末支付的租金为：

$$R=P\times\frac{1}{PVIFA(i,\ n)}=100\times\frac{1}{3.791}=26.38(\text{万元})$$

（四）融资租赁的利弊分析

1.融资租赁的优点

（1）减轻购置资产的财务压力

融资租赁集“融资”与“融物”于一身，承租人不必立即支付大量的资金就可取得所需要的资产或设备，可以帮助企业解决资金短缺和希望扩大生产的问题。对中小企业、新创企业而言，融资租赁是一条重要的融资途径。对于大型企业来说，通过融资租赁获得大型设备、工具等固定资产，可以解决巨额资金需求。例如商业航空公司的飞机，大多是采用融资租赁取得的。

（2）融资租赁的成本较低

通常，政府为鼓励融资租赁业务的发展，会给予出租人加速折旧、投资减免税等优惠，从而使得出租人在赚取合理利润的同时降低租金水平，承租人的融资成本也得以降低。

（3）财务风险小，财务优势明显

融资租赁与购买的一次性支出相比，能够避免一次性支付的负担，且租金支出是分期、未来支付的，企业无须一次筹集大量资金偿还。还款时，租金可以通过项目本身产生的收益（未来的现金流量）来支付。可见，融资租赁的财务优势非常明显。

（4）融资的限制条件较少

企业运用股票、债券、长期借款等融资方式，都受到金融机构相当多的条件限制，如抵押品、信用标准等。相比较而言，租赁协议中各项条款的要求则宽松很多，融资租赁比较容易获得。

（5）能够保存企业的借款能力

有些融资租赁并不体现在企业的资产负债表上，因此不会增加企业负债，也不会改变资本结构，不会削弱企业的对外融资能力。

2.融资租赁的缺点

融资租赁的资金成本较高，通常其隐含利率要高于银行借款利率，所以融资租赁的租金比银行借款或者发行公司债券所负担的利息高很多。尽管出租人可以采取措施改变融资租赁的标准，而免于将长期租赁在资产负债表中列示为负债，但事实上，不论租赁是否出现在资产负债表中，固定的租金支付都是企业一项较为沉重的负担。另外，承租人通常还必须放弃资产残值。

对融资租赁的出租人而言，由于租赁收入的全部金额都是应税所得，租赁带来的税收好处则会在一定程度上被抵消，因此，只有当租赁收益的现值高于租赁成本的现值时，融资租赁才是有意义的。

二、可转换债券

（一）可转换债券的概念和种类

可转换债券是指债券持有人可以在特定时间，按照约定的价格将债券转换成普通股的特殊债券。可转换债券是一种混合型证券，兼具公司普通债券和股票期权的特点。

可转换债券一般可分为两类：

1.不可分离的可转换债券

这类可转换债券的转股权与债券不可分离。债券持有者直接按照债券面额和约定的转股价格，在规定的期限内将债券转换为股票。

2.可分离交易的可转换债券

这类可转换债券在发行时附有认股权证，是认股权证与公司债券的组合。可转换债券发行上市后，公司债券与认股权证各自独立流通交易，认股权证的持有者认购股票时，需要按照认购价格（行权价）出资购买股票。

（二）可转换债券的基本要素

可转换债券除了具有与普通债券相同的票面金额、票面利率、到期日和选择性赎回特征外，其可转换性有别于一般债券，具体包括以下基本要素：

1.标的股票

可转换债券对股票的可转换性，实质就是一种股票选择权，是看涨期权。它的标的物就是发行公司自己的普通股票，但也有其他公司的股票，如该公司的上市子公司发行的股票。

2.转换期限

转换期限是指可转换债券转换为普通股股票的起始日至结束日的有效期间。大多数情况下，发行人都规定一个特定的转换期限，允许持有人在这个期限内将债券转换成股票。《上市公司证券发行管理办法》规定："可转换公司债券的期限最短为一年，最长为六年。可转换公司债券自发行结束之日起六个月后方可转换为公司股票，转股期限由公司根据可转换公司债券的存续期限及公司财务状况确定。"

3.转换价格和转换比例

转换价格是指可转换债券转换为每股普通股所支付的价格，一般高于股票发行时的价格。转换比例是指每张债券可转换的普通股股数。用公式表示为：

转换价格=可转换债券面值/转换比例　　　　（公式6-9）

4.赎回条款与回售条款

赎回条款一般是当公司股票在一段时间内连续高于转换价格达到一定幅度时，公司可按照事先约定的赎回价格买回发行在外尚未转股的可转换公司债券。赎回条款通常包括赎回期和不可赎回期、赎回价格、赎回条件等。

回售是指公司股票在一段时间内连续低于转换价格达到某一幅度时，可转换债券持有人按事先约定的价格将所持可转换债券卖给发行人的行为。与赎回类似，回售条款也有回售时间、回售价格和回售条件等规定。

5.转换价格修正条款

转换价格修正是指发行公司在发行可转换债券后，由于公司送股、配股、增发股票、分立、合并、拆细及其他原因导致发行公司股份发生变动，引起公司股票名义价格下降时对转换价格所做的必要调整。

6.强制性转换条款

强制性转换条款是指在某些转换条件具备后，债券持有人必须将可转换债券转换为股票，无权要求偿还本金的规定。设置强制性转换条款，有助于保证可转换债券顺利地转换成股票，可预防投资者到期集中挤兑而引发公司财务危机，实现发行公司扩大权益融资的目的。

（三）可转换债券融资的利弊分析

1.可转换债券融资的优点

（1）可获得较低的资本成本

可转换债券给予了债券持有人转换公司股票的选择权，故其利率低于相同风险条件下的不可转换债券的利率。从投资者的角度看，可转换债券一方面可以使投资者获得固定利率，另一方面又向投资者提供了债券投资或股票投资的选择权。这对投资者有较大吸引力，便于发行公司筹集资金。可转换债券的发行费用也低于股票的发行费用。

（2）可以缓解对现有股权的稀释程度

可转换债券的持有者都期望在未来的某一时间点将这种债券转换成股票，以使自己获得最大收益，因此，可转换债券也被认为是延迟的普通股。与直接发行普通股相比，由于可转换债券的转换价格要高于新发行的普通股的价格，所以其在将来对每股收益的稀释程度较低，从而能保护股东的当前权益。

（3）可使资金管理拥有较大灵活性

可转换债券具有可提前赎回的特征，使公司有权按照特定价格在到期日之前赎回债券。当可转债债券的转换价值超过赎回价格时，公司可行使购回权利，强迫可转债债券的持有者将可转换债券转换成股票。强迫转换的权利行使，使公司的负债转换成股东权益，改善了公司的资本结构，有助于增强公司的再融资能力。

2.可转换债券融资的缺点

（1）可能给发行公司带来财务负担

当发行公司的股票无法达到促使可转换债券转换的价格时，持有者可能不会行使转换权利，从而使可转换债券变成“呆券”。这对发行公司非常不利：一是可转换债券在转换前是公司债务，计入公司负债总额，若公司已有负债较高，未进行转换的可转换债券数额将影响公司继续举债资格；二是如果可转换债券到期，无法迫使持有者进行转换，公司就需要筹集现金支付可转换债券本息，这笔现金流出将会给公司带来极大的财务压力。

（2）转换率与转换价格较难确定

由于股票未来价格的变化难以准确预测，所以可转换债券的转换率与转换价格很难合理地确定。如果转换价格定得过高，则会引起转换失败，无法达到发行可转换债券的预期目标；如果转换价格定得过低，持有者将可转换债券转换为股票时，与公司按转换日的股票价格发行新股相比，所获得的资金将大大减少，并严重损害现有股东的利益。

（3）低成本筹资的时限性

发行可转换债券虽然利息率比较低，但转换后这种低成本优势则不复存在。

三、认股权证

（一）认股权证的概念和特征

认股权证是由公司发行的，允许持有人在指定的时间内，以确定的价格购买公司普通股的一种权利证书。

公司发行认股权证的目的是筹资。认股权证通常与公司债券或优先股一起发行，也可以单独发行。绝大部分的认股权证可以在二级市场单独交易。

认股权证的基本特征是：

（1）认股权证中含有的认股权可以看作一种以普通股为标的的看涨期权

与期权一样，认股权证持有人在支付权利金后获得的是一种权利而非义务，而认股权证的发行人负有履约的义务。对认股权证持有人而言，持有认股权证和持有看涨期权的权利行使情况相同，即在股票的市场价格高于认股权证或看涨期权规定的执行价格时，持有人才会行使权利，否则，持有人就放弃这一权利。而且，两种形式给持有人带来的收益差别不大。但对发行公司而言，认股权证和看涨期权存在很大不同：执行认股权证相当于公司增发新股，改变了公司资本结构；而看涨期权是由期权的卖方执行，属于流通市场行为，不改变公司的权益资本数额。

（2）认股权证是一种购买普通股的选择权

在行使选择权时，认股权证持有人既不是公司股东，也不是公司的债权人。

（3）认股权证具有一定的价值

认股权证可以在证券市场上作为一种独立的证券流通，认股权证的价值取决于股票的市场价格和认购价格。

（4）认股权证一般不能赎回，并以定向募集的形式发行

（二）认股权证的基本要素

认股权证只是一种权利的凭证，其基本要素包括认购数量、认购价格、认购期限和赎回条款。这些要素都要在发行认股权证时明确规定。

（1）认购数量

认购数量是指规定每一份认股权证可以认购公司发行的普通股股数，或认购一股普通股需要的认股权证份数。

（2）认购价格

认购价格是指规定到时购买公司普通股的价格，也称为认证权的执行价格。

（3）认股期限

认购期限是指认股权证的有限期。在此期间，认股权证的持有者可以随时认购股价，超过此期限，认股权证将失效。认股期限通常为认股权证发行后的3～10年。

（4）赎回条款

赎回条款是指通常发行认股权证的公司均会制定赎回条款，即在特定情况下，公司有权赎回已发行的认股权证。

（三）认股权证融资的优缺点

1.认股权证融资的优点

（1）吸引投资者

认证股权为投资者提供了一个杠杆较大的理财工具，能够吸引到投资者，发行公司能够较为容易地筹集资金。

（2）降低筹资成本

由于认股权证具有价值，因此如果发行公司将认股权证和债券捆绑发行，债券的票面利率就会低于一般债券的票面利率。

（3）增加额外权益资金来源

认股权证的发行人是发行标的股票的上市公司，如果持有者执行认股权证，公司将能够在规定期限内完成股票发行计划，顺利实现融资。

（4）有助于形成上市公司的股权激励机制

认股权证是上市公司常用的员工激励工具。通过给予管理者和重要员工一定的认股权证，可以把他们的利益与公司的价值成长紧密联系起来，从而建立起由公司价值与员工自身财富增值相连的利益驱动机制。

2.认股权证融资的缺点

（1）认股权证行使的时间具有不确定性

认股权证的行使权掌握在投资者手中，何时行使权利往往不能为公司所控制，导致公司对资本结构的调整较为被动。

（2）易稀释普通股权益

当认股权证被行使时，将使普通股数量增多，上市公司每股收益下降，同时股份总额的增加也将稀释原股东对公司的控制权。当稀释到一定程度后，股价往往会被调整，从而引发下跌，进而影响公司的业绩表现。

（3）认股权证行权受市场行情影响

认股权证本身包含了期权条款，规定了每份认购权所能认购的普通股股数，明确了认购股票的价格，该执行价格的计算较为复杂，一般在发行时即已设定，且高于发行时的股票市价。发行上市后如果公司股票市价低迷，认股权证的持有者可能不会行权，认股权证上还载有有效期限，如果超过期限，认股权证即失效。

本章小结

1.长期资本融资的融资方式，按照不同的分类标准，可划分内源融资和外源融资，也可划分为股权融资、债务融资和衍生工具融资。公司融资时要遵循筹资及时性、规模合理性、筹措合法性，来源经济性等管理原则。

2.长期债务融资是公司有偿使用外部资金的一种融资方式，是公司通过负债方式进行的融资。在我国，长期债务融资主要有长期债券和长期借款两种方式。

3.公司债券类型很多，公司发行长期债券的目的通常是为建设大型项目筹集大笔长期资金，通常期限都在一年以上。公司发行长期债券，必须符合《证券法》的规定，并且遵照严格的发行程序，发行时要合理确定债券的发行价格。长期债券的发行价格是以票面金额为基础，主要取决于票面利率及市场利率的关系，同时还与发行成本、发行者与承销机构的信誉、市场供求状况有关。

4.长期借款是公司筹集长期资本的一种重要方式。公司向金融机构等筹集长期借款时，必须符合借款条件，并要按照借款合同的有关规定规范借款资金的使用，特别是长期借款的保护性条款更要严格执行，否则就会影响继续举债，也会给公司的各项经营活动所需资金的使用带来影响。

5.权益融资是通过扩大企业所有者权益来实现的，筹集的资金是公司长期资本的主要来源。权益融资的主要渠道有普通股融资、留存收益、优先股融资。发行普通股是公司最重要的融资方式，特别是股份有限公司通常情况下主要是发行普通股融资。普通股融资的方式有首次公开发行（IPO）、再融资和其他权益融资。

6.首次公开发行股票过程中会涉及证券承销、新股定价、发行成本、绿鞋机制等问题。增资和配股这两种方式对原股东的影响取决于定价是否合理。公开发行股票可使公司获得稳定资金、改善资本结构、降低财务压力，但也会带来稀释股权、发行成本高等问题。

7.公司可以通过非公开发行方式发行证券，其费用较低、规模灵活、要求较宽松，但非公开发行的资本成本高，证券流动性差。引入战略投资者、风险投资和私募股权基金属于比较常见的权益融资方式。

8.优先股是一种混合证券。在分配利润和破产清算时的顺序优于普通股，不过，优先股股东没有投票权。公司在发行优先股时，也要考虑到其缺点。

9.金融租赁包括融资租赁和经营租赁，可以用等额年金法计算租金。可转换债券是一种复杂的金融衍生品，具有债权性、股权性和可转换性，可以看作债券和期权的结合体。认股权证中含有的认股权可以看作一种以普通股为标的的看涨期权。

同步测试

同步测试

（一）单项选择题

1.以下融资方式中，属于权益融资的是（　　）。

A.发行债券　　B.银行借款　　C.同业拆借　　D.发行股票

2.上市公司仅向现有股东同比例发行新股的方式是（　　）。

A.配股　　B.股票股利　　C.增发　　D.除权

3.下列各利益相关者对公司净资产的索取权，按先后顺序排列正确的是（　　）。

A.债权人、普通股股东、优先股股东

B.普通股股东、优先股股东、债权人

C.优先股股东、普通股股东、债权人

D.债权人、优先股股东、普通股股东

4.某种证券，有约定的股息率，如果公司所获的盈利不足以分派规定的股息，在以后的年度可以对往年未付的股息进行累计补发，该证券属于（　　）。

A.可累积优先股　　B.非参与优先股　　C.不可累积优先股　　D.普通股

5.在证券IPO定价中，证券承销商对付“赢家的诅咒”的措施是（　　）。

A.均衡定价　　B.高定价　　C.市场定价　　D.低定价

（二）多项选择题

1.股权融资具有下列特征（　　）。

A.股权融资不用还本，因而股权融资的资本成本较低

B.股权融资筹集的股本的多少制约着公司的负债能力

C.股权融资具有股权稀释效应

D.股权融资筹集的资本形成公司的股本

2.公司采取股票回购方式的主要目的或动机包括（　　）。

A.用于稀释股权　　B.分配公司的超额现金

C.降低公司股票价值　　D.改善公司的资本结构

3.IPO的成本主要包括（　　）。

A.承销费用　　B.保荐费用　　C.中介机构费用　　D.绿鞋条款

4.留存收益融资的特点包括（　　）。

A.不发生筹资费用

B.维持公司的控制权分布

C.融资数额有限

D.稀释原有股东的控制权

5.融资租赁按照租赁的目的划分，可以分为（　　）。

A.融资租赁　　B.短期租赁　　C.经营租赁　　D.长期租赁

（三）简答题

1.股权融资和债务融资的特点是什么？它们有什么区别？

2.公开发行股票的成本有哪些？

3.增发和配股对公司股票价格和股东价值的影响是什么？

4.试对比内源融资和外源融资的优缺点。

5.优先股的特征有哪些？优先股融资的利弊是什么？

6再融资有哪几种融资形式？各有哪些特点？

7.什么是配股？需要具备哪些条件才能配股融资？有何特点？

8.公司债券主要有哪些种类？发行债券的限制性条款有哪些？

9.长期借款的优点有哪些？保护性条款有哪些内容？

10.融资租赁和经营租赁的区别是什么？

11.什么是认股权证？如何分析认股权证融资的利弊？

12.什么是可转换债券？其基本要素有哪些？

第七章

资本成本

学习目标

[知识目标]

◇理解掌握资本成本的含义与作用。

◇理解掌握加权平均资本成本的含义。

◇理解杠杆分析意义，掌握杠杆原理。

◇掌握经营杠杆、财务杠杆和总杠杆的含义。

[能力目标]

◇掌握权益资本成本估算方法。

◇掌握债务资本成本估算方法。

◇掌握加权平均资本成本的估算方法。

◇掌握三种杠杆系数的计算及应用。

[素养目标]

◇理解公司控制资本成本、防范财务风险的意义，培养学生识别风险、防范风险的意识。

◇掌握公司加权平均资本成本法在实际中的应用，提升学生的专业技能，恪守职业道德。

引导案例

美的集团：多元化融资控制资本成本

美的集团有限公司（以下简称“美的”）于1968年在中国佛山顺德创立，1980年开始涉及小家电业务，2013年在深交所挂牌上市。借助资本市场的融资优势，美的不断发展壮大，其产品覆盖家电、暖通空调、机器人与自动化系统、智能供应链等，成为中国家电行业的领军企业。2015年美的旗下的GMCC美芝公司和威灵公司合并，标志着美的开始进军全球市场。2016年，美的第一次跻身《财富》全球五百强榜单。

2020年美的收购菱王电梯，正式进军电梯业务；2021年11月，全面收购德国库卡股权；同年12月，收购泰国日立压缩机工厂，布局全球产业。目前，美的已经成为一家全球知名的家电制造商。

在融资方式上，自上市以来，美的多次通过发行股票融资，成功吸引了众多国内外投资者。这些资金不仅增强了公司的资本实力，还提升了美的在资本市场的知名度和影响力。在债务结构中，美的虽然也利用债券市场发行公司债和可转换债券进行融资，但占比较高的却是流动负债，从近五年资产负债表看，流动负债占总负债比率均超过70%，2023年高达80.59%，说明美的的资金需求缺口主要通过一年内到期的短期融资来解决。而其中的应付票据及应付账款在流动负债中占比接近一半，而短期借款相对较少。众所周知，企业应付票据和应付账款是来源于经营性活动，属于经营性负债融资，是无息负债；而短期借款是从银行借入需要一年内还清的款项，属于金融性负债融资，是有息负债。美的从融资成本考虑，充分利用其在家电行业中所处的供应链核心位置，更多运用无息负债融资。2017—2021年的数据显示，美的经营性负债占负债比率基本维持在40%以上，日常经营活动中始终保持着充足的现金流，净现金需求较低。

在日常的运营中，美的不断优化生产流程，提高生产效率，缩短产品生产周期，从而降低库存水平，通过提高资产周转率来降低资本占用；还通过加强应收账款管理，加快收款速度，降低坏账风险，进一步减少了资金占用。此外，美的建立了完善的内部控制体系，规范各项业务流程，确保资金使用的合规性和有效性，通过加强内部控制来降低资本成本。同时，美的还加强对子公司的监管，确保子公司财务状况的透明和稳定，降低了整体资本成本。

美的通过多元化的融资方式，成功降低了融资资本成本，提高了资金利用效率。从投资者的角度看，美的融资结构中负债占比较大，而且是资本成本最低的经营性负债规模较大，意味着融资风险低，公司价值高，显然，美的成功控制了资本成本，为公司未来的稳健发展提供了有力保障。这一案例也为其他企业提供了宝贵的经验，有助于推动中国家电产业的持续健康发展。

资料来源　编者根据相关资料整理而成。

第一节　资本成本概述

一、资本成本的概念

资本成本是指公司为筹集和使用资金而付出的代价。广义上，公司筹集和使用任何资金，不论短期或长期都要付出代价。狭义而言，资本成本仅指筹集和使用长期资金，包括自有资金（股东权益）和借入长期资金的成本，由于长期资金也被称为资本，所以长期资金成本被称为资本成本。研究公司资本成本时，仅指长期资金成本，而短期债务成本一般归入流动资金管理。

资本成本作为公司金融管理最重要的概念之一，直接影响着公司的融资、投资、营运和分配等财务决策，正确理解和估算资本成本是公司实施各项管理决策的基础和前提。

在实务中，为了便于比较和分析，资本成本通常不用绝对金额表示，而是使用资本成本率这一相对数表示。资本成本率是资本使用费用与筹资总额的比率，用公式表示为：

资本成本=资本使用费用÷筹资总额 （公式 7-1）

理解资本成本概念时，要着重关注以下角度：

从资本成本的实质来看：资金的本质具有时间价值和风险价值。其中，时间价值表现为在无风险和无通货膨胀的条件下社会平均资金利润率，它取决于一定时期的社会生产水平和资金平均盈利能力。资本成本的衡量体现了资金的实质，这是因为，资本成本由无风险报酬和风险报酬所构成。其中，无风险报酬率相当于社会平均资金利润率的基本报酬，等同于资金的时间价值，是资本成本的基础；风险报酬则是指对投资者承担风险的补偿。所以，资本成本既包括资金的时间价值，又包含了风险价值（投资风险报酬）。

从投资者的角度来看：资本成本是一种典型的、面向未来的机会成本，它是投资者进行投资所要求的必要报酬率，也即预期收益率。根据风险收益理论，预期收益率是风险的函数，在相同的风险等级下，投资者要求的预期收益率是相同的，因此，资本成本就是机会成本。投资者选择将资金投向某个企业或某个项目时，同时放弃了其他的投资机会，其所放弃的其他投资机会中收益最高的，就是选择投资该公司或该项目所要求的最低报酬率，即投资者所要求获得的必要报酬率。因此，资本成本就是投资者为了达到特定目的而放弃其他投资的价值。

从筹资者的角度来看，资本成本是使用投资者的资本所付出的代价，即筹资者所支付的资本使用费。由于公司资金来源由负债和自有资本（股东权益）两部分构成，因此资本成本也包括债务资本成本和权益资本成本。公司使用债务资本需要支付利息，使用权益资本需要付出股利，这里的资本成本都是单一的某种融资方式所产生的个别资本成本。权益资本主要包括普通股股东、优先股股东等投入的资金，以及留存收益；债务资本主要有长期借款、公司债券、融资租赁等资金。由于公司经营获得的利润要优先支付利息给债权人，然后扣除所得税后才分配给股东，显然股东的投资风险要大于债权人的投资风险，所以股东要求的必要报酬率必然大于债权人的报酬率，也即权益资本成本大于债务资本成本。因此，不同融资方式下的实际资本成本会有所不同。

二、资本成本的作用

（一）资本成本是公司评价和选择投资项目的重要标准

资本成本实际上是投资者应当获得的最低报酬率，在投资项目评估中，只有当投资项目的收益高于资本成本时，才值得为之筹措资本，否则，就应放弃该项目。

（1）采用净现值法进行投资决策时，以资本成本作为贴现率。当净现值大于或等于零时，投资项目在经济上可行；反之，则该项目不可行。

（2）采用内部收益率法进行投资决策时，以资本成本作为基准收益率。只有当项目的内部收益率大于等于资本成本时，投资项目才可行；反之，则不可行。

（二）资本成本是公司融资决策的重要依据

采用不同渠道和方式筹集资本，会形成不同的资本结构，由此将产生不同的融资风险和资本成本。

（1）资本成本是融资渠道和方式选择的重要依据之一。可供公司选择的融资渠道和方式很多，每一种融资渠道和方式下有着不同的资本成本。从最优途径选择将有助于公司实现价值最大化目标，因此，公司应尽可能选择那些资本成本低的融资渠道和方式。

（2）资本成本是确定最优资本结构的依据。由于不同融资渠道和方式对应着不同的资本成本，因而由不同融资方式及其融资量所决定的资本结构下的平均资本成本也不同。因此，从实现价值最大化目标出发，公司会尽可能选择那些平均资本成本最低的资本结构。

（三）资本成本是衡量公司整体业绩的标准

一定时期资本成本的高低，不仅反映公司融资管理的水平，还可以作为衡量公司整体经营业绩的标准。公司的生产经营活动，实际上是公司筹集资本经过投放后形成资产的营运，当公司总资产的税后报酬率高于其平均资本成本时，才说明公司资本的营运效益好。

三、资本成本的影响因素

公司融资活动在市场经济环境下，受到多种因素的影响，因此，资本成本的大小也是多方面因素综合作用的结果，具体影响因素如下：

（一）总体经济环境

总体经济环境的影响体现在无风险报酬率上，若整个社会经济中的资金需求量和供给发生变动，或者预期的通货膨胀率发生变化，投资者也会相应改变其所要求的投资报酬率，这些都会对公司资本成本产生影响。如果整个社会经济的资金供给和需求相对均衡，且通货膨胀水平低，投资者所承担的投资风险小，预期投资报酬率低，则资本成本就相应比较低。相反，如果经济过热，通货膨胀持续居高不下，投资者风险大，预期投资报酬率要求高，公司资本成本就比较高。

（二）资本市场条件

资本市场条件包括资本市场的效率和价格波动程度。如果资本市场缺乏效率，证券市场的流动性低，投资者投资风险大，要求的预期报酬率就高，通过资本市场融通的资金，其资本成本水平就比较高；反之，资本市场效率较高时，证券市场流动性高，资本成本则会相应降低。在市场流通状况正常的情况下，价格波动较大，意味着投资风险大，投资者所要求的收益率也会比较高。

（三）公司经营状况和融资状况

公司的经营状况和财务状况，指的是经营风险和财务风险的大小。经营风险是公司投资决策的结果，表现为自有收益率的变动。财务风险是公司融资决策的结果，表现为普通股收益率的变动。如果企业经营风险高，财务风险大，则公司总体风险水平高，投资者便会要求较高的报酬率，公司资本成本相应就高；反之则低。

（四）公司的融资规模

资本是一种稀缺资源。一般来说，融资规模在一定限度内并不会引起资本成本的明显变化，但当融资规模突破一定限度时，可能会增加公司的财务风险，才会使资本成本增高。

四、资本成本的种类

（一）按照资本性质不同，可分为权益资本成本和债务资本成本

权益资本成本是指各种权益融资方式下各融资工具的资本成本，包括普通股资本成本、优先股资本成本、留存收益资本成本等。

债务资本成本是指向债权人融资后各项融资工具的资本成本，包括长期借款资本成本、长期债券资本成本、融资租赁资本成本等。

（二）按照资本用途不同，可分为单项资本成本、综合资本成本和边际资本成本

单项资本成本是指各项融资方式的资本成本，主要包括长期债券成本、银行借款成本、优先股成本、普通股成本和留存收益成本。单项资本成本主要用作对各种资本融资方式的比较、评价和选择，是公司进行资本成本管理的定量分析工具。

综合资本成本又称为加权平均资本成本，是以各种不同融资方式的资本成本为基数，以各种不同融资方式占资本总额的比重为权数计算的加权平均数。综合资本成本主要用于计算、确定公司的资本结构，从公司的整体出发，对资本成本进行管理。

边际资本成本是指公司最近或最后融资付出的代价，即新增融资的成本。公司无法以某一固定的资本成本筹集无限的资金，当公司融资超过一定限度时，资本成本就会上升。追加一个单位资本增加的成本为边际资本成本。边际资本成本主要考量追加筹资的决策，为降低公司资本成本提供依据。

第二节　单项资本成本估算

单项资本成本是指单一融资方式本身的资本成本，需要分别进行资本成本估算，主要包括债务资本成本和权益资本成本两种类型。单项资本成本的高低用相对数表示，即资本成本率。

若不考虑资金的时间价值，资本成本的一般计算公式为：

$$K = \frac{D}{P - f} = \frac{D}{P(1 - F)} \qquad \text{（公式7-2）}$$

式中：K表示资本成本；D表示资本使用成本；P表示融资总额；f表示资金筹集成本；F表示筹资费率，即资金筹集成本占融资总额的比率。

若考虑资金的时间价值，资本成本的计算方法如下：

因：融资净额现值-未来资本清偿现金流量现值=0

则：资本成本率=所采用的贴现率

下面分别介绍各融资方式资本成本的估算：

（一）债务资本成本估算

按照国际惯例和《中华人民共和国企业所得税法》规定，公司股票股利从税后利润中支付，而债务利息作为财务费用从税前利润中支付。因此，为使负债与权益具有可比性，需要对负债成本进行调整，即将负债成本调整为税后成本。这样，公司负债实际负担的利息费用为：利息×（1—所得税率）。

1.长期借款资本成本

长期借款资本成本包括借款成本和借款手续费。考虑到长期借款利息可作为财务费用从税前利润中扣除，因此，长期借款资本成本可按下式计算：

$$K_L = \frac{i \cdot (1 - T)}{1 - F_1} \qquad \text{（公式 7-3）}$$

式中：K_L表示长期借款资本成本；i表示银行借款利率；F_1表示借款筹资费用率；T表示所得税率。

在实际工作中，还会出现一些相对复杂的情况，如年内结息次数超过1次、借款协议中存在一些限制性条款等，因此，要根据具体情况对借款资本成本的计算公式做出相应调整。

例如，当借款期内计息次数超过1次时，借款成本的计算公式为：

$$K_L = \frac{[(1 + \frac{i}{m})^m - 1] \times (1 - T)}{1 - F_1} \qquad \text{（公式 7-4）}$$

式中：i表示银行借款年利率；m表示年内计息次数；其他符号含义不变。

【例7-1】某公司从银行借入1笔长期资金，年利率为12%，借款的筹资费用率为0.2%，公司所得税率为25%。（1）若每年付息1次，到期一次还本付息；（2）若每季度计息1次，到期一次还本付息。试计算两种方式下公司借款资本成本各是多少？

（1）每年计息1次，借款资本成本为：

$$K_L = \frac{12\% \times (1 - 25\%)}{1 - 0.2\%} = 9.02\%$$

（2）每季计息1次，借款资本成本为：

$$K_L = \frac{[(1 + \frac{12\%}{4})^4 - 1] \times (1 - 25\%)}{1 - 0.2\%} = 9.43\%$$

在实务中，由于银行借款的手续费等筹资费用较低，一般可以忽略不计。这样，长期银行借款的资本成本可以简化为：K_L=i（1-T）。

2.长期债券资本成本

公司发行长期债券筹资时，其基本要素包括债券的利息成本和筹资费用（即发行费用），以及债券发行与还本的方式。债券发行方式有面值、溢价和折价发行三种，因此，公司发行长期债券的资本成本不能简单地以债券的票面利率表示，需要区别不同情况处理。

长期债券资本成本（以下简称债券资本成本）分为两种情况，如果公司已经有发行在外的债券，那么，该债券的到期收益率就是该公司债券的市场必要报酬率。若该债券是新发行的债券，那么可以参考同类型公司发行的债券到期收益率来确定其资本成本。

（1）债券按照面值发行时，债券资本成本的计算公式为：

$$K_b = \frac{i \cdot (1 - T)}{1 - F_b} \quad \text{（公式 7-5）}$$

式中：K_b表示税后债券资本成本；F_b表示债券筹资费用率；i表示银行借款利率；T表示所得税率。

需要说明的是，由于发行债券的筹资费用一般较高，因此在计算债券资本成本时，必须将其作为影响资本成本的因素加以考虑。

【例 7-2】某公司发行年利率为15%的长期债券，发行价格等于债券面值，发行费率为10%，所得税率为25%，那么，该公司债券资本成本为：

$$K_b = \frac{15\% \times (1 - 25\%)}{1 - 10\%} = 12.5\%$$

（2）当债券发行价格与债券面值不一致，即以溢价或折价方式发行时，则需要采用试错法、插值法等计算到期收益率，然后再计算长期债券资本成本。

假设债券发行价格与债券面值不一致，即债券面值B与债券的市场价格P_0不等时，债券资本成本的计算公式如下：

$$P_0(1 - F_b) = \sum_{t=1}^{n} \frac{I_t(1 - T)}{(1 + K_b)^t} + \frac{B}{(1 + K_b)^n} \quad \text{（公式 7-6）}$$

式中：P_0表示债券发行价格净额，等于债券发行价格扣除发行费用；B表示债券面值；I_t表示定期按票面利率支付的利息；n表示债券期限；t表示计息期数；K_b表示债券收益率，即债券的税前资本成本；F_b为债券筹资费用率。

【例 7-3】某公司发行期限为5年、票面利率为15%，面值为1 000元的债券，发行价格为1 200元，发行费率为10%，公司所得税率为25%。那么，债券的到期收益率是多少？

根据公式（7-5），结合题意，下列等式成立：

$$1\,200 \times (1 - 10\%) = \sum_{t=1}^{5} \frac{150(1 - 25\%)}{(1 + K_b)^t} + \frac{1\,000}{(1 + K_b)^5}$$

若令等式右边减去左边，则可以使用插值法计算如下：

当r_1=8%时，代入上式计算可得：

P_1=112.5×3.993+1 000×0.681−1 080=50.21

当r_2=10%时，代入上式计算可得：

P_2=112.5×3.791+1 000×0.621−1 080=−32.51

根据插值法计算债券的到期收益率，计算结果为：

$$K_b = r_1 + (r_2 - r_1) \times \frac{P_1}{(P_2 - P_1)} = 8\% + (10\% - 8\%) \times \frac{50.21}{50.21 - (-32.51)} = 9.21\%$$

（二）权益资本成本估算

1.普通股资本成本

普通股资本成本主要是向股东支付各期股利。由于各期股利不一定固定，随公司盈利状况在各期波动，所以普通股的资本成本主要按照贴现模型计算，并假定各期股利的变化呈现一定规律性。对于上市公司的普通股，其资本成本估算还可以根据该公司股票收益率与市场利率之间的相关性，按照资本资产定价模型法估计。

按照资本成本的实质是投资者所要求的收益率的思路，计算普通股资本成本的方法相当于计算普通股要求的收益率。计算方法大致有以下几种：

（1）股利折现法

所谓股利折现法，就是根据普通股价值为预期未来现金股利按普通股股东所要求的收益率折现后的现值的定义，通过建立股利折现模型，计算普通股股东所要求的收益率，进而估算普通股资本成本。

由于普通股没有到期日，故普通股股东的未来现金红利是无限的。股利折现基本模型为：

$$P_0 = \sum_{t=1}^{\infty}\frac{D_t}{(1+K_s)^t} \qquad （公式 7-7）$$

式中：P_0表示普通股市场价格（或发行价格）；D_t表示预期第t年的普通股股利；K_s表示普通股股东要求的收益率。

但是，准确预测各期股利是相当困难的，因此，公式7-6是估算普通股资本成本的理论模型。使用该模型时，假定资产市场有效，股票市场价格与价值相等，普通股股东长期持有股票，股票股利以某一固定比率增长，在实务中，通常采用公司过去的年增长率来代替未来的增长率。由此，估算普通股资本成本的计算公式如下：

$$K_s = \frac{D_1}{P_0} + g \qquad （公式 7-8）$$

式中：D_1表示预期第一年股利额；g表示普通股股利固定年增长率；K_s与P_0的含义同上。

【例7-4】某公司股利增长预期固定在6%，最近一年每股派现0.5元，股票市价为10元。则普通股资本成本为：

$$K_s = \frac{D_1}{P_0} + g = \frac{0.5\times(1+6\%)}{10} + 6\% = 11.3\%$$

运用股利折现模型法估算普通股资本成本的方法，最大的优点是数据容易获取，计算比较简单。但也有许多限制：①公司不能不支付现金股利，即$D_0>0$；②资本成本（投资收益率）必须大于股利增长率，即$K_s>g$，否则该公式无意义；③公司股利增长率必须是稳定不变的，意味着公司的利润留存也必须稳定不变。现实中，很少有公司能在较长时间内完全符合上述条件，因而，该估算方法的运用具有局限性。

（2）资本资产定价模型法

资本资产定价模型为投资者提供了一个很有用的投资价值分析工具，广泛应用于投资价值评估和基金管理中。

资本资产定价模型是通过调整风险因素来确定普通股资本成本的一种方法，其内容可描述为：普通股的预期收益率等于无风险利率加上风险报酬率。用公式表示为：

$$K_s = R_f + (R_m - R_f)\cdot\beta_i \qquad （公式 7-9）$$

其中，$\beta_i = \frac{\sigma_{im}}{\sigma_m^2}$　（公式 7-10）

两式中：K_s表示普通股的股东收益率；R_m表示市场组合的平均期望收益率；R_f表示无风险报酬率；β_i表示股票的系统风险系数。

【例 7-5】某公司拟上市发行股票。此时市场上无风险报酬率为3.5%，用市场综合指数表示的市场组合收益率为15%，与该公司相类似的另一家上市公司股票的β值为1.4，则该公司股票资本成本为：

K_s=3.5%+（15%－3.5%）×1.4=19.6%

运用资本资产定价模型估算普通股资本成本，意味着普通股资本成本等于无风险报酬率加上风险系数调整后的风险溢价，风险系数与资本成本正相关，即风险系数越大，资本成本也越大。运用该模型估算普通股资本成本时，确定β值的大小非常重要。在理论上，该模型建立在一系列的假设基础上，非常严密。β值用来衡量系统风险，普通股的β值的影响因素有商业周期、经营杠杆和财务杠杆等。因此，在具体应用时，一般是以公司历史风险收益为基础或以预测的风险收益为基础加以确定。

（3）风险溢价法

风险溢价法的基本思路是：根据风险与收益相匹配的原理，普通股股东要求的收益率，应该在债券投资者要求的收益率基础上再追加一定的风险溢价。因此，普通股资本成本可表述为：

$$K_s = K_i + KP_s \qquad \text{（公式 7-11）}$$

式中：K_s表示普通股资本成本；K_i表示债务资本成本；KP_s表示股东对预期承担的比债券持有人更大风险而要求追加的收益率。

由于债务成本（长期借款成本、长期债券成本）比较容易估算，因此，估算K_s的关键是估算风险溢价KP_s。但KP_s并无直接的计算方法，只能从经验中获得。资本市场经验表明，公司普通股的风险溢价对公司自己的债券来讲，绝大部分在3%～5%之间。这种估算方法在逻辑上不够严密，实际中较少应用。

2.留存收益资本成本

留存收益是公司税后净利在扣除所宣告派发的股利后形成，它包括提取的盈余公积与未分配利润，其所有权属于普通股股东。留存收益既可以用作未来的股利分配，也可以作为公司扩大再生产的资金来源，是公司一项重要的筹资来源。

股东是留存收益的所有者，公司运用留存收益时，意味着使用了本该归属于股东的资金，即相当于股东对公司的追加投资，选择该项投资则放弃了其他投资机会，因而该项投资的资本成本表现为投资的机会成本。因此，留存收益也有成本，是一种机会成本。

一般而言，将留存收益视作普通股股东对公司的再投资，留存收益的资本成本是股东失去向外部投资的机会成本，因此，留存收益资本成本的估算可比照普通股资本成本估算方法进行，只是不需考虑融资费用。

留存收益资本成本用K_r表示，其计算公式为：

$$K_r = \frac{D_1}{P_0} + g \qquad \text{（公式 7-12）}$$

3.优先股资本成本

公司发行优先股融资，要支付融资费用，定期支付股利，这一点与公司发行债券相似，它与债券的区别在于，优先股股利在税后支付，且没有固定的到期日。

优先股资本成本的计算公式为：

$$K_p = \frac{D_p}{P_0} \quad \text{（公式 7-13）}$$

式中：K_p表示优先股资本成本；D_p表示优先股股利；P_0表示优先股当前的市场价格。

公司破产时，由于优先股股东对公司剩余财产的索取权位于债权人之后，则优先股股东面临的风险大于债权人的风险。优先股股利要从税后利润中支付，不减少公司所得税。因此，优先股的资本成本要高于债券融资的资本成本，即$K_P>K_b$。与普通股融资相比，由于优先股股东在公司收益分配和清算财产分配顺序上先于普通股股东，因此，优先股股东面临的风险较普通股股东低，从而优先股成本低于普通股成本，即$K_P<K_s$。概括起来，可表示为：$K_s>K_P>K_b$。

第三节　加权平均资本成本估算

一、加权平均资本成本的计算方法

通常，公司融资并非只是采取单一融资方式，而是多种融资方式同时使用。为了更好地进行融资决策，公司需要计算全部长期资本的总成本——加权平均资本成本。加权平均资本成本一般是以各种资本占全部资本的比重为权数（又称为资本权重），对单项资本成本进行加权平均确定的。加权平均资本成本的计算公式为：

$$WACC = \sum_{i=1}^{n} W_i K_i \quad \text{（公式 7-14）}$$

式中：WACC表示加权平均资本成本；n表示融资方式组合的个数；W_i表示第i种融资方式下的融资量在总融资中所占比重；K_i表示第i种融资方式下的资本成本。

从公式可知，计算加权平均资本成本有两个关键因素：单项资本成本和资本权重。单项资本成本的计算方法前已述及，而资本权重有三种不同的计算方法，分别代表了对资本权重不同的衡量角度。

二、资本权重的确定

所谓资本权重，是指公司总资本来源中各种融资方式下资本额所占的比重。资本权重的选择应当与资本成本中的投资额保持对应。一般来说，资本权重有以下三种确定方式：

（一）账面价值权重

账面价值权重以公司资产负债表列示的债券、股票等长期资本的账面价值为基础，计算各类资本占总资本的比重，并以此作为权重计算加权平均资本成本。

账面价值权重的确定较为容易，而且以公司单项资本账面价值为基础计算的加权平均资本成本与公司对外公布的数据一致，便于对公司进行事后评价。但是股票或债券的账面价值与其市价偏离较大时，将对总成本的准确性产生较大影响，因而，不便于作为融资决策的依据。

（二）市场价值权重

市场价值权重是指以股票、债券等的市场价值为基础，计算各类资本占总资本的比重，并以此作为权重计算加权平均资本成本。

由于：公司的资本总额V=债务资本D+权益资本S

则有：D/V、S/V被称为资本结构的市场价值权重。

加权平均资本成本的计算公式可以表示为：

$$WACC = K_A = \frac{D}{V} \times K_D \times (1 - T) + \frac{S}{V} \times K_S \qquad \text{（公式 7-15）}$$

式中：WACC、K_A都表示加权平均资本成本；T表示所得税税率；K_D表示债务资本成本；K_S表示权益资本成本；其他符号含义同前。

按照市场价值权重计算的加权平均资本成本能反映公司目前的实际情况，有利于公司当前的融资决策。但由于现行资本市场的价格处于波动状态，因而，该市场价值权重只能反映当时某一时点的资本结构。作为未来融资决策的依据时，该资本权重应采用平均市场价格来计算。

【例7-6】某公司新上一个投资项目，投资总额为1 000万元。融资组合及其资本成本为：向银行借款300万元，借款利率为10%；发行债券（面值发行）300万元，债券票面利率为12%；发行普通股400万股，发行价格为1元，经估算，该普通股的资本成本为18%，公司所得税税率为25%。若不考虑筹资费用，公司融资的加权平均资本成本为：

$$K_A = \frac{300}{1\,000} \times 10\% \times (1 - 25\%) + \frac{300}{1\,000} \times 12\% \times (1 - 25\%) + \frac{400}{1\,000} \times 18\% = 12.15\%$$

（三）目标价值权重

目标价值权重是指以股票、债券等未来预计的目标市场价值为基础，计算各类资本占总资本的比重，并以此作为权重计算加权平均资本成本。

使用目标价值权重来计算加权平均资本成本，能够满足公司对未来融资的决策需要，能够体现期望的目标资本结构。但是，公司很难客观地确定各种证券的目标价值，因而，这种计算方法不易推广。

二、新增资本的加权平均资本成本

新增资本的加权平均资本成本也称作边际资本成本。公司在追加筹资和追加投资的决策中，必须考虑边际资本成本的高低和相应的变动趋势。

前述单项资本成本和加权平均资本成本都是公司过去筹集或目前使用的资本成本。随着时间推移和公司融资条件的变化，筹集各类资本的资本成本在不断变化，加权平均资本成本也不是一成不变的。因此，公司在未来追加融资时，不仅要考虑目前使用的资本成本，还要考虑为投资项目新筹集资本的成本，即边际资本成本。

边际资本成本可看作在多次筹措资本中，每次筹集最后一笔资本的成本。边际资本成本也是按照加权平均法计算的，是追加投资时所适用的加权平均成本。

知识拓展7-1　加权平均资本成本的实际应用场景

加权平均资本成本是企业在进行财务决策时常用的一个重要指标，它反映了企业筹集资金的平均成本。以下是WACC在实际生活中的一些应用场景：

资本预算决策：企业在制定资本预算决策时，会使用WACC来作为投资决策分析的贴现率。由于公司的WACC是根据整个公司资金来源计算的平均资本成本，当我们制定一家公司整体的资本预算时，可以使用公司的WACC作为折现率；如果要评估一个投资项目，则需要使用项目的资本成本作为折现率，项目的资本成本是根据项目资金来源计算的平均资本成本。投资项目评估使用的基本方法是现金流量折现法，通常使用净现值法。如果净现值为正数，表明投资收益率大于资本成本，该项目可以增加股东财富，应予以采纳；如果净现值为负数，表明投资收益率小于资本成本，该项目将减损股东财富，应予以放弃。

投资项目决策：如果项目的预期回报高于WACC，那么这个项目通常被认为是可行的，因为它能够创造额外的价值；反之，如果项目的预期回报低于WACC，则该项目可能不会增加股东财富，因此通常不会被采纳。例如，企业在考虑新项目投资时，会使用WACC来评估项目的盈利潜力。例如，一家企业使用WACC来评估一个新产品开发项目：如果该产品的预期利润高于企业的WACC，那么企业可能投资该项目；如果预期利润低于WACC，企业可能放弃该项目，或者寻找降低成本的方式以提高预期利润率。

评价公司绩效：企业可能会使用WACC来评估各部门的投资回报率，从而更好地评估各部门的业绩和投资机会。其中，应用最广泛的就是经济附加值（EVA）法。EVA法是指企业资本收益与资本成本之间的差额。具体而言，是指企业税后营业净利润与全部投入资本（债务资本和权益资本之和）的资本成本的差额。如果这一差额是正数，说明企业为股东创造了价值和财富；反之，则说明企业发生了价值损失；若差额为零，说明企业的净利润仅能满足债权人和股东预期获得的收益。EVA法背后的理念很简单。例如，投资者投资了1亿元给公司，该公司的WACC是10%，两者相乘为1 000万元。如果公司净利润小于1 000万元，则从公司总体看，就是在损耗价值；只有当公司净利润大于1 000万元，才是创造价值。

确定最优资本结构：在计算WACC时，企业可以选择不同的权数来反映资本结构的不同方面。例如，可以使用账面价值、市场价值或目标价值作为权数。市场价值权数是基于当前市场价格计算的，能够较好地反映企业的实际情况。而目标价值权数则是基于未来预期的市场价值计算的，虽然难以准确预测，但可以提供一种期望的资本结构视角。同时，由于不同融资方式具有不同的资本成本，公司融资时可以选择单项资本成本最低的融资方式，从而使构建的WACC最低，与此对应的资本结构最优。

资料来源：根据相关资料整理而成。

第四节　杠杆分析

杠杆分析是公司估算资本成本、选择融资方式、确定资本结构、进行风险分析时常用的分析工具。公司因融资方式、资本成本和资本结构不同，将产生经营风险和融资风险，二者并存时的风险称作复合风险，即公司总风险。影响风险的因素有很多，通常认为，固定费用（包括生产中产生的固定成本和融资中形成的固定费用）是影响风险的一个重要因素，由于固定费用存在而产生的杠杆效应有助于衡量公司风险的大小。常见的杠杆有经营杠杆、财务杠杆和总杠杆（综合杠杆）。

一、经营风险与经营杠杆

经营风险又称为商业风险，是指公司由于经营上的原因而导致未来收益的不确定性，它是由经营环境和经营策略的改变而产生的风险。影响公司经营风险的因素很多，如原材料价格、生产成本、产品需求、产品价格的变动等，其中固定成本是影响公司经营风险的一个重要因素。

公司成本按照习性划分，可划分为固定成本和变动成本。其中，固定成本是指不随业务量（销售收入）变动而变动的成本，如管理费用、折旧等；变动成本是指随业务量（销售收入）变动而变动的成本，如原材料消耗、人工费等。公司成本与销售收入、息税前利润之间的关系可表示为：

$$EBIT = P \cdot Q - Q \cdot V - F = Q(P - V) - F \qquad \text{（公式 7-16）}$$

式中：EBIT表示息税前利润；Q表示销售量；P表示单位销售价格；V表示单位变动成本；F表示固定成本。

由公式7-16可知，在一定的固定成本下，公司销售量越大，息税前利润越高；反之则越低。

在公司的生产经营中，存在因固定成本导致公司息税前利润变动率大于产销量变动率的现象，而固定成本、变动成本则与息税前利润的变动负相关。这种在某一固定成本的作用下，销售量（销售收入）的变化带来息税前利润的变化称为经营杠杆。一般来说，经营杠杆用来衡量公司经营风险的大小。

通常，经营杠杆的大小用经营杠杆系数（DOL）来衡量。所谓经营杠杆系数，是指息税前利润（EBIT）变动率与销售量（Q）变动率之比，它反映息税前利润随销售量的变动而变动的幅度。通常，经营杠杆系数越大，表明经营杠杆作用越大，经营风险也越大；反之，经营风险则越小。

经营杠杆系数的计算公式为：

$$DOL = \frac{\Delta EBIT/EBIT}{\Delta Q/Q} \qquad \text{（公式 7-17）}$$

如果以M代表边际总利润，M=Q×（P−V），则有：

$$EBIT = Q(P - V) - F = M - F$$

$$\Delta EBIT = \Delta Q \times (P - V) = \frac{\Delta Q}{Q} \times Q \times (P - V) = \frac{\Delta Q}{Q} \times M$$

将上述EBIT和ΔEBIT的结果代入公式7-16中，则得：

$$DOL=\frac{(\frac{\Delta Q}{Q}\times M)/EBIT}{\frac{\Delta Q}{Q}}=\frac{\frac{\Delta Q}{Q}\times M}{EBIT\times\frac{\Delta Q}{Q}}=\frac{M}{EBIT}=\frac{M}{M-F} \quad \text{（公式7-18）}$$

公式7-18表明，在边际总利润既定的情况下，固定成本越高，经营杠杆系数越大。销售量的一定幅度的变化会带来息税前利润成倍的变化，这也意味着公司息税前利润对销售量变化的敏感程度在变大，公司经营风险也在增大；反之，经营杠杆系数越低，公司息税前利润受销售量变化的影响越小，经营风险也越小。

【例7-7】某公司生产A产品，固定成本为60万元，变动成本率（变动成本占销售收入的比率）为40%，当该公司的销售额分别为400万元、200万元、100万元时，经营杠杆系数分别为：

$$DOL_1=\frac{400-400\times40\%}{400-400\times40\%-60}=1.33$$

$$DOL_2=\frac{200-200\times40\%}{200-200\times40\%-60}=2$$

$$DOL_3=\frac{100-100\times40\%}{100-100\times40\%-60}=\infty$$

以上计算结果表明：

（1）在固定成本不变的情况下，经营杠杆系数表明了销售额增长（减少）所引起的息税前利润增长（减少）的幅度。如DOL_1表明，销售额在400万元时，销售额的增长引起了息税前利润1.33倍的增长。

（2）在固定成本不变的情况下，销售额越小，经营杠杆系数越大，经营风险也越大；反之销售额越大，经营杠杆系数越小，经营风险则越小。

（3）当固定成本变动时，固定成本增大，经营杠杆系数也增大，经营风险随之增加，反之则减小。以【例7-7】说明如下：如变动成本率不变，固定成本为100万元、150万元，销售额为400万元时，经营杠杆系数是：

$$DOL_4=\frac{400-400\times40\%}{400-400\times40\%-100}=1.71$$

$$DOL_5=\frac{400-400\times40\%}{400-400\times40\%-150}=2.67$$

由此可见，公司经营杠杆系数与销售量为反向变动关系，经营杠杆系数与固定成本为正向变动关系，经营杠杆系数的大小意味着公司经营风险的大小。

二、融资风险与财务杠杆

融资风险也称为财务风险，是指公司在融资活动中，由于负债所产生的到期不能按时足额还本付息的可能性。由于负债不能按时偿还，会给普通股股东带来额外风险，从而影响普通股的收益，因此，融资风险是公司融资决策的直接后果，公司需要衡量对普通股股东影响的程度，以评估需要承担融资风险的大小。通常，融资风险的大小用财务杠杆来进行衡量。

负债经营的公司都会面临一定的融资风险，但负债也会给公司带来益处。公司实现收益后，负债利息可以在税前利润中扣除，可以获得节税的益处；公司支付的负债利息并不随公司的收益高低而发生变动，即这部分利息是固定利息费用，因而，股东收益也随着公司收益的增加而提高，从而获得财务杠杆的益处。

所谓财务杠杆，是指由于固定利息费用的存在，公司普通股收益变动率大于息税前利润变动率的现象。通常负债率越高，财务杠杆作用越大；反之，负债率越低，财务杠杆作用越小。

财务杠杆作用的大小通常用财务杠杆系数（DFL）表示。所谓财务杠杆系数，是指公司普通股税后收益变动率与息税前收益变动率之比，即财务杠杆系数反映了税后净收益随息税前收益变动而变动的程度。通常，财务杠杆系数越大，表明财务杠杆作用越大，融资风险也越大；反之，融资风险则越小。

财务杠杆系数的计算公式为：

$$DFL = \frac{\Delta NE/NE}{\Delta EBIT/EBIT} \qquad \text{（公式 7-19）}$$

式中：DFL表示财务杠杆系数；EBIT表示息税前利润；NE表示税后净收益。

由于：税后净收益 NE=（EBIT−I）×（1−T）

则：$\Delta NE = \Delta EBIT \times (1 - T)$

将NE、ΔNE代入公式7-19后，财务杠杆系数则可表示为：

$$DFL = \frac{\Delta EBIT \times (1 - T)}{(EBIT - I) \times (1 - T)} \times \frac{EBIT}{\Delta EBIT} = \frac{EBIT}{EBIT - I} \qquad \text{（公式 7-20）}$$

公式7-20表明，在EBIT既定的情况下，公司负债利息I越多，财务杠杆系数DFL越高，也即利息支出越大，税后净收益随息税前利润变化的幅度越大。

【例7-8】某公司全部资本为1 500万元，负债比率分别为45%、55%时，债务利率10%，若息税前利润分别为200万元、400万元时，财务杠杆系数分别是多少？

$$DFL_1 = \frac{200}{200 - 1\,500 \times 45\% \times 10\%} = 1.51$$

$$DFL_2 = \frac{400}{400 - 1\,500 \times 45\% \times 10\%} = 1.20$$

以上计算结果表明：

（1）在固定利息费用不变的情况下，财务杠杆系数表明了息税前利润增长（减少）所引起的税后净利润增长（减少）的幅度。DFL_1说明EBIT在200万元时，引起了税后净利1.51倍的增长。

（2）在固定利息费用不变的情况下，EBIT越小，财务杠杆系数越大，融资风险也越大；反之，EBIT越大，财务杠杆系数越小，融资风险则越小。

（3）当固定利息费用变动时，如增大，则财务杠杆系数也增大，融资风险随之也会增加，反之，则减小。以【例7-8】说明如下：若该公司负债在总资本中的占比为55%、息税前利润为200万元时，财务杠杆系数是多少？

$$DFL_3 = \frac{200}{200 - 1\,500 \times 55\% \times 10\%} = 1.70$$

三、总风险与总杠杆

由上述内容可知，经营杠杆通过扩大销售量影响息税前利润，而财务杠杆通过扩大息税前利润影响税后总收益，当两种杠杆共同发挥作用时，意味着销售量稍有变动就会使税后总收益产生更大的变动。通常，把经由经营杠杆、财务杠杆这两种杠杆的连锁作用称为总杠杆作用。总杠杆有时也被称为综合杠杆。

总杠杆的作用程度通常用总杠杆系数（DCL）表示，总杠杆系数是经营杠杆系数和财务杠杆系数的乘积。

总杠杆系数的计算公式为：

$$DCL = DOL \times DFL = \frac{\Delta NE/NE}{\Delta Q/Q} = \frac{Q(P - V)}{Q(P - V) - F - I} \quad \text{（公式 7-21）}$$

从公式7-21可知，在经营杠杆和财务杠杆的综合作用下，销售量的一定幅度变化，会导致税后净收益以经营杠杆系数、财务杠杆系数乘积的倍数而变化。

公司利用杠杆原理，既可以提高经营效益，又可以规避风险，总杠杆系数可用于评价公司的整体风险水平。在总杠杆一定的情况下，公司如果要维持一定的总杠杆系数，那么经营杠杆和财务杠杆之间可以有不同的组合：对固定资产比重较大的资本密集型公司而言，经营杠杆系数高，经营风险大，公司融资主要依靠权益资本，以保持较小的财务杠杆系数和财务风险；对变动成本比重较大的劳动密集型公司而言，经营杠杆系数低，经营风险小，公司融资主要依靠债务资本，形成了较高的财务杠杆系数，财务风险较大，对公司的盈利能力有较高要求。

四、资本结构与财务杠杆原理

通过上述杠杆分析可知，公司资本结构与财务杠杆、融资风险有着密切的联系，财务杠杆效应的强弱取决于资本结构中的债务比重。债务比例越高，财务杠杆效应越强，公司融资风险就越大；反之亦然。公司在安排资本结构时，一方面要充分利用财务杠杆效应，通过提高产品销售量使息税前利润上升，进而为公司股东创造更大的价值；另一方面还必须运用财务杠杆的比较分析，根据公司的收益状况合理控制风险，使公司承担适度的负债和风险，实现风险与收益均衡，进而达到利用财务杠杆优化资本结构的目的。

资本结构与财务杠杆的关系不仅体现为负债水平与盈利能力之间的关系，还揭示了权益资本收益率与公司总资本收益率之间的关系。由于债务资本和权益资本之和构成公司的资本总额，通过权益资本收益率与总资本收益率之间的关系，可以进一步阐述财务杠杆原理模型。

公司资本总额（或称为公司总价值，用V表示）可以表示为：

$$V=S+D$$

公司总资本报酬率（ROA）可以表示为：

$$ROA = \frac{EBIT}{S + D} \quad \text{（公式 7-22）}$$

公司权益资本报酬率（ROE）可以表示为：

$$ROE=\frac{EBIT-I}{S}=\frac{EBIT(S+D)}{S(S+D)}-\frac{I}{S} \quad \text{（公式 7-23）}$$

把公式7-21代入公式7-22，整理后可得：

$$ROE=\frac{EBIT}{S+D}+\frac{D}{S}\left(\frac{EBIT}{S+D}-i\right)=ROA+\frac{D}{S}(ROA-i) \quad \text{（公式 7-24）}$$

上式中：D表示负债市场价值；S表示权益市场价值；D/S表示负债权益比；i=I/D，表示负债利息率。

整理后的公式7-24表明：

（1）权益资本报酬率的大小来自两个方面：总资本报酬率（ROA）和财务杠杆效应。其中ROA是正向指标；后者则需要衡量是财务杠杆收益还是财务杠杆损失。

（2）该公式体现了财务杠杆原理，反映出财务杠杆发挥效应的条件：当公司总资本收益率（ROA）大于负债利息率（i）时，负债权益比（D/S）越大，权益资本收益率（ROE）就越高，财务杠杆发挥正效应；反之财务杠杆发挥负效应。

当公司无负债时，不存在财务杠杆效应，总资本收益率与权益资本收益率一致，即ROE=ROA；当公司负债经营，并且ROA=i时，负债经营并不能发挥财务杠杆效应，则ROE=ROA；当公司负债经营，ROA>i时，则ROE>ROA，表明公司资本结构合理，负债比例得当，财务杠杆发挥了正向效应；当公司负债经营，且ROA<i时，表示公司经营状况恶化，负债将会加剧财务风险甚至导致财务危机发生，权益资本收益率随着负债比率的上升而下降，即ROE<ROA。因此，公司要想获得较好的财务杠杆利益，就必须合理控制负债权益比，如图7-1所示（假定i=10%）。

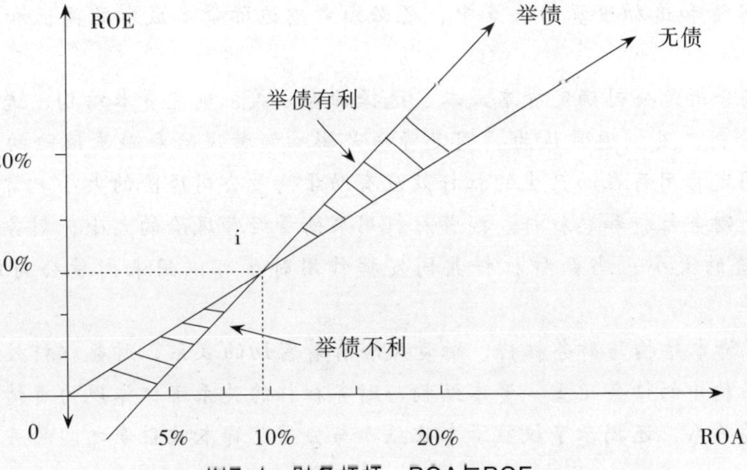

图7-1 财务杠杆：ROA与ROE

根据公式7-23，可以推导出负债权益比的估量模型：

$$\frac{D}{S}=\frac{ROE-ROA}{ROA-i} \quad \text{（公式 7-25）}$$

该模型的负债权益比，代表财务杠杆，这从另一个侧面说明了财务杠杆效应，只要能够控制负债的程度，使债务成本被约束在一定水平（至少低于总资本收益率ROA）时，公司负债经营或提高负债比例会增加权益资本收益率，使普通股股东的税后净收益相应增加。

本章小结

1.资本成本是指公司为筹集和使用资金而付出的代价。从投资者的角度来看：资本成本是投资者进行投资所要求的必要报酬率，也即预期收益率；从筹资者的角度来看，资本成本是使用投资者的资本所付出的代价，即筹资者所支付的资本使用费。从资本成本的实质来看：资本成本既包括资金的时间价值，又包含了风险价值。

2.由于公司融资活动在市场经济环境下进行，资本成本的大小受诸多因素的影响，如总体经济环境、资本市场条件、公司经营状况和融资状况，以及公司融资规模等，资本成本的大小是多方面因素综合作用的结果。

3.资本成本的作用体现在：在资本预算决策中，资本成本是公司评价和选择投资项目的重要标准；在资本结构决策中，资本成本是公司融资决策的重要依据；在公司绩效评估中，资本成本是衡量公司整体业绩评价的标准。

4.单项资本成本的估算按照不同的融资方式进行，包括债务资本成本、权益资本成本等，其中：债务资本成本包括长期借款、长期债券的资本成本；权益资本成本包括普通股、优先股和留存收益的资本成本。

5.加权平均资本成本是以各种资本占全部资本的比重为权数即资本权重，对单项资本成本进行加权平均确定的。估算时需要考虑两个关键因素：单项资本成本和资本权重。其中，资本权重有账面价值权重、市场价值权重和目标价值权重三种形式。公司在追加筹资和追加投资的决策中，还必须考虑边际资本成本的高低和相应的变动趋势。

6.杠杆分析是公司确定资本成本、选择融资方式、确定资本结构、进行风险分析时常用的分析工具。通常认为，固定费用是影响经营风险和融资风险的一个重要因素，由于固定费用存在而产生的杠杆效应有助于衡量公司风险的大小。常见的杠杆有经营杠杆、财务杠杆和总杠杆。经营杠杆用来衡量经营风险的大小；财务杠杆用来衡量融资风险的大小；当两种杠杆共同发挥作用时，可以用来衡量公司综合风险的大小。

7.公司资本结构与财务杠杆、融资风险有着密切的联系，财务杠杆效应的强弱取决于资本结构中的债务比重。资本结构与财务杠杆的关系不仅体现为负债水平与盈利能力之间的关系，还揭示了权益资本收益率与公司总资本收益率之间的关系。

同步测试

同步测试

（一）单项选择题

1.股权融资的资本成本一般（　　）债务融资的资本成本。

A.等于　　B.大于　　C.小于　　D.不等于

2.当市场风险报酬已知时，公司用于计算加权平均资本成本的风险报酬取决于（　　）。

A.权重　　B.税率　　C.单项资本成本　　D.β系数

3.加权平均资本成本的计算中，其权重是以（　　）权重计算的。

A.市场价值权重　　B.目标价值权重

C.账面价值权重　　D.投资价值权重

4.在不考虑融资限制的前提下，下列融资方式中单项资本成本最高的通常是（　　）。

A.发行普通股融资　　B.留存收益融资

C.长期借款融资　　D.发行公司债券融资

5.经营杠杆效应所揭示的是公司（　　）的大小。

A.融资风险　　B.经营风险　　C.行业风险　　D.综合风险

（二）多项选择题

1.在权益资本成本的估算中，用（　　）方法确定普通股的资本成本？

A.股利折现法　　B.CAPM　　C.盈利指数法　　D.风险溢价法

2.当市场风险报酬已知时，公司用于计算加权平均资本成本的风险报酬取决于（　　）。

A.资本权重　　B.所得税税率　　C.单项资本成本　　D.β系数

3.影响公司资本成本的主要因素有（　　）。

A.经济环境　　B.证券市场状况

C.公司经营与财务状况　　D.融资规模

4.估算权益资本成本时，β系数的决定因素有（　　）等方面。

A.经营的周期性　　B.经营杠杆　　C.系统风险　　D.财务杠杆

5.按照估算出的单项资本成本，下列资本成本由大到小的排列顺序是（　　）。

A.普通股资本成本　　B.公司债券资本成本

C.优先股资本成本　　D.留存收益资本成本

（三）简答题

1.资本成本的内涵是什么？它有哪些作用？

2.权益资本成本的估算方式有哪些？

3.资本权重是什么？有哪些方式？

4.资本成本与投资者要求的收益率有什么关系？为什么？

5.如何理解杠杆原理？有哪些杠杆类别？

6.财务杠杆与资本结构、公司价值有什么关系？

（四）计算题

1.某公司生产A产品，固定成本60万元，变动成本率40%，当公司销售额分别为400万元、200万元、100万元时，计算经营杠杆系数，并说明其含义。

2.某公司全部资本为150万美元，负债比率为45%，债务利率12%，当销售额为100万美元、息税前利润为20万美元时，财务杠杆系数为多少？（该公司没有优先股）

3.某公司销售额为280万元，息税前利润为80万元，固定成本为32万元，变动成本率为60%，资本总额为200万元，债务比率为40%，债务利率为12%。试分别计算该公司的经营杠杆系数、财务杠杆系数和总杠杆系数，并说明其含义。

4. 某公司长期资本的账面价值为1 000万元，若长期借款的市场价值为150万元，债券融资的市场价值为180万元，优先股融资的市场价值为75万元，普通股融资的市场价值为645万元，留存收益的市场价值为450万元，如果各种资本成本分别为5.64%、6.25%、10.5%、15.7%和15%，公司适用的所得税税率为25%，试计算加权平均资本成本。

5. 某公司从银行取得一笔借款，年利率为5%，期限3年，每年结息1次，到期一次还本，若公司所得税税率为25%，这笔借款的资本成本是多少？

6. 某公司发行长期债券1 000万元，年利率为8%，筹资费用为10万元，若公司所得税税率为25%，该公司发行长期债券的资本成本是多少？

7. 某公司普通股现行市场价值为20元，先准备增发普通股5万股，预计筹资费用率为5%，第一年发放的现金股利为每股2.5元，以后每年的增长率为6%，试计算增发普通股的资本成本是多少？

8. 某公司拟向银行筹资2 000万元，经与贷款银行协商，提出的放款条件是，若借款1 000万元以下，年利息率8%；若借款在1 000万元到2 000万元之间，银行认为财务风险加大，需按照9%的年利率支付利息。若公司所得税税率为25%，试计算该笔长期借款的边际资本成本。

第八章

资本结构

学习目标

［知识目标］

◇掌握资本结构的含义与影响因素。

◇理解MM理论的内容与观点。

◇理解资本结构权衡理论的内容与观点。

◇掌握资本结构的决策方法。

［能力目标］

◇理解有税时资本结构确定的方法。

◇掌握每股收益无差异点的分析方法。

◇掌握优序融资理论的融资顺序选择。

［素养目标］

◇理解公司资本结构与公司价值的逻辑关系，培养学生的金融专业思维和判断能力。

◇掌握成长性公司筹资时控制融资风险的方法，培养学生依法筹资、合理规避风险的观念。

引导案例

科大讯飞的资本结构

科大讯飞，成立于1999年6月9日，于2008年5月在深圳证券交易所挂牌上市，是专业从事智能语音及语音技术研究、软件及芯片产品开发、语音信息服务的国家级骨干软件企业，在智能语音技术领域有着长期的研究积累，并在中文语音合成、语音识别等多项技术上拥有国际领先成果。近年来，科大讯飞在人工智能领域全面布局，无论是教育、医疗、金融、司法还是智能家居等领域，科大讯飞都能提供定制化的人工智能解决方案，满足不同行业的需求，使公司在市场上拥有了广泛的客户基础和良好的口碑。2024年3月，科大讯飞与鸿蒙生态签约，双方将在技术创新、产业应用、商业合作等领域开展全方位、深层次的合作，共建人工智能产业生态。

科大讯飞自上市以来一直存在较大的资金缺口，先后在资本市场里进行了多次融资，股权融资是科大讯飞热衷的融资方式，向股东再融资和股权并购融资是主要方式，一度股权融资比例达到76%。近年来科大讯飞股权融资的占比有所下降，债务融资有所增长，主要的债务融资方式是银行贷款，所占份额在95%左右，发行债券融资不足5%。但债务融资占融资总额的比重与股权融资相比依然较低。尽管债务融资所产生的资本成本相对于股权融资比较低，但科大讯飞的债务融资较少，在有业绩作为支撑的前提下，这样的融资结构会削弱债务融资在抵税方面的作用，以及债务财务杠杆作用的发挥。

现代资本结构理论认为，债务与股权结构变化会影响公司战略选择，公司战略会影响公司价值，而合理的资本结构则是实现公司价值最大化的有力工具。科大讯飞随着卓越的技术实力和广泛的应用前景，公司的核心价值赢得了市场的广泛认可，为它构建起了稳固而强大的公司价值基础。公司在资本结构方面也体现出多元化、稳健和灵活的特点，如2023年发行了超短期融资券（科创票据，期限30天），资本结构的变化不仅为公司提供了充足的资金支持，还有利于降低融资风险，提高公司的整体竞争力。在未来的发展中，科大讯飞将继续优化资本结构，以更好地应对市场变化和挑战。

资料来源 根据相关资料整理而成。

第一节 资本结构概述

一、资本结构、公司价值与资本成本

资本结构是指公司资本来源的构成及其比例关系。在公司融资管理活动中，资本结构有广义和狭义之分。广义的资本结构是指公司全部资本（包括长期资本和短期资本）的构成及其比例关系；狭义的资本结构是指公司各种长期资本的构成及其比例关系，长期资本主要有权益资本与长期债务资本。本章阐述狭义资本结构的范畴，而短期资本在本书中作为营运资本管理在后文进行阐述。

在公司的资本结构中，长期债务资本的构成和占比非常重要。由财务杠杆原理可知，债务资本占比越大，运用财务杠杆发挥的效应越大。因此，财务杠杆是与资本结构相关联的概念，它表明了公司对债务的依赖程度。通常，我们将无负债公司称为无财务杠杆公司，而将有负债公司称为财务杠杆公司。

在实际中，公司有众多的财务杠杆比例可供选择。这就涉及资本结构的两个重要问题：①公司能否通过改变负债与权益的比例来影响公司价值？②如果资本结构确实可以改变公司价值，那么是否存在可以使公司价值最大化的资本结构呢？

在没有公司所得税的情况下，公司价值就是公司资产产生的所有现金流通过相应的贴现率贴现得到的现值。由公司运营资产产生的现金流，要分配给公司的两类投资者：债权人和股东，即债权人和股东共同享有公司资产所产生的所有现金收益。而公司债务的价值就是债权人获得的利息和本金通过相应的贴现率贴现后的现值，权益的价值是股东获得的股利通过相应的贴现率贴现后的现值。所以，公司价值恒等于公司债务价值加上公司权益价值（V=D+S）。

当公司需要缴纳所得税时，公司资产所产生的所有现金流就有一部分要用于向政府交税，税后收益再分配给债权人和股东。因此，公司经营所得则由政府、债权人和股东三方共同享有。

公司价值的衡量公式如下：

$$V = \frac{(EBIT - I) \times (1 - T) + I}{K_A} = S + D \qquad \text{（公式 8-1）}$$

其中：$S = \frac{(EBIT - I) \times (1 - T)}{K_S}$

$$D = \frac{I}{K_D}$$

$$K_A = \frac{D}{V} \times K_D \times (1 - T) + \frac{S}{V} \times K_S \qquad \text{（公式 8-2）}$$

式中：K_A 表示加权平均资本成本；D 表示债务价值；S 表示权益价值；I 表示债务利息；T 表示所得税；EBIT 表示息税前利润。

以上公式表明，最优资本结构是在公司未来资产带来的息税前利润既定的情况下，公司价值最大、公司加权平均资本成本最低时对应的资本结构。由公式 8-2 可知，加权平均资本成本取决于债务和权益的单项资本成本，以及公司价值权重。无论是单项资本成本，还是平均资本成本，都是税后成本。

由此可知，资本结构与公司价值、资本成本都有着密切的关系。围绕三者之间关系提出的一系列理论统称为资本结构理论。资本结构理论的一个重要假设就是公司资产未来带来的息税前利润既定，以公司价值最大化为目标假设，以平均资本成本为分析基础。为了解决资本结构与公司价值之间的问题，学者们投入了大量精力进行研究，提出了一系列资本结构理论，随着研究的深入，这些理论还在不断改进。图 8-1 概括了资本结构理论的发展演变。

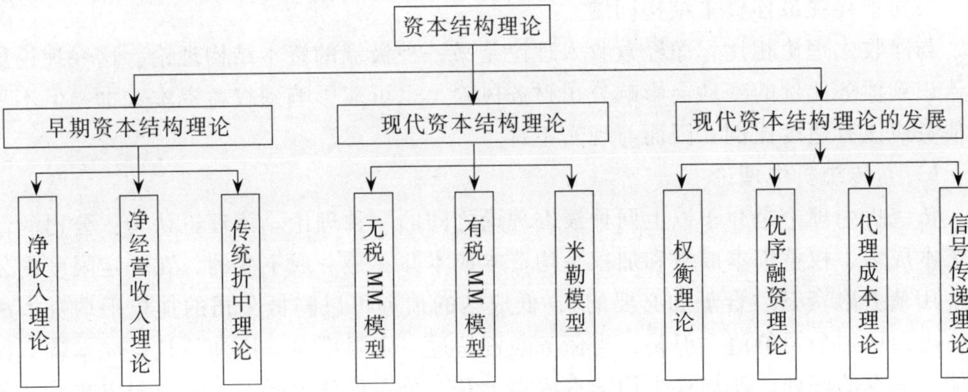

图8-1 资本结构理论框架体系图

二、早期资本结构理论

1952 年，美国经济学家大卫·杜兰特（David Durand）系统总结了早期资本结构理论，并进行了划分。其中，两个理论的观点十分极端：净收入理论认为公司债务融资越多，公司价值越高；净经营收入理论认为资本结构与公司价值无关。而传统折中理论介于二者之间。

（一）净收入理论

净收入理论认为：由于债权人拥有优先求偿权，承担的风险比股东要低，所以债务资本成本低于权益资本成本，运用债务融资可以降低公司加权平均资本成本，且负债越多，加权平均资本成本越低，公司价值就越大。当负债比率达到100%时，公司加权平均资本成本最低，此时公司价值达到最大。

净收入理论的观点源于它的假设前提，该理论的假设前提包含：①投资者对公司的期望报酬率 K_S（即权益资本成本）固定不变；②公司能以固定利率 K_D 无限额筹集债务资金。

净收入理论的假设在实际中很难成立。这是因为：①债务资本增加，意味着财务风险增大，作为理性人的股东会要求提高期望报酬率；②由于债务增加，债权人的保障程度下降，风险增大，边际债务资本成本也会增加。因此，该理论对资本结构的认定缺乏说服力。

（二）净经营收入理论

净经营收入理论认为：公司价值仅仅取决于公司资产的获利能力，即息税前利润水平，而与公司资本结构和加权平均资本成本无关。其理由是：随着债务增加，公司会获得节税利益，而公司风险也会随之明显上升，权益资本会要求提高风险报酬率，使债务资本成本带来的好处正好被权益资本成本的增加所抵销，且不管公司财务杠杆多大，结果都是公司加权平均资本成本仍保持不变。该理论承认，负债增加会提高融资风险，因而股东会要求更高的回报。

按照净经营收入理论，资本结构不会影响公司加权平均资本成本，进而资本结构也不会影响公司价值，认为公司价值的真正决定因素就是公司的净经营收入。由此得出，公司不存在最佳资本结构问题。

与净收入理论相比，净经营收入理论是另一种极端的资本结构理论。这一理论虽然认识到债务比例的变动会影响公司财务风险，也可能影响到权益资本成本，但不承认债务应该有适度比例，因而与现实不符。

（三）传统折中理论

传统折中理论是介于以上两种极端理论之间的一种理论。该理论认为：公司的债务资本成本、权益资本成本和加权平均资本成本并不是一成不变的，在一定限度内公司使用债务融资是“合理和必要的”，低成本的债务可以降低公司的加权平均资本成本，进而增加公司价值。但是，当债务融资超过一定限度时，增加的权益成本就会抵销债务成本的好处，使加权平均资本成本上升，公司价值下降，此时公司应减少债务资本。当加权平均资本成本达到最低点时，即为公司最佳的资本结构，即可以通过利用适度的财务杠杆使公司价值达到最大。

早期资本结构理论的共同特点是：没有考虑公司所得税和个人所得税；没有经过统计数据的分析验证，没有建立在周密分析和计算的基础之上，因此早期理论没有得到理论界的认可。

第二节　MM理论

MM理论是莫迪格利安尼（Modigliani）和米勒（Miller）建立的资本结构模型的简称。

美国经济学家莫迪格利安尼和米勒于1958年在《美国经济评论》上发表了《资本成本、公司财务和投资理论》一文，提出了最初的MM理论，标志着现代资本结构理论的产生。此时的MM理论没有考虑所得税的影响，得出的结论为：公司价值不受资本结构的影响。这一理论以科学、严谨的方式，用统计检验模型的方法，对公司价值和资本结构的关系进行了严密的分析，奠定了现代西方资本结构理论的基础，在理论界引起了巨大反响。此后，他们又对MM理论做出修正，加入了所得税因素，由此而得出的结论为：资本结构影响公司的总价值，负债经营将为公司带来节税效应。MM理论为研究资本结构问题提供了一个有用的起点和分析框架。自MM理论提出后，西方财务中几乎所有资本结构理论都是围绕该模型的假设和命题进行研究，如权衡理论、代理成本理论等。

经典的MM理论可分为最初的MM理论、修正的MM理论和米勒模型三个阶段。

一、最初的MM理论——无税资本结构理论

该理论又称为无税的MM定理。这一定理建立在一系列的假设前提基础上：

（1）公司在无税收的环境下运营。

（2）资本市场无摩擦，即信息充分、无交易成本、证券可以无成本地、直接地交易或买卖，没有破产成本。

（3）公司和个人可以按照同样的利率借入或借出款项，公司和个人负债均无风险。

（4）公司的经营风险可以用息税前利润的标准差来衡量，具有相同经营风险的公司处于同类风险等级。

（5）现在和未来的投资者对公司未来息税前利润具有相同的预期。

（6）没有增长，即公司各期息税前利润相同。

在上述严格的假设条件下，得出了两个重要命题：

1.MM命题一：资本结构与公司价值

命题一（无税）：有负债公司价值与无负债公司价值相等。用公式表示为：

$$V_L=V_U \quad \text{（公式8-3）}$$

其中：$V_L=\frac{EBIT}{K_A}$；$V_U=\frac{EBIT}{K_{SU}}$

式中：V_L表示有负债公司的价值；V_U表示无负债公司的价值；K_A表示有负债公司的平均资本成本；K_{SU}表示无负债公司的权益资本成本。

该命题意味着：

（1）公司价值取决于公司资产未来带来的预期息税前收益，而与这些资产取得的形式无关，即公司价值与资本结构无关。

（2）有负债公司的平均资本成本等于与该公司具有相同风险等级的其他无负债公司的权益资本成本，即资本成本与资本结构无关。

（3）K_A和K_{SU}的高低视公司的经营风险而定。

根据MM命题一的含义，在公司无所得税的前提下，则可以得出：

$K_A=K_{SU}$

因：V=D+S，则有如下等式成立：

$$K_{SU} = K_A = \frac{D}{D+S} \times K_D + \frac{S}{D+S} \times K_S \qquad \text{（公式 8-4）}$$

式中：D表示负债公司的市场价值；S表示公司权益市场价值；K_S表示有负债公司的权益资本成本；K_A表示负债公司的平均资本成本。

将公式8-4的左右两端同时乘以（D+S），移项后整理可得：

$(D+S)K_{SU}=DK_D+S$

$$K_S = K_{SU} + \frac{D}{S}(K_{SU} - K_D) \qquad \text{（公式 8-5）}$$

公式8-5表明，若K_{SU}固定不变，则随着负债比率的上升，K_S也将有所上升。也就是说，在无所得税的情况下，尽管公司负债不会改变公司的总体收益和风险，但是债务的水平还是会影响公司股东得到的收益和风险。公司负债越大，股东得到收益的波动性就越大，因此，股东就会要求较高的收益率，股权的资本成本也就越高。

由此，得到了MM理论的命题二。

2.MM命题二：资本结构与资本成本

MM命题二（无税）：有负债公司的权益资本成本（K_{SL}）等于处于同一风险等级中的无负债公司的权益资本成本（K_{SU}）加上风险溢价。风险溢价根据无负债公司的权益资本成本（K_{SU}）与债务资本成本（K_D）之差乘以债务权益比率（D/S_L）。用公式表示即为：

$$K_{SL} = K_{SU} + (K_{SU} - K_D) \times \frac{D}{S_L} \qquad \text{（公式 8-6）}$$

式中：D表示有负债公司的负债价值；S_L表示有负债公司的权益价值。

该命题意味着：

（1）有负债公司的权益资本成本随负债率的上升而上升。

（2）不考虑税收时，有负债公司的加权平均资本成本总是等于无负债公司的权益资本成本，即$K_A=K_{SU}$。

这表明有负债公司的加权平均资本成本固定不变，与资本结构无关。

这是因为：对无负债公司而言，由于全部资产由权益资本形成，资产带来的收益全部由股东享有；而对于有负债公司而言，由于全部资产由权益资本和债务资本形成，从而资产带来的收益由股东和债权人享有。对债权人而言，从资产收益中获得的只有债务利息，而超过债务利息的超额部分就由股东享有，从而股东既获得了权益资本按照资产收益率计算的正常收益，还获取了债务资本带来的超额收益，即股东要求的收益率等于资产收益率加上负债带来的超额收益率。

由于投资者所要求的预期收益率对公司而言正是需要付出的资本成本，权益资本成本则随着负债率的上升而上升，债务资本给公司带来的财务杠杆收益被权益资本成本的上升所抵消，最后使得有负债公司的平均资本成本等于无负债公司的权益资本成本，如图8-2所示。

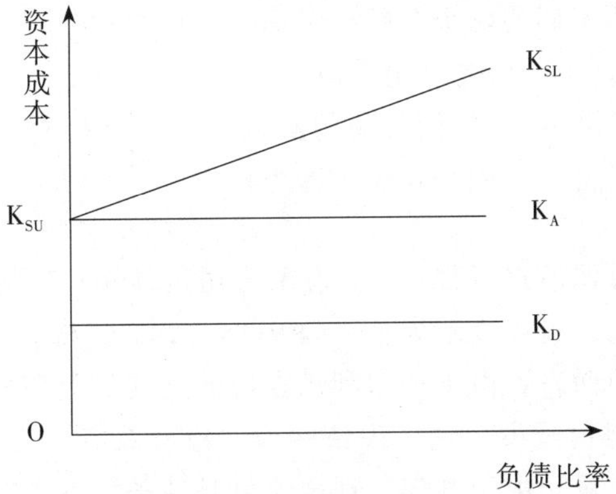

图8-2 无税时的MM理论

从图8-2可知：K_A是公司的加权平均资本成本，在无所得税时，有负债公司的K_A等于无负债公司的K_{SU}。K_{SU}是一个点，而K_{SL}，K_D和K_A是整条线；一般而言，有负债公司的权益资本成本K_{SL}随公司的负债比率增加而上升，而上升的幅度正好被债务资本成本带来的好处所抵销，所以公司的加权平均资本成本K_A与负债比率的变化无关。

3.对无税时MM定理的认识

（1）MM命题一是MM定理的基石，MM命题二是在MM命题一的基础上得出的。

（2）在公司永续存在的假设下，决定公司价值的因素有两个：一是资产未来经营活动带来的息税前利润，即EBIT；二是投资者要求的预期收益率，即资本成本。

EBIT是公司资产带来的，与资本结构无关，资本结构对EBIT的影响仅仅体现在对EBIT分配的影响，即在无负债情况下，仅有股东分享EBIT；在有负债的情况下，股东和债权人一起分享EBIT。

资本成本是投资者要求的预期收益率，是投资风险的函数。因此，在既定的风险等级下，投资者面临的风险相同，要求的预期收益率也相同。就处于相同经营风险等级的公司而言，无论公司有无负债，股东对经营风险都有相同的预期收益率要求。相对于无负债公司而言，有负债公司的股东增加了财务风险，其要求的预期收益率也就增加了财务风险报酬率，即权益资本成本的增加与资本结构有关。但是，股东要求的财务风险报酬等于便宜的负债带来的超额收益，最终使得公司的平均资本成本不变。可见，公司的加权平均资本成本与资本结构无关。

由此可知，EBIT与资本结构无关，加权平均资本成本与资本结构无关，从而公司价值与资本结构无关，无所得税时，决定公司价值的核心因素是EBIT。

二、修正的MM理论——考虑公司所得税的资本结构理论

无公司所得税时的MM理论，其假设与现实相差甚远，由于所得税在公司是真实存在的，公司支付债务利息可以抵减应纳税所得额，可见税收存在就会影响公司价

值。这实际上表明债务融资具有一个重要的优势，而现金股利和留存收益则不具有减税效果。1963年，莫迪格利安尼与米勒在《美国经济评论》上发表了一篇题为《企业所得税和资本成本：一项修正》的文章，对无公司所得税的MM理论进行了修正，得出了与无税时截然不同的两个命题。考虑公司所得税时MM定理的两个命题如下：

1.MM命题一：资本结构与公司价值

MM命题一（有税）：有负债公司的价值等于处于相同风险等级的无负债公司的价值加上负债的节税价值。用公式表示即为：

$$V_L=V_U+T_C\times D \quad \text{（公式 8-7）}$$

式中：T_C表示公司所得税税率；D表示公司负债额；V_L表示有负债公司价值；V_U表示无负债公司价值，可以表示为：$V_U=EBIT\times(1-T_C)/K_{SU}$。

对于有负债公司而言，由于负债利息在税前列支，负债使得公司应纳税所得额减少，进而缴纳的所得税减少，这一现象称为“税盾效应”或“节税效应”，节税利益增加了公司的现金流量。由于这部分现金流量是债务资本带来的，用债务资本成本将其贴现为现值，即是节税价值$T_C\times D$。假设公司负债是永久性的，运用永续年金计算公式，就可以得到税盾的现值。

节税价值的计算公式为：

$$T_C D = D\times K_D\times\frac{T_C}{K_D} \quad \text{（公式 8-8）}$$

有公司所得税时的MM命题具有如下含义：

（1）由于负债利息在税前列支，因此，负债能够带来节税利益，具有节税效应；

（2）负债带来的节税利益增加了公司价值，节税利益等于节税额的现值；

（3）负债越多，节税价值越大，公司价值越高，公司负债100%时资本结构最优。

下面结合例题进一步说明有公司所得税时MM命题一的含义：

【例8-1】假设有L和U两个公司，两个公司除资本结构外，其他方面均相同。L为有负债公司，负债为10万元，负债利率为8%，U为无负债公司。假设两公司每年的EBIT均为10万元，所得税税率为25%。有关财务数据见表8-1，那么，L公司的债务能得到多大的节税收益？

表8-1　U公司和L公司财务数据计算表　单位：万元

项目	U公司（无负债）	L公司（有负债）
EBIT	10	10
利息	0	0.8
应纳税所得额	10	9.2
所得税	2.5	2.3
净利润	7.5	6.9
来自资产的现金流量（EBIT-税）	7.5	7.7
流向股东和债权人的现金流量	7.5	7.7
节税收益	0	0.2

从表8-1可知，资本结构对公司的影响体现在：

（1）来自资产的现金流量不同。有负债公司的现金流量大于无负债公司的现金流量，其差额为0.2万元，这0.2万元正好是有负债公司相对于无负债公司少交的所得税，即负债利息的节税收益。

（2）流向投资者的现金流量不同。有负债公司股东和债权人获得的现金流量的和为7.7万元（6.9+0.8），高于无负债公司股东获得的现金流量7.5万元，两者之差的0.2万元就是负债的节税收益。

假设债务是永续的，相同的0.2万元节税收益每年都会发生；由于节税收益是因支付利息所产生的，因而其风险和债务相同，则可以使用债务成本来进行折现。债务节税收益的现值为：

$$PV = \frac{I}{K_D} = \frac{0.2}{8\%} = 2.5\text{（万元）}$$

（3）公司的价值不同。假设公司U的资本成本为10%，那么，公司U的价值为：

$$V_U = \frac{EBIT(1 - T_C)}{K_{SU}} = \frac{10 \times (1 - 25\%)}{10\%} = 75\text{（万元）}$$

有负债公司通过节税收益增加公司价值，只需要将这部分节税收益加到无负债公司的价值上，就可以得到有负债公司的价值：

$$V_L=V_U+T_CD=75+2.5=77.5\text{（万元）}$$

有负债公司的价值是77.5万元，高于无负债公司的价值（75万元），因此，债务的利用增加了公司的价值。MM命题一可用图8-3表示。

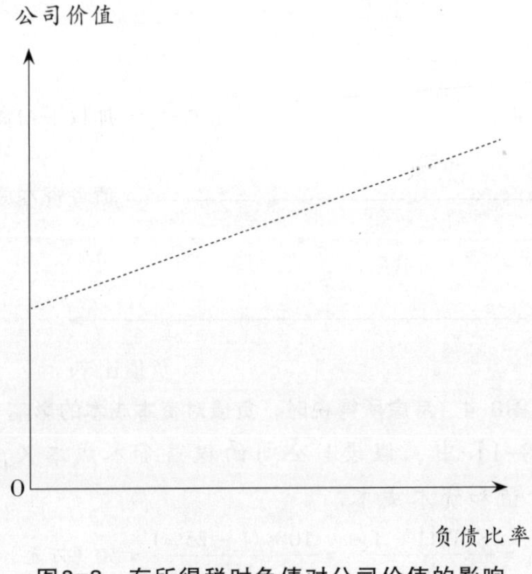

图8-3　有所得税时负债对公司价值的影响

2.MM命题二：资本结构与资本成本

MM命题二（有税）：有负债公司的权益资本成本（K_{SL}）等于处于同一风险等级的无负债公司的权益资本成本（K_{SU}）加上一定的风险报酬率。风险报酬率根据无负债公司的权益资本成本（K_{SU}）与债务资本成本（K_D）之差、债务权益比（D/S_L）和所得税税率（T_C）所确定。用公式表示即为：

$$K_{SL} = K_{SU} + (K_{SU} - K_D) \times (1 - T_C) \times \frac{D}{S_L} \quad \text{(公式 8-9)}$$

MM命题二（有税）的含义与MM命题二（无税）的含义基本相同，只是在数值上变小了。因为公式8-9与公式8-7相比，风险报酬率要乘以（$1-T_C$），由于（$1-T_C$）<1，因此，考虑有税时的风险报酬率低于无税时的风险报酬率，从而有税时的权益资本成本小于无税时的权益资本成本。事实上，债务资本成本K_D的乘数因子是（$1-T_C$），正是由于公司支付的利息具有抵税的作用，才降低了有负债公司的债务资本成本和权益资本成本，从而导致了负债公司的价值增加。

考虑公司所得税后，有负债公司的加权平均资本成本为：

$$K_A = K_{SL} \times \frac{S_L}{V_L} + K_D \times (1 - T_C) \times \frac{D}{V_L} \quad \text{(公式 8-10)}$$

由公式8-10可知，在有公司所得税的情况下，债务资本相对权益资本而言具有抵税的优势，所以K_A随着负债率的提高而降低。而在不考虑税收时，债务的财务杠杆不影响加权平均资本成本，所以加权平均资本成本高于考虑所得税时的水平。

MM命题二（有税）可用图8-4表示。

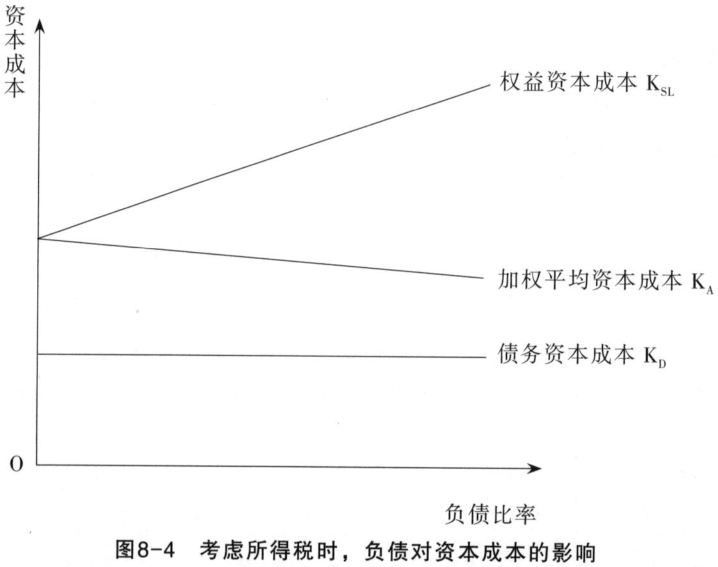

图8-4　考虑所得税时，负债对资本成本的影响

【例8-2】在【例8-1】中，假设U公司的权益资本成本K_{SU}=15%，那么试计算U公司和L公司的公司价值和资本成本。

U公司的价值：$V_U = \frac{EBIT(1 - T_C)}{K_{SU}} = \frac{10 \times (1 - 25\%)}{15\%} = 50$（万元）

L公司的价值：$V_L=V_U+T_CD=50+10\times25\%=52.5$（万元）

由于：$V_L=D+S$，所以：

L公司权益的价值：$S_L=V_L-D=52.5-10=42.5$（万元）

L公司的权益资本成本：

$$K_{SL} = K_{SU} + (K_{SU} - K_D)(1 - T_C) \times \frac{D}{S_L} = 15\% + (15\% - 8\%) \times (1 - 25\%) \times \frac{10}{42.5} = 16.24\%$$

L公司的加权平均资本成本：

$$K_A = K_{SL} \times \frac{S_L}{V_L} + K_D \times (1 - T_C) \times \frac{D}{V_L}$$
$$= 16.24\% \times \frac{42.5}{52.5} + 8\% \times (1 - 25\%) \times \frac{10}{52.5}$$
$$= 14.29\%$$

在已知权益的期望收益率（资本成本）时，也可以用另一种方法确定有负债公司的权益价值，计算如下：

$$S_L = \frac{(EBIT - K_D \times D)(1 - T_C)}{K_{SL}} = \frac{(10 - 8\% \times 10) \times (1 - 25\%)}{16.24\%} = 42.5\text{（万元）}$$

而有负债公司的价值也可用另一种方法计算出来：

$$V_L = \frac{EBIT(1 - T_C)}{K_A} = \frac{10 \times (1 - 25\%)}{14.29\%} = 52.5\text{（万元）}$$

从以上计算结果可知，有负债公司的加权平均资本成本（即14.29%）低于无负债公司的加权平均资本成本（即15%），从而使得有负债公司的价值大于无负债公司的价值。

三、米勒模型——考虑个人所得税的资本结构理论

尽管MM理论修正后考虑了公司所得税的影响，但仍未考虑个人所得税的影响，而且实际中的股票收益所得税税率与债券利息所得税税率又不一致。为此，1976年，米勒在美国财务联合会上所做的一次报告中提出将公司所得税和个人所得税都包括在内的公司价值估算模型。1977年米勒发表论文《债务与税收》，进一步探讨公司所得税与个人所得税同时存在时，负债对公司价值的影响，这就是著名的米勒模型。

假设股东个人所得税税率为T_S（股票收益包括股利和资本利得两部分，此处的股东个人所得税税率为加权平均的股利和资本利得税率），债权人的个人所得税税率T_D，公司所得税税率为T_C，无负债公司的价值为V_U，有负债公司的价值为V_L。

在同时考虑公司所得税和个人所得税的情况下，假若前述MM定理的所有假设不变，则无负债公司价值的估值模型为：

$$V_U = \frac{EBIT \times (1 - T_C) \times (1 - T_S)}{K_{SU}} \qquad \text{（公式8-11）}$$

公式8-11表明，T_S的存在会降低无负债公司的价值。

有负债公司的公司价值可以表述为：

$$V_L = V_U + D \times \left[1 - \frac{(1 - T_C) \times (1 - T_S)}{(1 - T_D)}\right] \qquad \text{（公式8-12）}$$

这就是考虑公司所得税和个人所得税的米勒模型。从中可以看出，个人所得税会在某种程度上抵销债务的节税收益。

公式8-12中，$D \times \left[1 - \frac{(1 - T_C) \times (1 - T_S)}{(1 - T_D)}\right]$代表负债的节税价值，它相当于有公司所得税时的$T_C \times D$，但在数值上低于$T_C \times D$的水平。

（1）如果$T_S=T_D=T_C=0$，那么，$V_L=V_U$，这就是无公司所得税时的MM命题一。

（2）如果$T_C \neq 0$，$T_S=T_D=0$，或者$T_S=T_D$，那么，$V_L=V_U+D \times T_C$，这就是有公司所得税

时的MM命题一。

(3) 如果 $(1-T_C)\times(1-T_S)=(1-T_D)$，那么，$V_L=V_U$，有负债公司的价值等于无负债公司的价值，这意味着负债的节税效益正好被个人所得税所抵销，财务杠杆不发挥任何效应。

(4) 如果 $T_S<T_D$，来自债务的节税收益就会减少。如果 $T_S>T_D$，来自债务的节税收益就会增加。

从米勒模型可以看出，资本结构的变动会影响公司的价值，同时负债经营会带来节税利益，从而米勒模型和考虑公司所得税的MM模型的结论基本一致。

【例8-3】仍用【例8-1】【例8-2】的数据：

假设公司U和公司L都将所有的净利润作为股利支付给股东，两公司息税前利润仍为10万元，公司所得税税率为25%，投资者对公司税后收益要求的报酬率是15%，个人资本利得所得税税率为18%，个人利息税税率为6%。公司U和公司L的现金流量对比见表8-2。

表8-2 公司U和公司L现金流量对比 单位：万元

项目	U公司（无负债）	L公司（有负债）
EBIT	10	10
利息	0	0.8
应纳税所得额	10	9.2
公司所得税（T_C=25%）	2.5	2.3
净利润	7.5	6.9
股东和债权人的总现金流量	7.5	7.7
股利	7.5	6.9
股东的个人所得税（T_S=18%）	1.35	1.24
个人所得税税后的股利	6.15	5.66
利息	0	0.8
利息的个人所得税（T_D=6%）	0	0.05
个人所得税税后利息	0	0.75
个人所得税税后的股东和债权人的总现金流量	6.15	6.41

表8-2的计算结果表明，在只考虑公司所得税时，投资者获取的现金流量在有负债时为7.7万元，在无负债时为7.5万元，前者高出后者0.2万元，这0.2万元正好是0.8万元利息税前列支而少交的所得税。

既考虑公司所得税，又考虑个人所得税时，两家公司缴纳的总的所得税计算结果为：

公司U：$T=T_S+T_D+T_C=1.35+2.5+0=3.85$（万元）

公司L：$T=T_S+T_D+T_C=1.24+2.3+0.05=3.59$（万元）

由表8-2可知，有负债公司L的税后总现金流量比无负债公司U的税后总现金流量更大些，差额为0.26万元（6.41-6.15），这一差额正好等于两家公司在税收上的差额0.26万元（3.85-3.59），表明公司U在税收上正好比公司L多了这0.26万元。可见，税收完全解释了公司负债的财务杠杆效应对现金流量的影响。

两家公司的个人所得额对公司价值的影响计算如下：

无负债公司U的公司价值为：

$$V_U=\frac{EBIT\times(1-T_C)\times(1-T_S)}{K_{SU}}=\frac{10\times(1-25\%)\times(1-18\%)}{15\%}=41\ (\text{万元})$$

有负债公司L的公司价值为：

$$V_L=V_U+D\times\left[1-\frac{(1-T_C)\times(1-T_S)}{(1-T_D)}\right]=41+\left[1-\frac{(1-25\%)\times(1-18\%)}{(1-6\%)}\right]\times 10=44.45(\text{万元})$$

以上计算结果表明，在同时考虑公司所得税和个人所得税时，有负债公司的价值为44.45万元，无负债公司的价值为41万元，二者的差额为3.45万元，这正是考虑个人所得税后的节税效益。

如前所述，仅考虑公司所得税时，有负债公司的价值为52.5万元，无负债公司的价值是50万元，2.5万元的差额就是有负债公司的节税收益，这一节税收益比考虑全部税收的差额3.45万元要低。这说明，在个人资本利得税税率高于个人利息税税率时，负债带来的财务杠杆利益能增强有负债公司的优势。

在实际中，要明确债务的税收优势，公司就需要掌握股东和债权人所需对应的税率大小，而这加大了准确估计税收优势的难度。此外，计算债务的节税收益时，还需要假设公司有足够的利润可以享受节税的好处。但实际上，几乎没有公司能够确保自身未来一定能获取应税利润。如果公司出现亏损，而且无法用亏损来抵扣过去的税额，那么节税收益就只能往后递延。但资金的时间价值就会逐渐减少，甚至节税收益会彻底消失。

另外，租赁、折旧、摊销等事项也具有节税效应，这使得债务的节税效应可能被大打折扣。因为对于一些拥有大量非利息节税收益、未来前景尚不明朗的公司而言，它们应该会较少地利用债务的节税效应。如果这些公司累积了大量的递延损失，它们也不应该再进行债务融资。所有这些都表明：公司债务具有一定的税收优势，至少对那些确信自己能够使用节税收益的公司更是如此，但对于那些完全不可能利用节税优势的公司，债务只会给它们带来一定的税收劣势。

知识拓展8-1

个人所得税对公司证券融资方式的影响

当考虑个人所得税（股东的股利所得税、债权人的债券利息所得税）时，公司的目标就不仅仅是最小化公司所缴纳的税款，而是试图最小化由公司收入引起的所有税款。所有税款包括公司所得税、债权人个人所应缴纳的税款和股东个人所应缴纳的税款。这些税款都对公司价值产生影响，同时公司还应该考虑个人所得税也会对公司的资本结构选择产生一定的影响。

假设公司的现金流量为1元，企业所得税税率为T_C，个人股利所得税税率为T_S，个人利息所得税税率为T_D。如果这家公司是全权益公司（税后利润全部发放股利），股东的税后所得为（$1-T_C$）×（$1-T_S$）；如果这家公司是全债务公司（税后利润全部给投资者)，债券持有人的税后所得为 $1-T_D$。因此，在不考虑财务困境成本的情况下，若 $T_S=T_D$，此时 $(1-T_C)\times(1-T_S)<(1-T_D)$，债权人收入大于股东。在这种情况下，公司应该发行债券而非股票，因为公司支付给股东的收入将被双重课税，而债券持有人的收入只在个人层面被课税。即使不考虑个人所得税，股东的收入为 $1-T_C$，也要低于债券持有人的收入1元。只有当 $(1-T_C)\times(1-T_S)=(1-T_D)$ 时，投资者才并不关心公司发行债券还是股票，公司发行何种证券并无差别。

第三节　资本结构的其他理论

一、权衡理论

MM理论推出之后，学者们不断放宽假设，从不同视角对资本结构进行了大量的研究，当把债务的财务困境成本和代理成本引入MM理论后，出现了与之前大为不同的结论。这就是理论界所称的权衡理论模型。

前已述及，公司负债后能够带来税收益处，但是由于向债权人支付债务利息和本金是负债公司的责任，所以当公司借入资金后就有可能面临违约风险，最终可能出现导致破产清算的结果，即存在财务困境成本；又由于股权投资者和债权人之间存在利益冲突，由此将带来代理成本；同时，负债的存在还会降低公司经营上的灵活性，从而在一定程度上抑制了债务融资的优势；因此，权衡理论认为，最佳资本结构是平衡税收利益与财务困境风险、代理成本时的资本机构。

（一）财务困境成本

当公司未来现金流量不稳定，或公司对经济冲击高度敏感时，如果过多地使用债务，就会导致公司陷入财务困境，出现财务危机甚至破产，所以债务会增加公司陷入财务困境的风险；相反，权益融资则不会出现直接致使公司破产的风险，因为当一家公司的盈利状况不佳时，可以选择不发放股利，而且股本也不用归还。公司在选择权益融资还是债务融资时，必须把债务增加的财务困境成本纳入考虑。

有负债公司一旦破产，各种各样的费用就会发生。即使公司还没有破产，但在履行还本付息义务出现严重问题时，与财务拮据相关的财务困境成本就会发生。财务困境成本大体可分为以下几种：

1.财务困境的直接成本

财务困境的直接成本一般指破产成本，包括破产过程中发生的、与清偿或重组相关的法律、会计和管理费用，以及公司破产引发的无形资产损失。由于这些成本费用的存在，公司资产的一定比例就会在破产的法律过程中“消失”，从而债权人不会得到所有被欠的款项。因此，无论是从公司的资金花费还是债权人承担的成本看，破产都将降低投资者最终获得的价值。破产成本大多与公司规模无关，虽然其绝对数额较大，但据统计，从占比来看，破产的直接成本仅为公司破产前公司价值的3%~4%。

2.财务困境的间接成本

财务困境的间接成本是指财务困境对企业经营能力的伤害，包括公司在处于财务困境但尚未破产时在经营管理方面遇到的各种困难和麻烦，比如融资困难，还包括由于债权人的介入导致的管理决策权部分丧失、投资决策行为的偏离所造成的公司价值的降低。财务困境的间接成本一般难以准确计量，但往往高于其直接成本，据相关统计，财务困境的间接成本约占公司价值的10%~20%。

3.代理成本

此处的代理成本是指债权人为保护自身利益，防止公司股东的利己策略，而对公司经营做出的种种限制或者提高利率，由此给公司增加的费用或机会成本，即债务的代理成本。

对陷入财务困境的公司来说，股东和债权人的行为动机是不同的。从股东的角度来看，一旦公司发生破产，股东就会丧失对公司的控制权，因此，当公司陷入财务困境时，股东可能会采取三种损害债权人的利己策略：①冒高风险的动机：以牺牲债权人利益的方式投资高风险项目，争取公司生存下来，避免破产；②倾向于投资不足的动机：如果不能阻止破产，即使项目的净现值大于零，股东也没有投资的动力；③在财务困境时期支付额外股利或者其他分配项目，剩余给债务人的较少。从债权人的角度来看，他们关心的是如何保护公司资产的价值，并试图从股东手中拿到控制权，因此，他们有强烈的动机寻求通过破产来保护他们的利益，防止股东再浪费公司的资产。股东和债权人之间的抗争是旷日持久的，特别是在公司出现财务困境时期，并且潜藏着相当昂贵的法律较量。这些都会形成公司的代理成本，从而提高负债成本，降低负债收益。

代理成本的存在表明负债的使用可能会导致股东侵占债权人的利益，扭曲公司的决策，但需要注意的是，这些代理成本只有在公司财务困境的情况下才会发生。债务代理成本的大小随着债务规模的增加而增加，并最终由股东承担。

（二）权衡理论模型

根据MM理论，负债具有节税效应，能增加公司价值，这是负债所具有的正效应。同时，负债还有可能使公司发生财务拮据，产生财务困境成本，这是负债所具有的负效应。在较低的债务水平上，发生财务困境和破产的概率较低，债务带来的节税价值高于它的财务困境成本；在较高的债务水平上，公司发生财务困境和破产的概率就会提高，债务带来的节税价值可能不足以抵销财务困境成本。因此，最优的负债水平是负债的边际节税效应等于负债的边际财务困境成本。公司的资本结构可以看成是税收利益与财务困境成本的权衡，这种收益与成本的权衡导致最优资本结构，这就是权衡理论的主要思想。

根据有公司所得税时的MM模型，将财务困境成本考虑进来，负债公司的价值估计模型可修正为：

$$V_L' = V_u + T_C D - FPV \quad \text{（公式 8-13）}$$

式中：V_L'表示考虑财务困境成本的公司价值；FPV表示预期财务困境成本的现值。

公式8-13就是权衡模型。该模型可以用图8-5来描述。

从图8-5可知，当公司负债额达到D^*点时，负债的边际收益与负债边际成本达到均衡，负债的净利益达到最大，公司价值达到最大值V_L^*，因此，D^*点即为最优负债金额，与D^*点相对应的资本结构（D^*/S^*）就是最优的资本结构，具体如图8-6所示。

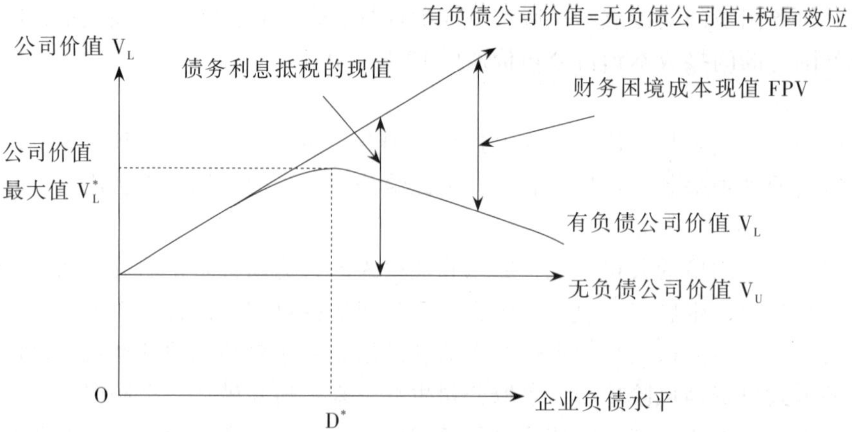

图8-5　权衡理论模型的最优资本结构

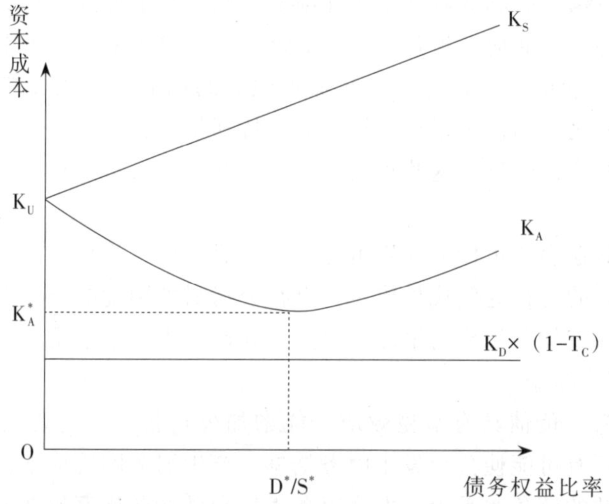

图8-6　最优资本结构和资本成本

需要说明的是，当债务权益比率达到D^*/S^*之前，由于税后债务成本比权益成本便宜，所以平均资本成本是下降的；当债务权益比率达到D^*/S^*后，虽然债务成本比权益成本便宜，但是，财务困境成本会随之增加，对较低的债务成本起到抵销作用，加权平均资本成本会逐步提高。

由图8-6可以看出，权衡理论描述了负债的节税效益与财务困境成本之间的权衡，这一理论认为存在着最优资本结构。因此，从本质上看，公司在进行资本结构决策时将锚定目标资本结构，若实际资本结构偏离了目标资本结构，公司就会调整自身资本结构，以使其接近目标资本结构水平，从而最大化公司价值。当负债权益比过高时，公司在进行新的融资方式选择时，可以选择股权融资，以缓解公司的财务负担和破产风险；反之，若负债权益比过低，则公司可以增加债务融资，以有效发挥债务的抵税作用，提高公司的盈利能力。

由此，根据权衡理论，可以得到如下启示：

（1）所得税税率高的公司可以多负债。在其他条件不变的情况下，公司所得税税率越高，负债获得的节税效益越大。

（2）经营能力强的公司可以多负债。公司的经营能力越强，发生财务困境的可能性越小，从而引起的财务困境成本也越低。

（3）拥有较多有形资产的公司可以多负债，当发生财务危机的时候，有形资产减损较少。所以有形资产较多的公司负债率往往高于拥有较多无形资产的公司，例如，房地产公司的负债率普遍较高，而科技型公司负债率普遍较低。

可见，由于权衡理论在合理的范围内将MM理论的假设条件放宽，更深入地探讨了资本结构理论，该理论得到了更深入的发展。权衡理论放宽了MM理论中无财务困境成本、无所得税的假设条件，深入研究了引入所得税和财务困境成本后，资本结构的变化以及对公司价值的影响，但是，权衡理论始终无法精确地对财务困境成本进行合理计量，因此，理论上的最佳资本结构仍然无法通过准确的数学模型进行运算得出。

20世纪70年代以后，随着信息经济学的迅速发展，资本结构理论的研究进入了一个新的阶段。这些理论研究不仅延续了之前只注重税收、破产等外部因素的影响，还试图通过企业内部因素分析，通过内外结合的方式，为资本结构理论的研究提供新的研究方向。

该时期有代表性的资本结构理论主要有优序融资理论、委托代理理论、信息传递理论等。

二、优序融资理论

（一）优序融资理论的基本含义

一般而言，公司管理者比外部投资者更了解公司的发展前景和公司价值，这表明管理者与投资者之间存在着明显的信息不对称问题。信息不对称会影响公司的融资选择，也会影响公司发行新债或者发行新股的选择，由此产生了融资的先后顺序。

梅耶斯（Myers）和梅吉拉夫（Majiluf）认为：资本结构的确定，就是为了缓和由于信息不对称而导致的公司投资决策的无效率。公司的资本结构是在公司新项目融资愿望的驱使下形成的，公司在筹集项目所需投资资金时，首选内部资金，主要是留存收益；其次选择低风险的债务融资，如银行借款或者发行公司债券；最后才采用发行股票融资，而发行股票是公司负债信用额度用完时才不得不利用的一种融资方式。

优序融资理论是在信息不对称框架下研究资本结构问题。这里的信息不对称，是指公司内部管理层通常要比外部投资者拥有更多、更完整的关于公司的信息。在这种情况下，管理层的许多决策，如融资方式、股利分配决策等不仅具有财务上的意义，而且向市场和外部投资者传递着信号。外部投资者只能通过管理层的这些决策所传递出的信息，才能了解公司未来收益预期和投资风险，间接地评价公司价值或者资本结构。在信息不对称情况下，如果外部投资者掌握的信息比管理层要少，那么公司权益的市场价值就可能被错误地定价：当公司股票价值被低估，管理层将避免增发新股，而采用其他融资方式筹集资金，如内源融资或者发行债券；而在公司股票价值被高估时，管理层将尽量通过增发新股为新项目筹资，让新的股东分担投资风险。这一结论可通过下面的例子加以证明：

A公司与B公司是经营很成功的两家公司，预计未来都有良好的成长机会，但也都存在一定的风险。现在，这两家公司打算进行项目投资，且都需要筹集资金，融资方案中可以发行股票，也可以发行债券。如果A公司发行债券，B公司发行股票，那么在信息不对称情况下，理性的投资者将会认为A公司的前景很不错；B公司的前景不太好，而且股票价格已经被市场高估。最终，两家公司都会选择发行债券。A公司发行债券是因为公司的前景很好，发行股票会导致股价被低估；而B公司最终发行债券却是因为其管理者已经预料到发行股票将使股价下跌，从而不能再发行股票。显然，信息不对称不利于股票发行而利于债券发行。如果管理者比投资者得到的信息更多，而双方都很理性，那么任何公司都更愿意进行债务融资，而不会以股票融资。

但这并不完全正确。因为融资决策中除了信息不对称，还有其他因素会发挥作用，比如：如果公司已经有很多负债，再举债就有可能陷入财务困境，在这种情况下，宣布发行股票并不完全是坏消息。另外，高科技、高成长性的公司也可以是普通股的合理发行者，这些公司的资产大多是无形资产，过多的负债会带来较高的破产成本或财务困境成本，从而决定了它们需要保守的融资政策：既要追求高速成长，又要保守负债比率，唯一的办法就是发行股票融资。

上述分析表明：信息不对称可以解释为什么债务融资实际上优于股票融资，但这并不意味着公司都应该努力追求高负债比率。事实上，能产生大量内部现金流的公司，根本不需要发行任何种类的债券，因而也就完全避免了发行成本和信息问题。

（二）优序融资理论的主要推论

优序融资理论包含以下几个重要的推论：

1.公司更愿意内部融资

由于信息不对称，公司首先愿意从留存收益中筹措项目资金，这可能会降低资本结构中债务的比率，增加权益资本的账面价值与市场价值。但由于内部融资的低风险和低成本，所以内部融资是投资项目资金的首选。

2.如果需要外部融资，公司首先应该发行最安全的证券

盈利的公司有丰富的现金流，公司投资需要资金时，可以依靠内部融资，因而较少依靠债务，确需外部资金时，才选择债务融资。因而，优序融资理论解释了为什么效益好的公司通常负债更少的现象。而盈利较差的公司大多以发行债券融资，根本原因是它没有足够的内部资金去进行项目投资。因而在外部融资中，低风险的债务融资方式位居第一。

3.公司偏好闲置财务资源

一般而言，公司有融资需求，首先要依赖内部融资。因此，公司倾向于先准备好现金，在将来的某个时期为净现值为正的项目筹措资金，当项目出现时，就不必求助于资本市场从外部融资。即公司拥有大量的自由现金流量，管理者就可能会增加自己的特权，享受在职消费，即闲置财务资源的存在使代理问题变得更加严重。

优序融资理论是除权衡理论之外另一种非常流行的公司资本结构理论，但是与权衡理论认为公司存在最优资本结构不同，优序融资理论则暗含公司不存在明显的最优资本结构，每个公司将根据自身资金需求选择债务权益比率。此外，权衡理论认为盈利好的公司应更多利用负债融资获得节税和财务杠杆的好处，而优序融资理论则认为，盈利公司由于内部拥有较多现金流、外部融资需求较少，负债占比较低。对于权衡理论与优序融资理论哪个更符合现实中公司的资本结构决策，目前尚未有定论。

三、代理成本理论

詹森（Jensen）和麦克林（Meckling）是代理成本理论的创始人，代理成本说是他们的代表性理论，主要研究公司增加债务融资是否能降低代理成本问题。根据詹森和麦克林的理论，公司所有者之所以要进行负债融资，是因为自身资源有限无法获得潜在的有利可图的投资机会，由于负债具有节税效应和财务杠杆作用，所以负债是公司追求的好的融资方式。但是，负债融资在债权人和所有者之间形成一种代理关系，从而形成代理成本。公司进行的新股融资等于现有所有者以股权换取新所有者的资金，新旧所有者之间不可避免地会发生利益冲突，这样，新的所有者为保证他们的利益不受原所有者的损害，也必须付出监督费用等代理成本。

资本结构的代理成本理论认为：在资本结构的决策中，由于不完全契约、信息不对称等存在，在股东与经营者、股东与外部债权人之间存在着委托代理关系，这会导致代理成本的发生。詹森和麦克林认为，债务融资和股权融资都存在代理成本，最优资本结构取决于“所有者愿意承担的总代理成本”，包括债务融资和新股融资的代理成本。

巴纳、郝根和森伯特（1985）认为，由公司融资中产生的委托代理关系导致的代理成本包括以下四个方面：

（1）股东与经营管理者之间的代理关系所产生的经营管理者的非生产性消费和过度投资（进行净现值为负值项目的投资）；

（2）股东与债权人之间的代理关系所产生的资产替代（改变资金用途，将借入资金投入高风险项目）和投资不足（放弃净现值为正值的投资）；

（3）新旧股东之间信息不对称产生的投资不足；

（4）股东和债权人之间的代理关系所产生的债权人的过度清算和企业破产等。

上述代理成本的存在必然影响公司的融资决策，进而影响对投资项目的选择。特别是公司陷入财务困境时，更容易引起过度投资和投资不足问题，导致发生债务代理成本。债务代理成本损害了债权人的利益，降低了公司价值，最终将由股东承担这种损失。

代理成本理论在对权益与债务代理成本分析的基础上，提出由于债务代理成本和权益代理成本的存在及代理成本与公司资本结构的关系，有可能形成总代理成本最小的债务与权益的最优组合，由此决定的公司资本结构也是最优资本结构。

代理成本为研究资本结构如何影响公司价值的主要因素以及内在逻辑关系提供了一个基本分析框架。但是这些结论并非与公司的实际做法完全一致。如同投资等其他财务决策一样，资本结构决策通常是由管理层在符合自身基本动机的基础上并综合考虑其他因素做出的。

四、信号传递理论

信号传递理论是探讨在信息不对称条件下，公司如何以适当的方式向市场传递有关公司价值的信号，以此来影响投资者的决策。信号传递理论认为：信息不对称会扭曲公司的市场价值，从而导致市场投资决策无效率。公司选择不同的资本结构可以向市场传递不同的公司价值信号。为此，在信息不对称条件下，公司内部人应当尽量选择适宜的资本结构向市场传递正面的信号，来表明公司的真实价值。而外部人应理性地接受和分析这种信号，从而做出投资决策，通过市场将其行为信息传递给内部人，使博弈双方在信号的引导下实现动态博弈均衡，消除信息不对称现象。在信息均衡条件下，公司内部管理者可以根据外部投资者对其发行证券支付的价格，选择新的融资政策，实现公司价值最大化。

信号传递理论在资本结构方面的研究，最有影响的有四个，即利兰-派尔模型、罗斯模型、塔莫模型和汉克尔米模型。后两个模型可以看作对前两个模型的修正和扩展，因此，人们提及较多的是前两个模型。

利兰-派尔模型是在1977年提出的。该模型认为，在信息不对称情况下，为了使投资项目的融资活动能够顺利进行，借贷双方就必须通过信号的传递来交流信息，譬如掌握内幕信息的公司管理者本身对投资项目进行投资，以此来向债权人传递一个好的信号，这样债权人就会据此做出新的价值判断并决定对公司融出资金的数额，这一数额就是公司的最优负债水平点，该水平点本身就是反映投资项目风险大小的一种信号。

20世纪70年代，罗斯首次系统地把不对称信息理论引入公司资本结构的研究中，并借助现代数学工具的迅速发展，建立起不对称信息的资本结构理论。罗斯认为，当公司为实施某一确定的投资项目而对外筹集资金时，融资契约的事前信息不对称性，可能导致公司内部管理者在公司现有资产价值，以及公司投资项目预期收益等方面拥有正确而足够的信息，而外部投资者缺乏这些信息，从而内部管理者和外部投资者之间存在着信息不对称状况，外部投资者往往根据管理者的融资决策来判断公司的经营状况。

罗斯提出，资本结构（负债比率）是管理者向投资者传递公司价值的一个重要指标。投资者根据该指标来评价公司，并决定是否进行投资，高负债比率经常被认为是高质量公司的表现。按照资本结构的信号传递理论，公司价值被低估时会增加债务资本，反之公司价值被高估时，会增加股权资本。由于不同的资本结构会传递有关公司真实价值的不同信号，为了增强正面信号效应，避免负面信号的影响，公司管理者将通过策略性行为选择合适的资本结构，以此来影响资本市场外部投资者的决策。

当然，罗斯的分析只根据管理者传递的公司资本结构信号来测定公司市场价值，在其理论中，并没有一个防止管理者向外传递错误信号的内在约束机制，这也是信号传递理论的缺陷。

第四节 资本结构决策

资本结构理论揭示了公司资本结构与公司价值、公司资本成本的关系。现实中，公司在选择一个最优资本结构时，除了考虑理论依据外，还受到很多实际因素的影响。在此基础上，公司会选择合适的方法进行资本结构决策。

一、资本结构决策的影响因素

前已述及，制约公司资本结构的因素，除了资本成本、财务风险以外，还有很多重要因素，需要在资本结构决策中予以考虑：

（一）公司的盈利能力

公司的资本来源分为内源融资和外源融资。内源融资是指公司从内部筹集资本，与外源融资相比，内源融资具有诸多优点，因此，内源融资是公司首选的融资方式。优序融资理论从信息不对称和理性预期角度指出内源融资的优先性。内源融资主要是指保留盈余，在我国，保留盈余由两部分构成：一部分是按税后利润的一定比例提取的盈余公积；另一部分是未分配利润。未分配利润的多少取决于公司的税后净利润以及公司的股利政策。由于盈利能力的高低直接决定着保留盈余的多少，因此，在既定的股利政策下，盈利水平较高的公司，其内源融资能力较强，从而对外源融资特别是债务融资的要求就较低，故可以选择较低的负债率；反之，盈利能力弱的公司，可能会选择较高的负债率。

（二）公司的资产结构

公司无论是向金融机构借款还是发行债券，通常都需要提供抵押品。可用作抵押品的资产主要是有形资产，这是因为在公司清算或者是在资产变现时，有形资产的价值损失低于无形资产。所以，有形资产在总资产中占比较高的公司，其负债能力较强，可以采用较高的负债率；反之，有形资产在总资产中占比较低的公司，其负债能力较弱，只能采取较低的负债率。

（三）公司的规模

由于大公司倾向于多元化或纵向一体化战略，具有较稳定的现金流量，可以优先使用资金成本更为便宜的内部市场的资金，提高公司资金的使用效率，从而减少交易费用，降低资金成本。大公司相比于小公司更容易有效分散风险，不易受财务困境的影响，因此，财务困境成本将随公司规模的增大而减少。

（四）公司的成长性

处于成长阶段的公司，其投资机会多，资金需求大，但经营的稳定性也较差，因此，这类公司所需资金，应首先考虑从税后净利润来补充，不足部分可考虑通过负债方式来解决，因为发行股票的成本较债务融资要高。而成熟性公司由于缺乏投资机会，同时自由现金流量较高，因此应该增加负债融资。在实践中，公司成长性对于资本结构产生的影响是复杂的、不确定的，既可能是成长性越强的公司，负债率越高，原因是公司和债权人都对未来利润有着充分的信心；也可能相反，即成长性越强的公司，负债率越低，原因是高成长性的公司可能伴随着高风险，因此，债权人鉴于公司的高风险而不愿意给予信贷支持。

（五）公司的风险状况

公司的风险有经营风险和财务风险之分。经营风险具有行业特征，财务风险是由负债带来的，且具有财务杠杆效应，因此，公司在进行资本结构决策时，应充分考虑公司经营风险的大小：经营风险高的公司，应选择较低的负债率，以降低财务杠杆的负效应；反之，经营风险低的公司，可选择较高的负债率，充分发挥财务杠杆正效应。

（六）公司的控制权

发行新股融资会增加公司股份总数，削弱原有股东对公司的控制权，因此，现有股东持股比例较高的公司，发行新股带来的股权稀释效应较弱，可以发行新股来融资；相反，现有股东持股比例较低的公司，发行新股带来的股权稀释效应较大，则应选择负债融资。

（七）公司的信用等级

无论是向金融机构借款还是发行债券，公司的信用等级都是重要的影响因素。信用等级较高的公司，能够较容易地从债权人手中借到资金，而且还能享受较低的借款利率，这类公司可选择负债融资，保持较高的负债率；反之，信用等级较低的公司，只能选择权益融资，保持较低的负债率。

（八）行业差异

资本结构实证研究的结果显示，资本结构具有典型的行业特征，即不同行业的资本结构具有明显的差异，同一行业公司具有相似的资本结构。究其原因，主要是不同行业的经营风险不同、资产状况不同，因此，公司在进行资本结构决策时，应参照行业的平均水平，分析本公司与同行业其他公司之间的差别，然后确定合适的资本结构。

二、资本结构决策的方法

公司资本结构的决策方法，实质上就是最优资本结构的确定方法。所谓最优资本结构，是指在一定条件下，使公司加权平均资本成本最低，公司价值最大，能最大限度地调动各利益相关者的积极性并具有弹性的资本结构。资本结构的决策方法有如下几种：

（一）每股收益无差异点分析法

资本结构决策的核心就是确定最优资本结构。最优资本结构意味着在公司适度风险的条件下，公司的综合资本成本最低，公司价值最大。公司价值最大化的本质是股东价值最大化，在既定的风险等级下，股东价值最大化就是要每股收益（EPS）最大化，因此，可以用每股收益代表股东价值或公司价值。一般来说，能使每股收益提高的资本结构就是合理的资本结构，反之就是不合理的资本结构。

每股收益是指公司税后净利润按照发行在外的普通股股数折算后的金额。决定每股收益的因素有三个：一是息税前利润（EBIT），二是债务利息（I），三是流通在外的普通股股数（N）。

根据财务杠杆原理，当公司有负债时，固定利息费用的存在使EPS随EBIT的变动而同比例变动，当EBIT上升时，每股收益以更大的幅度增加，从而产生财务杠杆正效应，使股东获得更大的额外收益；当EBIT下降时，EPS随EBIT的下降以更大的幅度降低，即发挥财务杠杆负效应，使股东收益显著降低。财务杠杆效应与财务风险正相关，因此，需要确定在特定的息税前利润水平下，如何对负债融资进行选择才能获得财务杠杆收益，构建最优资本结构。

每股收益无差异点分析法就是通过寻找使得不同融资方案下公司的EPS相等时所对应的EBIT水平，通过比较权益融资方式下的每股收益与债务融资方式下的每股收益，选择使每股收益最大的融资方案，进而确定资本结构的一种决策方法。每股收益无差异点分析法又称被为EBIT-EPS分析法，也被称为融资无差别点，即权益融资与债务融资都能产生同样大小每股收益时的息税前利润水平。当现实中的息税前利润超过无差异点时，负债融资会提高每股收益；反之，则会降低每股收益。

每股收益的计算公式为：

$$EPS = \frac{(EBIT - I)(1 - T) - D_P}{N} \qquad \text{（公式 8-14）}$$

式中：N表示流通在外的普通股股数；D_p表示优先股股利。

根据每股收益无差异点分析法，在不同的资本结构下应有以下等式成立：

$$\frac{(EBIT^* - I_1) \times (1 - T_C) - D_{P1}}{N_1} = \frac{(EBIT^* - I_2) \times (1 - T_C) - D_{P2}}{N_2} \qquad \text{（公式 8-15）}$$

式中：$EBIT^*$表示处于均衡点的息税前利润；I_1、I_2分别表示融资方案1、融资方案2的债务利息；D_{P1}、D_{P2}分别表示融资方案1、融资方案2的优先股股息；N_1、N_2分别表示融资方案1、融资方案2的普通股股数。

【例 8-4】假设某公司原有资本总额为700万元，其中，权益资本为500万元（普通股股数为10万股，每股价格为50元）、债务资本为200万元（利率为12%）。现因生产发展需要，需要追加融资300万元。有两个可供选择的融资方案：方案1是按照50元/股的价格发行6万股普通股，方案2是按照12%的利率发行300万元的长期债券，假设公司的所得税税率为25%。试计算比较公司应该选择哪个融资方案更合适。

该公司增资前后资本结构情况见表8-3。

表 8-3 两种增资方案的资本结构比较 金额单位：万元

项目	原资本结构	增资后的资本结构	
		发行普通股	发行债券
权益资本	500	800	500
债务资本（12%）	200	200	500
资本总额	700	1 000	1 000
普通股股数	10万股	16万股	10万股

根据题意，当EPS_1=EPS_2时，代入表8-3数据到恒等式中：

$$\frac{(EBIT^* - 200 \times 12\%) \times (1 - 25\%)}{16} = \frac{(EBIT^* - 500 \times 12\%) \times (1 - 25\%)}{10}$$

经计算，可得：

$EBIT^{*}=120$（万元）

把$EBIT^{*}$的值代入EPS的计算公式中，得：

$EPS_1=EPS_2=4.5$（元/股）

以上结果可以用EBIT-EPS分析图表示如下，如图8-7所示。

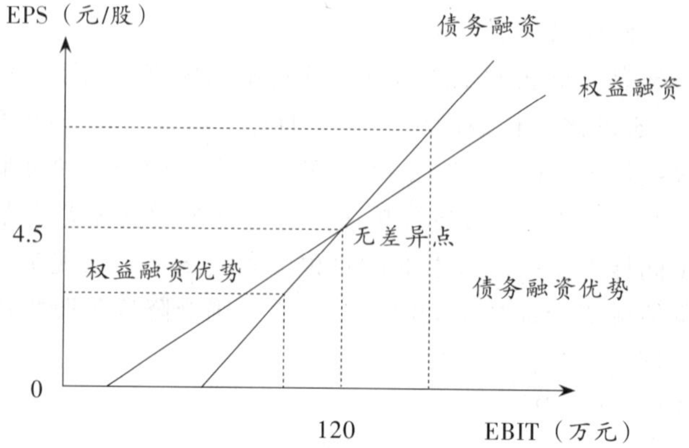

图8-7 EBIT-EPS分析图

由图8-7可知，对该公司而言，如果预测的息税前利润大于120万元，则债务融资能获得更高的每股收益，显然方案2（发行长期债券融资）更为有利；反之，若息税前利润小于120万元，则权益融资每股收益更大，方案1更为有利。当息税前利润正好在每股收益无差异点上，股票融资与债务融资方案对每股收益的影响相同。

（二）资本成本比较法

所谓资本成本比较法，是指在不考虑各种融资方式在数量与比例上的约束以及财务风险差异时，通过计算各种基于市场价值的长期融资组合方案的加权平均资本成本，并根据计算结果比较各个融资方案下的平均资本成本，从中选择平均资本成本最小的融资方案作为最优方案的一种资本结构决策方法。

比较资本成本法有边际资本成本比较法和平均资本成本比较法两种，具体介绍如下：

1.边际资本成本比较法

边际资本成本是指公司增加融资后，与增量资金相对应的资本成本。所谓边际资本成本比较法，就是通过比较各种备选融资方案的边际资本成本，从中选择最优融资方案的一种分析方法。这种方法可用于项目融资决策，也可用于经营过程的融资决策。

【例8-5】某公司拟新增融资1 000万元，现有两个融资方案可供选择，见表8-4。假设公司所得税税率为25%。试根据相关资料选择最优融资方案。

方案1的边际资本成本为：

$$K_{1R}=6.5\%\times(1-25\%)\times\frac{100}{1\,000}+8\%\times(1-25\%)\times\frac{300}{1\,000}+12\%\times\frac{200}{1\,000}+15\%\times\frac{400}{1\,000}$$
$$=10.69\%$$

表 8-4　　两种融资方案比较　　金额单位：万元

项目	方案1		方案2	
	融资金额	资本成本	融资金额	资本成本
长期借款	100	6.5%	80	6.5%
发行债券	300	8%	200	8%
发行优先股	200	12%	120	12%
发行普通股	400	15%	600	15%
合计	1 000		1 000	

方案2的边际资本成本为：

$$K_{2R} = 6.5\% \times (1 - 25\%) \times \frac{80}{1\,000} + 8\% \times (1 - 25\%) \times \frac{200}{1\,000} + 12\% \times \frac{120}{1\,000} + 15\% \times \frac{600}{1\,000}$$

$$= 12.03\%$$

计算结果表明，方案1与方案2相比，方案1的边际资本成本最低，方案1为可选的最优融资方案。

2.平均资本成本比较法

所谓平均资本成本比较法，就是将备选融资方案与原有资本结构汇总，计算在新增融资条件下的汇总资本结构的平均资本成本，从中选择最优融资方案的一种方法。

在【例8-5】中，假设该公司原有资本结构见表8-5，计算融资后的平均资本成本。

表 8-5　　某公司融资前的资本结构　　金额单位：万元

项目	资金额	资本成本
长期借款	500	7%
发行债券	700	8%
普通股票	800	14%
合计	2 000	

根据题意，计算加权平均资本成本时，需要将原有资本结构和新增融资后的资本结构汇总，先计算各单项资本成本，再计算汇总后的加权平均资本成本。

(1) 计算各融资方案下的单项资本成本。

方案1:

长期借款资本成本为：

$$K_{1DL} = 6.5\% \times \frac{100}{100 + 500} + 7\% \times \frac{500}{500 + 100} = 6.92\%$$

债券资本成本为：

$$K_{1DB} = 8\% \times \frac{300}{700 + 300} + 8\% \times \frac{700}{700 + 300} = 8\%$$

普通股资本成本为：

$$K_{1E} = 15\% \times \frac{400}{800+400} + 14\% \times \frac{800}{800+400} = 14.33\%$$

方案2：

长期借款的资本成本为：

$$K_{2DL} = 6.5\% \times \frac{80}{80+500} + 7\% \times \frac{500}{500+80} = 6.93\%$$

债券资本成本为：

$$K_{2DB} = 8\% \times \frac{200}{700+200} + 8\% \times \frac{700}{700+200} = 8\%$$

普通股资本成本为：

$$K_{2E} = 15\% \times \frac{600}{800+600} + 14\% \times \frac{800}{800+600} = 14.43\%$$

注意：原有资本结构中没有优先股。

（2）计算各融资方案的平均资本成本：

方案1：

$$K_{1A} = 6.92\% \times (1-25\%) \times \frac{600}{3\,000} + 8\% \times (1-25\%) \times \frac{1\,000}{3\,000} + 12\% \times \frac{200}{3\,000} + 14.33\% \times \frac{1\,200}{3\,000} = 10.02\%$$

方案2：

$$K_{2A} = 6.93\% \times (1-25\%) \times \frac{580}{3\,000} + 8\% \times (1-25\%) \times \frac{900}{3\,000} + 12\% \times \frac{120}{3\,000} + 14.43\% \times \frac{1\,400}{3\,000} = 9.97\%$$

计算结果表明，融资方案1的加权平均资本成本低于融资方案2，所以融资方案1为可选的最优融资方案，与此对应形成的资本结构也是相对最优的资本结构。

资本成本比较法仅以资本成本最低为选择标准，测算过程简单易懂，是一种比较便捷的方法。但这种方法只是比较了各种融资组合方案的资本成本，难以区别不同融资方案之间的财务风险因素差异，在实际计算中有时也难以确定各种融资方式的资本成本。

（三）公司价值比较法

上述每股收益无差异点法中以每股收益作为衡量标准进行资本结构决策，计算依据很充分，但缺点在于没有考虑风险因素。从根本上讲，公司金融管理的目标在于追求公司价值最大化。但是，只有在风险不变的情况下，每股收益的增长才会导致股东财富增加。在实践中，风险是随着每股收益的增长而不断加大的，如果每股收益的增长不足以补偿风险增大所需的报酬率时，尽管风险增大，但是股东价值会下降。所以，公司最佳的资本结构应当是使公司价值最高，而不一定是每股收益最大的资本结构。同时，在该资本结构下，公司的加权平均资本成本也是最低的。

公司价值比较法就是在反映财务风险的条件下，以公司价值的大小为标准，预测公司最优资本结构。公司金融的目标是公司价值最大化，能够使公司价值最大的方案才是最优方案。

衡量不同资本结构下的公司价值时，使用长期债务的市场价值与股票价值之和的计算方法，即：

$$V = D + S$$

式中：V表示公司价值；D表示长期债务市场价值；S表示公司股票价值。

为使计算简便，假定公司长期债务（长期借款与公司债券）的现值等于账面价值，且长期债务的账面价值等于面值；假定公司无优先股；假定股票价值等于未来净利润按照股东要求的报酬率折现的现值，且公司处于零增长、持续经营状态。

根据上述假设条件，权益价值可以运用永续年金的计算方法，公式如下：

$$S = \frac{(EBIT - I) \times (1 - T)}{K_S} \quad \text{（公式 8-16）}$$

式中：EBIT表示息税前利润；I表示年债务利息额；T表示公司所得税税率；K_S表示普通股资本成本。

其中：普通股资本成本采用资本资产定价模型计算，计算公式为：

$$K_S = R_f + \beta(R_m - R_f) \quad \text{（公式 8-17）}$$

式中：R_f表示无风险报酬率；R_m表示市场组合风险报酬率； β表示股票β系数。

通过上述公式计算出公司的总价值后，可以进一步测算公司综合资本成本，它等于按照市场价值权重计算的加权平均资本成本，计算公式如下：

$$K_A = K_{SL} \times \frac{S_L}{V_L} + K_D \times (1 - T_C) \times \frac{D}{V_L} \quad \text{（公式 8-18）}$$

在以公司价值最大化为标准确定最佳资本结构的决策方法中，公司价值最大的方案就是最佳方案，此时对应的加权平均资本成本最小。

【例 8-6】某公司的原有资本全部由普通股构成，无长期债务资本和优先股资本。股票的账面价值为2 000万元，预计未来每年的息税前利润为500万元，年税后利润均以股利发放给股东，公司所得税税率为25%。该公司经过多次测算，认为目前的资本结构不合理，准备通过发行债券购回部分股票以调整资本结构，提高公司价值。假设该公司长期债务利率等于税前债务资本成本，债务市场价值等于债务面值。测算的相关数据中，目前的长期债务利率和权益资本的情况见表8-6。

表 8-6　　不同债务融资规模下的债务利率和普通股成本

债券市场价值D（万元）	0	200	400	600	800	1 000
税前债务资本成本 K_D（%）		10	10	12	14	16
股票β系数	1.2	1.25	1.3	1.4	1.55	2.1
无风险报酬率 R_f（%）	10	10	10	10	10	10
市场组合风险报酬率 R_m（%）	14	14	14	14	14	14
股票资本成本 K_S（%）	14.8	15	15.2	15.6	16.2	18.4

要求：根据表8-6的资料，利用公司价值比较法计算不同债务融资规模下的公司价值，并据以确定公司最佳资本结构。

经分析计算，整理后计算结果参见表8-7。

表8-7　不同债务融资规模下的公司价值和加权平均资本成本

债务市场价值D（万元）	股票市场价值S（万元）	公司价值V（万元）	税前债务资本成本K_D（%）	股票资本成本K_S（%）	加权平均资本成本K_A（%）	负债比率（%）
0	2 534	2 534	0	14.8	14.8	0
200	2 400	2 600	10	15.0	14.4	10
400	2 270	2 670	10	15.2	14.0	20
600	2 058	2 658	12	15.6	14.1	30
800	1 796	2 596	14	16.2	14.4	40
1 000	1 386	2 386	16	18.4	15.7	50

由表8-7可知，在原有资本结构中，公司没有长期债务，公司价值为2 534万元，加权平均资本成本为14.8%。随着公司以发行公司债券回购股票，公司价值开始上升，加权平均资本成本降低，直到长期债务上升到400万元、股票价值为1 600万元的资本结构时，公司价值达到最大值2 670万元，加权平均资本成本降到最低值14%。此后，随着公司负债数额继续增加，公司价值便开始下降，加权平均资本成本则开始上升。因此，长期债务为400万元时的资本结构为该公司的最优资本结构。

本章小结

1.公司资本结构与财务杠杆、融资风险有着密切的联系，财务杠杆效应的强弱取决于资本结构中的债务比重。资本结构与财务杠杆的关系不仅体现在负债水平与盈利能力之间存在关系，还揭示了权益资本收益率与公司总资本收益率之间的关系。

2.早期的资本结构理论包括三种有代表性的理论：即净收入理论、净经营收入理论和传统折中理论，它们分别对资本结构与公司价值之间的关系提出了不同的观点。

3.MM定理（无公司税）的结论是：在满足前提假设时，资本结构与公司价值无关，但权益的期望收益率会随着财务杠杆的上升而提高。MM定理（有公司税）的结论是：由于债务利息具有抵税功能，杠杆公司的价值会大于无杠杆公司的价值。

4.米勒模型中加入了个人所得税，由于股东个人所得税税率与债权人的个人所得税税率之间的差异，杠杆公司价值与无杠杆公司价值之间可能存在几种不同的情况。

5.财务困境成本包括直接成本、间接成本和代理成本。公司负债越多，财务困境成本越大，因此权衡理论认为：最优资本结构是税收利益与财务困境成本的权衡。

6.影响资本结构的因素，大体有公司的盈利能力、资产结构、规模、成长性、风险状况、控制权、信用等级和行业差异等因素，对资本结构的影响主要在能否进行负债融资的决策方面。

7.公司资本结构的决策方法，实质上就是最优资本结构的确定方法。所谓最优资本结构是指在一定条件下，使公司加权平均资本成本最低，公司价值最大，能最大限度地调动各利益相关者的积极性并具有弹性的资本结构。资本结构决策的方法有：每股收益无差异点分析法、资本成本比较法，以及公司价值比较法等。

同步测试

同步测试

（一）单项选择题

1.对公司筹集长期资金确定最优资本结构的过程称为（　　）。

A.融资决策　B.资本预算　C.资本结构　D.资本成本

2.权衡理论认为，公司最优资本结构应在税盾效应和（　　）之间进行权衡。

A.破产成本　B.代理成本　C.财务困境成本　D.债务资本成本

3.下列各项中能够增加普通股股票发行在外股数，但不改变公司资本结构的行为是（　　）。

A.支付现金股利　B.增发普通股　C.股票分割　D.股票回购

4.米勒模型是在保持MM理论基本假设不变的前提下，同时考虑了公司所得税和（　　）后，得出的有关资本结构的结论。

A.代理成本　B.财务困境成本　C.公司EBIT　D.个人所得税

5.在其他条件都相同的情况下，偿债能力强的公司可以（　　）地使用债务融资。

A.较多　B.较少　C.不受影响

（二）多项选择题

1.在下列各种资本结构理论中，支持“负债越多，公司价值越大”观点的有（　　）。

A.权衡理论　B.净经营收入理论

C.米勒模型　D.净收入理论

E.有公司税的MM理论

2.按照梅耶斯的优序融资理论，公司最优融资顺序依次为（　　）。

A.银行借款　B.留存收益　C.发行公司债券　D.发行普通股

3.资本结构的决策方法有（　　）等三种。

A.每股收益无差异点分析法　B.资本成本比较法

C.市场价值确定法　D.公司价值比较法

4.影响公司资本结构的主要因素有（　　）。

A.公司盈利能力　B.公司资产状况　C.公司风险状况　D.公司规模

5.早期的资本结构理论包括（　　）。

A.择时顺序理论　B.净收入理论　C.净经营收入理论　D.折中理论

（三）简答题

1.MM理论的基本假设和主要观点有哪些？

2.不考虑公司税的MM命题的基本内容是什么？

3.考虑公司税的MM命题的基本内容是什么？

4.公司所得税会对公司资本结构的选择产生哪些影响？

5.米勒模型的内容是什么？米勒模型是怎么解释税收对资本结构的影响的？

6.公司资本结构决策受到哪些因素的影响？为什么？

7.什么是财务困境成本？什么是代理成本？

8.试分析优序融资理论中融资顺序安排的主要思路。

9.什么是每股收益无差异点法？试解释该方法下最优资本结构的确定思路。

10.简述公司价值比较法下确定最优资本结构的依据和分析思路。

（四）计算题

1.U公司与L公司除资本结构外，其他方面均相同。U公司无负债，L公司有1 000万元票面利率为6%的负债流通在外。现在假定：（1）两个公司都没有公司所得税和个人所得税；（2）MM定理提出的假设都成立；（3）息税前利润EBIT为320万元；（4）U公司的权益资本成本等于10%。

要求：（1）试计算U公司与L公司的价值。

（2）试计算U公司与L公司的权益资本成本、加权平均资本成本。

（3）假如U公司的价值为2 000万元，L公司的价值为2 200万元，根据MM定理，这两家公司的价值是否处于均衡状态？如果不是，应通过什么调整过程才能恢复均衡？

（4）假定两公司的所得税税率都是25%，试分别算出它们的价值、权益资本成本以及加权平均资本成本。

2.A公司是一家无负债公司，预计每年自由现金流量为1 200万元。公司CEO认为，如果将债务永久地增至3 000万元，财务困境风险可能使公司流失部分客户，供应商将会提出更为苛刻的销售条件，由此带来的后果是公司每年的预计现金流量将降至1 000万元。假设公司所得税税率为30%，无风险利率为4%，市场期望收益率为15%，无杠杆公司的贝塔系数为1.1。

要求：（1）计算公司在无杠杆时的价值。

（2）计算公司在新杠杆时的价值。

3.B公司是一家完全权益公司，公司价值为100万元，处于同一行业且经营风险相同的杠杆公司有50万元债务。

要求：（1）用MM无税模型计算杠杆公司的价值为多少？

（2）若公司所得税税率为25%，试用有公司税的MM模型计算杠杆公司的价值多少。

4.C公司是一家完全权益公司，公司价值为100万元，处于同一行业且经营风险相同的杠杆公司有80万元的债务。公司所得税税率为30%，个人所得税税率为20%，债券所得税税率为25%。在同时考虑个人所得税和公司所得税的情况下，试用米勒模型计算杠杆公司的价值。

5.资料：某公司原有资本2 000万元，其中，债务资本800万元（每年负担利息56万元），普通股资本1 200万元，发行在外的普通股有24万股，每股面值50元，目前普通股的股价是每股60元，公司所得税税率为25%。目前，公司由于扩大业务，需要追加筹资1 000万元，其融资方式有两种：

方案1：全部发行普通股，增发20万股，每股面值50元；

方案2：全部发行公司债券，债务利率8%，利息80万元。

要求：根据上述资料，试通过计算回答：（1）每股收益无差异点是多少？（2）假定公司当年预计实现EBIT 300万元，分析判断采用何种资本结构最优。

6. 某公司拟向银行筹资2 000万元，经与贷款银行协商，贷款银行提出的放款条件是，若借款1 000万元以下，年利率8%；若借款金额在1 000万元到2 000万元之间，银行认为财务风险加大，公司需要按照9%的年利率支付利息。若公司的所得税税率为25%，试计算该笔长期借款的边际资本成本。

第九章

股利与股利决策

学习目标

[知识目标]

◇掌握股利及相关概念。

◇掌握股利政策理论的主要观点。

◇掌握股利政策的含义与制定原则。

◇掌握股利政策的类型及其优缺点。

[能力目标]

◇掌握利润分配程序与原则。

◇掌握股利发放的形式。

◇掌握影响股利政策的因素。

[素养目标]

◇理解优质公司制定的有益于投资者的股利政策，培养学生的全局意识和社会责任感。

◇联系实际，掌握股利支付的法定程序，培养学生的法律意识和诚信品德。

引导案例

格力电器的现金股利政策

珠海格力电器股份有限公司（以下简称“格力电器”）作为中国家电行业的领军企业，其稳健的财务表现和持续的盈利能力一直备受投资者关注。而在这背后，公司的股利政策起到了至关重要的作用，它既是公司回报股东、分享利润的一种方式，也是公司吸引投资、优化资本结构的重要手段。

格力电器是我国最早上市的家电公司之一，它于1996年在深交所正式上市，目前，格力电器已经发展为多元化、技术型为主的全球著名跨国企业，其核心业务及服务领域已涵盖了商用中央空调、生活家电、智能装备配套等多个领域。2019年，格力电器成功进入了《财富》的全球竞争力500强。

格力电器自上市以来，始终重视股东利益回报，并以此增强投资者对公司的信心。表现在制定的股利政策方面，始终坚持稳定、可持续的现金股利原则。从上市后的第一次股利分配（1997年每10股派发红利10元）到最近的一次分红预案（2024年4月公布2023年年末分红预案：预计每10股派发红利23.8元），无论市场环境如何变化，格力电器始终保持高现金股利的支付方式，这在中国资本市场属于独树一帜的股利分配现象。这种稳定的股利政策不仅赢得了广大股东的信任，也为公司树立了良好的市场形象。

格力电器作为一家知名的家电制造商，其长期战略目标是保持行业领先地位，并通过技术创新和品牌建设来实现可持续发展。因此，格力电器制定的股利政策也注重灵活性和前瞻性，根据自身的经营状况和未来发展规划，适时调整股利分配比例，例如，在公司盈利能力较强、现金流充裕的年份，公司会适当提高股利分配比例，以更好地回报股东；而在公司面临重大投资或扩张计划时，公司则可能适当降低股利分配比例，以确保有足够的资金用于支持公司的发展。这种灵活的股利政策使得公司能够根据市场变化和自身情况做出及时调整，以平衡公司的短期业绩与长期增长之间的关系。这种平衡策略有助于公司在保持竞争力和市场份额的同时，也能确保有足够的资源投入到关键领域，如产品创新、市场扩展等。

格力电器的股利政策是一种既稳定又灵活、既注重眼前又着眼长远的政策。它充分体现了公司对股东价值的尊重和对公司发展的长远规划，为公司赢得了良好的市场声誉和广大股东的支持。

资料来源　根据相关网站资料整理而成。

第一节　股利与股利分配政策

股利决策是关于公司是否发放股利，发放多少股利，以及何时发放股利等方面的方针和策略，所涉及的内容主要是公司对其收益是进行分配还是留存用于再投资的决策问题。公司当期支付较高的股利，能够提高股东的短期收益率，但这会使公司只能留存较少的资金用于再投资，显然，这会限制公司的增长速度，降低公司股票的市场价格，进而影响公司的市场价值。股利政策的变化对股票价格有着相互矛盾的双重影响，因此，公司在制定股利政策时，应当兼顾股东对本期收益的报酬要求和公司自身未来发展的需要，选择适合本公司的股利政策，以实现公司价值最大化。

恰当的股利决策对公司而言非常重要，它不仅关系到股东的当期收益，而且关系到公司投资活动所需资金的筹集和融资活动最优融资结构的确定，甚至关系到公司股票价格的稳定，以及整个资本市场的稳健运行。但在实务中，对如何做出股利政策并没有一个标准的答案，对股利决策的研究还在探索中。

一、利润及利润分配

（一）利润的构成

利润是公司在一定会计期间的经营成果，反映了公司经济效益的高低。一般而言，公司实现了利润，表明公司的所有者权益增加，业绩得到提升，反之，公司发生了亏损，业绩下滑。利润是评价公司管理层经营业绩的一项重要指标，也是公司利益相关者进行决策时的重要参考。公司的利润由营业利润、直接计入当期利润的利得和损失、扣掉所得税后的净利润等构成。

（二）利润分配原则

利润分配是公司的一项重要工作，它关系到公司、投资者和其他利益相关者的利益，公司的生存与发展。因此，在利润分配过程中，应遵循以下原则：

1.依法分配原则

公司利润分配的对象是公司缴纳所得税后的净利润，这些利润是公司的权益，公司有权自主分配。国家有关利润分配的法律、法规主要有《公司法》《中华人民共和国外商投资法》等，公司在利润分配中必须切实遵循所有法律、法规。利润分配在公司内部属于重大事项，公司的章程必须在不违背国家有关规定的前提下，对本公司利润分配的原则、方法、决策程序等内容做出具体而又明确的规定，公司在利润分配中也必须按规定办事。

2.资本保全原则

资本保全是责任有限的现代企业制度的基础性原则之一，公司在分配中不能侵蚀资本。利润的分配对是经营中资本增值额的分配，不是对资本金的返还。按照这一原则，在一般情况下，公司如果存在尚未弥补的亏损，应首先补亏，再进行其他分配。

3.充分保护债权人利益

债权人利益按照风险承担的顺序和合同契约的规定优先受偿，公司必须在利润分配之前偿清所有债权人到期债务，否则不能进行利润分配。同时，在利润分配之后，公司还应保持一定的偿债能力，以免产生财务危机，危及公司生存。此外，公司在与债权人签订有关长期债务契约的情况下，其利润分配政策还得征得债权人的同意或者审核同意方能执行。

4.多方及长短期利益兼顾原则

利益机制是制约机制的核心，而利润分配的合理与否是利益机制最终能否持续发挥作用的关键。利润分配涉及投资者、经营者、职工等多方面的利益，公司必须兼顾，并尽可能地保持稳定的利润分配。在公司获得稳定增长的利润后，应增加利润分配的数额或者百分比。同时，由于发展及优化资本结构的需要，除依法必须留用的利润外，公司仍可以出于长远发展的考虑，合理留用利润，在积累与消费关系的处理上，公司应贯彻积累优先的原则，合理确定提取盈余公积金和分配给投资者利润的比例，使利润分配真正成为促进公司发展的有效手段。

（三）利润分配程序

公司的股利分配问题和公司的税后利润分配问题密切相关。由于股利分配属于税后利润分配过程，因此，研究股利分配就必须厘清利润、利润分配的程序、内容以及与其之间千丝万缕的关系，从中进一步认识股利分配政策在公司经营中的重要性。

利润分配是公司按照国家有关法律、法规及公司章程的规定，在兼顾股东和债权人及它们利益相关者利益的基础上，将实现的利润在公司和公司所有者之间、公司内部的有关项目之间、公司所有者之间进行分配的活动。利润分配决策是股东当前利益与公司未来发展之间权衡的结果，将引起公司的资金存量与股东权益规模及结构的变化，也将对公司内部的筹资活动和投资活动产生影响。

公司税后利润的分配程序受到国家有关法律法规的制约。《公司法》规定，公司利润分配应遵循如下程序：

1.计算可供分配的利润

将本年净利润（或亏损）与年初未分配利润（或亏损）合并，计算出可供分配的利润。如果可供分配的利润为负数（即亏损），则不能进行后续分配；如果可供分配的利润为正数（即本年累计利润盈利），则进行后续分配。

2.计提法定公积金

法定公积金是从净利润提取形成的，用于弥补公司亏损、扩大公司生产经营或者转为增加资本。公司分配当年税后利润时，应当按照10%的比例提取法定公积金；当法定公积金累计达到公司注册资本的50%后，可不再继续提取。提取公积金的基数，不一定是可供分配的利润，也不一定是本年的税后利润。只有不存在年初累计亏损时，才能按照本年税后利润计算应提取数。这种“补亏”是按照账面数字进行的，与所得税法的亏损后转无关，关键在于不能用资本发放股利，也不能在没有累计盈余的情况下提取公积金。

3.计提任意公积金

任意公积金的提取由股东大会根据需要确定。

4.向股东（投资者）支付股利（分配利润）

公司向股东（投资者）支付股利（分配利润），要在提取公积金之后。股利（利润）的分配应以股东（投资者）持有股份（投资额）的数额为依据，每一股东（投资者）取得的股利（分得的利润）与其持有的股份数（投资额）成正比。股份公司原则上应从累计盈余中分派股利，无盈利不得支付股利，即所谓的“无利不分”的原则。但若公司用公积金抵补亏损后，为维护股票声誉，经股东大会特别决议，也可用公积金支付股利。

我国对上市公司的监管规定一直强调上市公司股利分配中现金股利分配的重要性，要求上市公司应当在章程中明确现金股利分配政策，利润分配政策应当保持连续性和稳定性。此外，作为上市公司申请公开增发或配股的重要前提条件，还强调上市公司最近三年以现金方式累计分配的利润不得少于最近三年实现的年均可分配利润的30%。

从上述利润分配的程序和内容中可以看到，股利分配和利润分配之间既有共同点又有差异点。从共同点看，股利分配是利润分配的核心内容，股利分配的比例占利润分配的百分比最大；从差异点看，利润分配的其他环节都属于法定的硬性分配，只有股利分配的环节公司才有自主权，才有可能研究其分配方案。股利分配和利润分配之间的关系可用利润分配表表示，见表9-1。

表9-1 利润及利润分配表的程序和内容

项目	分配规则和内容
净利润	
加：年初未分配利润	
可供分配利润	利润分配数额
减：提取法定盈余公积金	按税后利润的10%硬性提取；当累计提取数额超过注册资本的50%以后，可不再提取
提取法定公益金	按税后利润的5%硬性提取
可供股东分配利润	
减：优先股股利	按优先股发行合同规定的股利率硬性分配
可供普通股股东分配利润	股利分配政策
减：提取任意盈余公积金	根据股东大会的决定自主弹性提取
发放普通股股利	根据股东大会的决定自主弹性分配
年末未分配利润	根据股东大会的决定自主留存

从表9-1可以看出，公司利润分配由硬性的法定分配，以及合同分配与弹性的股利分配等内容构成，其中，股利分配的内容是将可供普通股股东分配的利润分解为任意盈余公积金、普通股股利和未分配利润三个部分。这三部分在利润分配总额中占到将近80%的比例，是利润分配的最核心内容。正因如此，在多数人的观念中，甚至在一些教科书里，都将股利分配等同于利润分配。

从利润分配表构成项目的性质划分，它大体分为归股东所有的部分和归公司留存的两大部分。归股东所有的包括优先股股利和普通股股利两项；归公司留存的包括盈余公积金、公益金和未分配利润等项目，习惯上把这几项统称为留存收益。在可供分配利润额既定的前提下，这两大部分之间存在此消彼长的关系，即公司留存收益增多，股利支付必然减少；反之亦然。

公司的留存收益是公司内源融资的主要增量资金，它也是公司下一年度投资资金的主要来源之一。在一定的投资水平下，公司股利支付越多，留存收益越少，公司对外部融资的需求就越大，其结果不但会增加融资成本（因留存收益的资本成本低于外部债务资本成本和股权资本成本），还会提高公司经营风险或者导致原有股东权益稀释。当公司融资能力既定时，留存收益的多少将直接关系到公司能否完成预定的投资计划，进而关系到公司预期增长目标的实现。因此，协调处理留存收益和股利分配的关系对公司而言至关重要，从这层含义上讲，股利政策与公司的两大金融决策——融资决策、投资决策密不可分、相互影响。

二、股利及其相关概念

（一）股利的概念

股利（dividend）是指公司将税后收益分配给股东的那部分报酬，通常是以股东投资额为分配的依据。在实际中，经常容易把股利与红利、股息混用，严格说来它们是有一定区别的。红利是指普通股股东从公司税后利润中提取的不定期收益；股息是指优先股股东按照事先约定的比率提取的公司经营收益；红利和股息都是股东投资的收益报酬，统称为股利。或者说，公司直接支付给股东的任何支出都可以被认为是股利的一部分。

（二）与股利相关的其他概念

公司股利支付的多少，不是直接用股利数值的大小反映的，通常会用到一些财务指标，对这些财务指标的计算和分析，一方面反映股东投资于公司股票的收益情况，另一方面反映公司的经营状况和收益水平。衡量股利支付的主要财务指标有：

1.每股股利

每股股利（dividend per share）是指公司当年支付给普通股股东的每股股票的股利金额。它反映每一股份的股利收益。计算公式如下：

每股股利=分配股利总额÷发行在外普通股股数　（公式9-1）

2.股利支付率

股利支付率（payout ratio），是指在一定期间内普通股股利占公司当期净收益的比例。它主要反映公司的股利分配政策和股利支付能力。股利支付率可以用于比较不同时期、不同行业公司股利的支付情况。计算公式如下：

股利支付率=（普通股每股股利÷普通股每股净收益）×100%　（公式9-2）

或者：股利支付率=（普通股股利÷普通股净收益）×100%　（公式9-3）

3.股票收益率

股票收益率（dividend yield），是指公司每股股利与每股市价的比值。它主要反映股东单位投资的获利能力。计算公式如下：

股票收益率=（普通股每股股利÷普通股每股市价）×100%　（公式9-4）

下面通过举例说明这三个财务指标的运用情况：

【例9-1】甲公司2023年年末实现净利润20 000万元，经公司董事会决定向股东支付现金股利5 000万元。该公司2023年年末发行在外的普通股共计25 000万股，该公司股票年末收盘价为每股10.5元。

有关计算如下：

每股股利=5 000÷25 000=0.2（元）

股利支付率=（5 000÷20 000）×100%=25 %

股票收益率=（0.2÷10.5）×100%=1.9%

三、股利支付的程序

股利是否支付是由股份公司董事会决定的。公司对外发放股利，应遵循相关规定，按照一定的程序进行。

（一）决策程序

上市公司股利分配的基本决策程序是：首先由公司董事会分解公司盈利水平和股利政策制定股利分配方案，提交股东大会审议，通过后方能生效。然后，由董事会依据股利分配方案向股东宣布，并在规定的股利发放日以约定的支付方式派发。在经过上述决策程序之后，公司方可对外公布股利分配公告、具体实施分配方案。我国股利分配决策权属于股东大会，上市公司的现金股利分配一般按年度进行，也可以进行中期股利分配。

（二）分配信息程序

根据有关公告，股份公司利润分配方案、公积金转增股本方案须经股东大会批准，董事会应当在股东大会召开两个月后完成股利派发或股份转增事项。在此期间，董事会必须对外发布股利分配方案公告，以确定分配的具体程序和时间安排。

股利分配公告一般在股权登记前三个工作日发布。如果公司股东较少，股票交易又不活跃，公告日可以与股利支付日在同一天。此外，为提高上市公司现金股利分配的透明度，《关于修改上市公司现金分红若干规定的决定》要求上市公司在年度报告、半年度报告中披露利润分配预案、在报告期实施的利润分配方案执行情况，还要求在年度报告、半年度报告以及季度报告中披露现金分红政策在本报告期的执行情况。同时要求上市公司以列表方式明确披露三年现金分红的数额与净利润的比率。如果本报告期内盈利但公司年度报告中未提出现金利润分配预案，应详细说明未分红的原因、未用于分红的资金留存公司的用途。

（三）分配程序

以深圳证券交易所的规定为例：对于流通股份，其现金股利由上市公司于股份登记日前划入深交所账户，再由深交所于登记日后第三个工作日划入各托管经营机构账户，托管证券经营机构于登记日后第五个工作日划入股东资金账户。红利则于股权登记日后第三个工作日直接记入股东的证券账户，并自即日开始上市交易。

（四）股利支付过程中的重要日期

在股利支付过程中，主要涉及股利公布日、股利宣告日、股权登记日、除息日、送股交易日、股利支付日等几个概念。

1.股利公布日

股利公布日是指股份公司分配股利时，首先应由董事会制定分配预案，具体确定本次分配的数量、分配方式。安排召开股东大会或临时股东大会的时间、地点及表决方式，并由董事会向社会公开发布以上内容。

2.股利宣告日

股利宣告日是指公司将股利分配情况予以公告的日期。董事会制定的分配预案必须经过公司董事会或股东大会的讨论。如果讨论通过获得批准，应向社会公布分配方案及实施时间。如分配预案未获得通过，则需要重新修改。按规定，公司召开股东大会讨论分配预案，公司股票应停止交易一天，公司公布分配方案，公司股票应停止交易半天。

3.股权登记日

股权登记日，即有权领取本期股利的股东资格登记的截止日期，是由公司董事会在分配时确定的一个具体日期。只有在股权登记日前在公司股东名册上有名字记录的股东，才有权分享股利。

4.除息日（或除权日）

除息日是指领取股利的权利与股票相互分离的日期。股份公司的股票，在分配之前，其股价中包含着股利因素，因此叫作含息股票或含权股票。在公司分配时，应采取一定的技术处理将股票中的股利因素排除掉，这种技术处理叫作除权或除息。公司分配现金股利时，要进行除息处理，送红股时要进行除权处理。股票进行除权或除息处理一般是在股权登记日的下一个交易日进行。股票进行除权或除息的这一天就叫作除权日或除息日。根据《上海证券交易所交易规则》第95条的规定：上市证券发生权益分配、公积金转增股本、配股等情况，交易所在股权（债权）登记日（B股为最后交易日）次一交易日对该证券作除权除息处理。

5.送股交易日

沪、深两市的A股所送红股在登记日的第二日即可上市交易。

6.股利支付日

股利支付日是指股利正式发放给股东的日期。在此日期，证券交易所会将公司分配的完税后的现金红利记入股东账户。

【例9-2】2023年7月6日，某上市公司在公告中宣布了具体的分红方案：“公司2022年度利润分配及资本公积转增股本方案已经于2023年6月22日召开的股东大会审议通过，于6月23日予以正式刊登。2022年度利润分配方案为：以公司2022年末的样本股本797 648 282股为基数，每股送0.2股派0.05元（含税），每10股送2股派0.5元（含税），共分派199 412 070.50元，剩余利润结转下一年度。分派对象为截至2023年7月9日下午上海证券交易所收市后，在中国证券登记结算有限责任公司上海分公司登记在册的全体股东。”

该上市公司的股利支付程序如下：

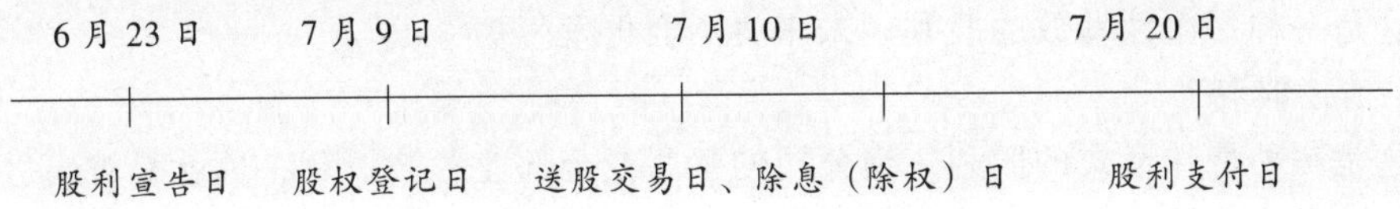

四、股利发放的形式及其特点

通常，公司采取不同的股利分配形式反映了不同的经营方略，对投资者、资本市场也会产生不同的影响。股利发放的形式主要有现金股利、财产股利、债券股利、股票股利和股票回购等形式。

（一）现金股利

现金股利（cash dividend），是指上市公司利润分配时向股东分配的现金红利。这种股利支付形式可以使股东获得直接的现金收益，是股利支付最常见及主要的形式。现金股利的最大优点是操作简单。但公司确定股利分配政策时，通常要考虑许多影响因素。大比例分配现金股利会减少公司资产负债表上的现金流量和留存收益的数量。现金股利分配过多会影响公司在扩大生产过程中的资金使用，甚至会影响公司未来的发展。现金股利分配过少，公司虽然可以有更多的资金投入到扩大再生产中，但是股东的近期利益可能会受到影响，从而会影响公司股票的市场价格。因此，这种分配方式只有公司在有累计盈余并确有充足的现金流的前提下才能使用。

公司制定的现金股利政策还受到公司税收政策以及个人税收政策的影响。实际中，在大部分国家的税收政策里，资本利得的税率会低于个人股利所得税率。而且资本利得税可以延迟到股票出售时再缴纳，考虑到货币的时间价值因素，资本利得税会更低。在此情况下，公司少支付现金股利，将发放现金股利的资金用于再投资，可以进一步增加资本回报。比如在我国，税法规定个人取得的股息、红利收入适用比例税率缴纳税款，适用税率为20%；公司对外投资、参股分得的股息、红利作为公司的收入入账，公司所得税税率通常为25%。公司所得的股息、红利收入在缴纳所得税时是将股息、红利先并入收入中，与成本费用配比后，按收支相抵的差额缴纳税款，实际缴纳税率将低于25%的税率。这与资本利得税相比仍旧较高，因我国目前资本利得税尚未开征。

现金股利按发放的时间间隔可分为以下四种：

1.正常现金股利

正常现金股利一般为每季度、每半年或每一年发放一次，这种股利发放意味着公司以后能够保持同一频率、按时发放现金股利。

2.正常现金加额外股利

这种方法主要是年利润波动比较大的公司采用，公司每期支付数额较少的股利，只有在本期收益超过正常年份时才分配额外股利。这样做就可以保证期望稳定收益的投资者每期获得固定的收益，同时，也可将公司经营效益好的年份获得的收益分配给投资者。

3.特别股利

这是一种一次性发放的股利，未来将不会再发生。

4.清偿股利

这是一种特殊形式的股利，当公司的某些或全部业务被清算，也就是被出售时所发放的股利，是破产公司以消耗储备金的形式来分配股利，用来退还或减少已经缴纳的股本。

（二）股票股利

股票股利（stock dividend），是指上市公司以本公司的股票代替现金向股东支付股利的一种形式。在具体操作中，股票股利通常由资本公积转增资本或红利转增资本，属于无偿增资发行股票，俗称“送股”。由于所送红股是按股东所持股票的比例分配的，因此每位股东在公司拥有的股权比例不会发生变化，同时，这种分红方式只是使公司账上的资本公积、留存收益转化为股本，公司的资产负债总额并未受到影响。股票股利形式的优点在于不会因为分配股利增加公司的现金流出量，而且在一些国家股票股利还可以获得免税的优惠。

股票股利虽然不影响公司现金流出量，不改变所有者权益总额，但由于增加了股本数量，会引起所有者权益构成项目的内部结构发生变化，对公司股票的每股收益情况及公司股价都会产生一定的影响。

现举例说明某公司在发放股票股利前后公司股权结构变化情况。

【例 9-3】假定某公司发行在外的普通股股数为50万股，每股面值为1元，现宣告发放20%的股票股利，现有股东每持有10股就可收到2股的新发行股票，即增加10万股的普通股股票。若当时每股市价为4元，公司发放股票股利前后的股权资本结构状况见表9-2。

表9-2　**某公司股权资本结构变动情况**

项目	发放股票股利前	发放股票股利后
发行股数（面值1元）	50 万股	60 万股
股本（面值数）（万元）	50	60
资本公积（万元）	10	40
留存收益（万元）	200	160
股东权益总计（万元）	260	260
每股账面价值（元）	5.2	4.33

从表9-2可以看出，随着股票股利的发放，有40万元（10万股×4元）的账款发生了转移：从留存收益项目中有10万元（10万股×1元）转入普通股股本，另30万元（40万元-10万元）转入资本公积金账户。但该公司的股东权益总额并未发生变化。

从上例的分析中，可以看到股票股利具有如下作用：

（1）对股份公司而言，股票股利的发放，缓解了公司现金紧张的状况。发放股利不用支付现金，又在心理上给股东以投资回报的感觉，使公司留存了大量的现金，这对于那些账面盈利较高，但大多是应收账款收益的公司尤为重要。但是，股票股利的发放增加了普通股的流通股数，引起每股收益的下降，进而导致每股市价按比例下降，因而，股票股利没有增加公司的市场价值。相反，在有些情形下，股票股利往往向投资者传递公司资金周转不灵的信息，会动摇投资者对公司的信心，从而加剧股价的下跌，给公司带来负面的影响。

（2）对股东而言，股票股利发放后，股票价格一般会随股东所持股份的增加而成比例地降低。但实际上，股价下跌的幅度取决于市场的反应程度，并不与股数的增加成正比。如果股价下跌的幅度小于股数增加的幅度，股东便可以得到来自股价相对上升的好处。如果股票股利传递的是公司发展的积极信号，股价还会继续稳步上扬，股东可从中获得更多的资本利得。当股东需要现金时，还可以将分得的股票股利出售，由于资本利得税和所得税的差别，股东将得到避税的好处，这样，股票股利间接地增加了股东财富。

（三）股票回购

股票回购（stock repurchase），是指股份公司按照一定的程序购回发行或流通在外的本公司普通股股票的行为。公司支付现金在资本市场上购买本公司股票，必然使流通在外的股票数量减少，每股收益相应提高，市盈率降低，从而推动股价上升至合理的价格水平。这种行为在国外上市公司中非常普遍。

在成熟资本市场中，股票回购已经成为一项非常重要的金融活动。金融业务比较发达的国家对股票回购业务都有比较具体的规定。在各国政府的规定中，美国对股票回购业务规定相对宽松，英国、德国对股票回购的规定相对较严。我国股票回购业务发展时间较短，应用范围较窄，相对于资本市场的发展而言相对滞后。《公司法》规定："公司不得收购本公司股份。但是，有下列情形之一的除外：（一）减少公司注册资本；（二）与持有本公司股份的其他公司合并；（三）将股份用于员工持股计划或者股权激励；（四）股东因对股东会做出的公司合并、分立决议持异议，要求公司收购其股份；（五）将股份用于转换公司发行的可转换为股票的公司债券；（六）上市公司为维护公司价值及股东权益所必需。公司因前款第一项、第二项规定的情形收购本公司股份的，应当经股东会决议；公司因前款第三项、第五项、第六项规定的情形收购本公司股份的，可以按照公司章程或者股东会的授权，经三分之二以上董事出席的董事会会议决议。公司依照本条第一款规定收购本公司股份后，属于第一项情形的，应当自收购之日起十日内注销；属于第二项、第四项情形的，应当在六个月内转让或者注销；属于第三项、第五项、第六项情形的，公司合计持有的本公司股份数不得超过本公司已发行股份总数的百分之十，并应当在三年内转让或者注销。上市公司收购本公司股份的，应当依照《中华人民共和国证券法》的规定履行信息披露义务。上市公司因本条第一款第三项、第五项、第六项规定的情形收购本公司股份的，应当通过公开的集中交易方式进行。公司不得接受本公司的股份作为质权的标的。"

【例 9-4】某公司普通股的每股收益、每股市价等相关数据见表 9-3。假定公司未来发展前景良好，预计利润增加且能够持续发展，试计算以下两个方案的相关指标。

表 9-3　**普通股相关数据**

项目	原有金额	发放现金股利后	股票回购后
税后净利润	3 000 000 元	3 000 000 元	3 000 000 元
流通股股数	1 000 000 股	1 000 000 股	967 742 股
市盈率	10	10	10
每股收益	3 元	3 元	3.1 元
每股股利	—	1 元	—
每股市价	30 元	31 元	31 元

方案一：拟从税后净利润中拿出1 000 000元发放现金股利，计算每股股利和每股市价；

方案二：若改用1 000 000元以每股31元的价格回购股票，每股收益和每股市价又是多少？

方案一计算为：每股股利=1 000 000 ÷1 000 000=1（元）

股利宣告后，投资者调整股票预期，则每股市价将为31元（原市价30元+预期股利1元）。

方案二计算为：可回购股票数量=1 000 000÷31≈32 258（股）

每股收益=3 000 000÷（1 000 000−32 258）=3.1（元）

每股市价=每股收益×市盈率=3.1×10=31（元）

可见，公司采用支付现金股利和股票回购，股东的每股市价都是相同的。但实际上，股票回购与发放现金股利具有不同的意义。对股东而言，股票回购后，股东得到资本利得需要缴纳资本利得税，而发放现金股利，股东则需要缴纳股息所得税。一般而言，各国税法均规定资本利得税税率低于股息所得税税率，如我国目前的股息所得税税率为20%，而未征收资本利得税，因此，股东能够获得税收的好处。对公司而言，采用股票回购的最终目的是有利于增加公司价值，从而稳定和提高公司股票价格。

1.股票回购的方式

公司股票回购方式主要有以下几种：

（1）公开市场回购

公开市场回购，是指公司在股票市场以等同于任何潜在投资者的地位，按照公司股票当前市场价格回购。公司通常采用此方式在股票市场表现欠佳时，小规模回购特殊用途（如股票期权、雇员福利计划和可转换证券行权）所需的股票。这种股票回购方式由于要支付佣金及手续费等，成本较高。在美国股票回购多数采用此种方式。

（2）要约回购

要约回购，也叫招标收购股权。具体又分为固定价格要约回购和荷兰式拍卖回购。

固定价格要约回购是指公司在特定时间发出的以某一高出股票当前市场价格的价格水平，回购既定数量的股票的要约。股东有权决定是以固定价格出售股票还是继续持有，通常认购期为2～3周。如果股东提供的股票超出了公司最初欲回购的股票数量，公司有权决定购买部分还是全部的超额供给。一般而论，固定价格要约回购的成本高于公开市场回购。

荷兰式拍卖回购是由公司详细说明愿意购买的股票数量，以及愿意支付的最低价格和最高价格。一般最低价格要稍高于现行市场价格，然后由股东进行投标，说明愿意出售的设定价格范围和出售股票的数量，公司接到报价汇总后，再次确认股票回购的价格和数量，进行股票回购。荷兰式拍卖回购与固定价格要约回购相比，在回购价格和回购数量方面具有更大的灵活性。在西方国家和地区，大公司比小公司更愿意使用荷兰式拍卖回购方式。

（3）协议回购

协议回购是指公司以协议价格直接向一个或几个主要股东购回股票。协议回购的价格通常低于市场价格，尤其是在买方首先提出的情况下。但有时，公司会以超常溢价向喜好生事或有潜在威胁的非控股股东批量购买股票。由于回购不是面向全体股东，价格如果不合理可能会损害一部分未出售股票股东的利益。

（4）可转让出售权

可转让出售权是实施股票回购的公司赋予股东在一定期限内以特定价格向公司出售所持有股票的权利。之所以称为“可转让”，是指此权利一旦形成，就可以同依附的股票分离，而且分离后股票可以在市场上自由买卖，从而使那些不愿意出售股票的股东可以单独出售该权利，以满足各类股东的需求。

（5）交换要约

交换要约是使用现金回购股票的替代方案。公司向股东发出交换债券或优先股的要约，往往需要支付较高的溢价，这是为补偿所交换证券缺乏流动性而付出的代价。因而，这种回购方式成本较高，现实中很少采用，绝大多数股票回购都采用现金形式进行。

2.股票回购的作用

（1）可以提高每股收益

公司进行股票回购后，流通在外的普通股股票数量减少，可能会带来每股收益的上升。这是因为当公司用自有资金进行股票回购时，确实会带来每股收益的增加；当用借入资金进行股票回购时，借款费用的增加可能会抵销股票数量减少带来的每股盈余增加的数值。

（2）可以调整公司的资本结构，发挥财务杠杆的作用

股票回购直接减少了股权资本的数量，从而改变了公司的股权结构。当公司的投资报酬率高于债务资本成本而公司的负债比率又不是很高时，公司有很大的融资空间。如果此时回购股票，无论采用现金回购还是采用负债回购，都会导致股权资本比重的下降。公司如果能够适度举债，充分利用负债的税盾作用，必将提高公司的股权收益率，更好地发挥财务杠杆效应。

（3）便于股东选择股利支付方式，并为股东提供避税优惠

公司通过股票回购进行股利分配，股东拥有选择权。需要现金的股东，可以选择参加股票回购，而不需要现金的股东可以选择继续持有股票。这对那些对税款考虑较多的股东来说，无疑是一种比较有诱惑力的股利分配形式。

（4）可以提升公司股票价值

过低的股价会对公司的经营造成一系列不良的影响，降低投资者对公司的信心，使公司很难从证券市场上进一步融资。而股票回购所引起的每股收益的增加，会直接导致公司股价上升，恢复投资者对公司的信心，并使股东从上升的股价中获得资本利得。因此，公司的股票回购政策，常常会被理解为公司在向市场传递其股票被市场低估的信号，市场会因此做出积极反应，股价也会随之上升。

(5) 为上市公司资本运营提供一条新渠道

公司股票在不同的、被分割的市场中进行交易，如果不同的市场存在较大的价差，公司进行股票回购可以实现在不同市场中的套利。

但是，股票回购也可能对上市公司的资本运营造成负面影响。公司回购股票，除无偿收购外，都无异于股东退股和公司资本的减少，从根本上动摇了公司的资本基础，削弱了公司对债权人的财产保护。同时，回购股票需要大量资金用于支付回购的成本，若公司自有资金不足，资产负债率又较高，再举债进行回购，不仅降低了公司资产的流动性，而且将使公司背负巨大的偿债压力，加剧了对债权人的权益损害。此外，股票回购容易导致内部操纵股价，上市公司回购本公司股票时，由于掌握的信息充分，极易导致内部人利用内幕消息进行炒作，或对一系列财务指标进行人为操纵，致使公司行为非规范化，使投资者蒙受损失。

(四) 财产股利

财产股利（property dividend），是指公司以现金以外的其他资产支付的股利。财产股利包括实物股利，如以实物资产或实物产品等作为股利；证券股利，如以公司拥有的其他公司的股票、债券等作为股利。其中，实物股利形式并不增加公司的现金流出，适用于公司现金数量较少的时期。证券股利形式既保留了公司对其他公司的控制权，又不增加公司的现金流出，且由于证券具有流动性，容易被股东接受。

(五) 负债股利

负债股利（bond dividend），是指以负债的形式支付的股利。这是公司增加其负债经营时所采取的一种股利形式。通常公司以应付票据（如本票）的形式支付给股东，约定在未来某一时日再偿还该项票款；有时也以公司自身债券作为股利支付给股东，这样可以使现金在公司多停留一段时间。财产股利和负债股利实际上是现金股利的替代。这两种股利支付方式目前在各国实务中很少被采用，但并非是法律所禁止，我国也是如此。我国上市公司只有在不得已的情况下，才会征得股东大会的同意，经国务院证券管理部门批准后发行债券，并以长期债券来抵付股利。

(六) 股票分割

股票分割是指将面额较高的股票换成面额较低的股票的行为，又称为分拆股票。例如，将原来的一股股票分拆成两股股票。股票分割时，发行在外的股数增加，使得每股面额降低。如果盈利总额和市盈率不变，则每股收益下降，但公司价值不变，股东权益总额、权益各项目的金额及相互间的比例也不会改变。这与发放股票股利时的情况既有相似之处，也有不同之处。

【例 9-5】某公司原发行面额 2 元的普通股 200 000 股，若按 1 股换成 2 股的比例进行股票分割，公司本年净利润 440 000 元，则股票分割前、后的每股收益计算见表 9-4。

从表 9-4 可知，股票分割前的每股收益为 2.2 元（440 000÷200 000=2.2）。若股票分割后公司净利润不变，分割后的每股收益则为 1.1 元（440 000÷400 000=1.1）。假定公司股票市盈率不变，每股市价也会因此而下降。

表 9-4　　股票分割前、后的股东权益计算表

股票分割前的股东权益		股票分割后的股东权益	
项目	金额	项目	金额
普通股（面额2元，已发行200 000股）	400 000	普通股（以1股换2股，股数为400 000股）	200 000
资本公积（元）	800 000	资本公积（元）	800 000
未分配利润（元）	4 000 000	未分配利润（元）	4 000 000
股东权益总计（元）	5 200 000	股东权益总计（元）	5 200 000
每股收益（元）	2.2	每股收益（元）	1.1

从实践效果来看，股票分割不属于某种股利支付方式，但产生的效果与发放股票股利非常近似，所以一般要根据证券管理部门的具体规定对两者加以区分。例如，有的国家证券交易机构规定，发放25%以上的股票股利即属于股票分割。对公司而言，实现股票分割的主要目的在于通过增加股票数额降低每股市价，从而吸引更多的投资者。此外，股票分割往往是成长中公司的行为，所以宣布股票分割后给人一种“公司处于发展中”的印象，这种利好消息会在短时间内提高股价。纯粹从经济的角度看，股票分割与股票股利没有什么区别。

尽管股票分割与股票股利都能达到降低公司股价的目的，但一般来说，只有在公司股价暴涨且预期难以下降时，才会采取股票分割的办法降低股价；而在公司股价上涨乏力时，往往通过发放股票股利将股价维持在理想的范围之内。

第二节　股利理论

股利理论研究的重点，主要是探讨股利政策是否影响公司价值。围绕这个重点，西方经济学家很早就开始了研究，但并未取得很大进展，也未引起人们对股利政策重要性的普遍关注。1956年，哈佛大学教授约翰·林特纳（John Lintner）首次提出了股利政策行为的理论模型，而直到1961年由莫迪格利安尼和米勒两位教授在出版的《股利政策、增长和股利估价》一书中，提出“股利政策无关论”后，股利政策才引起人们的重视，并奠定了股利政策研究的理论基石，完成了对股利政策研究从传统股利理论到现代股利理论的转变。此后，股利理论得到了进一步的丰富和发展，并逐渐成为公司金融学的重要内容之一。

一、传统股利理论

传统股利理论的研究，最早是和证券估价模型结合在一起的，很少作为专门的领域来进行研究。传统股利理论认为，投资者更喜欢现金股利，而不大喜欢将利润留在公司。这种研究是从投资者的心理喜好角度进行分析的。对投资者而言，现金股利是

确定已实现的，是“抓在手中的鸟”；而公司留存收益再投资产生的资本利得是不确定的，是“躲在林中的鸟”，随时可能飞走。既然现在的留利不一定能转化为未来的股利，那么，在投资者看来，公司分配的现金股利越多，公司价值也就越大。这种观点被形象地称为“一鸟在手”理论。

从“一鸟在手”理论关于投资者对股利的偏好胜过资本利得的观点出发，形成了“股利重要理论”。该理论认为，当公司提高其股利支付水平时，证券投资的风险水平降低，根据收益与风险的相关性原则，投资者投资所要求的必要报酬率降低，这意味着公司股权资本成本下降，公司价值增加，进而带来股票价格上升；反之，当公司削减或停发股利时，投资者投资风险加大，所要求的风险报酬率提高，最终导致股票价格下降。因此，股利政策和公司价值相关，且股利支付水平与股价呈正相关关系。由此得出结论，公司要追求股票价值最大化，则必须保持高水平股利支付政策。

传统股利理论是通过一些估价模型得出上述观点的，具有代表性的模型有威廉斯模型（1938）、华特模型（1956）以及戈登模型（1963）等。

知识拓展9-1

戈登模型与“一鸟在手”理论

戈登（Gordon）是“一鸟在手”理论最主要的代表人物，在威廉斯模型（股利零增长模型和股利稳定增长模型）基础上，戈登考虑了一系列假设条件，对股利贴现模型进行了进一步完善。这些假设条件如下：（1）未来资金用于再投资，留存收益是企业扩大再生产的唯一资金来源；（2）企业的再投资报酬率为r，且保持不变；（3）企业的资本成本（即贴现率k）保持不变；（4）没有税收；（5）企业永续经营；（6）企业的股利增长率保持不变；（7）企业的资本成本与股利增长率的关系不变，即k>r；（8）企业的股利支付率保持不变。

在以上理论假设基础上，可推导出股票的价值为：

$$V_S=D_0（1+g）/（k-g） \quad （公式9-5）$$

式中：V_S表示股票价值；D_0表示第一期股利；g表示股利固定增长比率（g为常数）；k表示资本成本率。

不难看出，戈登模型是威廉斯模型的另一种表达形式，其结论和华特模型（公司仅使用留存收益的增值部分以股利形式支付给股东）的结论也是一致的。但是对于留存收益率与资本成本率相等的情况，戈登认为，在放松k保持不变的假设之后，股利政策仍然会影响企业的股票价值。根据“一鸟在手”理论，投资者更加注重当前的既得利益，因此资本成本随股利政策而变。在股利下降时，投资者会相应地提高预期的投资报酬率及企业的资本成本，并相应改变股票的价格。

二、现代股利理论

（一）股利政策无关论

股利政策无关论，又称为MM股利无关论，是莫迪格利安尼和米勒继1958年发表资本结构无关论，即MM定理后，于1961年出版了《股利政策、增长和股利估价》一书，提出了关于股利政策与公司价值关系的理论。

股利政策无关论认为，无论公司采用何种股利政策都不会影响公司的市场价值，公司价值是由公司的盈利能力决定的。因此，单就股利政策而言，无所谓最佳，也无所谓最次，它与公司价值毫不相关，即一个公司的股利完全由其投资决策所决定的获利能力所影响，而非取决于公司的利润分配政策。

股利政策无关论是建立在一系列假设前提下展开研究的，并认为投资者对公司未来的发展有完全的把握，所有的投资者都是理性的。这些假设主要包括：

（1）不存在赋税，即市场中不存在个人所得税和公司所得税，股利和资本利得之间不存在税收差异。

（2）不存在交易成本，即资本市场是完美的，没有佣金、交易费和转让费等相关费用。

（3）信息是对称的，即所有参加交易的人和公司都可平等且无成本地获得相同的信息。

（4）公司的股利决策不影响公司的投资决策。公司的投资决策事先已经确定，不会随着股利政策的改变而改变。

（5）所有投资者对于未来投资、利润和股利具有相同的预期。

以上假设说明，公司无论支付股利与否，无论支付多少股利，都不会影响公司的市场价值。公司的市场价值仅取决于公司的盈利状况，公司可以无成本地获取市场的支持，因此只要公司接受投资回报率为正的投资项目，那么，公司就可以给股东支付任何水平的股利，也可以不支付股利。

在完美的资本市场条件下，公司支付股利主要有三种情况：

（1）公司拥有足够多的留存收益，现金流量足以支付股东股利，公司可以用留存收益的一部分，也可以将全部以股利形式支付给股东。股利支付后，当公司需要资金时，由于市场不存在交易成本，公司可以通过发行新股或债券筹得资金。

（2）公司没有足够的现金流量支付股利，必须发行部分新股或债券筹集资金来支付股利。

（3）公司决定不发放股利，投资者需要现金时，需将自己拥有的一部分股份让渡给新的投资者。由于市场不存在交易成本，新老股东之间的转让不存在收益，也不存在损失，只是股票的持有人发生了变化，这种情况也称为“自制股利”。

股利政策无关论是建立在完美的资本市场条件下，与现实世界不相吻合。在现实世界中，这些假设条件几乎不存在，因此，自该理论诞生之日起，经济界就对这一理论存在着许多争议。但正是这些严格的假设条件成为现代股利理论研究的主要内容和出发点，使得后来的理论，如税收差异理论、信号理论等的研究重点都建立在放松这些假设条件后的不完善资本市场上。股利政策无关论开创了股利政策研究的新局面，为以后股利政策的研究奠定了坚实的理论基础。

（二）税收差异理论

MM理论出现以后，学者们针对其结论与客观现实不符的情况，着手进行放宽各种假设条件的研究。首先放宽的是无税收的假设条件。代表人物是埃尔顿（E.J. Elton）和格鲁勃（M.J.Gruber），他们于1970年提出了“税收差异理论”，该理论认为：在不存在税收因素的情况下，公司选择何种股利支付方式并不重要，但是，如果对现金股利和资本利得课以不同税负（一般现金股利的税负高于资本利得的税负），在公司及投资者看来，支付现金股利就不再是最优的股利政策。

由此可见，在存在差别税负的前提下，公司选择不同的股利支付方式，不仅会对公司价值产生不同的影响，而且会使公司（及个人）的税收负担出现差异。即使在税率相同的情况下，股东在支付税金的时间上也是存在差异的。股利收益纳税是在收取股利的当时，而资本利得只有在股票出售时才发生纳税义务，显然继续持有股票来延迟资本利得的纳税时间，相对于现金股利课税而言，可以体现延迟纳税的时间价值。从逻辑上讲，考虑个人偏好的股利政策除了应使交易成本和代理成本最小化之外，还应使税收成本最小化。

因此，税收差异理论认为，如果不考虑股票交易成本，分配股利的比率越高，股东的股利收益纳税负担会明显高于资本利得的纳税负担，公司应该采取低现金股利比率的分配政策，以提高留存收益再投资的比率，使股东在实现未来的资本利得中享有税收节省。该理论还表明，当股利收益税和资本利得税存在差异时，将使股东在继续持有股票以期取得预期资本利得与立即实现股利收益之间进行权衡。尤其是在那些实行高额累进税率的国家，股东可能更倾向于从股票升值产生的资本利得中获得收益。如美国1986年税法改革之前，股利边际税率最高到了70%，而资本利得通常只相当于股利税率的40%。我国的税率也有类似的情况。同时，股东还可以采取一些其他的措施合理避税，如股东身故后将股票传给继承人，继承人就不需缴纳资本利得税了。因此，在存在税收差异的情况下，个人股东可能更倾向于资本利得收入，从而欢迎公司的低股利政策。

（三）客户效应理论

客户效应（clientele effect，也译为追随者效应）理论是对税收差异理论的进一步发展，也可以说是广义的税收差异理论。该理论从股东边际所得税出发，认为每个投资者所处的税收等级不同，有的边际税率高（如富有的投资者），而有的边际税率低（如养老基金等），由此会影响投资者对股利的偏好。前者偏好低股利支付率或股票股利，后者则偏好高股利支付率。据此，公司应相应调整其股利政策，使股利政策符合股东的愿望。股票交易成本的高低也会影响投资者对股利的选择，如果股票交易成本很高，则投资者可能会偏好发放现金股利的公司。因此，如果公司股利支付的水平能与投资者对股利的偏好相吻合，该公司就会将偏好该股利政策的投资者吸引过来。这种股东聚集在满足各自偏好的股利政策的公司的现象，就叫作“客户效应”。

按照该理论，公司的任何股利政策都不可能满足所有股东对股利的要求，公司股利政策的变化只是吸引了偏好这一股利政策变化的投资者前来购买公司股票，而另一些不喜欢新股利政策的投资者则会卖出股票。因此，当市场上偏好高股利的投资者的比例大于发放高股利公司的比例时，则支付高股利的股票处于短缺状况，按照供求理论，这些公司的股价就会上扬，直到二者比例相等达到均衡为止。而一旦市场处于均衡状态，则没有公司能够通过改变股利政策来影响股票价格。这实际上是从另一个角度证明了股利政策无关论。

因此，客户效应理论认为，公司在制定或调整股利政策时，不应该忽视股东对股利政策的需求；公司应该根据投资者的不同需求，对投资者分门别类地制定股利政策；对于低收入群体和风险厌恶型的投资者，由于其税负低，并且偏好现金股利，他们希望公司多发放现金股利，所以公司应该实行高现金分配比例的政策；对于高收入群体和风险偏好型的投资者，由于其税负高，并且偏好资本增长，他们希望公司少发放现金股利，并希望通过获得资本利得适当避税，因此，公司应实行低现金分配比例，甚至不分红的股利政策。总之，客户效应理论的实质是使人相信股利政策的重要性，它起到的作用仅仅是警告公司不要频繁改变其股利政策。如果公司的投资决策已定，股利支付水平的高低是无所谓的，只有当股利政策会导致其股东转向投资其他公司股票时才彰显其重要性。

（四）代理成本理论

代理成本理论（agency cost hypothesis）是20世纪80年代兴起的探讨股利政策的新理论。该理论放松了“MM股利无关论”关于“公司管理者与股东之间的利益完全一致，管理者致力于股东财富最大化”这一假设，认为现代企业两权分离后，委托-代理关系引发了代理成本，而股利的支付能够有效降低代理成本。代理理论的代表人物是詹森和麦克林，他们于1976年在《金融经济学杂志》（Journal of Financial Economics）上发表了题为《企业理论：管理行为、代理成本和所有权结构》一文，首次阐述了公司中普遍存在的委托-代理关系，奠定了代理理论的基础。

该理论认为，当管理者本身是公司资源的所有者时，他们拥有对公司的全部剩余索取权，不存在代理成本问题；但当管理者通过发行股票从外部吸收新的经济资源时，管理者就有动机去提高在职消费、自我放松并降低工作强度。显然，若公司管理者是理性经济人，他的行为与原先自己拥有公司全部股权时将有显著差别。若公司不是通过发行股票，而是通过举债融资，也同样存在代理问题，只是表现形式略有不同。代理理论还认为代理人拥有的信息比委托人多，并且这种信息不对称会逆向影响委托人有效地监控代理人是否适当地为委托人的利益服务。

最早将代理理论应用于股利政策研究的也是詹森和麦克林，在他们关于代理成本的经典论述中，分析了公司股东与管理者、债权人之间的代理冲突及解决措施，从代理关系角度对困扰公司的融资问题作了新的解释：股东和管理者的利益冲突主要通过股利政策的选择表现出来，由管理者控制的公司倾向于支付较低的股利，并将现金流投入风险较高的项目或盲目扩大组织规模；而由股东控制的公司更倾向于执行较高的股利支付率，并适时根据未来发展调整股利政策。随着股东控制力的增强，公司会拿出更多的现金流选择更高支付率的股利政策，并通过更有力的投资决策实现股东价值最大化。因此，詹森认为，股利政策有助于缓解利益相关者之间的代理冲突，进而能够降低代理成本。根据该理论，可将代理成本理论与股利政策之间的关系描述为三种具体形式：股东与管理者之间、股东与债权人之间、控股股东与中小股东之间等。

1.股东与管理者之间的代理冲突

当公司拥有多余自由现金流量时，这部分资金通常是管理者增加在职消费的主要渠道，或者可能将这部分资金用于低回报项目等，因此，高股利政策与管理者的控制行为、偷懒行为以及保守行为等相冲突，股利支付成为一种间接约束管理者的监督机制，它既有利于抑制管理者随意支配自由现金流的代理成本，也有利于满足股东取得股利收益的愿望。

2.股东与债权人之间的代理冲突

股东与债权人之间的代理冲突表现在：一是股东通过公司管理者在原有负债的基础上发行大量债券融资，由于风险增大，新债权人要求的报酬增加，公司的资本成本上升，公司价值下降，老债权人承担了债务的风险；二是公司选取风险较大的投资方案，在极端情况下，甚至会选取净现值为负的高风险性投资项目，即所谓“过度投资”，如果投资额中债权投资比例大，公司就暴露在破产风险的危机中，“过度投资”的可能利益由股东享有，而债权人的利益有限但风险承担无限，债权人的损失最大。在股东与债权人之间存在代理冲突时，债权人为保护自身利益，希望公司采取低股利支付率，通过多留存少分配的股利政策以保证有较为充裕的现金留在公司，以防发生债务偿付困难。因此，债权人在与公司签订借款合同时，习惯于制定约束性条款对公司的现金股利水平进行制约。

3.控股股东与中小股东之间的代理冲突

早期代理理论研究把焦点集中在管理者与外部股东之间的利益冲突上，分析的对象主要是美国的上市公司，美国公司股权高度分散，管理者几乎完全控制了公司的经营决策权，而股东没有积极性监督管理者，从而代理成本很大。近年来，一些研究发现世界上大部分国家的企业股权不是高度分散而是相当集中的。由于股权集中在大股东手中，大股东有足够的权力控制上市公司，并通过影响上市公司的各种决策来为其谋取私利。因此，现代企业的主要代理问题不是管理者与外部股东之间的利益冲突，而是控股股东与小股东之间的利益冲突，这种冲突也会在股利政策上有所体现。

由于所有权集中，控股股东有可能也有能力通过各种手段侵害中小股东的利益。控股股东为取得控制权私利而产生的与中小股东之间的代理冲突，使公司股利政策也呈现出冒险的特征。法律制度较为健全，外部投资者保护受到重视，有效降低了大股东的代理成本，可以促使公司实施较为合理的股利分配政策；反之，法律制度建设滞后，外部投资者保护程度较低时，控股股东如果通过利益侵占取得的控制权私利机会较多，就会使忽视基于所有权的正常股利收益分配，甚至因过多的利益侵占而缺乏可供分配的现金。因此，对处于外部投资者保护程度较弱环境的中小股东而言，他们希望公司采用多分配少留存的股利政策，以防止控股股东的利益侵害。正因为如此，有些公司为了向外部中小投资者表明自身盈利前景与公司治理良好的状况，则通过多分配少留存的股利政策向外界传递了声誉信号。

股利政策代理理论的分析视角为研究与解释处于特定治理环境中的公司股利分配行为提供了一个基本分析逻辑。如果在公司进行股利分配决策过程中，同时伴随着公司的其他财务决策，并处于不同的公司治理机制条件下（如所有权结构、管理层持股、董事会结构特征等)，基于代理理论对股利政策选择的分析将是多种因素权衡的复杂过程。

（五）信息效应理论

在完美的资本市场中，投资者和管理者在信息的拥有上是对称的。但在实际生活中，信息不对称的现象却大量存在。当市场中存在信息不对称现象时，管理当局通常会比投资者拥有更多的关于公司发展的信息，比如拥有公司发展方向、投资能力、盈利能力、未来现金流等的信息。而投资者对上述信息的了解远不及管理者及时、全面。因此，公司管理者所采取的所有行动都会被投资者理解为带有一定的经济含义。

股利政策的信息效应理论认为，在信息不对称的情况下，公司可以通过不同的股利政策，向市场传递公司经营状况、未来盈利能力的信息，以此来影响公司的股票价值。一般说来，高质量的公司往往愿意通过相对较高的股利支付率把自己同低质量的公司区别开来，以吸引更多的投资者。对市场的投资者而言，股利政策的差异或许是反映公司质量差异的极有价值的信号。如果公司连续保持较为稳定的股利支付率，就是在向市场传递公司未来经营状况良好的信息，投资者会对公司的前景充满信心，公司的股票会因此得到市场的追捧，股价也会因此升高；相反，如果公司实施低股利政策，市场就会认为公司在未来的经营中可能遇到资金困难，可能没有适宜的投资项目取得良好的投资回报支持高股利发放，从而对公司的经营状况产生怀疑，进而对公司股票失去兴趣。

公司公布不同股利政策引起的市场反应结果，说明高股利政策是对公司有利的。因为，市场承认维持高股利政策，需要公司拥有较强的资金、资本实力。这就是说，稳定的高股利政策，通常也要付出较高的成本代价，这些代价包括：（1）较高的所得税负担；（2）分配现金股利后现金流量的短缺，可能需要再融资，从而增加新的交易成本；（3）因分配现金股利造成投资不足，进而丧失有利的投资机会，由此会产生一定的机会成本。可见，尽管公司以派现方式向市场传递利好信息需要付出很高的代价，但为什么公司还是选择高现金股利的支付政策呢？这个难以破解的理论问题被布莱克（Black，1976）称为“股利分配之谜”。

当然，增发股利是否一定向股东与投资者传递了好消息，对这一点还有不同的认识。如果公司处于成熟期，其盈利能力相对稳定，此时公司宣布增发股利特别是发放高额股利，可能意味着公司目前拥有新的、前景很好的投资项目，预示着公司成长性趋缓甚至下降，此时，随着股利支付率提高，股票价格应该是下降的；当宣布减少股利时，则意味着公司需要通过增加留存收益为新增投资项目提供融资，预示着未来前景较好，显然，随着股利支付率的下降，股票价格应该是上升的。

股利政策的信息传递效应，最早是由林特纳提出的。后来莫迪格利安尼和米勒、法码等进一步对这一理论进行了补充和实证研究，从而发展起来。股利政策信息效应理论发展到今天，产生了很多实证模型，主要有米勒-罗克模型、约翰-朗模型及约翰-威廉斯模型等。股利信息效应理论为解释股利是否具有信息含量提供了一个基本分析逻辑，鉴于股东与投资者对股利信号的理解不同，所做出的对公司价值的判断也不同。

（六）股东构成理论

股东构成理论是在群落效应理论或称为追随者效应理论的基础上建立起来的。群落效应理论认为，投资者之所以钟情于某公司股票的部分原因，是该公司实施的股利政策。面对公司公布的股利政策，投资者的态度有很大的区别，有人欢迎高股利政策，有人欢迎低股利政策，一些不分配股利的公司也能获得一些投资者的青睐。也就是说，不同的股利政策会吸引不同的投资者进行投资。公司在制定股利政策时，不可能满足所有投资者的需求，而只能针对那些特定的顾客群体。之所以会产生股利的群落效应现象，主要有两个方面的原因：一方面是由于税负差异，另一方面是由于股东构成的不同。

前已述及，股利所得税和资本利得税的差异在不少国家都存在。如美国，一直存在资本利得税低于股利所得税的现象。在我国，同样存在资本利得税和股利所得税的差别。因此，在存在税收差别的情况下，股东可能更倾向于从股票升值产生的资本利得中获得投资收益，尤其是在那些实行高额累进税率的国家，投资者可能更倾向于资本利得收入，更多的人欢迎公司的低股利政策。

从投资者构成来看，有个人投资者、公司投资者和免税投资者等。不同的投资者对于股利政策的态度存在很大区别。个人投资者，通常有两种情况：那些适用较高税率的投资者，考虑到税收损失，往往偏爱低股利政策；而那些适用较低税率的投资者，如依靠固定收入者、退休者、孤儿等低收入人群往往希望得到现金股利，偏好高股利分配政策。此外，部分青睐高股利政策的投资者是风险的规避者，由于考虑到未来收益的不确定性，出于避险的目的，也认为高现金股利政策是最佳的。与个人投资者相比，公司投资者的情况有所不同，由于公司投资于其他公司的股票，如在美国其股利所得的70%可以减免所得税，而资本利得却不能享受此优惠。因此这些公司欢迎高股利政策，愿意持有高股利、低资本利得公司的股票。另一些机构投资者，如养老基金、信托基金等基金机构，热衷于高股利政策的原因不仅是这些机构投资者的投资收益可以免税，而且法律通常规定不允许动用基金本金。因此，他们通常乐于投资那些派发高股利公司的股票以获取可用资金。

第三节　股利分配政策

一、股利政策的含义和原则

（一）股利政策的含义

不同的股利政策理论在股利的作用、股利政策与公司价值的关系上存在分歧，但在现实中，公司经理们和股东都十分关心公司的股利政策。这是因为，股利政策不仅会影响股东收益，还会影响公司的正常运营和未来发展，以及公司股权结构和管理机构的稳定，甚至会影响整个证券市场的健康运行。因此，正确理解和合理制定股利政策就显得尤为重要。

股利政策是指公司管理当局对股利分配有关事项所采取的方针与决策。股利政策有广义和狭义之分。广义的股利政策包括：（1）股利发放形式的选择；（2）股利发放比例的确定；（3）股利的宣告日、股权登记日和股利支付日的选择；（4）发放现金股利所需资金的筹集等。狭义的股利政策仅指股利发放比例的确定。所谓股利发放比例是指在公司的当期累计盈余中，向股东支付股利占多大比例，在累计盈余中留存收益占多大比例的问题。

（二）制定股利政策的原则

鉴于股利政策在实际中的重要性，公司制定股利政策时，必须遵循以下原则：

1.有利于股东价值最大化目标的实现

股利政策是公司的一项基本政策，由于公司经营管理的目标是股东价值最大化，股利政策的目标必须与公司目标相一致，这是制定股利政策的前提条件和基本出发点。

当公司经营稳定，规模适当，资本结构合理，盈利状况良好时，应该向股东发放现金股利，若此时现金流充足，预期未来收入稳定，则应采取高现金股利政策；若未来现金流不稳定，则应采取低现金股利政策。在具体实施中，要注意不同投资者的需求，否则，不同的信息传递效应，可能会影响到公司的股票价格，进而影响公司的市场价值。

公司发放股票股利应该谨慎选择恰当的时机，只有公司有良好的投资机会及经营效率时，才可以采取股票股利政策，将更多的留存收益用于再投资；如果公司投资项目的预期报酬率低于股东以现金股利用于其他投资所得的报酬率，显然，股票股利政策对股东而言较为不利。

2.有利于兼顾股东利益与公司的长远发展

股利政策的实质是决定公司税后利润中留存收益和股利的分配比例问题。满足了股东利益最大化，就意味着公司留存收益的减少。公司为了发展就需要再融资，而任何一项融资方式的资本成本都大于留存收益的成本，这样，公司可能会因此丧失好的投资机会。反之，公司提高留存收益比例，意味着股利支付率的降低，这将减少股东的现时收益，从而影响股东对公司的信心，增大再融资的难度，甚至使公司股票价值下降，因此，股利政策的基本任务之一就是权衡公司股利支付和留存收益的关系，平衡公司和股东当前利益与未来利益、短期利益与长期利益、分配和增长之间的关系，有效激励股东对公司的信心，促进公司的持续稳定发展。

3.有利于资本结构的调整

股利发放形式对公司资本结构有直接的影响。如果公司的负债比例高，则应考虑将股利留在公司或采取配股增资，以改善资本结构，降低财务风险；反之，公司负债率较低，则应多发放现金股利，同时考虑负债融资，以提高财务杠杆收益。良好的股利政策有助于改善资本结构，使它之趋于合理。

4.有利于股价的合理定位

股利政策的信息效应往往会直接影响到公司的股票价格。通常高股利政策往往会被投资者理解为传递着有关公司经营好的信息，这时股票价格就会上升；反之，低股利政策往往导致股票价格的下降。但是，公司为维持稳定的股利政策要付出较高的成本代价，就需要公司做出权衡，按照稳定股价的原则制定相应的股利政策。

5.保持股利政策的连续性和稳定性

一般说来，给股东带来重大影响的股利政策的调整涉及两个方面：其一，股利政策的波动或不稳定，会给股东留下经营状况不稳定的印象，从而导致股票价格下跌；其二，股利的突然减少给那些偏好股利的投资者以打击，他们会放弃该种股票，进而也导致股价下跌。所以，公司应尽量避免消减股利，尽量保持股利政策的连续性和稳定性，只有在确信未来能够维持新的股利水平时才提高股利支付率。

二、股利政策的类型

在实际中，虽然各个公司的股利政策千差万别，但至少有一点是相同的，即公司都不愿意消减股利，表现为公司股利有的稳中有升，有的保持不变。这种现象的原因应归于公司出于稳定股东进而稳定股价的考虑而实施的。按照这种思路归纳起来，公司的实际股利政策有以下几种：

（一）剩余股利政策

剩余股利政策是指公司生产经营所得的盈余首先用于有利可图的投资项目资金需要，如有剩余，再将剩余部分作为股利发放给股东；如没有剩余，则不发放股利。该股利政策的重点是确定满足投资需要后的盈余剩余额才能发放股利。

剩余股利政策的具体确定步骤如下：

（1）将所有投资项目按内部收益率高低排序，并计算满足所有投资项目需要的加权平均资本成本，再根据成本最低、收益最大的原理，确定最佳的投资规模。

（2）按照最优资本结构的原理，确定股权资本占投资总额的比重，计算投资所需要的股权资本数额。

（3）按照留存收益成本最低的原理，首先使用内部资金。只有当内部资金得到充分利用后，才考虑使用外部融资。

（4）若留存收益满足所有投资需要后还有剩余，则应将剩余盈余额用于支付股利。

现举例说明剩余股利政策中投资额与盈利额的确定。

【例题9-6】某公司本年盈利6 000万元，按规定提取10%的法定盈余公积和5%的法定公益金后，采用剩余股利政策分配股利。根据资本预算，该公司本年最佳投资规模为8 000万元，最优资本结构为资产负债率为40%、权益比例为60%时，试求该公司本年股利支付额和股利支付率各是多少。

根据剩余股利政策的确定步骤和题意，计算如下：

可供分配利润=6 000×（1−10%−5%）=5 100（万元）

投资所需股权资本数额=5 100×60%=3 060（万元）

股利支付额=5 100−3 060=2 040（万元）

股利支付率=2 040÷6 000×100%=34%

从本质上讲，剩余股利政策是一个公司的融资决策，现金股利仅仅是一个被动的剩余盈余额。从理论角度看，剩余股利政策应是MM理论在股利分配实务中的具体应用，是一种投资优先的股利分配政策。这种政策的优点是：公司能够保持理想的资本结构，有助于降低资本成本，实现公司价值的最大化和长期性。该股利政策的缺点是：股利的多少与公司盈利水平脱节，导致股利支付不稳定，损害了那些偏好现金股利的股东利益，从而有可能影响股东对公司的信心。

（二）固定股利支付率政策

固定股利支付率政策是指公司确定将某一固定比例作为股利支付率，并长期按此比例从当年盈余中支付股利的政策。在这一政策下，股利支付率一经确定一般不再随意变更，股东获得的股利随公司各年盈余的变动而变动，从而使股利支付和公司盈余紧密地联系在一起，真正体现了风险投资和风险收益对等的原则。

但是，如果公司各年的盈利波动较大，由于股利随公司盈余的变化而变化，极易造成公司盈余不稳的印象，不利于树立公司形象，从而影响公司股票的价格稳定。因此，这一政策并不为大多数公司所采用。

（三）稳定股利政策

稳定股利政策是指公司将每年配发的股利固定在某一特定的水平上，不论经济情况如何，也不论公司经营状况和盈利状况如何，公司每年都向股东支付固定数额的股利。除非公司认为公司盈余确已增加，且未来的盈余足以支付更多的股利时，才会提高股利支付额。

稳定股利政策是实施广泛的一种股利政策。因为当公司盈余下降时，股利并不减少，投资者会认为公司盈余的下降是暂时的，未来情况会好转，所以，对公司的经营能力充满信心，有利于保持公司股票价格的稳定；同时，这种政策还有助于消除投资者心中的不确定感，从而受到那些期望每期有固定数额收入的投资者的青睐，能够较好地保护投资者的利益。但是，这种股利政策不能完全反映公司当期的经营业绩，使得股利支付与盈余相脱节，表现在公司盈余降低时也支付固定不变的股利，有可能会加剧公司的财务困难，不利于公司的长远发展。

（四）阶梯式股利政策

阶梯式股利政策是指公司将每年支付的股利固定在一个较低的水平，这个较低水平的股利称为正常股利；当公司盈余增长时，再加付额外股利的政策，所以又称低正常股利加额外股利政策。

这种政策介于固定股利政策和稳定股利政策之间，即分阶段采用稳定股利政策。其特征是该股利政策兼有固定股利政策和稳定股利政策的优点，既能保证股利的稳定性，又做到股利与盈余较好结合，有利于保持公司股票价格的稳定。但仍有不足：一是该政策稳定性较差；二是当公司持续地支付额外股利时，容易使股东造成额外股利是正常股利的印象，而一旦减少额外股利，就会造成公司财务状况恶化的错觉，进而使得股价下跌。

三、影响股利政策的因素

在现实生活中，公司进行股利分配并不是无所限制的，总要受到一些因素的影响。影响公司股利支付水平及其稳定性的因素错综复杂，公司需要在综合考虑各种约束因素的基础上制定最优股利政策。一般说来，影响公司股利政策的因素主要有以下几个方面：

（一）法律性限制

一般说来，法律并不要求公司一定要分配股利，但出于保护投资者和债权人的利益考虑，许多国家的法律都明确规定了公司在何种情况下不能发放股利。这些限制主要表现在：

1.防止资本侵蚀的规定

这一规定要求公司不能因支付股利而引起资本减少。如果一个公司的资本已经减少或是因支付股利会引起资本减少，则该公司不能支付股利。这一规定的目的在于保证公司有完整的资本基础，从而保护债权人的权益。

2.留存盈余的规定

这是为了维护公司持续发展而规定的。公司必须按照一定的比例提取留存收益，只有公司当期利润及以前提取的留存收益才可以用于发放股利。若公司当年无利润，原则上不发放现金股利；若要派发现金股利，应在弥补亏损后，如果还有剩余并经股东大会批准后才可以发放现金股利。

3.保证偿付债务的规定

这一规定要求公司不能因支付股利而影响到偿付到期债务的能力，即当公司已经无力偿付到期债务或因支付股利而失去偿付能力，则公司不能支付股利。因为在公司偿付能力丧失的情况下，如果允许支付股利，就会诱使公司通过股利支付而减少公司资产，从而对债权人的利益形成较大冲击。

4.超额累积利润的规定

由于股东接受股利所缴纳的所得税高于进行股票交易的资本利得税，于是许多国家规定公司不得超额累积利润，一旦公司的保留盈余超过法律认可的水平，将被加征额外税额。我国法律尚未对公司累积利润做出限制性规定。

（二）契约性限制

当公司以负债方式对外融资时，通常要受到债务合同的约束，这些限制性条款主要包括：除非公司的盈利达到某一水平，否则公司不能发放现金股利；或将股利发放额限制在某一盈利额或盈利百分比上。其目的在于促使公司将盈利的一部分按有关条款的要求以某种形式（如偿债基金准备等）进行再投资，增强公司的经济实力，从而保障债务的到期偿还，维护债权人的利益。

（三）公司内部因素

公司内部因素是影响股利政策的重要因素，这些因素包括：

1.现金流量

公司股利分配应以不危及公司经营所需的流动性为前提。在公司盈利水平既定的情况下，现金流量充足，股利支付能力就强；反之，现金流量不足，股利支付能力就弱。由此可见，公司的股利支付能力在很大程度上受到现金流量的制约。

2.投资需求

公司股利分配与投资对资金的需求有直接的关系。如果公司存在有利可图的投资机会，它往往采取低股利支付率的政策，处于成长初期的公司尤其如此。少支付股利而将较大比率的盈余用于再投资，不仅可以缓解资金紧张局面，而且可以降低融资成本；同时，增加的留存收益还可以扩充权益资本，改善资本结构，增强对外负债的能力。相反，公司如果投资机会较少，就可以采取较高的股利支付率和较低的留存收益率。

3.融资能力

公司融资能力直接关系到公司所采取的股利政策。公司筹集经营所需资金通常有三种融资渠道：内部融资、对外债务融资和股权融资。公司内部融资的前提条件是有留存收益，但留存收益大量用于再生产需要获得股东的同意。因为内部融资的大量采用会减少股利分配，直接影响股东的现时收益量。所以，现实中，多数公司将不同的融资方式与公司股利政策结合起来进行全盘考虑，决定公司的融资政策和股利政策。而通过市场进行对外融资已经成为越来越多公司的主要渠道，公司对外融资能力的强弱受许多因素的影响，但总的来讲，公司对外融资能力既取决于公司财务状况及经营情况的好坏，也取决于金融市场的发达程度。

4.资本成本和融资风险

公司无论利用债务融资还是通过资本市场进行股权融资，都是需要付出成本的。这些成本包括利息费用、佣金支出、税款支出等。当公司融资成本较高，融资渠道不是很畅通时，如果过高派发股利，势必会影响资金的正常运用。如果公司此时需要大量的资金进行投资，在多数情况下，公司会采取改变高股利分配政策，节省下来的资金用于满足投资需要。公司在进行融资决策时除考虑融资成本，还应重点考虑融资风险。如果公司大量利用财务杠杆，则会增加利息费用。虽然利息费用具有抵税作用，但也增大了公司偿还债务的压力。因此，融资风险的提高促使公司在进行股利决策时需要权衡股权、债权融资与内部融资的比例关系，不能简单地全部依赖债务融资，而将盈余全部用于股利分配；也不能全部依赖内部融资而放弃对外融资的某些优越条件。

5.盈余的稳定性

公司的股利支付通常会随收入的变化而变化，但大多数公司并不愿意经常改变股利分配政策。公司保持股利政策稳定的前提条件是具有稳定的收入。公司能否保持稳定收入，除受行业发展、宏观经济状况影响外，公司采用的财务政策，如公司运用财务杠杆情况，也会直接影响到公司的股利分配。通常，财务杠杆率越高，公司股利分配会越少。同时，公司发展的周期性在一定程度上也会影响公司股利政策的运用。在公司发展初期，由于需要大量的资金投入，通常支付较低的股利；在公司发展的鼎盛时期，由于已进入良性运转时期，经营平稳，收益稳定，因此通常采用高股利分配政策。但由于股利政策具有黏性，公司一旦采用高股利政策，在以后一个相当长的时期内，维持股利政策的平稳就需要有持续稳定的现金流入量，从而需要公司具有持续发展的实力。

（四）利益相关者的偏好

股东在税负、投资机会、股权稀释等方面的意愿也会在很大程度上影响公司的股利政策。由于不同股东对股利政策的偏好有差别，因此，公司股利政策要根据大多数股东的意愿做出。股东意愿对公司股利政策的影响体现在：

1.税收偏好

税负对公司股利政策的影响体现在股东要对不同收入税负的权衡。如果一个公司的绝大多数股东或对公司拥有控制权的股东是富有股东，因边际资本利得税税率低于边际股利收入税率，他们将倾向于多保留盈余而少派发现金股利，这样可以使这些股东少纳所得税，获得更多的收入；相反，如果一个公司的绝大多数股东都是低收入者，适用的所得税税率较低，这些股东就会倾向于更高的股利支付比率，提高当期的收入水平。

2.投资偏好

如果公司将盈余留存下来用于再投资所获得的报酬高于股东个人将股利收入进行再投资所获得的报酬，股东将倾向于公司多保留盈余，少支付现金股利；相反，公司将盈余留存下来用于再投资所获得的报酬低于股东个人将股利收入进行再投资所获得的报酬，股东将倾向于公司少保留盈余，多支付现金股利。

3.股权稀释

当公司面对有利可图的投资机会需要筹措资金时，股东往往倾向于公司少支付现金股利，多保留盈余，从内部留存收益中取得所需资金。因为如果公司支付大量股利，然后再发行新股筹措资金，现有股东对公司的股权和盈利将被稀释，对现有股东利益构成侵蚀。此外，随着流通在外的普通股股数的增加，股票的每股收益和市价将下降，对现有股东产生不利影响。

本章小结

1.股利决策是关于公司是否发放股利、发放多少股利以及何时发放股利等方面的方针和策略，涉及的内容主要是公司对其收益是进行分配还是留存盈余用于再投资的决策问题。它与公司投资决策、融资决策密不可分，相互影响，进而影响到公司控制权是否稳定和公司增长目标能否实现。

2.利润是公司在一定会计期间的经营成果，反映了公司经济效益的高低。利润分配是公司的一项重要工作，它关系到公司、投资者和其他利益相关者的利益，关系到公司的生存与发展。因此，在利润分配过程中，应遵循依法分配原则、资本保全原则、充分保护债权人利益、多方及长短期利益兼顾原则等。

3.股利是指公司将税后收益分配给股东的那部分报酬，通常是以股东投资额为分配的依据。衡量股利支付的主要财务指标有每股收益、股利支付率和股票收益率等。股利的发放需要遵循一定的程序。

4.股利发放的形式主要有现金股利、股票股利、股票回购、财产股利、负债股利和股票分割等形式。

5.股利理论的重点，主要是探讨股利政策是否影响公司价值。围绕这个研究重点，产生了传统股利理论和现代股利理论，但对股利理论的研究还在深入进行中。

6.MM的股利政策无关论是股利理论发展的基石，它建立在一系列假设前提上，是在完美资本市场中的理论。该理论主要观点为：公司价值由公司的未来盈利能力决定，公司采取的股利政策不会影响公司的市场价值。在此后发展起来的一系列股利理论都是对MM的股利政策无关论的补充和发展。这些理论主要有税收差异理论、客户效应理论、代理理论、信息效应理论以及股东构成理论等。

7.公司在制定股利政策时，应从各方面进行考虑，既要满足公司发展的需求，也要考虑适当保护股东的利益。在不损害股东利益的前提下，充分考虑公司的投资机会、投资回报率的高低、公司未来盈利状况以及股东偏好和法律限制等影响因素，尽量制定出稳定、连续的、符合公司发展状况的股利政策。

8.股利政策是指公司管理当局对股利分配有关事项所采取的方针与决策。鉴于股利政策在实际中的重要性，公司制定股利政策时，必须遵循有利于股东价值最大化目标的实现、有利于兼顾股东利益与公司长远发展等原则。在实际中，虽然各个公司的股利政策千差万别，但至少有一点是相同的，即公司都不愿意消减股利。实务中，股利政策有剩余股利政策、固定股利支付率政策、稳定股利政策、阶梯式股利政策等四种类型。

同步测试

同步测试

（一）单项选择题

1.在下列各项中，计算结果等于股利支付率的是（　　）。

A.每股收益除以每股股利　　B.每股股利除以每股收益

C.每股收益除以每股市价　　D.每股股利除以每股市价

2.按照发放形式不同，（　　）发放后既不改变所有者权益总额，也不引起现金流量变化。

A.现金股利　　B.股票股利　　C.股票回购　　D.财产股利

3.能保持股利与收益之间一定的比例关系，并体现多盈多分、少盈少分、无盈不分原则的股利政策是（　　）。

A.剩余股利政策　　B.稳定股利政策

C.固定股利支付率政策　　D.低正常股利加额外股利政策

4.有的公司很少支付现金股利，而有的公司支付高股利，从稳定投资者角度，这些公司很少改变自己的股利政策。这一现象可用（　　）理论解释。

A.一鸟在手理论　　B.追随者效应理论

C.股利支付的信息传递理论　　D.所有权结构理论

5.投资者领取股利的权利与股票相互分离的日期，称为（　　）。

A.股权登记日　　B.股利宣告日　　C.股利支付日　　D.除权日

（二）多项选择题

1.当绝大多数股东边际资本利得税低于边际股利收入税时，他们将倾向于公司（　　）。

A.多保留盈余　　B.少保留盈余

C.少支付现金股利　　D.多支付现金股利

2.以下哪个理论属于公司金融中的股利政策理论（　　）。

A.客户效应理论　　B.股利无关论
C.代理成本理论　　D.税收差异理论

3.甲公司投资建造的大型生产线于20×2年12月31日动工，预计20×3年年底投产。假定目前的证券市场属于成熟市场，根据优序融资理论的原理，甲公司在确定20×3年的融资方案时，应当以（　　）的融资顺序排列。

A.内部留存收益融资　　B.发行公司债券融资
C.增发普通股融资　　D.向银行借款融资

4.股东从保护自身利益的角度出发，在确定股利分配政策时应考虑的因素有（　　）。

A.避税　　B.控制权　　C.稳定收益　　D.规避风险

5.按照发放形式的不同，股利主要分为（　　）等基本形式。

A.现金股利　　B.股票股利　　C.股票回购
D.股票分割　　E.财产股利

（三）简答题

1.如何正确理解股利决策的含义？

2.试述股利分配的形式及其特点。

3.如何理解不同股利政策理论的含义和优缺点？

4.简述MM股利无关论的基本假设和主要观点。

5.公司股利政策有哪些类型？这些股利政策各有哪些主张？

6.试分析影响股利政策的因素有哪些。

7.现金股利有哪些类型？

8.与现金股利相比，股票股利与股票回购的优点是什么？

（四）计算题

1.某公司按照市场价值计算的资产、负债等项目见表9-5。目前公司已宣布发放20%的股票股利，股票将在次日除息（股票股利发放的时间顺序同现金股利类似）。流通在外的股票为5 000股。问股票的除息价格是多少？

表9-5　**某公司资产负债项目**　单位：元

现金	90 000	负债	100 000
固定资产	100 000	股权	150 000
总资产	250 000	总计	250 000

2.某股份公司有普通股20万股，每股面值2元，无优先股。该公司每年的计划投资总额为80万元，今年的预计税后利润为200万元，假定该公司明年投资计划的资金来源完全以今年的留存收益内部融资完成（盈余公积与公益金合计按20%提留）。试计算：

（1）今年以剩余资金发放股利所能达到的每股收益是多少？

（2）今年的股利发放率是多少？

3.某公司年末利润分配前的股东权益项目资料见表9-6。若公司股票的每股现行价值为35元。

表9-6 **年末利润分配前的股东权益** 单位：万元

项目	金额
股本（每股面值2元，1 000万股）	2 000
资本公积	800
未分配利润	4 200
股东权益合计	7 000

试计算：

（1）计划按照每10股送1股的方案发放股票股利并按发放股票股利后的股数派发每股现金股利0.2元，股票股利的金额按现行市价计算。完成该方案后的股东权益各项目数额是多少？

（2）若按1股换2股的比例进行股票分割，股东权益各项目数额、普通股股数是多少？

4. 某公司本年实现的净利润为250万元，年初累计未分配利润为400万元。上年实现净利润200万元，分配的股利为120万元。

试计算：

（1）假设预计明年需要增加投资资本200万元，公司的目标资本结构为权益资本占60%，债务资本40%。如果公司采用剩余股利政策，公司本年应发放多少股利？

（2）如果公司采用稳定股利政策，公司本年应发放多少股利？

（3）如果公司采用固定股利支付类政策，公司本年应发放多少股利？

第十章

短期融资与营运资本管理

学习目标

[知识目标]

◇理解掌握营运资本投资的含义与作用。

◇理解公司持有现金的动机、现金管理的内容与目标。

◇理解掌握营运资本投资的概念及特征。

[能力目标]

◇掌握应收账款持有量的控制方法。

◇掌握短期融资方式与管理方法。

◇掌握存货成本与持有量管理方法。

[素养目标]

◇理解短期财务计划对营运资本管理的作用，培养学生的严谨作风和责任担当。

◇掌握确定最佳现金持有量的方法与实际应用，引导学生树立正确的价值观念，坚守职业道德。

引导案例

美的营运资本管理的运作实践

美的集团股份有限公司（以下简称“美的”）是我国家电行业的龙头企业，核心业务领域包括消费电器、暖通空调以及机器人及自动化系统，目前已经成为横跨制造业、房地产、金融、物流等多个行业的大型跨国企业集团。2013年，美的在深交所挂牌上市，资本市场的融资支持使美的不断进行业务调整升级与实施多元化战略，不仅着眼于白色家电等传统家电制造领域，同时向智能机器人与自动化领域扩展，以满足客户的需求，实现全面发展。2020年，美的重新调整了运营架构，将事业部划分为工业技术、智能家居、楼宇科技、数字化创新、机器人与自动化五个业务模块，以紧扣时代，面向未来。

美的的快速发展得益于从2015起在经营战略上实施的轻资产运营模式，使其有充足的现金流用于研发投入实现技术创新，还加快了对外扩张获取其他高科技企业技术优势的步伐。美的管理层很早意识到依靠单纯规模扩张的重资产发展模式不具有可持续性，在多年的生产经营中，逐渐将管理重心从生产端转移至研发端和销售端，从重视增加资产规模转向重视企业的市场形象、管理能力、人力资源、销售渠道、创新能力等软实力的构建，不断以新设或并购的方式控制多家专门从事产品生产的企业，通过生产过程的专门化提升效率、降低成本；同时并购国内外先进科技企业，获得相关的技术及人力资源，为实施轻资产化运营打下良好的基础。

美的轻资产营运模式的主要举措是强化供应链管理，打造“类金融”模式。在供应链管理方面，美的实施了一系列措施优化库存管理，如建立“仓配一体”核心业务，推进“统仓统配”战略，减少中间环节，构建“共用仓储、统一调度、快速响应、快速配送”的供应链物流体系，搭建全国配送网络等，取得了良好的存货管理效果，并通过线上线下两个市场平衡发展，开拓国际市场。轻资产运营的途径是通过较少的固定资产投资来拉动企业整体发展，必须尽可能减少相关的费用支出。由于固定资产投资占用大量企业现金流，易造成企业资产缺乏流动性，美的一方面通过减少项目投资的相对比重，实现了自由现金流的高速增长；另一方面，通过“类金融”模式减少资金占用，增加资金的流动性。所谓“类金融”模式是指企业通过赊购和提前收款两种方式，形成对供应商的应付款和对客户的预收款，从而减少银行借款等有息负债，降低资金成本和融资费用。该模式的实施不仅体现出美的对供应商及客户较强的影响力，能够充分占用供应商及客户的资金，而且体现出美的对应付款项的风险管理能力。美的采取“类金融”模式，将部分经营风险转移至供货商和客户，以确保公司营运资金的充足。这种模式不仅为美的降低了融资成本，而且将部分风险分散到了供货商和客户那里，从而有效地降低了经营风险。

美的“类金融”模式的典型特点就是绝大多数资金需求依靠延期支付供应商货款和提前收取经销商货款来解决，因此，美的的资金结构呈现出以应付和预收款项为主的经营性负债比例和资产负债率偏高、净营运资本需求低、现金周转期为负等特点。其表现为资金需求主要为短期融资需要，日常必须保持充足的现金流，否则大额应付账款将增加公司的偿债风险，短期偿债压力较大，美的利润表近10年来营业收入一直连续增长，为其提供了充足的现金支撑，从而使其账面净现金低于行业平均水平，这一现象也得到了有效缓解。

资料来源　根据美的集团官网、新浪财经等网站整理而成。

短期融资计划主要涉及一年或一年之内的现金流入和现金流出。营运资本管理属于短期财务计划和管理的范畴。营运资本管理建立在营运资本投资和营运资本融资之上，由于竞争加剧和经济环境动荡，营运资本管理对于公司盈利能力和生存能力的影响越来越大。营运资本管理的目的就是要在满足日常经营需求的同时，缩短现金转换周期，提高经营效率。本章将着重讨论短期融资计划、营运资本的投资政策和融资政策等内容。

第一节　短期融资概述

一、短期融资的特点

当公司运用内部现金来源无法满足资金需求时，公司就会面临短期融资问题。公司如何筹集短期资金，取决于公司的短期财务政策。公司短期融资资金基本是通过短期负债方式筹集，所以短期融资就是研究短期负债融资问题。

短期融资具有使用时间短、一般不超过一年、到期需要本息全部归还的特点，具体来说，短期融资具有如下特点：

1.融资速度快，容易获取

相较于长期负债的债权人为了保护自身利益，往往要对债务人进行全面财务调查，因而融资所需时间一般较长，且不易获得，短期负债在较短时间内即可归还，所以债权人对违约风险顾虑较少，容易取得资金。

2.融资具有灵活性

短期负债与长期负债相比，债权人提出的限定性条件较少，管理相对宽松，资金使用较为灵活，富有弹性。

3.融资成本较低

一般而言，短期负债的利率低于长期负债的利率，因而短期负债的融资成本相对较低。

4.融资风险高

短期负债要在短期内（不超过一年）偿还，因而要求债务人要在短期内拿出足够的资金偿还债务，若举债公司届时资金安排不当，就会陷入财务危机。此外，短期负债利率的波动性较大，有时可能会高于长期负债的利率水平，因此，短期负债的存在对公司保持资金流动性和支付能力具有约束性。

二、公司短期融资方式

当公司遇现金短缺需要筹集短期资金时，可供选用的短期融资方式主要有商业信用融资、银行短期借款融资、应收账款融资等。

（一）商业信用融资

1.应计项目

观察公司资产负债表的流动负债部分，有许多来自非供应商或银行方面等金融机构的债务。有的在公司经营过程中自发形成，如应付工资薪酬、应交税费等项目；有的产生于公司制定的分配政策，如应付股利、应付利润和应付奖金等项目。前者是管理者无法控制的，数额多少取决于经济发展状况、行业惯例和税法等的规定；后者是公司管理者可以控制的，大部分是公司按照相关制度，如公司章程、利润分配制度等规定提取的应付款项。这些流动负债的共同特点是：若能够按照正常的到期日偿还时，没有融资成本。

2.应付账款

商业信用是最常见的一种短期融资方式，是在商品交易中由于延期支付或预付货款所形成的公司间的借贷关系。它存在于商品交换中，是所谓的“自发性融资”。商业信用融资最大的优点是容易取得。

应付账款是公司购买货物暂未付款而形成的欠款，即卖方允许买方在购货后一定时期内支付货款的一种形式。卖方利用这种方式促销，而对买方来说则是延期付款，等于向卖方借用资金购进商品，用以满足短期融资的需要。与应收账款相对应，应付账款也有付款期、折扣期等信用条件。应付账款可以分为几类：（1）免费信用，即买方公司在规定的折扣期内享受折扣而获得的信用；（2）有代价信用，即买方公司放弃折扣付出代价而获得的信用；（3）展期信用，即买方公司超过规定的付款期推迟付款而强制获得的信用。

当公司生产增加，相应的采购活动也增加时，应付账款也会增加，这意味着公司为生产的增加融通了部分所需资金，即增加了商业信用融资。

【例 10-1】某公司按照“n/60”销售条件平均每天从供应商处得到价值1万元的货物，同时，该公司的还款习惯是在第30天付款，相当于公司获得了期限为30天、额度为1万元的商业信用，并且无须承担资金使用成本，或者称融资成本。

若该公司按照“2/10，n/60”这样的销售条件从供应商处得到价值1万元的货物，显然这是有折扣的信用条件，则必须考虑融资成本。此时，该公司有两种方式可供选择：（1）为了获得2%的折扣而在第10天付款；（2）为了获得更长时间的商业信用而在第11天至第60天付款。

如果该公司在此期间选择在第60天付款，则它的机会成本相当于是放弃了享受2%的折扣成本，折扣成本率计算公式为：

$$\text{放弃现金折扣成本} = \frac{\text{折扣百分比}}{1 - \text{折扣百分比}} \times \frac{360}{\text{信用期} - \text{折扣期}} \qquad \text{（公式 10-1）}$$

根据题意，运用公式10-1计算如下：

$$\text{放弃现金折扣成本} = \frac{2\%}{1 - 2\%} \times \frac{360}{60 - 10} = 14.7\%$$

该结果意味着，公司在第60天付款相当于向银行按年利率14.7%借入期限为50天的金额为0.98万元的短期借款，其放弃折扣的代价是很高的。

当购货方推迟付款，即在最后的信用付款日之后付款，也将承担相应的成本。公司过度推迟支付应付账款的记录还将使公司的信用等级下降，为此，该公司在商业信用的使用上，无论是信用限额，还是信用条件，都将面临不利的境地。

3.应付票据

应付票据是公司进行延期付款商品交易时开具的反映债权债务关系的商业票据。根据承兑人的不同，应付票据分为商业承兑汇票和银行承兑汇票两种。支付期最长不超过6个月。应付票据可以带息，也可以不带息。应付票据的利率一般比银行借款的利率低，且不用保持相应的补偿余额和支付协议费，所以应付票据的融资成本低于银行借款成本。但是应付票据到期必须归还，如若延期便要交付罚金，因而风险较大。

4.预收账款

预收账款是卖方公司在交付货物之前向买方预先收取部分或全部货款的信用形式。对于卖方来讲，预收账款相当于向买方借用资金后用货物抵偿。预收账款一般用于生产周期长、资金需要量大的货物销售。

（二）银行短期借款融资

短期借款是指公司向银行和其他非银行金融机构借入的期限在1年以内的借款。在短期负债融资中，短期借款的重要性仅次于商业信用。短期借款可以根据公司的需要进行安排，便于灵活使用，且取得亦较简便。但其突出的缺点是短期内要归还，特别是在带有诸多附加条件的情况下更使风险加剧。

1.短期借款的种类

我国目前的短期借款按照目的和用途不同，分为生产周转借款、临时借款、结算借款等；按照国际通行做法，按其偿还方式的不同，短期借款分为一次性偿还借款和分期偿还借款等；按照利息支付方法的不同，短期借款分为收款法借款、贴现法借款和加息法借款；按照有无担保，短期借款分为抵押借款、质押借款和信用借款等。公司在申请借款时应根据不同借款的条件和需要加以选择。

2.短期借款的信用条件

银行发放短期借款往往带有一定的信用条件，主要包括：

（1）信贷限额。这是银行对借款人规定的无担保贷款的最高额度。信贷限额的有效期限通常为1年，但根据情况也可延期1年。一般来讲，公司在批准的信贷限额内，可随时使用银行借款，但银行并不承担必须提供全部信贷限额的义务。如果公司信誉恶化，即使银行曾同意过按信贷限额提供贷款，公司也可能得不到借款，这时，银行不会承担法律责任。

（2）周转信贷协定。这是银行具有法律义务的、承担提供不超过某一最高限额的贷款协定。在协定的有效期内，只要公司的借款总额未超过最高限额，银行必须满足公司任何时候提出的借款要求。为此，公司通常要向银行按照贷款限额的未使用部分付给银行一笔承诺费。周转信贷协定的有效期限通常超过1年，但实际上银行通常没几个月就发放一次贷款，所以这种信贷具有短期和长期借款的双重特点。

（3）补偿性余额。这是银行要求借款公司在银行保持按贷款限额或实际借用额一定百分比（一般为10%～20%）的最低存款余额。从银行的角度看，补偿性余额可降低贷款风险，补偿遭受的贷款损失。对借款公司而言，补偿性余额则提高了借款的有效年利率。

（4）借款抵押（质押）。银行向财务风险较大或者信誉不高的公司发放贷款，有时需要有抵押物担保，以减少资金蒙受损失的风险。借款的抵押品通常是借款公司的股票、债券和房屋等。抵押借款的成本通常高于非抵押借款，这是因为银行通常向信誉好的公司发放非抵押借款，而将抵押借款看成是风险投资，故而收取较高的利率；同时，银行管理抵押借款要比管理非抵押借款困难，为此往往另外收取手续费。公司向银行提供抵押品后，会限制其财产的使用和将来的借款能力。

（5）偿还条件。借款的偿还分为到期一次性偿还和在借款期内分期偿还两种方式。一般来说，公司不希望采用后一种偿还方式，因为这会提高借款的有效年利率；而银行不希望采用前一种偿还方式，这是因为这会加重借款公司的财务负担，增加公司的拒付风险，同时会降低实际借款利率。

（6）其他承诺。银行有时会要求公司为取得借款而做出其他承诺，如及时提供财务报表、保证适当的财务水平等。如公司违背所做出的承诺，银行可要求公司立即偿还全部借款。

3.短期借款的利率及支付

短期借款的成本由利息费用、承诺费和补偿性余额等构成。就利息费用而言，大多数商业借款的票面利率由借贷双方协商确定。利率的高低通常取决于借款者的信用和货币市场的状况。承诺费不具有普遍性，周转信贷协定有此要求，如果发生承诺费，将提高实际的借款成本。补偿性余额减少了借款人的可用资金，但并没有减少借款人的利息负担，因此，也增加了借款公司的实际借款成本。

（三）应收账款融资

应收账款融资是指通过应收账款抵押、让售、证券化等方式来获取短期融资。

1.应收账款抵押

应收账款抵押是指公司以应收账款做抵押向金融机构取得贷款。提供应收账款抵押贷款的金融机构一般为商业银行或财务公司。贷款数额占抵押面值价值的大小取决于应收账款的质量和数额。所谓应收账款质量，是指所提供的应收账款清单中借款公司信用品质的高低。借款公司的信用品质高，应收账款质量高，金融机构同意向指定应收账款账面价值贷款的百分比就高。根据应收账款的质量，金融机构一般按应收账款账面价值的50%～80%放贷。所谓应收账款数额，是指每笔应收账款的平均余额。应收账款平均规模越小，处理每元贷款花费的成本越多，因此持有小规模应收账款的公司，即使应收账款质量高，也难以获得融资。

为了降低每笔应收账款单独核查的成本，可以采用批量的应收账款抵押，该抵押方式的贷款人只记录应收账款总额和已收到的付款。批量应收贷款抵押舞弊概率高，所以贷款一般只占应收账款账面价值的30%以内。应收账款抵押的债权人对债务有追索权和置留权，若发生坏账，损失由借款人承担。因此，这是一种弹性强的抵押融资方式，也是一种持续的融资短期方式。

2.应收账款让售

应收账款让售是指公司通过向金融机构卖出自己拥有的应收账款来筹集短期资金的一种方式。应收账款让售有以下两种情况：

（1）无追索权让售，即应收账款购买方（金融机构）要承担应收账款违约的风险，即承担应收账款的坏账损失，而出售方则承担销售折扣、销售折让或销售退回的损失。为此，金融机构在购买应收账款时，一般要按一定的比例预留一部分余款，以备抵出售方应承担的销售折扣、折让或退回的损失，待实际发生销售折扣、折让或退回时再予以冲销。

（2）有追索权让售，即出售方应承担向购买方即金融机构偿付的责任。在已出售应收账款上发生的任何坏账损失均应由出售方公司承担。

3.应收账款证券化

应收账款证券化是资产证券化的一种，它是公司以应收账款为支撑，通过特定的组织机构和结构设计，提升信用状况，向投资者发行信用级别较高的证券的融资过程。

应收账款资产证券化的优势主要有：(1) 降低企业应收账款占比，避免因应收账款占比过高可能造成的财务风险，提高资金利用率；(2) 对信用评级较好的大型企业而言，应收账款资产证券化增加了应收账款资产的流动性，增加了新的融资渠道，通过应收账款资产证券化，可以适时降低资产负债率。(3) 对无信用评级或信用评级较低的中小企业而言，应收账款资产证券化可以为企业提供一条可行的融资渠道，降低中小企业融资成本。

(四) 短期融资券

短期融资券又称商业票据，是由公司发行的短期无担保债券。商业票据自20年世纪60年代以来在国际上有了很大的发展，成为企业筹措短期资金的一个重要工具。在中国，短期融资券是指企业依照《银行间债券市场非金融企业债务融资工具管理办法》的条件和程序在银行间债券市场发行和交易并约定在一定期限内还本付息的有价证券，是企业筹措短期（1年以内）资金的直接融资方式。短期融资券的期限一般不超过1年，其中期限在270天以内的被称为超短期融资券。短期融资券的利率依期限和发行公司的资信程度而定，很多低于银行短期贷款的利率，融资成本较低，融资数额往往较大，也可以提高企业的信誉和知名度。与长期债券相似，短期融资券也需要信用评级机构评定信用等级，发行条件较为严格，弹性也往往较小，风险相对较大。

第二节 营运资本概述

一、营运资本的概念

公司的营运状况通常使用营运资本指标来判断。营运资本是用以维持公司日常经营活动正常进行所需要的资金，也是公司经营活动中占用在短期资金上的资金。营运资本与现金是短期资金中两个重要的概念，营运资本中不仅有现金，还应包括应收账款、存货和其他流动资产等项目。

营运资本有广义和狭义之分。广义的营运资本是指一个公司在流动资产上的总投资额；狭义的营运资本又称为净营运资本，是指流动资产减去流动负债后的余额。在公司金融的概念中，常用后者，即净营运资本。营运资本是公司流动资产的主要资金来源，是公司开展日常经营活动的资金保证。

根据概念，营运资本的计算公式表示为：

营运资本=流动资产-流动负债 （公式10-2）

当流动资产大于流动负债时，营运资本是正值，表示流动负债提供了部分流动资产的资金来源，另外的部分是由长期资金提供的，这部分金额就是营运资本。营运资本也可以理解为长期融资来源用于流动资产的部分，即长期资金净值：

由于：流动资产+长期资产=权益+长期负债+流动负债

所以：流动资产-流动负债=（权益+长期负债）-长期资产

营运资本=长期融资-长期资产=长期融资净值

流动资产=流动负债+长期融资净值 （公式10-3）

上述公式用表10-1表示如下：

表10-1 **净营运资本**

资产	负债+所有者权益
流动资产	流动负债
营运资本净额	权益+长期负债（长期融资）
长期资产	

由此可见，流动资产所需资金的一部分由流动负债支持，另一部分由长期融资支持。尽管流动资产和流动负债都属于短期项目，但是绝大多数健康运转的公司的营运资本都是正值。所以，长期财务和短期财务有着内在的联系。

二、营运资本与现金周期

营运资本的水平反映了从生产开始时现金流出公司到流回公司的时间长度。公司首先从供应商处购买存货，这些存货可以是原材料或产成品。公司一般通过商业信用赊账购买存货，这意味着公司在购买时无须立即支付现金，这个滞后的时间就是应付账款周期。公司加工原材料并销售产成品，开始存货投资和最后销售之间的时间为存货周期。公司在销售产品时，通常使用信用赊销方式。这意味着公司销售产品一段时间后，客户才会支付账单，销售日和收到账款之间的时间为应收账款周期。公司从购买存货实际支出现金到销售利用存货生产出的产成品而收回现金，这期间的时间长度被称为公司的现金周期。

从短期看，公司必须保持足够的现金以提供充足的流动性，满足经营活动现金的需求。短期财务涉及的短期经营活动的现金流入和现金流出通常不在同一个时间发生，这就会导致现金流入与流出不同步，如图10-1所示。

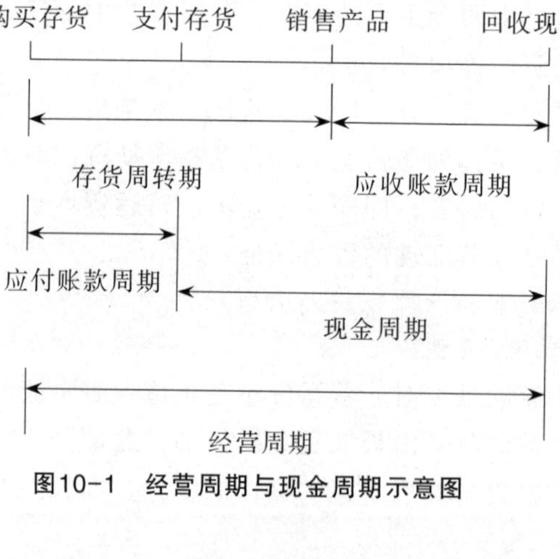

图10-1 经营周期与现金周期示意图

图10-1显示了一家制造业企业的经营周期和现金周期。经营周期是从购买存货到销售产品实现现金收入为止这段时间。经营周期等于存货周转期和应收账款周期长度之和。存货周转期是从购买存货到销售产品所需的时间。应收账款周期是回收应收账款所需时间的长度。

经营周期=存货周转期+应收账款周期 （公式10-4）

$$存货周转期 = \frac{平均存货}{\frac{销售成本}{365}} = \frac{365}{存货周转率}$$ （公式10-5）

$$应收账款周期 = \frac{平均应收账款}{\frac{销售收入}{365}} = \frac{365}{应收账款周转率}$$ （公式10-6）

现金周期，又称现金周转期，是从购买存货支付现金到从应收账款上收回现金这一期间的长度。应付账款周期是公司在购买各种资源的过程中延期支付的时间长度。

现金周期=经营周期-应付账款周期

=存货周转期+应收账款周期-应付账款周期 （公式10-7）

$$应付账款周期 = \frac{平均应付账款}{\frac{销售成本}{365}} = \frac{365}{应付账款周转率}$$ （公式10-8）

在实际中，存货周转期、应收账款周期、应付账款周期等分别用存货天数、应收账款天数和应付账款天数来衡量。

【例10-2】A公司是一家生产吊绳、轮滑等体育器材的公司，2023年的销售收入为400万元，销售成本为320万元，存货为66万元，应收账款为50万元，应付账款为20万元。试计算该公司的经营周期和现金周期。

根据题意计算如下：

$$存货周转率 = \frac{销售成本}{存货} = \frac{320}{66} = 4.85(次)$$

$$应收账款周转率 = \frac{销售收入}{应收账款} = \frac{400}{50} = 8(次)$$

$$应付账款周转率 = \frac{销售成本}{应付账款} = \frac{320}{20} = 16(次)$$

$$存货周转期 = \frac{365}{4.85} = 75.26(天)$$

$$应收账款周期 = \frac{365}{8} = 45.63(天)$$

$$应付账款周期 = \frac{365}{16} = 22.81(天)$$

$$经营周期 = 存货周转期 + 应收账款周期 = 75.26 + 45.63 = 120.89(天)$$

$$现金周期 = 经营周期 - 应付账款周期 = 120.89 - 22.81 = 98.08(天)$$

该公司的经营周期为120.89天，现金周期为98.08天。

由此可见，公司现金周期越短，在存货和应收账款上的投资就越少；反之，公司的现金周期越长，占用的营运资本越多，就需要越多的现金维持其日常运营。

三、营运资本投资策略

（一）营运资本投资的概念与特征

营运资本投资，是指公司为保证经营活动的正常进行而用于劳动对象上的投资，是公司的一项经常性投资活动。营运资本投资形成的资产有三种形态：现金（包括库存现金和银行存款）、应收账款和存货（主要包括原材料、在产品和产成品）。与上述资产占用形态相对应，营运资本可分为五种形态，即货币资金、储备资金、生产资金、成品资金和结算资金。营运资本投资管理是公司流动资金管理的一个重要方面。

公司营运资本投资具有以下特征：

1.投资与收回的连续性

营运资本投资体现为公司对生产经营过程中劳动对象的投入。由于公司生产经营过程是投入、产出、再投入、再产出的不断循环往复的过程，因此，营运资本投资及其收回也是不断连续进行的。为了保证投资能够及时收回，从而保证生产经营活动的连续进行，营运资本投资决策必须充分考虑产品的市场销售情况，做到以销定产。

2.资金占用具有空间上的并存性和时间上的继起性

如前所述，营运资本投资所形成的资产，在供产销三个阶段的物质形态分别表现为现金、存货和应收账款，其资金形态分别表现为货币资金、储备资金、生产资金、成品资金和结算资金。从空间上看，上述资产的物质形态和资金形态是依次循环往复的。从时间上看，上述资产的物质形态和资金形态是依次进行的，即表现为：现金→存货→应收账款→现金……或者表现为：货币资金→储备资金→生产资金→成品资金→结算资金→货币资金……

3.价值周转中的增值性

营运资本投资所形成的资产，经过供产销三个阶段，即完成一次周转，进而形成了价值增值。这体现在：资产的周转期与生产经营周期一致，在供应阶段，公司用现金购买原材料；在生产阶段，生产部门领用原材料，将原材料加工成半成品，半成品经过进一步加工成为产成品；在销售阶段，销售部门将产成品卖出，取得销售收入。

（二）营运资本投资管理的重要性

营运资本投资管理的重要性主要体现在以下几个方面：

1.营运资本投资是股东价值的重要驱动因素

营运资本投资是公司的一项经常性投资，投资形成的营业利润是公司总利润的重要组成部分，因此，加强营运资本投资管理，提高资产在周转中的价值增值程度，是公司实现盈利目标的保证，也是实现股东价值最大化目标的重要保证。

2.营运资本周转是公司资本周转的依托

营运资本投资是公司项目投资借以实现的载体，没有营运资本投资，项目投资将成为空中楼阁；同时，营运资本投资所形成的资产的价值周转是项目投资所形成的资产的价值周转借以实现的条件。因此，营运资本投资管理是保证项目投资正常运转的前提。

3.营运资本投资增值是提高公司支付能力的保证

公司经过良好的营运资本投资运作，必然形成价值增值，这部分增值应首先用于补偿投资过程中的资金耗费，以便开始下一轮的营运资本投资活动，通常，营运资本越多，意味着支付到期债务的能力越强，风险越小。因此，公司营运资本投资的安排以及资产变现能力将直接关系到公司的支付能力。

综上所述，公司的正常运营活动需要足够的营运资本来配合。一般而言，一个公司营运资本占全部资产的比例过多，将增加公司的财务负担，影响公司利润的实现。因为，在某一特定的生产水平下，营运资本的收益性一般低于固定资产，所以，营运资本所占比例越大，公司的盈利性越低；反之，如果营运资本占全部资产的比例过少，公司的盈利性将增强，但易使公司的资本周转不灵，偿债能力与采购的支付能力将大大下降，进而影响公司的声誉和地位。因此，公司营运资本投资管理的目的在于：确定一个既能维持公司的正常经营活动，又能在减少或不增加风险的前提下，给公司带来尽可能多的利润的营运水平。也就是说，公司在决定营运资本投资的适当数量或水平时，必须在盈利性和风险性之间进行全面的权衡，并做出合理的选择。

（三）营运资本的具体投资策略

营运资本投资策略，就是在总资产水平既定的情况下，流动资产与固定资产以及无形资产等长期资产之间的比例关系安排以及流动资产内部各项目之间的比例关系安排。在不同行业、不同经营规模、不同的利率水平下，公司流动资产的占有水平各不相同。图10-2显示了三种不同的营运资本投资策略。

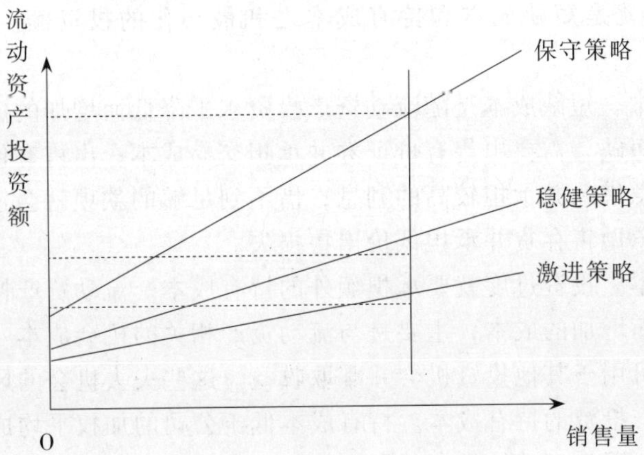

图10-2 营运资本投资策略

如图10-2可知，销售量越大，为支持这一销售量的流动资产投资额也越大。在同一销售量水平下，不同投资战略所对应的流动资产投资额是不同的，流动资产投资额越高，流动资产周转速度越慢。不过，流动资产投资额与销售量之间并非呈线性关系，而是以递减的比率随产销量的增加而增加。这是因为：（1）由于在公司流动资产的持有中存在着规模经济，随着公司规模的增大，流动资产比例可能会下降；（2）流动资产内部各项目之间相互调剂使用的可能性增大，导致流动资产使用效率提高，从而减少流动资产需要量。

由10–2可以看出，营运资本的投资策略可归纳为以下三种：

1.激进的营运资本投资策略

激进的营运资本投资策略，是指营运资本投资所形成的流动资产一般只保证生产经营的正常需要，不安排或只安排很少的保险储备。在这一投资策略下，由于流动资产比例压到最低，因此，公司流动资产的利用效率提高，获利能力增强，但是，低流动资产比例使公司资产的流动性降低，偿付风险增加。

2.保守的营运资本投资策略

保守的营运资本投资策略，是指营运资本投资所形成的流动资产除满足生产经营正常需要和保险储备需要外，再增加一部分额外储备量。在这一投资策略下，由于流动资产的比例较高，因此，公司流动资产的利用效率降低，获利能力降低，但是，高流动资产比例使公司资产的流动性提高，变现能力增强，偿付风险降低。

3.稳健的营运资本投资策略

稳健的营运资本投资策略，是指营运资本投资所形成的流动资产在保证正常生产经营需要的情况下，再适当增加一部分保险储备。

在预计销售和生产稳定的情况下，公司安排较少的流动资产投资，可以缩短流动资产周转天数，节约投资成本。但是，投资不足可能会引发生产中断，增加短缺成本，给公司带来损失。公司为了减少经营中断的风险，在销售不变的情况下安排较多的营运资本投资，会延长流动资产周转天数，而投资过量又会出现闲置的流动资产，浪费了投资，增加了持有成本。因此，该投资策略需要权衡得失，确定最佳投资需要量，也就是短缺成本和持有成本之和最小化的投资额。需要关注以下几方面：

（1）短缺成本。短缺成本是随流动资产投资水平降低而增加的成本。例如，因投资不足发生现金短缺，需要出售有价证券并承担交易成本；出售有价证券不足以解决问题时，需要紧急借款并承担较高的利息；借不到足够的款项就会违约并承担违约成本，或者被迫紧急抛售存货并承担低价出售损失。

（2）持有成本。投资过度就要承担额外的持有成本。流动资产持有成本是随着流动资产投资上升而增加的成本，主要是与流动资产相关的机会成本。这些投资如果不用于流动资产，可用于其他投资机会并赚取收益。这些失去机会的风险投资的期望收益，就是流动资产投资的持有成本。持有成本低于公司的加权平均成本，也低于总资产的平均收益率，因为流动性越高的资产的收益率越低。流动资产的流动性强，必然收益率低，通常不会高于短期借款的利息。

（3）最优投资规模。流动资产最优的投资规模，取决于持有成本和短缺成本总计的最小化。公司的持有成本随投资规模而增加，短缺成本随投资规模而减少，在两者相等时达到最佳的投资规模。

稳健的营运资本投资策略，就是按照预期的流动资产周转天数、销售额及其增长、成本水平和通货膨胀等因素确定最优投资规模，安排流动资产投资，如图10–3所示。

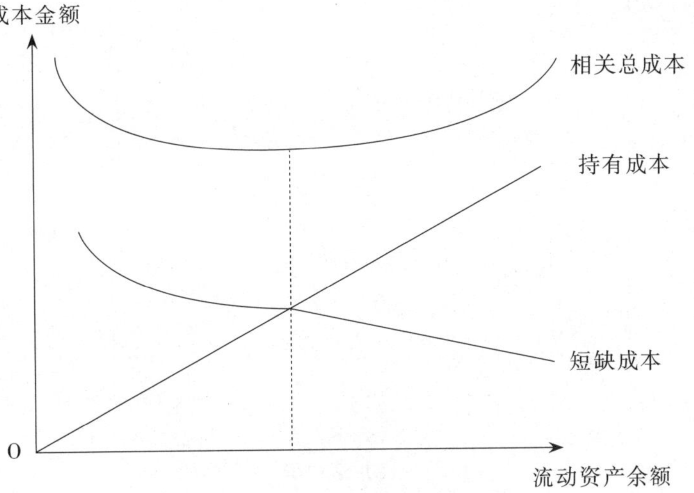

图10-3 最优投资规模

四、营运资本融资组合策略

短期财务策略反映流动资产的规模以及为流动资产融资的选择，而该策略受制于公司的营运资本融资策略。营运资本融资策略对流动资产融资行为产生重要的影响。

制定营运资本的融资策略，就是确定融资的来源结构，即确定流动资产所需资金中短期来源和长期来源的比例，而后者是长期资金来源购买长期资产后的剩余部分。流动资产的融资结构可以用经营流动资产中长期融资来源的比重来衡量，该比率称为易变现率。

$$易变现率=\frac{(权益+长期债务+经营性流动负债)-长期资产}{经营流动资产} \quad (公式10\text{-}9)$$

从公式10-9中可知，易变现率高，则资金来源的持续性强，偿债压力小，称为宽松的融资策略。易变现率低，资金来源的持续性弱，偿债压力大，称为严格的融资策略。从最宽松的策略到最严格的策略之间，分布着一系列宽严程度不同的融资策略。融资策略大体上分为三类：适中型融资策略、激进型融资策略和保守型融资策略，如图10-4所示。

1.适中型融资策略

流动资产按照投资需求的时间分为长期性流动资产和临时性流动资产。前者是指即使公司处于经营淡季也仍然需要保留的，用于满足公司长期、稳定运行的流动资产所需的资金，也称为永久性流动资产。后者是那些受季节性、周期性影响的流动资产需要的资金，如季节性存货、销售旺季的应收账款等。从投资需求看，长期性流动资产是长期需求，应当用长期资金支持。只有季节性变化引起的资金需求才是真正的短期需求，可以用短期资金来源支持。因此，适中型融资策略的特点是：尽可能使长期投资由长期资金支持，短期投资由短期资金支持，如图10-4（a）所示。在这一融资策略下，短期融资在季节性的低点时数额为零。

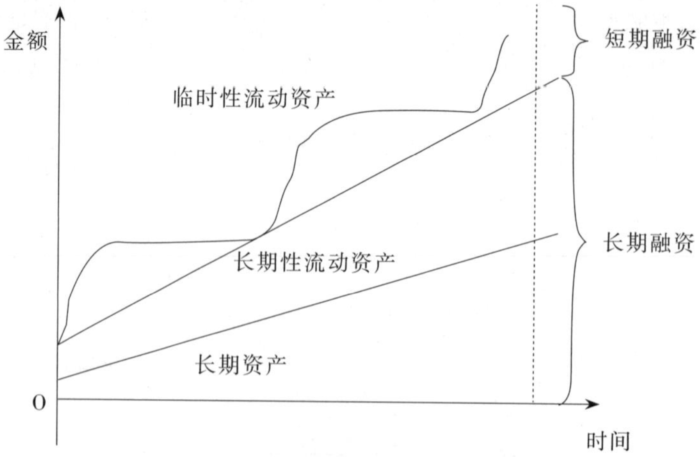

（a）适中型

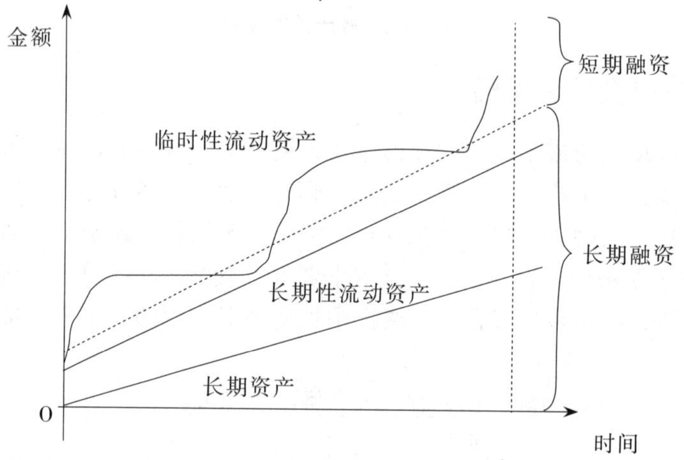

（b）保守型

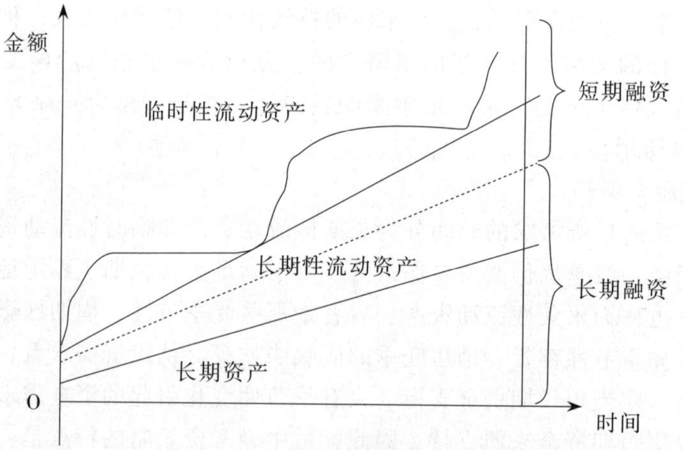

（c）激进型

图10-4　流动资产融资策略

2.保守型融资策略

保守型融资策略的特点是：短期金融负债只融通部分临时性流动资产的资金需要，另一部分临时性流动资产和长期性流动资产则由长期资金来源支持，如图10-4（b）所示。极端保守的融资策略完全不用短期借款，全部资金来自长期资金来源。在该策略下，由于短期金融负债所占比重较小，所以无法偿还到期债务的风险较低，同时蒙受短期利率变动损失的风险也较低。然而，由于长期负债的资本成本高于短期金融负债的资本成本，以及经营淡季时资金有剩余但仍需要负担长期负债利息，从而减少了公司的收益。因此，保守型融资策略是一种风险和收益都较低的流动资产融资策略。

3.激进型融资策略

由于短期资金的成本一般低于长期负债和权益资本的资本成本，而激进型融资策略下短期资金所占比重较大，所以该策略下公司的资本成本较低。激进型融资策略要求公司尽量寻求流动负债融资来源，除了季节性流动资产外，一部分长期占用的流动资产也依赖短期负债，如图10-4（c）所示。在该策略下，为了满足长期投资的资金需要，公司必然要在短期负债资金到期后重新举债或者申请债务展期，从而增加了公司融资的困难和风险，还可能面临由于短期负债利率的变动而增加公司资本成本的风险。这种融资策略主要适用于长期资金来源不足，或短期融资成本较低的公司。

第三节 营运资本管理

公司营运资本管理的关键问题是确定各项营运资金的最佳持有水平，并保证在这一水平下，营运资本既有良好的流动性，同时又能够获得合理的收益。但在公司实际经营运作中，由于许多不确定因素的存在，各营运资本最佳持有量的确定较难估算，因此，公司应制定适宜的营运资本投资管理制度，合理配置营运资金，以促进公司的正常经营。

营运资本的主要管理项目有现金管理、应收账款管理、存货管理等内容。

一、现金管理

现金是流动资产的一个重要组成部分。现金有狭义现金和广义现金之分，此处指的是广义现金，即占用在各种货币形态上的资产，包括库存现金、银行存款和结算中资金等所有可以即时使用的支付手段。从严格意义上讲，现金不属于投资。因为投资是要将现金转换为非现金资产，但从持有现金就会丧失投资机会的角度看，也可以将现金作为一种机会性投资损失来看待。所以，在公司金融中也将现金纳入投资研究的范畴。

（一）公司持有现金的动机

现金是公司资产中流动性最强的资产，可用来满足生产经营开支的各种需要，也是还本付息、履行纳税义务的保证，因此，公司拥有足够的现金对降低公司的财务风险、增加公司资金的流动性具有重要意义。一般而言，公司持有现金的动机有以下几个：

1.投资动机

投资动机是指公司持有现金可以抓住可能存在的潜在获利机会。例如，在原材料降价时购入原材料、在适当的时机购入价格有利的股票或其他有价证券等。

2.预防动机

预防动机是指公司持有现金可以应对突发事件对现金的不时之需。例如，发生生产或安全事故时，公司正常的现金开支将会被打乱，而一定的现金储备可预防这种情况，以维护公司的信誉。

3.交易动机

交易动机是指公司持有现金可以应付日常事务的开支，如采购原材料、日常经营开支等。

4.偿付动机

偿付动机是公司持有现金可以满足到期债务本息的偿付需要和股票股息的支付需要。

5.其他动机

例如，有时公司为了获取现金折扣或较高的信用等级，而需要持有充足的现金数额。

需要指出的是，为满足以上各种对现金持有量的需求，现金持有量是可以相互调剂的，因此，计算公司的现金持有量时，无须分别计算出满足各种目的所需的现金余额，更不能将几种需求量简单相加。

但是，由于现金是一种非营利性资产，不能或很少给公司提供收益，同时，公司持有现金还将负担高昂的机会成本，从而造成公司获利能力降低，因此，现金在满足资产流动性和营利性方面存在矛盾。现金持有量高，可以满足资产的流动性需求，但不能满足资产营利性的需求；现金持有量低，可以提高资产的营利能力，但导致资产流动性减弱。因此，现金管理的目的就是要在现金的流动性和营利性中进行权衡，寻求一个使两者实现最佳组合的结合点，这个结合点就是最佳现金持有量。

（二）最佳现金持有量的确定

确定最佳现金持有量，通常借助现金管理模型分析来进行。常用的现金管理模型有成本分析模型、存货模型和随机模型。

1.成本分析模型

成本分析模型是通过分析持有现金的有关成本，求得总成本最低的现金额度，以此作为最佳现金持有额。持有现金的有关成本包括：

（1）机会成本。它是指公司将资金投在现金资产上而放弃投资在其他资产上所能获得的收益。衡量机会成本可考虑用资本成本率、资产收益率和证券投资收益率等指标。机会成本与现金持有量成正比，即现金持有量越高，机会成本越高；反之亦然。

（2）管理成本。它是指由于持有现金而发生的有关管理费用，如安全设施支出、管理人员的工资等。在现金持有量的一定范围内，管理成本通常是固定的，不随现金持有量的增加而增加。

（3）短缺成本。它是指由于现金持有量不足，不能满足生产经营正常需要而遭受的损失或付出的代价。短缺成本可通过估计损失额来确定。短缺成本与现金持有量成反比，即现金持有量越高，短缺成本越低；反之亦然。

在实际工作中，最佳现金持有量的计算很简单。计算步骤是：先计算出机会成本、管理成本和短缺成本以及总成本，然后找出总成本最低的现金持有量，这个现金持有量就是最佳现金持有量，如图10-5所示。

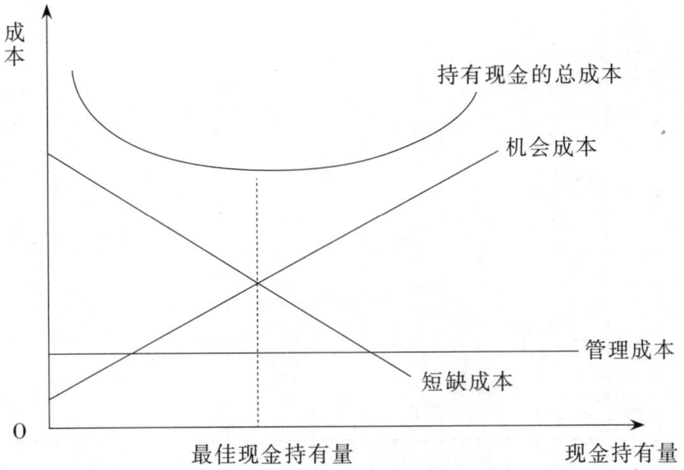

图10-5　成本分析模型

从图10-5可知，持有现金的机会成本线是向右上方倾斜的；持有现金不足的短缺成本线是右下方倾斜的；持有现金的管理成本线是一条平行线。由此可知，持有现金的总成本线便是一条向下凹的抛物线，该抛物线的最低点即持有现金的最低总成本。超过这一点，机会成本上升的代价就会大于短缺成本下降的好处。在这一点之前，短缺成本上升的代价又会大于机会成本下降的好处。这一点在横轴上的量，即最佳现金持有量。

2.存货模型

在成本分析模型中，公司如果持有现金增加，会在降低现金短缺成本的同时提高持有现金机会成本。存货模型引入了有价证券，通过有价证券和现金之间的相互转换，公司可以持有较少的库存现金。当有额外现金需要时，公司可出售有价证券来获得流动性；当现金出现盈余时，又可以购入有价证券获得收益，减少持有的现金。这里有价证券的作用类似于存货，因此，这个模型被称为存货模型。

存货模型是借鉴存货的经济批量模型建立的，它最早由威廉·鲍莫尔（William Baumol）于1952年提出，所以又将其称为鲍莫尔模型。该模型的基本原理是：一个公司的现金余额可以看作一种存货，当库存下降到某一预先确定的水平时，公司就可以销售有价证券以换取所需现金；当现金余额较大时，又可以购买证券以获得最大的投资收益。

由于该模型引入了有价证券，公司不再有现金短缺，因而该模型中不包括短缺成本，但包括持有现金的机会成本和出售证券时的交易成本，如经纪人报酬、税费等。存货模型忽略了管理成本（因为它是持有现金的固定成本，不是最佳现金持有量的决策变量)。交易成本与交易次数正相关，与现金余额负相关。持有现金的机会成本通常表现为有价证券的利率，与现金余额正相关。存货模型的各种成本如图10-6所示，图中使持有现金机会成本和交易成本相等的现金余额C^*为最佳现金余额，此时，总成本达到最低。

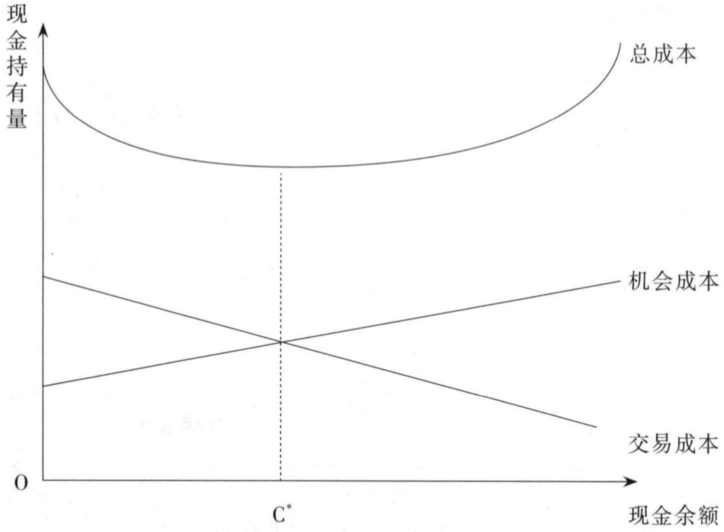

图10-6　存货模型

存货模型需要具备一定的条件，即需要假设前提：公司一定期间内的现金支出是持续均衡的，现金的需要量是可以预测的，在这个期限内，短期有价证券可以随时转换为现金C^*；随着时间的推移，现金余额会逐渐减少至零，然后公司出售有价证券换取同样数量的现金，因此，公司平均的现金余额为$\frac{C^*}{2}$，如图10-7所示。

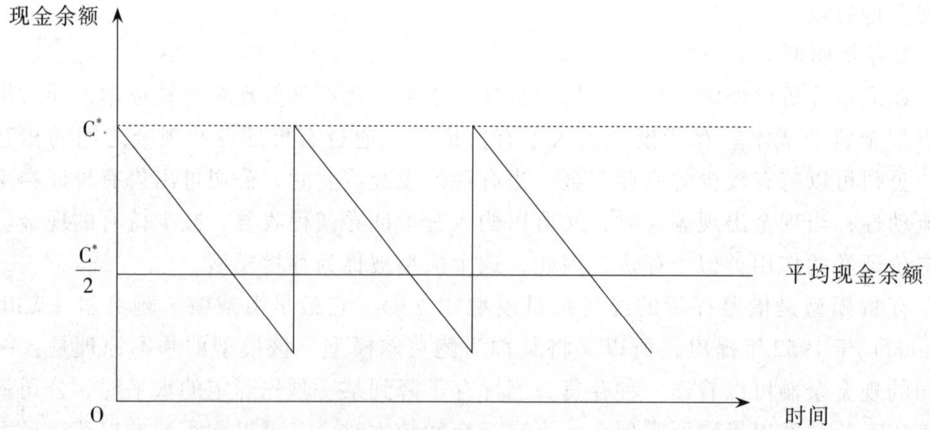

图10-7　存货模型中的现金余额

下面计算存货模型中的最佳现金余额C^*：由于持有现金机会成本是持有现金所放弃的证券收益，它等于平均现金余额$\frac{C^*}{2}$和有价证券收益率K的乘积；交易成本是交易次数和交易费用b的乘积。

因：持有现金机会成本=交易成本，所以：

$$\frac{C^*}{2} \times K = \frac{T}{C^*} \times b \qquad (公式 10-10)$$

将公式10-10推导后，则得：

$$C^* = \sqrt{\frac{2T \times b}{K}} \qquad (公式 10-11)$$

式中：C^*表示最佳现金余额；b表示每次有价证券的固定转换成本；T表示一定期间内的现金总需求量；K表示该期内有价证券的收益率。

【例10-3】甲公司一年的现金需求量为20万元，每次出售有价证券转换现金所需的交易成本为100万元，同期市场借款利率为10%，问该公司持有多少现金量是最佳的？

解：$C^* = \sqrt{\frac{2T \times b}{K}} = \sqrt{\frac{2 \times 1\,000\,000 \times 200\,000}{10\%}} = 20\,000(元)$

甲公司的最佳现金持有量是20 000元。

3.随机模型

随机模型，又称米勒-奥尔模型，其应用条件是：（1）每天现金流入量和现金流出量的变化是随机的和不确定的；（2）现金净流量即现金余额的变化呈正态分布；（3）最佳现金持有量就处于正态分布之间。

按照随机模型，公司需设置现金余额的上下限。上限代表现金持有量的最高点，下限代表现金持有量的最低点。当现金余额达到上限时，则将现金转换成短期有价证券；当现金余额下降到下限时，则将短期有价证券转换成现金，从而使现金余额经常地处在上限和下限之间。随机模型如图10-8所示。

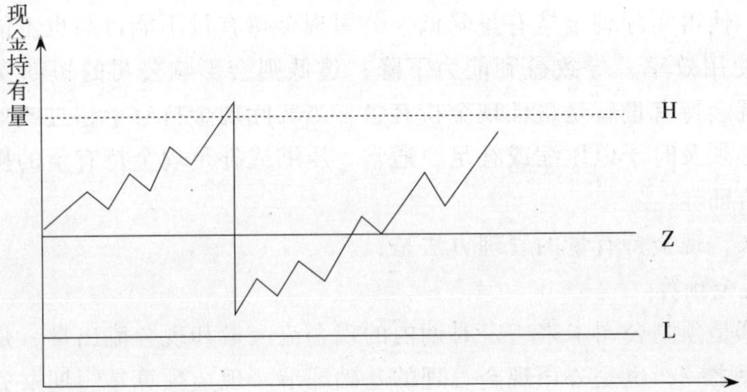

图10-8　随机模型

根据随机模型原理，现金持有量应控制在L~H这个区间内。L为现金持有量的下限，H为现金持有量的上限，Z为最佳现金持有量。当现金持有量上升至H，则购进（H-Z）的有价证券，使现金持有量回落至Z；当现金持有量下降至L时，卖出（Z-L）的有价证券，使现金持有量恢复至Z；当现金持有量在L~H之间波动时，则无须购进或卖出有价证券。

最佳现金持有量的计算公式是：

$$Z=\sqrt[3]{\frac{3F\delta^2}{4K}}+L \tag{公式 10-12}$$

$$H=3Z-2L \tag{公式 10-13}$$

$$平均现金持有量=\frac{4Z-L}{3} \tag{公式 10-14}$$

式中：Z表示最佳现金持有量；F表示每次变现有价证券的固定成本；K表示持有现金的日机会成本（证券日利率）；L表示现金持有量的控制下限；H表示现金持有量的控制上限；δ表示日现金净流量的方差。

【例10-4】某公司有价证券的年利率为9%，每次转换有价证券的固定成本为50元，该公司认为现金最低持有量不能低于1 000元，经测算日现金净流量的标准差为800元。此时，最佳现金持有量Z、现金持有量的控制上限H和平均现金持有量的计算如下：

证券日利率 K=9%÷360=0.00025

$$Z=\sqrt[3]{\frac{3F\delta^2}{4K}}+L=\sqrt[3]{\frac{3\times 50\times (800)^2}{4\times 0.025\%}}+1\,000=5\,579(元)$$

$$H=3Z-2L=3\times 5\,579-2\times 1\,000=14\,737(元)$$

$$平均现金持有量=\frac{4Z-L}{3}=\frac{4\times 5\,579-1\,000}{3}=7\,105.33(元)$$

（三）现金持有量的管理方法

在公司生产经营活动过程中，现金流入和现金流出是频繁发生的活动。在一定时期内，有可能出现现金流入大于现金流出的情形，即形成当期现金流量的结余，使得实际现金持有量上升；也有可能出现现金流出大于现金流入的情形，即形成当期现金流量的赤字，使得实际现金持有量降低。公司现金持有量不能过高也不能过低，过高会降低资金使用效率，导致盈利能力下降；过低则会影响公司的短期支付能力。此时，适宜的现金持有量就是最佳现金持有量。当实际现金持有量超过或低于最佳现金持有量时，必须及时予以压缩或补足，通常，压缩或补足现金持有量的操作方法是买进或卖出有价证券。

具体说来，现金持有量的管理方法是：

1.编制现金预算

现金预算是预测公司未来一定时期内的现金流入量和现金流出量，是公司现金管理的重要手段之一，也是公司现金管理的基础环节。现金预算是短期财务计划的基本工具，它为预测未来现金余缺提供了一个标准。通过现金预算，可以预测公司月度或季度现金余额以及现金短缺金额，为提高现金使用效率提供了依据。

现金预算预计和汇总了计划期内的现金流入量和流出量，通过现金预算，可以掌握未来现金收支情况，明确现金出现结余或短缺的时间以及金额，为现金管理提供依据。

公司不论实行何种营运资本策略，最终的目标都是通过对营运资本的有效管理获得充足且使用效率高的现金，一方面满足经营需要，另一方面为公司带来最大利润。

公司通过编制定期的现金预算，了解公司未来期间的现金需求和现金供给，根据现金的余缺状况，事先做好投资和融资安排，以保证正常经济活动的有序进行。

（1）现金流入

由于许多现金流量都与销售有关，所以大多数现金预算都以销售预算为基础。从销售取得的现金流量取决于销售收入和现金销售与信用销售的比例，而信用销售中的现金回收时间由信用条件和支付方式决定。

（2）现金流出

公司在正常生产经营过程中，经营活动、投资活动和筹资活动等各个环节都会发生现金流出。现金预算中的现金流出涉及以下项目：①应付账款的支付。公司需要偿付商品交易中赊购原材料、零部件的货款。延期付款是短期资金的来源之一，但却是一项昂贵的来源，因为延期可能使公司失去及时偿付时所能得到的价格折扣。②工资、管理费及其他费用。这部分也包括所有其他定期偿付的费用。③资本支出，即购买长期资产的现金支付。④税金、利息和现金股利，包括尚未偿付的长期负债的利息以及支付给股东的股利。

（3）编制现金预算的步骤

编制现金预算最常用的方法是现金收支法。其主要步骤包括：

①预测公司现金流入量。现金流入量包括销售收入、投资收入和其他收入。

②预测公司现金流出量。现金流出量包括购货支出、销售费用支出、利息支出、税金支出、股利或股息支出以及偿还债务本金支出等。

③预测公司现金净流量并做出规划。当现金流入量大于现金流出量，即出现现金结余时，需要对结余现金的利用进行规划；当现金流入量小于现金流出量，即出现现金不足时，需要对补足现金的筹集进行规划。

2.加速现金流入和减缓现金流出

编制现金预算之后，就需要执行现金预算。执行现金预算的基本要求是加速现金流转，提高现金的使用效率。其具体做法有以下几种：

（1）加速收款，及时收回现金，避免现金被他人无偿占用。可考虑的措施有：尽量采取现款销售方式，少采用赊销销售方式；如有可能，尽量采用现金折扣，加速货款回收；加强对应收账款回收的管理，避免应收账款出现逾期或坏账；选择安全、快速的结算方式，加速货款的回收速度；收到结算凭证或结算凭证到期时，及时送交开户银行，办理款项结算。

（2）控制付款。要尽可能地延缓现金支出的速度，达到提高现金使用效率的目的，因而控制付款与加速收款有着相同的功效。可考虑的措施有：尽量选择赊购，少采用现购，延缓现金流出的时间；选用汇票结算方式，延缓现金的划出时间，充分利用汇票结算在资金占用上的时间差；合理使用现金浮游量。浮游量是指公司开出的支票金额超过其银行存款余额的差额。由于公司开出支票的时间和客户将支票存入银行并由银行从其账户上划出资金的时间存在时间差，在这个时间差内，如果公司也有款项入账的话，则可以开出高于银行存款余额的支票，待银行实际划出资金时，正好有款项入账，抵补支票金额与银行存款余额的差额。因此，如果公司能准确地预测浮游金额，则可以相应地减少银行存款余额，以提高银行存款的利用率。

（3）使现金流量同步，要做到现金流入量和现金流出量在时间和金额上一致，使现金流入量正好满足现金流出量。如果能做到这一点，公司可将交易性现金需求降到最低，从而提高现金的利用效率。为此，公司必须科学编制现金预算，有效组织现金流入，合理安排现金流出，使现金流入与现金流出在时间和金额上趋于一致。

3.适时调节现金持有量

在现金预算执行过程中，可能会出现现金预算本身的现金流入量与现金流出量不等，也可能出现实际现金流入量和现金流出量与现金预算中的预期现金流入量和现金流出量不相等的情况，从而导致现金实际持有量高于或低于最佳现金持有量，因此，需要适时地调节现金持有量。当实际现金持有量低于最佳现金持有量时，应及时筹措资金补足差额，可选择的措施或者是变卖有价证券，或者是借入短期资金。当实际现金持有量高于最佳现金持有量时，应及时安排资金运用，可选择的措施是：如果现金只是短期闲置，可进行短期有价证券投资；如果现金有可能长期闲置，可进行长期有价证券投资。

二、应收账款管理

应收账款是指公司采取商业信用形式对外赊销商品或劳务所形成的应收但尚未收回的款项。在现代市场经济条件下，商业信用是公司商品交易采取的一种极为普遍的形式。应收账款是公司营运资本的重要构成项目，应收账款管理也是公司营运资本投资管理的一项重要内容。

（一）应收账款投资的利弊分析

应收账款是公司向客户提供的商业信用，即赊销。赊销给公司带来的好处表现在：

1.赊销是提高市场竞争能力、促进销售的重要手段

在激烈的市场竞争中，公司除了以优质的产品质量、优惠的销售价格和优良的售后服务来吸引客户、增强竞争力外，赊销也日益成为公司促进销售、提高竞争力的重要手段，因为赊销相当于在向客户提供商品或劳务的同时，也向客户提供了一笔无息贷款。

2.赊销有助于降低存货占用，加速资本周转

公司持有商品存货需要支付与之有关的费用，如管理费、仓储费和保险费等，因此，赊销在促进商品销售的同时，也减少了产成品库存，节约各项费用支出，加速了资本周转。

但是，公司在向客户提供商业信用的同时，也带来了应收账款的相应增加，并必须为此付出一定的成本。

1.机会成本

机会成本，即公司持有应收账款而放弃的等量资金投资于其他项目上可能获取的收益。

2.管理成本

管理成本，即公司从应收账款发生到收回期间，为维持应收账款管理系统正常运

行所发生的费用，如客户信用状况调查费用、信息收集费用、收账费用等。

3.坏账成本

坏账成本，即应收账款发生坏账而带来的无法收回的损失。

由此可见，应收账款的管理目标就是要在扩大销售与增加成本之间进行权衡，力求以比较低的投资成本最大限度地获取应收账款的投资收益，进而确定应收账款的合理持有量。

（二）信用政策及其确定

信用政策是应收账款管理的核心，是指导公司应收账款投资和应收账款日常管理的规则。信用政策的主要内容包括信用条件、信用分析和收账政策等。

1.信用条件

信用条件又称为销售条件，是指公司要求客户支付赊销款项的条件，一般包括信用期限和现金折扣等条件。信用条件一般可表述为“2/10，1/20，n/30”等，后者也可表述为“净30”。信用条件可以理解为：如果客户在10天的折扣期内付款，可享受2%的现金折扣优惠；在20天内付款，可享受1%的现金折扣优惠；在30天的信用期限内付款，不享受任何现金折扣；超过30天的信用期限，则属于违约。在这里，30天为信用期限；10天、20天为信用折扣期限；2%、1%为现金折扣。

（1）信用期限

信用期限是指公司允许客户从购货到支付货款的时间限定。信用期限定得过短，不足以吸引客户，会造成销售额下降；信用期限定得过长，虽然可以刺激销售额增长，但应收账款占用的资金在时间和数额上都会相应增长，从而使机会成本和坏账成本增加。因此，信用期限的确定需要在延长信用期限所带来的边际收益和边际成本之间进行权衡。信用期限一般介于30～120天之间。信用期限的开始日一般是发票日，即运送商品的日期，或者是寄发账单的日期。如果提供现金折扣，那么，信用期限又包括两个要素：净信用期限和现金折扣期限。其中，净信用期限是指客户必须付款的时间长度，现金折扣期限是指折扣的有效期间。如在“2/10，n/30”下，净信用期限是30天，现金折扣期限是10天。

【例10-5】某公司现行信用期限为20天，年销售额（指赊销净额）为400万元，应收账款管理费为2万元，坏账损失率为1%。为扩大销售额，该公司打算将信用期限延长至30天，年销售额将增至500万元，应收账款管理费增加到4万元，坏账损失率提高到1.5%。假设该公司的边际利润率为20%，应收账款的机会成本为10%。试问：该公司可否将信用期限延长？

首先，计算现行信用期限下的应收账款投资净收益：

赊销利润=400×20%=80（万元）

应收账款成本=机会成本+坏账成本+管理成本

$$=\frac{400\times(1-20\%)\times 20}{360}\times 10\% + 400\times 1\% + 2\approx 7.78\text{（万元）}$$

应收账款投资净收益=赊销利润-应收账款成本=80-7.78=72.22（万元）

其次，计算延长信用期限下的应收账款投资净收益：

赊销利润=500×20%=100（万元）

应收账款成本=机会成本+坏账成本+管理成本

$$=\frac{500\times(1-20\%)\times30}{360}\times10\%+500\times1.5\%+4\approx14.83\text{（万元）}$$

应收账款投资净收益=赊销利润−应收账款成本=100−14.83=85.17（万元）

延长信用期限后的净利润=85.17−72.22=12.95（万元）

以上计算表明，该公司延长信用期限使净利润增加了，因此，该公司延长信用期限是可行的。

（2）现金折扣

现金折扣是指公司为促使客户提早付款而给予的价格优惠，一般用销售收入的百分比来表示。现金折扣的主要目的在于吸引客户提前付款，以缩短公司的平均收款期。通常，公司现金折扣定得高，可以加速资金周转，减少应收账款占用的资金和坏账损失，减少管理费支出，但是，折扣也会带来销售收入的减少。因此，现金折扣的确定也需要权衡边际成本和边际收益。

由于现金折扣是和信用期限结合使用的，所以确定折扣程度的方法和程序与前面信用期限的一致。

【例10-6】某公司目前不提供现金折扣情况下的赊销期限为30天，销售量为800件，单价为2 000元，单位变动成本为1 000元，坏账损失率为4%。为加快资金周转，决定给予客户现金折扣，信用条件规定为“5/10，n/30”，采取这一措施后，估计销售量会增加300件，坏账损失率下降为2.5%。假定客户要求获得现金折扣。试问：该公司可否采取这一措施？

销售增加额=（800+300）×2 000×（1−5%）−800×2 000=490 000（元）

成本增加额=300×1 000=300 000（元）

坏账增加额=（800+300）×2 000×2.5%−800×2 000×4%=−9 000（元）

利润的净变动额=490 000−300 000+9 000=199 000（元）

计算结果表明，该公司放宽信用期到30天后，能增加199 000元的收益，因此应采取30天的信用期限，提供现金折扣。

2.信用分析

信用分析是公司向客户提供商业信用时要求客户所应具备的基本信用标准。如果客户达不到信用标准，便不能享受商业信用优惠或只能享受较低的商业信用优惠。对提供商业信用的公司而言，信用标准定得过高，能够获得商业信用的只能是信誉良好的客户，这样，应收账款出现逾期和坏账的可能性降低，从而机会成本和坏账成本降低，但是，符合条件的客户会减少，由此造成销售量下降，库存增加，市场竞争力减弱；反之，信用标准定得过低，能够获得商业信用的客户增加，销售量增加，市场占有率提高，但同时由于客户的信誉降低，应收账款出现逾期和坏账的可能性增加，机会成本和坏账成本也随之增加。可见，信用分析标准的确定需要考虑信用的边际收益和边际成本，只有在边际收益大于边际成本时，信用标准才是可取的。

信用分析一般用预期的坏账损失率作为判断标准，进而对客户进行信用等级划分。信用等级高，坏账损失率低；信用等级低，坏账损失率高。公司在制定信用等级时通常应考虑三个基本因素：同行业竞争对手的情况、公司承担违约风险的能力、客户的资信程度。

传统的信用分析标准等级评估方法主要有以下两种：

（1）“5C”分析法

“5C”分析法是信用分析的定性分析法。分析的内容是：①信用品质，即客户履行偿债义务的态度，这是评价客户信用的首要因素。它可以从客户以往的偿债记录中反映出来。②偿债能力，它可以通过经营者的管理能力，流动资产的数量、质量以及流动比率等指标反映出来。③资本，即客户所拥有的资本实力，它可以反映客户的财务实力以及可能偿还债务的资金来源。④担保，即客户提供的为其信用做担保的资产。抵押品的质量越高、价值越大，信用保障程度越高。⑤经济状况，是指目前的社会经济环境状况。社会经济环境越稳定，对客户经营状况和偿债能力的影响越小。通过这五个方面的分析，基本上能够判断客户的信用状况。这就为是否向客户提供商业信用做好了准备。

（2）信用评分法

信用评分法是信用分析的定量分析方法，它是对反映客户信用情况的有关财务指标进行评分，然后根据这些财务指标对客户信用状况影响程度的大小分别确定一定的权数，进而通过加权平均的方法求得客户的综合信用分值，并以此作为信用等级划分的依据，确定客户信用等级。其计算公式是：

$$Y = A_1X_1 + A_2X_2 + \cdots + A_nX_n = \sum_{i=1}^{n} A_iX_i \qquad \text{（公式 10-15）}$$

式中：Y表示信用分数；A_i表示对第i种信用分析指标进行加权的权重系数；X_i表示第i种信用分析指标的评分。

信用分析指标可以选择流动比率、速动比率、已获利息倍数等多种财务指标，再用相应的权重系数换算后，计算信用分数，并划分一定的信用等级分数，表明信用风险的大小。

3.收账政策

收账政策是指公司在信用条件未被遵守时，为催收逾期的应收账款所采取的程序和方法。一旦客户违反信用条件，拖欠或者拒付账款，公司就必须采取有效的收账措施，加速账款回收，最大限度地减少坏账损失。

为保证收账效果，公司收账政策应制定得宽严适度。如果收账政策制定得过于宽松，可能会使逾期应收账款的拖欠时间更长，应收账款的机会成本和坏账损失将会提高；反之，收账政策制定得过于严格，虽然可以使应收账款的机会成本和坏账损失降低，但收账费用也会相应提高，而且可能得罪客户，影响将来业务的开展。例如，某公司规定的收账政策如下：对逾期不足10天的客户不予过多打扰；对逾期超过10天的客户可以通过书信催收；对逾期30天以上的客户除以措辞严厉的书信催收外，还要打电话催收；对于逾期90天以上的客户则可移交专门的收账机构或诉诸法律来解决。

一般情况下，公司花费的收款费用越多，坏账损失就会越少，平均收账期也会缩短，公司利润就会提高。可见，收账费用与坏账损失之间存在一定关系，但不一定呈线性关系。这种关系可大致描述为：开始增加一些收账费用，坏账损失降低，但不明显；收账费用继续增加，坏账损失明显降低；收账费用增加到一定程度后，坏账损失降低就变得不明显甚至不再下降。这一限度一般称作“饱和点”。

（三）应收账款监控

应收账款监控包括两个方面的内容：一是信用额度监控；二是应收账款日常监控。

1.信用额度监控

信用额度又称信用限额，包括总体信用额度和对每一客户的信用额度。总体信用额度是指公司根据自身具体情况和外部经济环境而确定的赊销总规模，是指导和控制日常赊销规模的依据。对每一客户的信用额度是指对符合信用标准的客户给予的最大信用限额。通常，商业信用投向的客户越集中，商业信用风险越大，应收账款发生坏账的可能性越大，因此，公司必须控制对每一客户的信用额度，避免商业信用过于集中。

2.应收账款日常监控

应收账款日常监控要做的工作包括两个方面：

（1）进行应收账款的账龄分析

通过账龄分析，了解有多少应收账款尚处于信用期限内，有多少应收账款超过了信用期限，对超过信用期限的应收账款按拖欠时间的长短进行分类分析。

（2）监控应收账款周转天数

周转天数，即公司收回销售款的平均天数，公司可通过应收账款周转天数与销售条件中规定的信用期限进行比较，以判断信用管理的有效性。例如，公司计算出的应收账款周转天数为40天，而销售条件规定“净30”，那么就可以断定，该客户逾期付款达10天。公司还应关注应收账款周转天数的长期变化。若平均收账时间变长，要么是客户的付款时间总体上变长了，要么就是有些应收账款严重逾期了。此外，针对不同拖欠时间的应收账款，还可以通过成本效益分析，确定不同的收账政策。

公司在实际管理中，应把信用政策和应收账款监控策略结合起来，综合考虑信用标准、信用期限、现金折扣与坏账准备、收账政策的变动和相互影响，以及对销售额、销售利润、收账费用等的影响。

三、存货管理

存货是指公司在生产经营过程中为销售或者生产耗用而储备的各种流动资产，就生产性公司而言，一般包括原材料、燃料、低值易耗品、在产品、半成品和产成品等。存货占流动资产比重的大小，取决于公司所处行业的性质。一般情况下，制造业和零售业的存货比重较大，其他行业存货所占的比重相对小一些。公司直接参与存货管理的部门有供应、生产、销售和财务等，其中前三个部门主要从数量上对存货进行管理，而财务部门主要从存货价值方面进行管理。与现金、应收账款的管理相比，存货管理要复杂得多。

（一）存货投资的利弊分析

存货是公司流动资产项目中收益率最高而且风险最大的资产，又是公司从事生产经营活动不可或缺的物质基础。公司进行存货投资，主要是由存货所具备的以下功能所决定的：

1.保证公司经营的正常进行

必要的原材料、在产品和产成品是公司正常生产经营的前提和保障。尽管有些公司自动化程度较高，并借助信息化管理提出了零存货目标，但要实现这一目标并非易事，而公司保证每天采购存货既不现实也不合算。因此，为防止停工待料现象的发生，储备适当的存货是必要的。

2.满足市场销售的需要

必要的存货储备可以增强公司销售的机动性，特别是对于销售季节性很强的商品，更应储存足够的存货，避免因存货不足而错失良机。

3.有利于实现均衡生产

存货在生产不均衡和商品供求波动较大时，可起到缓冲的作用，使生产经营活动正常进行。如公司根据需求状况时高时低地生产时，有时生产能力可能得不到充分利用，有时又会出现超负荷生产，这往往会使生产成本提高，此时储备一定数量的存货，能够实现均衡生产，从而降低生产成本。

4.保险储备

在市场经济条件下，由于公司面临的不确定因素较多，为防止意外发生，必须保持必要的存货保险储备，以避免或减少损失。

5.出于优惠价格的考虑

一般来讲，零购价格往往比较高，而批量购买物资在价格上常有优惠。有时，公司预测某种原材料价格可能会上涨时，也会提前购入一定量的存货，以获得价格上的优惠。

由此可见，进行存货投资能够给公司带来效益，但公司持有存货也是有成本的，如储存成本。因此，公司持有的存货既不能过高也不能过低，过高会导致储存成本（包括机会成本）增加，而过低则难以保障生产经营活动的正常进行，形成缺货成本。也就是说，存货持有量的确定需要在存货效益和存货成本之间进行权衡，进而实现两者的最佳组合。

（二）存货的成本

公司进行存货投资的成本主要包括以下几项：

1.取得成本

取得成本是指公司为取得存货而付出的成本，包括订货成本和购买成本。

（1）订货成本

订货成本是指取得存货订单的成本，包括订货手续费、差旅费和邮电费等。订货成本包括固定成本和变动成本。订货成本与订货数量无关，而与订货次数成正比例关系，即在存货需求既定的情况下，订货次数越多，订货成本越高。存货的订货成本用公式表示为：

$$订货成本=F_1+\frac{D}{Q}\cdot K$$ （公式10-16）

式中：F_1表示订货成本的固定成本；K表示订货成本的变动成本；Q表示存货每次订购量；D表示存货年需要量。

（2）购买成本

购买成本是指存货本身的价值，包括买价、运杂费等。购买成本与购买数量成正比，与订货次数无关。存货的购买成本用D · V表示。

存货取得成本用公式表示为：

$$TC_a=F_1+\frac{D}{Q}\cdot K+D\cdot V$$ （公式10-17）

式中：TC_a表示存货取得成本；D表示存货年需要量；V表示存货单价。

2.储存成本

储存成本是指公司为保持存货而发生的成本，包括仓储费、管理人员工资、存货损耗、保险费以及存货占用资金需支付的利息等，用TC_c表示。储存成本也包括固定成本和变动成本。固定成本与存货数量无关，如仓储费、管理人员的工资等。变动成本与存货数量成正比，如存货损耗、保险费以及存货占用资金需支付的利息等，即在存货需求既定的情况下，订货次数越多，存货存量越少，变动成本越低；反之亦然。存货储存成本用公式表示为：

$$TC_c=F_2+K_c\cdot\frac{Q}{2}$$ （公式10-18）

式中：TC_c表示存货储存成本；F_2表示存货储存固定成本；K_c表示单位储存变动成本。

3.缺货成本

缺货成本是指由于存货储备不足而造成的损失，如停工损失、紧急采购的额外开支、延期交货的罚金以及公司信誉损失等。缺货成本用TC_s表示。

4.存货总成本

存货总成本是存货取得成本、储存成本和缺货成本之和。用TC表示存货总成本，则有：

$$TC=TC_a+TC_c+TC_s=F_1+\frac{D}{Q}\cdot K+D\cdot V+F_2+K_c\cdot\frac{Q}{2}+TC_s$$ （公式10-19）

（三）经济批量模型及其扩展

存货投资管理的目标就是权衡存货成本和存货收益，确定最佳存货持有量，使公司在保持必要存货储备的同时最小化存货总成本。确定最佳存货水平的常用计量模型是经济批量模型（又称经济订货量模型）。下面对这一模型做简要介绍。

1.基本经济批量模型

经济批量模型的假设条件是：①公司在需要进货时可以及时取得存货；②存货集中到货，一次入库，存货耗用均衡稳定；③存货年需求量确定且单价不变，不考虑现金折扣；④公司现金充足，不存在因现金不足而影响进货的问题；⑤所需存货市场供应充足，无缺货成本。

在上述假设条件下，存货成本计量模型中的F、D·V为已知常量，缺货成本TC_s=0，存货总成本完全由订货成本和储存变动成本决定，公式10-19可改写为：

$$TC = K \cdot \frac{D}{Q} + K_c \cdot \frac{Q}{2}$$ （公式10-20）

在D、K、K_c、F已知为常数时，TC的大小仅取决于Q，故对TC求导可求得TC最小时的经济批量Q^*。其计算公式为：

$$Q^* = \sqrt{\frac{2KD}{K_c}}$$ （公式10-21）

公式10-21被称为经济批量模型的基本模型。存货成本与经济批量之间的关系如图10-9所示。

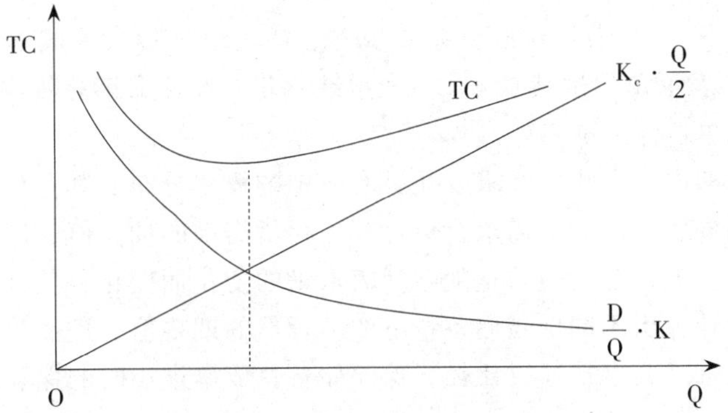

图10-9　经济批量与存货成本

根据经济批量Q^*，还可以推导出以下公式：

①每年最佳订货次数：$N^* = \frac{D}{Q^*} = \sqrt{\frac{DK_c}{2K}}$ （公式10-22）

②最佳存货总成本：$TC^* = \sqrt{2KDK_c}$ （公式10-23）

③最佳订货周期：$T^* = \frac{360}{N^*} = 360 \cdot \sqrt{\frac{2K}{DK_c}}$ （公式10-24）

2.经济批量模型的扩展

经济批量基本模型的各种假设在实际工作中并不多见，为使模型更接近于公司的实际情况，下面放宽假设条件，在更现实的情况下计算最佳存货持有量。

（1）再订货点与保险储备

一般情况下，公司要做到存货库存到零时及时补充到需要量几乎是不可能的，因为公司从发出订单到实际收到存货存在运输、结算过程，因此，公司需要在存货尚未用完时就开始订货，这样，公司在再次发出订单时事实上尚持有一定存货，这时的库存称为再订货点。

再订货点的计算公式为：

$$R = L \cdot D$$ （公式10-25）

式中：R表示再订货点；L表示订货提前期，即交货时间；D表示平均日需要量。

在提前订货条件下，当存货库存达到R时，就应组织再次订货。此时，有关存货的经济订货批量、订货次数、订货周期等并无变化，变化的只是订货的时间。

上述基本经济批量模型假设存货的供需稳定且确知，但实际情况并非如此。公司对存货的需求经常会发生波动，交货时间也会延迟，因此，公司应持有一定量的保险储备，以防供应延误造成存货短缺损失。这样，再订货点就变为：

$$R = L \cdot D + B \qquad \text{（公式10-26）}$$

式中：B表示存货的保险储备量。

建立保险储备可以避免因存货短缺而带来的缺货成本，但却使存货的储存成本增加，因此，存货保险储备量也存在一个最佳持有量的确定问题。确定最佳保险储备量需要在缺货成本和储存成本之间进行权衡，寻求一个使两者之和最小的点。这一点上的存货保险储备量就是最佳保险储备量。其计量模型为：

$$TC(S, B) = C_s + C_b = K_u \cdot S \cdot N + B \cdot K_c \qquad \text{（公式10-27）}$$

式中：TC（S，B）表示保险储备总成本；C_s表示存货短缺成本；C_b表示存货保险储备成本；K_u表示单位缺货成本；S表示缺货量；N表示年订货次数；B表示保险储备量；K_c表示单位储存成本。

在交货间隔期内，存货的需求变化具有一定的概率分布，其概率可根据历史经验得出，根据不同概率下的存货需求，可计算出存货需求的期望值，即再订货点。在再订货点确定的条件下，存货短缺量随存货需求量的变化而变化，且具有相同的概率分布。据此，可以计算出不同保险储备量下的缺货量的期望值，进而计算出不同保险储备量下的保险储备总成本，通过比较，保险储备总成本最小时的保险储备量即为最佳保险储备量。

【例10-7】某公司对某种原材料的年需求量为3 600吨，该原材料的单位储存变动成本为20元，一次订货成本为25元，单位缺货成本是100元。交货间隔期内的原材料需求变化情况及其概率分布见表10-2。可供选择的保险储备方案有三个：（1）保险储备为0；（2）保险储备为10吨；（3）保险储备为20吨。

表10-2　　**原材料需求量及其概率分布**

存货需要量（吨）	50	60	70	80	90
概率	0.1	0.2	0.4	0.2	0.1

根据以上公式，可进行如下计算：

经济订货批量 $Q^* = \sqrt{\dfrac{2 \times 25 \times 3\,600}{20}} \approx 95$（吨）

年订货次数 $= \dfrac{3\,600}{95} \approx 38$（次）

存货平均需求量=50×0.1+60×0.2+70×0.4+80×0.2+90×0.1=70（吨）

当B=0、10、20时，不同保险储备量下的缺货量S和总成本TC（Q）的计算见表10-3。

表10-3　　**不同保险储备量时的缺货量和总成本计算**

保险储备B（吨）	缺货量S（吨）	总成本TC（Q）（元）
0	4	15 200
10	1	4 000
20	0	400

计算结果表明，最佳保险储备量是20吨，此时的再订货点为90吨（70+20）。

（2）存货的陆续供应和使用

基本模型中假定存货是集中到货的，但在实际工作中，有时存货可能陆续到货，而且是边送边用，如产成品入库和在产品转移。此时，存货的相关总成本依然等于进货成本和储存成本之和，但平均储存量随着每批进货数、每日耗用量的变化而发生变化。

在存货陆续到货的情况下，假设公司存货年需用量为D，单价为U，一次订货成本为K，单位储存成本为K_c，每日到货量为p，每日耗用量为d，则到货间隔期为$\frac{Q}{p}$，到货期内的存货耗用总量为$\frac{Q}{P}\cdot d$，每批存货送完时，最高库存量E为$Q-\frac{Q}{p}\cdot d$；平均库存量$\frac{E}{2}$为$\frac{1}{2}(Q-\frac{Q}{p}\cdot d)=\frac{Q}{2}(1-\frac{d}{p})$。

那么，与批量有关的存货储备总成本为：

$$TC(Q)=TC_a+TC_c=\frac{D}{Q}\cdot K+K_c\cdot\frac{Q}{2}(1-\frac{d}{p})$$ （公式10-28）

同样，当$\frac{D}{Q}\cdot K=\frac{Q}{2}(1-\frac{d}{p})\cdot K_c$时，变动储备成本和变动订货成本相等，此时的订货量$Q^*$为最佳存货订购量，用公式表示为：

$$Q^*=\sqrt{\frac{2KD}{K_c}\cdot(\frac{p}{p-d})}$$ （公式10-29）

进一步推算，最佳存货储备总成本为：

$$TC(Q^*)=\sqrt{2KDK_c\cdot(1-\frac{d}{p})}$$ （公式10-30）

此时的存货流转过程如图10-10所示。

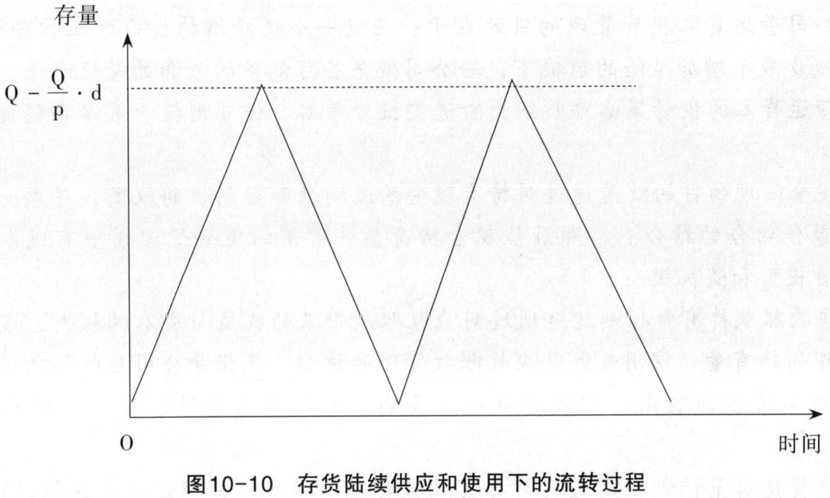

图10-10　存货陆续供应和使用下的流转过程

【例10-8】甲公司某元件年需要量D为5 000件，每日送货量p为40件，每日耗用量d为20件，单价U为20元，一次订货成本K为30元，单位储存成本K_c为5元，请问最佳存货订购量Q^*和最佳存货储备总成本TC（Q）是多少？

$$Q^* = \sqrt{\frac{2KD}{K_c} \cdot (\frac{p}{p-d})} = \sqrt{\frac{2 \times 30 \times 5\,000}{5} \times (\frac{40}{40-20})} \approx 347\text{（件）}$$

$$TC(Q^*) = \sqrt{2KDK_c \cdot (1-\frac{d}{p})} = \sqrt{2 \times 30 \times 5\,000 \times 5 \times (1-\frac{20}{40})} \approx 865\text{（元）}$$

则，存货的最佳订购量为347元，最佳存货储备总成本是865元。

本章小结

1.公司对营运资本的投资管理包含在流动资产投资管理的范畴中。有效管理营运资本投资可以提高公司资金的利用效率，增加公司的净现金流入量，从而提高公司价值。

2.经营周期是从购买存货到销售产品实现现金收入为止这段时间。经营周期等于存货周转期和应收账款周期长度之和。现金周期是从购买存货支付现金到从应收账款中收回现金这一期间的长度。应付账款周期是公司在购买各种资源的过程中延期支付的时间长度。

3.短期财务政策反映流动资产的规模以及为流动资产融资的选择，该政策受制于公司的营运资本策略。营运资本策略将对公司流动资产投资和流动资产融资行为产生重要的影响。流动资产投资时可以选择适中型、宽松型和紧缩型三种投资策略。流动资产融资遵循适中型、激进型的和保守型三种策略融资资金。公司可以通过应计项目、商业信用和短期借款、应收账款售让、短期融资券等方式融入短期资金。

4.营运资本投资是公司为保证经营活动的正常进行而用于劳动对象上的投资，是公司的一项经常性投资活动。营运资本投资形成的资产有三种形态：现金、应收账款和存货。

5.公司营运资本投资管理的目的在于：确定一个既能维持公司的正常经营活动，又能在减少或不增加风险的前提下，给公司带来尽可能多的利润的营运水平。

6.营运资本的投资策略可归纳为激进型投资策略、保守型投资策略和稳健型投资策略。

7.现金管理的目的就是通过对持有现金的流动性和盈利性的权衡，寻求一个使两者实现最佳组合的结合点，即最佳现金持有量。常用的现金管理模型有成本分析模型、存货模型和随机模型。

8.应收账款持有量控制就是通过对应收账款带来的收益与成本的权衡，进而确定一个合理的持有量。信用政策是应收账款管理的核心，是指导公司应收账款投资和应收账款日常管理的规则。信用政策的主要内容包括信用条件、信用分析和收账政策等。

9.存货持有量控制就是通过对存货效益与成本的权衡，确定一个最佳的持有量，使公司在保持必要存货储备的同时最小化存货总成本。确定最佳存货水平的常用计量模型是经济批量模型。

同步测试

同步测试

(一) 单项选择题

1.紧缩的短期财务政策要求持有（ ）。

A.较高的流动资产 B.较低的流动资产 C.等量的流动资产 D.不确定

2.弹性的融资策略是指（ ）。

A.总资产需求由长期筹资来满足

B.总资产需求由长期筹资和短期筹资来满足

C.长期资产需求由长期筹资来满足

D.长期资产需求的绝大部分由长期筹资来满足

3.根据存货模型，现金的最优持有量决定于（ ）。

A.持有成本等于再订购成本 B.持有成本等于交易成本

C.持有成本等于机会成本 D.交易成本等于机会成本

4.严格的融资策略是指（ ）。

A.总资产需求由长期筹资来满足

B.总资产需求由长期筹资和短期筹资来满足

C.长期资产需求由长期筹资来满足

D.长期资产需求的绝大部分由长期筹资来满足

5.根据经济订购量模型，存货的最优持有量决定于（ ）。

A.持有成本等于再订购成本 B.持有成本等于交易成本

C.持有成本等于机会成本 D.交易成本等于机会成本

(二) 多项选择题

1.短期融资取决于公司的短期财务政策，主要特点有（ ）。

A.融资速度快 B.融资成本低 C.融资风险小 D.融资灵活

2.流动资金的融资方式有（ ）。

A.商业票据 B.商业信用 C.短期银行借款

D.短期融资券 E.应收账款

3.营运资本投资形成的资产的三种形态有（ ）。

A.应付账款 B.现金 C.应收账款 D.存货

4.应收账款融资是指通过（ ）等方式来获取短期融资。

A.应收账款抵押 B.应收账款让售 C.应收账款持有 D.应收账款证券化

5.公司持有现金的动机有（ ）等。

A.预防动机 B.投资动机 C.交易动机 D.偿付动机

(三) 简答题

1.什么是营运资本投资？试解释营运资本投资特征和管理原则。

2.试解释公司为什么持有现金？现金管理的目的是什么？

3.公司进行营运资本投资有哪些策略？

4. 比较现金管理三种模型的异同。

5. 如何用存货模型来确定最佳现金余额？

6. 简述应收账款的信用政策有哪些。

7. 存货投资有哪些功能？存货成本有哪些形式？

8. 如何运用经济批量模型及其扩展模型来计算最佳存货量水平。

9. 短期财务政策的内容有哪些？

10. 短期融资的渠道有哪些？各有什么优缺点？

（三）计算题

1. 案例资料：东方公司是一家商业企业。其现金收支状况比较平稳，预计全年现金需用量为250 000元，现金与有价证券的转换成本为每次500元，有价证券年利率为10%。现根据公司资金使用情况，拟测算现金最佳持有量及其成本，为此需要计算如下项目：

（1）计算最佳现金持有量。

（2）计算最佳现金持有量下的全年现金管理总成本、全年现金交易成本和现金持有的机会成本。

（3）计算最佳现金持有量下的全年有价证券交易次数和交易间隔期。

2. 案例资料：光华公司是一家商品流通企业。现行的信用政策是40天内全额付款，赊销额平均占销售额的75%，其余部分为立即付款购买。目前的应收账款周转天数为45天（假设一年为360天）。总经理当年1月提出，将信用政策改为50天全额付款，改变信用政策后，预计总销售额可增加20%，赊销比例增加到90%，其余部分为立即付现购买，预计应收账款周转天数延长到60天。

改变信用政策预计不会影响存货周转率和销售总成本率（目前销货成本占销售额的70%）。存货占销售额的70%，周转天数为60天，工资由目前的每年200万元增加到380万元。去除工资外的销售费用和管理费用目前为每年300万元，预计不会因信用政策改变而变化。公司上年末的资产负债表见表10-4。

表10-4　**资产负债表**

202×年12月31日　单位：万元

资产	金额	负债及所有者权益	金额
现金	200	应付账款	100
应收账款	450	银行借款	600
存货	560	实收资本	1 500
固定资产	1 000	未分配利润	10
资产总计	2 210	负债及所有者权益合计	2 210

根据上述资料，试分析假设该投资者要求的必要报酬率为9%，公司是否应该改变信用政策？

参考文献

［1］罗斯，威斯特菲尔德，乔丹．公司理财（精要版）［M］．方红星．译．北京：机械工业出版社，2007.

［2］麦金森．公司财务理论［M］．刘明辉，译．大连：东北财经大学出版社，2002.

［3］科普兰，威斯顿．财务理论与公司政策［M］．宋献中，译．3版．大连：东北财经大学出版社，2003.

［4］丁述军，沈丽．金融学［M］．3版．济南：山东人民出版社，2022.

［5］冯曰欣，王俊籽．公司金融［M］．济南：山东人民出版社，2013.

［6］朴哲范．公司金融［M］．2版．大连：东北财经大学出版社，2016.

［7］李曜．公司金融［M］．2版．北京：高等教育出版社，2022.

［8］魏永宏．公司理财学［M］．北京：电子工业出版社，2019.

［9］黄方亮．公司上市与并购［M］．济南：山东人民出版社，2013.

［10］郭丽虹，王安兴．公司金融学［M］．3版．上海：上海财经大学出版社，2019.

［11］王俊籽．公司金融［M］．北京：经济科学出版社，2020.

［12］王长江．公司金融学［M］．北京：北京大学出版社，2018.

［13］张新民，钱爱民．财务报表分析［M］．2版．北京：中国人民大学出版社，2024.

［14］杨丽荣．公司金融学［M］．6版．北京：科学出版社，2024.

［15］叶蜀君．公司金融［M］．北京：清华大学出版社，2023.

［16］徐胜．公司金融［M］．北京：北京出版社，2021.

［17］潜力，胡军，王青．公司金融［M］．北京：中国人民大学出版社，2021.

［18］江萍，李莉，郑晓佳．公司金融［M］．北京：中国人民大学出版社，2023.

［19］朱叶．公司金融［M］．5版．北京：复旦大学出版社，2021.

附　录

附录一　复利终值系数表

复利终值系数表

利率 期数	1%	2%	3%	4%	5%	6%	7%	8%	9%	10%	11%	12%	13%	14%	15%
1	1.0100	1.0200	1.0300	1.0400	1.0500	1.0600	1.0700	1.0800	1.0900	1.1000	1.1100	1.1200	1.1300	1.1400	1.1500
2	1.0201	1.0404	1.0609	1.0816	1.1025	1.1236	1.1449	1.1664	1.1881	1.2100	1.2321	1.2544	1.2769	1.2996	1.3225
3	1.0303	1.0612	1.0927	1.1249	1.1576	1.1910	1.2250	1.2597	1.2950	1.3310	1.3676	1.4049	1.4429	1.4815	1.5209
4	1.0406	1.0824	1.1255	1.1699	1.2155	1.2625	1.3108	1.3605	1.4116	1.4641	1.5181	1.5735	1.6305	1.6890	1.7490
5	1.0510	1.1041	1.1593	1.2167	1.2763	1.3382	1.4026	1.4693	1.5386	1.6105	1.6851	1.7623	1.8424	1.9254	2.0114
6	1.0615	1.1262	1.1941	1.2653	1.3401	1.4185	1.5007	1.5869	1.6771	1.7716	1.8704	1.9738	2.0820	2.1950	2.3131
7	1.0721	1.1487	1.2299	1.3159	1.4071	1.5036	1.6058	1.7138	1.8280	1.9487	2.0762	2.2107	2.3526	2.5023	2.6600
8	1.0829	1.1717	1.2668	1.3686	1.4775	1.5938	1.7182	1.8509	1.9926	2.1436	2.3045	2.4760	2.6584	2.8526	3.0590
9	1.0937	1.1951	1.3048	1.4233	1.5513	1.6895	1.8385	1.9990	2.1719	2.3579	2.5580	2.7731	3.0040	3.2519	3.5179
10	1.1046	1.2190	1.3439	1.4802	1.6289	1.7908	1.9672	2.1589	2.3674	2.5937	2.8394	3.1058	3.3946	3.7072	4.0456
11	1.1157	1.2434	1.3842	1.5395	1.7103	1.8983	2.1049	2.3316	2.5804	2.8531	3.1518	3.4785	3.8359	4.2262	4.6524
12	1.1268	1.2682	1.4258	1.6010	1.7959	2.0122	2.2522	2.5182	2.8127	3.1384	3.4985	3.8960	4.3345	4.8179	5.3503
13	1.1381	1.2936	1.4685	1.6651	1.8856	2.1329	2.4098	2.7196	3.0658	3.4523	3.8833	4.3635	4.8980	5.4924	6.1528
14	1.1495	1.3195	1.5126	1.7317	1.9799	2.2609	2.5785	2.9372	3.3417	3.7975	4.3104	4.8871	5.5348	6.2613	7.0757
15	1.1610	1.3459	1.5580	1.8009	2.0789	2.3966	2.7590	3.1722	3.6425	4.1772	4.7846	5.4736	6.2543	7.1379	8.1371
16	1.1726	1.3728	1.6047	1.8730	2.1829	2.5404	2.9522	3.4259	3.9703	4.5950	5.3109	6.1304	7.0673	8.1372	9.3576
17	1.1843	1.4002	1.6528	1.9479	2.2920	2.6928	3.1588	3.7000	4.3276	5.0545	5.8951	6.8660	7.9861	9.2765	10.7613
18	1.1961	1.4282	1.7024	2.0258	2.4066	2.8543	3.3799	3.9960	4.7171	5.5599	6.5436	7.6900	9.0243	10.5752	12.3755
19	1.2081	1.4568	1.7535	2.1068	2.5270	3.0256	3.6165	4.3157	5.1417	6.1159	7.2633	8.6128	10.1974	12.0557	14.2318
20	1.2202	1.4859	1.8061	2.1911	2.6533	3.2071	3.8697	4.6610	5.6044	6.7275	8.0623	9.6463	11.5231	13.7435	16.3665
21	1.2324	1.5157	1.8603	2.2788	2.7860	3.3996	4.1406	5.0338	6.1088	7.4002	8.9492	10.8038	13.0211	15.6676	18.8215
22	1.2447	1.5460	1.9161	2.3699	2.9253	3.6035	4.4304	5.4365	6.6586	8.1403	9.9336	12.1003	14.7138	17.8610	21.6447
23	1.2572	1.5769	1.9736	2.4647	3.0715	3.8197	4.7405	5.8715	7.2579	8.9543	11.0263	13.5523	16.6266	20.3616	24.8915
24	1.2697	1.6084	2.0328	2.5633	3.2251	4.0489	5.0724	6.3412	7.9111	9.8497	12.2392	15.1786	18.7881	23.2122	28.6252
25	1.2824	1.6406	2.0938	2.6658	3.3864	4.2919	5.4274	6.8485	8.6231	10.8347	13.5855	17.0001	21.2305	26.4619	32.9190
26	1.2953	1.6734	2.1566	2.7725	3.5557	4.5494	5.8074	7.3964	9.3992	11.9182	15.0799	19.0401	23.9905	30.1666	37.8568
27	1.3082	1.7069	2.2213	2.8834	3.7335	4.8223	6.2139	7.9881	10.2451	13.1100	16.7386	21.3249	27.1093	34.3899	43.5353
28	1.3213	1.7410	2.2879	2.9987	3.9201	5.1117	6.6488	8.6271	11.1671	14.4210	18.5799	23.8839	30.6335	39.2045	50.0656
29	1.3345	1.7758	2.3566	3.1187	4.1161	5.4184	7.1143	9.3173	12.1722	15.8631	20.6237	26.7499	34.6158	44.6931	57.5755
30	1.3478	1.8114	2.4273	3.2434	4.3219	5.7435	7.6123	10.0627	13.2677	17.4494	22.8923	29.9599	39.1159	50.9502	66.2118

续表

利率 期数	16%	17%	18%	19%	20%	21%	22%	23%	24%	25%	26%	27%	28%	29%	30%
1	1.1600	1.1700	1.1800	1.1900	1.2000	1.2100	1.2200	1.2300	1.2400	1.2500	1.2600	1.2700	1.2800	1.2900	1.3000
2	1.3456	1.3689	1.3924	1.4161	1.4400	1.4641	1.4884	1.5129	1.5376	1.5625	1.5876	1.6129	1.6384	1.6641	1.6900
3	1.5609	1.6016	1.6430	1.6852	1.7280	1.7716	1.8158	1.8609	1.9066	1.9531	2.0004	2.0484	2.0972	2.1467	2.1970
4	1.8106	1.8739	1.9388	2.0053	2.0736	2.1436	2.2153	2.2889	2.3642	2.4414	2.5205	2.6014	2.6844	2.7692	2.8561
5	2.1003	2.1924	2.2878	2.3864	2.4883	2.5937	2.7027	2.8153	2.9316	3.0518	3.1758	3.3038	3.4360	3.5723	3.7129
6	2.4364	2.5652	2.6996	2.8398	2.9860	3.1384	3.2973	3.4628	3.6352	3.8147	4.0015	4.1959	4.3980	4.6083	4.8268
7	2.8262	3.0012	3.1855	3.3793	3.5832	3.7975	4.0227	4.2593	4.5077	4.7684	5.0419	5.3288	5.6295	5.9447	6.2749
8	3.2784	3.5115	3.7589	4.0214	4.2998	4.5950	4.9077	5.2389	5.5895	5.9605	6.3528	6.7675	7.2058	7.6686	8.1573
9	3.8030	4.1084	4.4355	4.7854	5.1598	5.5599	5.9874	6.4439	6.9310	7.4506	8.0045	8.5948	9.2234	9.8925	10.6045
10	4.4114	4.8068	5.2338	5.6947	6.1917	6.7275	7.3046	7.9259	8.5944	9.3132	10.0857	10.9153	11.8059	12.7614	13.7858
11	5.1173	5.6240	6.1759	6.7767	7.4301	8.1403	8.9117	9.7489	10.6571	11.6415	12.7080	13.8625	15.1116	16.4622	17.9216
12	5.9360	6.5801	7.2876	8.0642	8.9161	9.8497	10.8722	11.9912	13.2148	14.5519	16.0120	17.6053	19.3428	21.2362	23.2981
13	6.8858	7.6987	8.5994	9.5964	10.6993	11.9182	13.2641	14.7491	16.3863	18.1899	20.1752	22.3588	24.7588	27.3947	30.2875
14	7.9875	9.0075	10.1472	11.4198	12.8392	14.4210	16.1822	18.1414	20.3191	22.7374	25.4207	28.3957	31.6913	35.3391	39.3738
15	9.2655	10.5387	11.9737	13.5895	15.4070	17.4494	19.7423	22.3140	25.1956	28.4217	32.0301	36.0625	40.5648	45.5875	51.1859
16	10.7480	12.3303	14.1290	16.1715	18.4884	21.1138	24.0856	27.4462	31.2426	35.5271	40.3579	45.7994	51.9230	58.8079	66.5417
17	12.4677	14.4265	16.6722	19.2441	22.1861	25.5477	29.3844	33.7588	38.7408	44.4089	50.8510	58.1652	66.4614	75.8621	86.5042
18	14.4625	16.8790	19.6733	22.9005	26.6233	30.9127	35.8490	41.5233	48.0386	55.5112	64.0722	73.8698	85.0706	97.8622	112.4554
19	16.7765	19.7484	23.2144	27.2516	31.9480	37.4043	43.7358	51.0737	59.5679	69.3889	80.7310	93.8147	108.8904	126.2422	146.1920
20	19.4608	23.1056	27.3930	32.4294	38.3376	45.2593	53.3576	62.8206	73.8641	86.7362	101.7211	119.1446	139.3797	162.8524	190.0496
21	22.5745	27.0336	32.3238	38.5910	46.0051	54.7637	65.0963	77.2694	91.5915	108.4202	128.1685	151.3137	178.4060	210.0796	247.0645
22	26.1864	31.6293	38.1421	45.9233	55.2061	66.2641	79.4175	95.0413	113.5735	135.5253	161.4924	192.1683	228.3596	271.0027	321.1839
23	30.3762	37.0062	45.0076	54.6487	66.2474	80.1795	96.8894	116.9008	140.8312	169.4066	203.4804	244.0538	292.3003	349.5935	417.5391
24	35.2364	43.2973	53.1090	65.0320	79.4968	97.0172	118.2050	143.7880	174.6306	211.7582	256.3853	309.9483	374.1444	450.9756	542.8008
25	40.8742	50.6578	62.6686	77.3881	95.3962	117.3909	144.2101	176.8593	216.5420	264.6978	323.0454	393.6344	478.9049	581.7585	705.6410
26	47.4141	59.2697	73.9490	92.0918	114.4755	142.0429	175.9364	217.5369	268.5121	330.8722	407.0373	499.9157	612.9982	750.4685	917.3333
27	55.0004	69.3455	87.2598	109.5893	137.3706	171.8719	214.6424	267.5704	332.9550	413.5903	512.8670	634.8929	784.6377	968.1044	1192.5333
28	63.8004	81.1342	102.9666	130.4112	164.8447	207.9651	261.8637	329.1115	412.8642	516.9879	646.2124	806.3140	1 004.3363	1 248.8546	1 550.2933
29	74.0085	94.9271	121.5005	155.1893	197.8136	251.6377	319.4737	404.8072	511.9516	646.2349	814.2276	1 024.0187	1 285.5504	1 611.0225	2 015.3813
30	85.8499	111.0647	143.3706	184.6753	237.3763	304.4816	389.7579	497.9129	634.8199	807.7936	1 025.9267	1 300.5038	1 645.5046	2 078.2190	2 619.9956

附录二　复利现值系数表

复利现值系数表

期数＼利率	1%	2%	3%	4%	5%	6%	7%	8%	9%	10%	11%	12%	13%	14%	15%
1	0.9901	0.9804	0.9709	0.9615	0.9524	0.9434	0.9346	0.9259	0.9174	0.9091	0.9009	0.8929	0.8850	0.8772	0.8696
2	0.9803	0.9612	0.9426	0.9246	0.9070	0.8900	0.8734	0.8573	0.8417	0.8264	0.8116	0.7972	0.7831	0.7695	0.7561
3	0.9706	0.9423	0.9151	0.8890	0.8638	0.8396	0.8163	0.7938	0.7722	0.7513	0.7312	0.7118	0.6931	0.6750	0.6575
4	0.9610	0.9238	0.8885	0.8548	0.8227	0.7921	0.7629	0.7350	0.7084	0.6830	0.6587	0.6355	0.6133	0.5921	0.5718
5	0.9515	0.9057	0.8626	0.8219	0.7835	0.7473	0.7130	0.6806	0.6499	0.6209	0.5935	0.5674	0.5428	0.5194	0.4972
6	0.9420	0.8880	0.8375	0.7903	0.7462	0.7050	0.6663	0.6302	0.5963	0.5645	0.5346	0.5066	0.4803	0.4556	0.4323
7	0.9327	0.8706	0.8131	0.7599	0.7107	0.6651	0.6227	0.5835	0.5470	0.5132	0.4817	0.4523	0.4251	0.3996	0.3759
8	0.9235	0.8535	0.7894	0.7307	0.6768	0.6274	0.5820	0.5403	0.5019	0.4665	0.4339	0.4039	0.3762	0.3506	0.3269
9	0.9143	0.8368	0.7664	0.7026	0.6446	0.5919	0.5439	0.5002	0.4604	0.4241	0.3909	0.3606	0.3329	0.3075	0.2843
10	0.9053	0.8203	0.7441	0.6756	0.6139	0.5584	0.5083	0.4632	0.4224	0.3855	0.3522	0.3220	0.2946	0.2697	0.2472
11	0.8963	0.8043	0.7224	0.6496	0.5847	0.5268	0.4751	0.4289	0.3875	0.3505	0.3173	0.2875	0.2607	0.2366	0.2149
12	0.8874	0.7885	0.7014	0.6246	0.5568	0.4970	0.4440	0.3971	0.3555	0.3186	0.2858	0.2567	0.2307	0.2076	0.1869
13	0.8787	0.7730	0.6810	0.6006	0.5303	0.4688	0.4150	0.3677	0.3262	0.2897	0.2575	0.2292	0.2042	0.1821	0.1625
14	0.8700	0.7579	0.6611	0.5775	0.5051	0.4423	0.3878	0.3405	0.2992	0.2633	0.2320	0.2046	0.1807	0.1597	0.1413
15	0.8613	0.7430	0.6419	0.5553	0.4810	0.4173	0.3624	0.3152	0.2745	0.2394	0.2090	0.1827	0.1599	0.1401	0.1229
16	0.8528	0.7284	0.6232	0.5339	0.4581	0.3936	0.3387	0.2919	0.2519	0.2176	0.1883	0.1631	0.1415	0.1229	0.1069
17	0.8444	0.7142	0.6050	0.5134	0.4363	0.3714	0.3166	0.2703	0.2311	0.1978	0.1696	0.1456	0.1252	0.1078	0.0929
18	0.8360	0.7002	0.5874	0.4936	0.4155	0.3503	0.2959	0.2502	0.2120	0.1799	0.1528	0.1300	0.1108	0.0946	0.0808
19	0.8277	0.6864	0.5703	0.4746	0.3957	0.3305	0.2765	0.2317	0.1945	0.1635	0.1377	0.1161	0.0981	0.0829	0.0703
20	0.8195	0.6730	0.5537	0.4564	0.3769	0.3118	0.2584	0.2145	0.1784	0.1486	0.1240	0.1037	0.0868	0.0728	0.0611
21	0.8114	0.6598	0.5375	0.4388	0.3589	0.2942	0.2415	0.1987	0.1637	0.1351	0.1117	0.0926	0.0768	0.0638	0.0531
22	0.8034	0.6468	0.5219	0.4220	0.3418	0.2775	0.2257	0.1839	0.1502	0.1228	0.1007	0.0826	0.0680	0.0560	0.0462
23	0.7954	0.6342	0.5067	0.4057	0.3256	0.2618	0.2109	0.1703	0.1378	0.1117	0.0907	0.0738	0.0601	0.0491	0.0402
24	0.7876	0.6217	0.4919	0.3901	0.3101	0.2470	0.1971	0.1577	0.1264	0.1015	0.0817	0.0659	0.0532	0.0431	0.0349
25	0.7798	0.6095	0.4776	0.3751	0.2953	0.2330	0.1842	0.1460	0.1160	0.0923	0.0736	0.0588	0.0471	0.0378	0.0304
26	0.7720	0.5976	0.4637	0.3607	0.2812	0.2198	0.1722	0.1352	0.1064	0.0839	0.0663	0.0525	0.0417	0.0331	0.0264
27	0.7644	0.5859	0.4502	0.3468	0.2678	0.2074	0.1609	0.1252	0.0976	0.0763	0.0597	0.0469	0.0369	0.0291	0.0230
28	0.7568	0.5744	0.4371	0.3335	0.2551	0.1956	0.1504	0.1159	0.0895	0.0693	0.0538	0.0419	0.0326	0.0255	0.0200
29	0.7493	0.5631	0.4243	0.3207	0.2429	0.1846	0.1406	0.1073	0.0822	0.0630	0.0485	0.0374	0.0289	0.0224	0.0174
30	0.7419	0.5521	0.4120	0.3083	0.2314	0.1741	0.1314	0.0994	0.0754	0.0573	0.0437	0.0334	0.0256	0.0196	0.0151

续表

期数＼利率	16%	17%	18%	19%	20%	21%	22%	23%	24%	25%	26%	27%	28%	29%	30%
1	0.8621	0.8547	0.8475	0.8403	0.8333	0.8264	0.8197	0.8130	0.8065	0.8000	0.7937	0.7874	0.7813	0.7752	0.7692
2	0.7432	0.7305	0.7182	0.7062	0.6944	0.6830	0.6719	0.6610	0.6504	0.6400	0.6299	0.6200	0.6104	0.6009	0.5917
3	0.6407	0.6244	0.6086	0.5934	0.5787	0.5645	0.5507	0.5374	0.5245	0.5120	0.4999	0.4882	0.4768	0.4658	0.4552
4	0.5523	0.5337	0.5158	0.4987	0.4823	0.4665	0.4514	0.4369	0.4230	0.4096	0.3968	0.3844	0.3725	0.3611	0.3501
5	0.4761	0.4561	0.4371	0.4190	0.4019	0.3855	0.3700	0.3552	0.3411	0.3277	0.3149	0.3027	0.2910	0.2799	0.2693
6	0.4104	0.3898	0.3704	0.3521	0.3349	0.3186	0.3033	0.2888	0.2751	0.2621	0.2499	0.2383	0.2274	0.2170	0.2072
7	0.3538	0.3332	0.3139	0.2959	0.2791	0.2633	0.2486	0.2348	0.2218	0.2097	0.1983	0.1877	0.1776	0.1682	0.1594
8	0.3050	0.2848	0.2660	0.2487	0.2326	0.2176	0.2038	0.1909	0.1789	0.1678	0.1574	0.1478	0.1388	0.1304	0.1226
9	0.2630	0.2434	0.2255	0.2090	0.1938	0.1799	0.1670	0.1552	0.1443	0.1342	0.1249	0.1164	0.1084	0.1011	0.0943
10	0.2267	0.2080	0.1911	0.1756	0.1615	0.1486	0.1369	0.1262	0.1164	0.1074	0.0992	0.0916	0.0847	0.0784	0.0725
11	0.1954	0.1778	0.1619	0.1476	0.1346	0.1228	0.1122	0.1026	0.0938	0.0859	0.0787	0.0721	0.0662	0.0607	0.0558
12	0.1685	0.1520	0.1372	0.1240	0.1122	0.1015	0.0920	0.0834	0.0757	0.0687	0.0625	0.0568	0.0517	0.0471	0.0429
13	0.1452	0.1299	0.1163	0.1042	0.0935	0.0839	0.0754	0.0678	0.0610	0.0550	0.0496	0.0447	0.0404	0.0365	0.0330
14	0.1252	0.1110	0.0985	0.0876	0.0779	0.0693	0.0618	0.0551	0.0492	0.0440	0.0393	0.0352	0.0316	0.0283	0.0254
15	0.1079	0.0949	0.0835	0.0736	0.0649	0.0573	0.0507	0.0448	0.0397	0.0352	0.0312	0.0277	0.0247	0.0219	0.0195
16	0.0930	0.0811	0.0708	0.0618	0.0541	0.0474	0.0415	0.0364	0.0320	0.0281	0.0248	0.0218	0.0193	0.0170	0.0150
17	0.0802	0.0693	0.0600	0.0520	0.0451	0.0391	0.0340	0.0296	0.0258	0.0225	0.0197	0.0172	0.0150	0.0132	0.0116
18	0.0691	0.0592	0.0508	0.0437	0.0376	0.0323	0.0279	0.0241	0.0208	0.0180	0.0156	0.0135	0.0118	0.0102	0.0089
19	0.0596	0.0506	0.0431	0.0367	0.0313	0.0267	0.0229	0.0196	0.0168	0.0144	0.0124	0.0107	0.0092	0.0079	0.0068
20	0.0514	0.0433	0.0365	0.0308	0.0261	0.0221	0.0187	0.0159	0.0135	0.0115	0.0098	0.0084	0.0072	0.0061	0.0053
21	0.0443	0.0370	0.0309	0.0259	0.0217	0.0183	0.0154	0.0129	0.0109	0.0092	0.0078	0.0066	0.0056	0.0048	0.0040
22	0.0382	0.0316	0.0262	0.0218	0.0181	0.0151	0.0126	0.0105	0.0088	0.0074	0.0062	0.0052	0.0044	0.0037	0.0031
23	0.0329	0.0270	0.0222	0.0183	0.0151	0.0125	0.0103	0.0086	0.0071	0.0059	0.0049	0.0041	0.0034	0.0029	0.0024
24	0.0284	0.0231	0.0188	0.0154	0.0126	0.0103	0.0085	0.0070	0.0057	0.0047	0.0039	0.0032	0.0027	0.0022	0.0018
25	0.0245	0.0197	0.0160	0.0129	0.0105	0.0085	0.0069	0.0057	0.0046	0.0038	0.0031	0.0025	0.0021	0.0017	0.0014
26	0.0211	0.0169	0.0135	0.0109	0.0087	0.0070	0.0057	0.0046	0.0037	0.0030	0.0025	0.0020	0.0016	0.0013	0.0011
27	0.0182	0.0144	0.0115	0.0091	0.0073	0.0058	0.0047	0.0037	0.0030	0.0024	0.0019	0.0016	0.0013	0.0010	0.0008
28	0.0157	0.0123	0.0097	0.0077	0.0061	0.0048	0.0038	0.0030	0.0024	0.0019	0.0015	0.0012	0.0010	0.0008	0.0006
29	0.0135	0.0105	0.0082	0.0064	0.0051	0.0040	0.0031	0.0025	0.0020	0.0015	0.0012	0.0010	0.0008	0.0006	0.0005
30	0.0116	0.0090	0.0070	0.0054	0.0042	0.0033	0.0026	0.0020	0.0016	0.0012	0.0010	0.0008	0.0006	0.0005	0.0004

附录三 年金终值系数表

年金终值系数表

期数＼利率	1%	2%	3%	4%	5%	6%	7%	8%	9%	10%	11%	12%	13%	14%	15%
1	1.0000	1.0000	1.0000	1.0000	1.0000	1.0000	1.0000	1.0000	1.0000	1.0000	1.0000	1.0000	1.0000	1.0000	1.0000
2	2.0100	2.0200	2.0300	2.0400	2.0500	2.0600	2.0700	2.0800	2.0900	2.1000	2.1100	2.1200	2.1300	2.1400	2.1500
3	3.0301	3.0604	3.0909	3.1216	3.1525	3.1836	3.2149	3.2464	3.2781	3.3100	3.3421	3.3744	3.4069	3.4396	3.4725
4	4.0604	4.1216	4.1836	4.2465	4.3101	4.3746	4.4399	4.5061	4.5731	4.6410	4.7097	4.7793	4.8498	4.9211	4.9934
5	5.1010	5.2040	5.3091	5.4163	5.5256	5.6371	5.7507	5.8666	5.9847	6.1051	6.2278	6.3528	6.4803	6.6101	6.7424
6	6.1520	6.3081	6.4684	6.6330	6.8019	6.9753	7.1533	7.3359	7.5233	7.7156	7.9129	8.1152	8.3227	8.5355	8.7537
7	7.2135	7.4343	7.6625	7.8983	8.1420	8.3938	8.6540	8.9228	9.2004	9.4872	9.7833	10.0890	10.4047	10.7305	11.0668
8	8.2857	8.5830	8.8923	9.2142	9.5491	9.8975	10.2598	10.6366	11.0285	11.4359	11.8594	12.2997	12.7573	13.2328	13.7268
9	9.3685	9.7546	10.1591	10.5828	11.0266	11.4913	11.9780	12.4876	13.0210	13.5795	14.1640	14.7757	15.4157	16.0853	16.7858
10	10.4622	10.9497	11.4639	12.0061	12.5779	13.1808	13.8164	14.4866	15.1929	15.9374	16.7220	17.5487	18.4197	19.3373	20.3037
11	11.5668	12.1687	12.8078	13.4864	14.2068	14.9716	15.7836	16.6455	17.5603	18.5312	19.5614	20.6546	21.8143	23.0445	24.3493
12	12.6825	13.4121	14.1920	15.0258	15.9171	16.8699	17.8885	18.9771	20.1407	21.3843	22.7132	24.1331	25.6502	27.2707	29.0017
13	13.8093	14.6803	15.6178	16.6268	17.7130	18.8821	20.1406	21.4953	22.9534	24.5227	26.2116	28.0291	29.9847	32.0887	34.3519
14	14.9474	15.9739	17.0863	18.2919	19.5986	21.0151	22.5505	24.2149	26.0192	27.9750	30.0949	32.3926	34.8827	37.5811	40.5047
15	16.0969	17.2934	18.5989	20.0236	21.5786	23.2760	25.1290	27.1521	29.3609	31.7725	34.4054	37.2797	40.4175	43.8424	47.5804
16	17.2579	18.6393	20.1569	21.8245	23.6575	25.6725	27.8881	30.3243	33.0034	35.9497	39.1899	42.7533	46.6717	50.9804	55.7175
17	18.4304	20.0121	21.7616	23.6975	25.8404	28.2129	30.8402	33.7502	36.9737	40.5447	44.5008	48.8837	53.7391	59.1176	65.0751
18	19.6147	21.4123	23.4144	25.6454	28.1324	30.9057	33.9990	37.4502	41.3013	45.5992	50.3959	55.7497	61.7251	68.3941	75.8364
19	20.8109	22.8406	25.1169	27.6712	30.5390	33.7600	37.3790	41.4463	46.0185	51.1591	56.9395	63.4397	70.7494	78.9692	88.2118
20	22.0190	24.2974	26.8704	29.7781	33.0660	36.7856	40.9955	45.7620	51.1601	57.2750	64.2028	72.0524	80.9468	91.0249	102.4436
21	23.2392	25.7833	28.6765	31.9692	35.7193	39.9927	44.8652	50.4229	56.7645	64.0025	72.2651	81.6987	92.4699	104.7684	118.8101
22	24.4716	27.2990	30.5368	34.2480	38.5052	43.3923	49.0057	55.4568	62.8733	71.4027	81.2143	92.5026	105.4910	120.4360	137.6316
23	25.7163	28.8450	32.4529	36.6179	41.4305	46.9958	53.4361	60.8933	69.5319	79.5430	91.1479	104.6029	120.2048	138.2970	159.2764
24	26.9735	30.4219	34.4265	39.0826	44.5020	50.8156	58.1767	66.7648	76.7898	88.4973	102.1742	118.1552	136.8315	158.6586	184.1678
25	28.2432	32.0303	36.4593	41.6459	47.7271	54.8645	63.2490	73.1059	84.7009	98.3471	114.4133	133.3339	155.6196	181.8708	212.7930
26	29.5256	33.6709	38.5530	44.3117	51.1135	59.1564	68.6765	79.9544	93.3240	109.1818	127.9988	150.3339	176.8501	208.3327	245.7120
27	30.8209	35.3443	40.7096	47.0842	54.6691	63.7058	74.4838	87.3508	102.7231	121.0999	143.0786	169.3740	200.8406	238.4993	283.5688
28	32.1291	37.0512	42.9309	49.9676	58.4026	68.5281	80.6977	95.3388	112.9682	134.2099	159.8173	190.6989	227.9499	272.8892	327.1041
29	33.4504	38.7922	45.2189	52.9663	62.3227	73.6398	87.3465	103.9659	124.1354	148.6309	178.3972	214.5828	258.5834	312.0937	377.1697
30	34.7849	40.5681	47.5754	56.0849	66.4388	79.0582	94.4608	113.2832	136.3075	164.4940	199.0209	241.3327	293.1992	356.7868	434.7451

续表

期数＼利率	16%	17%	18%	19%	20%	21%	22%	23%	24%	25%	26%	27%	28%	29%	30%
1	1.0000	1.0000	1.0000	1.0000	1.0000	1.0000	1.0000	1.0000	1.0000	1.0000	1.0000	1.0000	1.0000	1.0000	1.0000
2	2.1600	2.1700	2.1800	2.1900	2.2000	2.2100	2.2200	2.2300	2.2400	2.2500	2.2600	2.2700	2.2800	2.2900	2.3000
3	3.5056	3.5389	3.5724	3.6061	3.6400	3.6741	3.7084	3.7429	3.7776	3.8125	3.8476	3.8829	3.9184	3.9541	3.9900
4	5.0665	5.1405	5.2154	5.2913	5.3680	5.4457	5.5242	5.6038	5.6842	5.7656	5.8480	5.9313	6.0156	6.1008	6.1870
5	6.8771	7.0144	7.1542	7.2966	7.4416	7.5892	7.7396	7.8926	8.0484	8.2070	8.3684	8.5327	8.6999	8.8700	9.0431
6	8.9775	9.2068	9.4420	9.6830	9.9299	10.1830	10.4423	10.7079	10.9801	11.2588	11.5442	11.8366	12.1359	12.4423	12.7560
7	11.4139	11.7720	12.1415	12.5227	12.9159	13.3214	13.7396	14.1708	14.6153	15.0735	15.5458	16.0324	16.5339	17.0506	17.5828
8	14.2401	14.7733	15.3270	15.9020	16.4991	17.1189	17.7623	18.4300	19.1229	19.8419	20.5876	21.3612	22.1634	22.9953	23.8577
9	17.5185	18.2847	19.0859	19.9234	20.7989	21.7139	22.6700	23.6690	24.7125	25.8023	26.9404	28.1287	29.3692	30.6639	32.0150
10	21.3215	22.3931	23.5213	24.7089	25.9587	27.2738	28.6574	30.1128	31.6434	33.2529	34.9449	36.7235	38.5926	40.5564	42.6195
11	25.7329	27.1999	28.7551	30.4035	32.1504	34.0013	35.9620	38.0388	40.2379	42.5661	45.0306	47.6388	50.3985	53.3178	56.4053
12	30.8502	32.8239	34.9311	37.1802	39.5805	42.1416	44.8737	47.7877	50.8950	54.2077	57.7386	61.5013	65.5100	69.7800	74.3270
13	36.7862	39.4040	42.2187	45.2445	48.4966	51.9913	55.7459	59.7788	64.1097	68.7596	73.7506	79.1066	84.8529	91.0161	97.6250
14	43.6720	47.1027	50.8180	54.8409	59.1959	63.9095	69.0100	74.5280	80.4961	86.9495	93.9258	101.4654	109.6117	118.4108	127.9125
15	51.6595	56.1101	60.9653	66.2607	72.0351	78.3305	85.1922	92.6694	100.8151	109.6868	119.3465	129.8611	141.3029	153.7500	167.2863
16	60.9250	66.6488	72.9390	79.8502	87.4421	95.7799	104.9345	114.9834	126.0108	138.1085	151.3766	165.9236	181.8677	199.3374	218.4722
17	71.6730	78.9792	87.0680	96.0218	105.9306	116.8937	129.0201	142.4295	157.2534	173.6357	191.7345	211.7230	233.7907	258.1453	285.0139
18	84.1407	93.4056	103.7403	115.2659	128.1167	142.4413	158.4045	176.1883	195.9942	218.0446	242.5855	269.8882	300.2521	334.0074	371.5180
19	98.6032	110.2846	123.4135	138.1664	154.7400	173.3540	194.2535	217.7116	244.0328	273.5558	306.6577	343.7580	385.3227	431.8696	483.9734
20	115.3797	130.0329	146.6280	165.4180	186.6880	210.7584	237.9893	268.7853	303.6006	342.9447	387.3887	437.5726	494.2131	558.1118	630.1655
21	134.8405	153.1385	174.0210	197.8474	225.0256	256.0176	291.3469	331.6059	377.4648	429.6809	489.1098	556.7173	633.5927	720.9642	820.2151
22	157.4150	180.1721	206.3448	236.4385	271.0307	310.7813	356.4432	408.8753	469.0563	538.1011	617.2783	708.0309	811.9987	931.0438	1 067.2796
23	183.6014	211.8013	244.4868	282.3618	326.2369	377.0454	435.8607	503.9166	582.6298	673.6264	778.7707	900.1993	1 040.3583	1 202.0465	1 388.4635
24	213.9776	248.8076	289.4945	337.0105	392.4842	457.2249	532.7501	620.8174	723.4610	843.0329	982.2511	1 144.2531	1 332.6586	1 551.6400	1 806.0026
25	249.2140	292.1049	342.6035	402.0425	471.9811	554.2422	650.9551	764.6054	898.0916	1 054.7912	1 238.6363	1 454.2014	1 706.8031	2 002.6156	2 348.8033
26	290.0883	342.7627	405.2721	479.4306	567.3773	671.6330	795.1653	941.4647	1 114.6336	1 319.4890	1 561.6818	1 847.8358	2 185.7079	2 584.3741	3 054.4443
27	337.5024	402.0323	479.2211	571.5224	681.8528	813.6759	971.1016	1 159.0016	1 383.1457	1 650.3612	1 968.7191	2 347.7515	2 798.7061	3 334.8426	3 971.7776
28	392.5028	471.3778	566.4809	681.1116	819.2233	985.5479	1 185.7440	1 426.5719	1 716.1007	2 063.9515	2 481.5860	2 982.6443	3 583.3438	4 302.9470	5 164.3109
29	456.3032	552.5121	669.4475	811.5228	984.0680	1 193.5129	1 447.6077	1 755.6835	2 128.9648	2 580.9394	3 127.7984	3 788.9583	4 587.6801	5 551.8016	6 714.6042
30	530.3117	647.4391	790.9480	966.7122	1 181.8816	1 445.1507	1 767.0813	2 160.4907	2 640.9164	3 227.1743	3 942.0260	4 812.9771	5 873.2306	7 162.8241	8 729.9855

附录四　年金现值系数表

年金现值系数表

期数＼利率	1%	2%	3%	4%	5%	6%	7%	8%	9%	10%	11%	12%	13%	14%	15%
1	0.9901	0.9804	0.9709	0.9615	0.9524	0.9434	0.9346	0.9259	0.9174	0.9091	0.9009	0.8929	0.885	0.8772	0.8696
2	1.9704	1.9416	1.9135	1.8861	1.8594	1.8334	1.808	1.7833	1.7591	1.7355	1.7125	1.6901	1.6681	1.6467	1.6257
3	2.941	2.8839	2.8286	2.7751	2.7232	2.673	2.6243	2.5771	2.5313	2.4869	2.4437	2.4018	2.3612	2.3216	2.2832
4	3.902	3.8077	3.7171	3.6299	3.546	3.4651	3.3872	3.3121	3.2397	3.1699	3.1024	3.0373	2.9745	2.9137	2.855
5	4.8534	4.7135	4.5797	4.4518	4.3295	4.2124	4.1002	3.9927	3.8897	3.7908	3.6959	3.6048	3.5172	3.4331	3.3522
6	5.7955	5.6014	5.4172	5.2421	5.0757	4.9173	4.7665	4.6229	4.4859	4.3553	4.2305	4.1114	3.9975	3.8887	3.7845
7	6.7282	6.472	6.2303	6.0021	5.7864	5.5824	5.3893	5.2064	5.033	4.8684	4.7122	4.5638	4.4226	4.2883	4.1604
8	7.6517	7.3255	7.0197	6.7327	6.4632	6.2098	5.9713	5.7466	5.5348	5.3349	5.1461	4.9676	4.7988	4.6389	4.4873
9	8.566	8.1622	7.7861	7.4353	7.1078	6.8017	6.5152	6.2469	5.9952	5.759	5.537	5.3282	5.1317	4.9464	4.7716
10	9.4713	8.9826	8.5302	8.1109	7.7217	7.3601	7.0236	6.7101	6.4177	6.1446	5.8892	5.6502	5.4262	5.2161	5.0188
11	10.3676	9.7868	9.2526	8.7605	8.3064	7.8869	7.4987	7.139	6.8052	6.4951	6.2065	5.9377	5.6869	5.4527	5.2337
12	11.2551	10.5753	9.954	9.3851	8.8633	8.3838	7.9427	7.5361	7.1607	6.8137	6.4924	6.1944	5.9176	5.6603	5.4206
13	12.1337	11.3484	10.635	9.9856	9.3936	8.8527	8.3577	7.9038	7.4869	7.1034	6.7499	6.4235	6.1218	5.8424	5.5831
14	13.0037	12.1062	11.2961	10.5631	9.8986	9.295	8.7455	8.2442	7.7862	7.3667	6.9819	6.6282	6.3025	6.0021	5.7245
15	13.8651	12.8493	11.9379	11.1184	10.3797	9.7122	9.1079	8.5595	8.0607	7.6061	7.1909	6.8109	6.4624	6.1422	5.8474
16	14.7179	13.5777	12.5611	11.6523	10.8378	10.1059	9.4466	8.8514	8.3126	7.8237	7.3792	6.974	6.6039	6.2651	5.9542
17	15.5623	14.2919	13.1661	12.1657	11.2741	10.4773	9.7632	9.1216	8.5436	8.0216	7.5488	7.1196	6.7291	6.3729	6.0472
18	16.3983	14.992	13.7535	12.6593	11.6896	10.8276	10.0591	9.3719	8.7556	8.2014	7.7016	7.2497	6.8399	6.4674	6.128
19	17.226	15.6785	14.3238	13.1339	12.0853	11.1581	10.3356	9.6036	8.9501	8.3649	7.8393	7.3658	6.938	6.5504	6.1982
20	18.0456	16.3514	14.8775	13.5903	12.4622	11.4699	10.594	9.8181	9.1285	8.5136	7.9633	7.4694	7.0248	6.6231	6.2593
21	18.857	17.0112	15.415	14.0292	12.8212	11.7641	10.8355	10.0168	9.2922	8.6487	8.0751	7.562	7.1016	6.687	6.3125
22	19.6604	17.658	15.9369	14.4511	13.163	12.0416	11.0612	10.2007	9.4424	8.7715	8.1757	7.6446	7.1695	6.7429	6.3587
23	20.4558	18.2922	16.4436	14.8568	13.4886	12.3034	11.2722	10.3711	9.5802	8.8832	8.2664	7.7184	7.2297	6.7921	6.3988
24	21.2434	18.9139	16.9355	15.247	13.7986	12.5504	11.4693	10.5288	9.7066	8.9847	8.3481	7.7843	7.2829	6.8351	6.4338
25	22.0232	19.5235	17.4131	15.6221	14.0939	12.7834	11.6536	10.6748	9.8226	9.077	8.4217	7.8431	7.33	6.8729	6.4641
26	22.7952	20.121	17.8768	15.9828	14.3752	13.0032	11.8258	10.81	9.929	9.1609	8.4881	7.8957	7.3717	6.9061	6.4906
27	23.5596	20.7069	18.327	16.3296	14.643	13.2105	11.9867	10.9352	10.0266	9.2372	8.5478	7.9426	7.4086	6.9352	6.5135
28	24.3164	21.2813	18.7641	16.6631	14.8981	13.4062	12.1371	11.0511	10.1161	9.3066	8.6016	7.9844	7.4412	6.9607	6.5335
29	25.0658	21.8444	19.1885	16.9837	15.1411	13.5907	12.2777	11.1584	10.1983	9.3696	8.6501	8.0218	7.4701	6.983	6.5509
30	25.8077	22.3965	19.6004	17.292	15.3725	13.7648	12.409	11.2578	10.2737	9.4269	8.6938	8.0552	7.4957	7.0027	6.566

续表

利率 期数	16%	17%	18%	19%	20%	21%	22%	23%	24%	25%	26%	27%	28%	29%	30%
1	0.8621	0.8547	0.8475	0.8403	0.8333	0.8264	0.8197	0.813	0.8065	0.8	0.7937	0.7874	0.7813	0.7752	0.7692
2	1.6052	1.5852	1.5656	1.5465	1.5278	1.5095	1.4915	1.474	1.4568	1.44	1.4235	1.4074	1.3916	1.3761	1.3609
3	2.2459	2.2096	2.1743	2.1399	2.1065	2.0739	2.0422	2.0114	1.9813	1.952	1.9234	1.8956	1.8684	1.842	1.8161
4	2.7982	2.7432	2.6901	2.6386	2.5887	2.5404	2.4936	2.4483	2.4043	2.3616	2.3202	2.28	2.241	2.2031	2.1662
5	3.2743	3.1993	3.1272	3.0576	2.9906	2.926	2.8636	2.8035	2.7454	2.6893	2.6351	2.5827	2.532	2.483	2.4356
6	3.6847	3.5892	3.4976	3.4098	3.3255	3.2446	3.1669	3.0923	3.0205	2.9514	2.885	2.821	2.7594	2.7	2.6427
7	4.0386	3.9224	3.8115	3.7057	3.6046	3.5079	3.4155	3.327	3.2423	3.1611	3.0833	3.0087	2.937	2.8682	2.8021
8	4.3436	4.2072	4.0776	3.9544	3.8372	3.7256	3.6193	3.5179	3.4212	3.3289	3.2407	3.1564	3.0758	2.9986	2.9247
9	4.6065	4.4506	4.303	4.1633	4.031	3.9054	3.7863	3.6731	3.5655	3.4631	3.3657	3.2728	3.1842	3.0997	3.019
10	4.8332	4.6586	4.4941	4.3389	4.1925	4.0541	3.9232	3.7993	3.6819	3.5705	3.4648	3.3644	3.2689	3.1781	3.0915
11	5.0286	4.8364	4.656	4.4865	4.3271	4.1769	4.0354	3.9018	3.7757	3.6564	3.5435	3.4365	3.3351	3.2388	3.1473
12	5.1971	4.9884	4.7932	4.6105	4.4392	4.2784	4.1274	3.9852	3.8514	3.7251	3.6059	3.4933	3.3868	3.2859	3.1903
13	5.3423	5.1183	4.9095	4.7147	4.5327	4.3624	4.2028	4.053	3.9124	3.7801	3.6555	3.5381	3.4272	3.3224	3.2233
14	5.4675	5.2293	5.0081	4.8023	4.6106	4.4317	4.2646	4.1082	3.9616	3.8241	3.6949	3.5733	3.4587	3.3507	3.2487
15	5.5755	5.3242	5.0916	4.8759	4.6755	4.489	4.3152	4.153	4.0013	3.8593	3.7261	3.601	3.4834	3.3726	3.2682
16	5.6685	5.4053	5.1624	4.9377	4.7296	4.5364	4.3567	4.1894	4.0333	3.8874	3.7509	3.6228	3.5026	3.3896	3.2832
17	5.7487	5.4746	5.2223	4.9897	4.7746	4.5755	4.3908	4.219	4.0591	3.9099	3.7705	3.64	3.5177	3.4028	3.2948
18	5.8178	5.5339	5.2732	5.0333	4.8122	4.6079	4.4187	4.2431	4.0799	3.9279	3.7861	3.6536	3.5294	3.413	3.3037
19	5.8775	5.5845	5.3162	5.07	4.8435	4.6346	4.4415	4.2627	4.0967	3.9424	3.7985	3.6642	3.5386	3.421	3.3105
20	5.9288	5.6278	5.3527	5.1009	4.8696	4.6567	4.4603	4.2786	4.1103	3.9539	3.8083	3.6726	3.5458	3.4271	3.3158
21	5.9731	5.6648	5.3837	5.1268	4.8913	4.675	4.4756	4.2916	4.1212	3.9631	3.8161	3.6792	3.5514	3.4319	3.3198
22	6.0113	5.6964	5.4099	5.1486	4.9094	4.69	4.4882	4.3021	4.13	3.9705	3.8223	3.6844	3.5558	3.4356	3.323
23	6.0442	5.7234	5.4321	5.1668	4.9245	4.7025	4.4985	4.3106	4.1371	3.9764	3.8273	3.6885	3.5592	3.4384	3.3254
24	6.0726	5.7465	5.4509	5.1822	4.9371	4.7128	4.507	4.3176	4.1428	3.9811	3.8312	3.6918	3.5619	3.4406	3.3272
25	6.0971	5.7662	5.4669	5.1951	4.9476	4.7213	4.5139	4.3232	4.1474	3.9849	3.8342	3.6943	3.564	3.4423	3.3286
26	6.1182	5.7831	5.4804	5.206	4.9563	4.7284	4.5196	4.3278	4.1511	3.9879	3.8367	3.6963	3.5656	3.4437	3.3297
27	6.1364	5.7975	5.4919	5.2151	4.9636	4.7342	4.5243	4.3316	4.1542	3.9903	3.8387	3.6979	3.5669	3.4447	3.3305
28	6.152	5.8099	5.5016	5.2228	4.9697	4.739	4.5281	4.3346	4.1566	3.9923	3.8402	3.6991	3.5679	3.4455	3.3312
29	6.1656	5.8204	5.5098	5.2292	4.9747	4.743	4.5312	4.3371	4.1585	3.9938	3.8414	3.7001	3.5687	3.4461	3.3317
30	6.1772	5.8294	5.5168	5.2347	4.9789	4.7463	4.5338	4.3391	4.1601	3.995	3.8424	3.7009	3.5693	3.4466	3.3321